全国革命老区县发展史丛书——山东卷

聊城市东昌府区革命老区
发展史

聊城市东昌府区革命老区建设促进会　编著

山东大学出版社
SHANDONG UNIVERSITY PRESS
·济南·

图书在版编目(CIP)数据

聊城市东昌府区革命老区发展史 / 聊城市东昌府区革命老区建设促进会编著. —济南 ：山东大学出版社，2023.10

ISBN 978-7-5607-7847-1

Ⅰ. ①聊…　Ⅱ. ①聊…　Ⅲ. ①东昌府区－地方史
Ⅳ. ①K295.24

中国国家版本馆 CIP 数据核字(2023)第 089694 号

责任编辑　楚洋洋
封面设计　王秋忆

聊城市东昌府区革命老区发展史
LIAOCHENG SHI DONGCHANGFU QU GEMING LAOQU FAZHANSHI

出版发行　山东大学出版社
社　　址　山东省济南市山大南路 20 号
邮政编码　250100
发行热线　(0531)88363008
经　　销　新华书店
印　　刷　山东新华印务有限公司
规　　格　720 毫米×1000 毫米　1/16
　　　　　28.25 印张　14 插页　460 千字
版　　次　2023 年 10 月第 1 版
印　　次　2023 年 10 月第 1 次印刷
定　　价　122.00 元

《聊城市东昌府区革命老区发展史》
编纂委员会

总 序

在举国欢庆新中国成立70周年前夕，中国老区建设促进会王健会长请我为“全国革命老区县发展史”丛书作序，作为一名在老区战斗过并得到老区人民生死相助的老兵，回首往事，心潮澎湃，感慨万千，深感义不容辞，欣然应允。

中国革命老区，是以毛泽东为代表的中国共产党人在领导人民推翻帝国主义、封建主义和官僚资本主义“三座大山”，争取民族独立和人民解放伟大斗争中建立的革命根据地，在这片红色的土地上，诞生了无数可歌可泣的革命英雄儿女，为后人树起了一座不朽的丰碑，她是新中国的摇篮，是党和军队的根。

在艰苦卓绝的战争年代，老区人民把自己的命运与中华民族的命运紧紧地联系在一起，与中国共产党和人民军队的命运紧紧地联系在一起，他们生死相依，患难与共。我曾亲历过战争年代，并得到过老区红哥红嫂的救助，切身感受到发生在身边的一幕幕撼天动地的革命故事，在那极其艰难的条件下，老区人民倾其所有、破家支前，不怕艰难困苦，不怕流血牺牲。“最后一碗米送去做军粮，最后一尺布送去做军装，最后一件老棉袄盖在担架上，最后一个亲骨肉送去上战场”，这是当时伟大的老区人民为建立新中国作出巨大牺牲的真实写照，它将永远镌刻在中国共产党、中国人民解放军、中华人民共和国的历史丰碑上。他们的光辉业绩永载史册，他们的革命精神必将影响一代又一代的革命新人，造就一代又一代的民族脊梁。

在社会主义革命和建设时期，革命老区和老区人民响应党的号召，面对落后的面貌、脆弱的经济、恶劣的生态环境，他们本色不变，精神不丢，自力更生，艰苦奋斗，干一行爱一行。始终坚持"革命理想高于天"，自觉做共产主义远大理想的坚定信仰者和忠实实践者，勇于向恶劣的自然环境和贫穷落后宣战，他们在各条战线上为国建功立业，用平凡的双手创造了一个又一个不平凡的奇迹，彰显了老区人的崇高精神和人格力量。

在改革开放的伟大进程中，老区人民解放思想，勇于创新，发奋图强，攻坚克难，老区的经济社会建设取得了辉煌成就。特别是在改变中国的面貌、中华民族的面貌、中国人民的面貌、中国共产党的面貌的伟大实践中发挥了至关重要的作用。老区人民既是改革开放的参与者，也是改革开放的推动者。

艰苦炼意志，危难见精神。老区人民在近百年的革命战争、社会主义建设和改革开放的伟大实践中，孕育形成了伟大的老区精神：爱党信党、坚定不移的理想信念；舍生忘死、无私奉献的博大胸怀；不屈不挠、敢于胜利的英雄气概；自强不息、艰苦奋斗的顽强斗志；求真务实、开拓创新的科学态度；鱼水情深、生死相依的光荣传统。这是党和人民宝贵的精神财富、丰厚的政治资源，是凝心聚力、振奋民族精神的重要法宝，也是社会主义核心价值观的重要内容。

中国老区建设促进会怀着强烈的政治责任感和历史使命感，组织全国各地老促会人员克服困难，尽心竭力编纂"全国革命老区县发展史"丛书，记录老区的光辉历史和辉煌成就，传承红色基因，弘扬老区精神，是功在当代，利及千秋的一件大事。手捧这套丛书的部分书稿，读着书中的故事，倍感亲切，深感这套丛书具有资政、育人、存史的社会功能，有着重要的时代和历史价值。它是"不忘初心、牢记使命"的源头活水，是赞颂共产党、讴歌老区人民的一部精品力作，是弘扬老区精神、传承红色记忆的丰厚载体，是一项继承优秀传统文化、弘扬革命文化、发展社会主义先进文化，坚定"四个自信"的宏大文化工程。它必将成为一种文化品牌，为各界人士了解老区宣传老区支持老区提供一部有价值的研究史料。希望读者朋友们能从中了解并牢记这些为党和民族的利益不断奉献的老区人民，从中得到教益，汲取人生奋斗的精神动力。

新时代赋予新使命，新起点开启新征程。让我们更加紧密地团结在以习近平同志为核心的党中央周围，坚持以习近平新时代中国特色社会主义思想为指导，增强“四个意识”，坚定“四个自信”，做到“两个维护”，弘扬老区精神，铭记苦难辉煌。为实现“两个一百年”奋斗目标，实现中华民族伟大复兴的中国梦作出新的更大的贡献！

迟浩田

2019年4月11日

编纂说明

2017年6月，中国老区建设促进会组织全国各地老促会启动编纂“全国革命老区县发展史”丛书，按照“建立中国共产党、成立中华人民共和国、推进改革开放和中国特色社会主义事业”三大里程碑的历史脉络，系统书写革命老区百年历史，深入挖掘革命老区红色文化资源，这对于充实丰富中国革命史籍宝库、在新时代传承红色基因、弘扬革命精神、强固根本，对于激励人们在新的历史条件下夺取中国特色社会主义伟大胜利，实现中华民族伟大复兴的中国梦具有重要意义。

丛书编纂以习近平新时代中国特色社会主义思想为指导，以《中国共产党历史》第一卷、第二卷，《中国共产党的九十年》等重要文献为基本依据，以党的领导为核心，以老区人民为主体，以老区发展为主线，体现历史进程特征，突出时代发展特色，坚持辩证唯物主义和历史唯物主义相统一、历史真实性与内容可读性相统一的原则，书写革命老区从站起来、富起来到强起来的光辉革命史、不懈奋斗史、辉煌成就史，把老区人民的伟大贡献、伟大创造、伟大成就、伟大精神充分展示出来，形成一部具有厚重历史特征和鲜明时代特色的精品力作。这是一部培根铸魂、守正创新，既为历史立言，又为时代服务，字里行间流淌着红色血脉、催生着革命激情的传世之作。丛书的编纂出版将成为讴歌党讴歌人民讴歌时代、传播红色文化、为革命老区和老区人民树碑立传的重要载体。

丛书按照编年体与纪事本末体相结合、以编年体为主的编写体例确定框架结构;运用时经事纬、点面结合的方式记述史实;坚持人事结合、以事带人的原则处理人与事的关系;采取夹叙夹议、叙论结合以叙为主的方法展开内容。做到了史料与史论、历史与现实、政治与学术统一,文献性、学术性、知识性相兼容。

为编纂好"全国革命老区县发展史"丛书,打造红色文化品牌,中国老区建设促进会认真组织积极协调,提出政治立场鲜明、史料真实准确、思想论述深刻、历史维度厚重、时代特色突出、编写体例规范、篇目布局合理、审读把关严格、出版制作精良的编纂出版总要求,力求达到革命史籍精品的精神高度、思想深度、知识广度、语言力度,增强丛书的权威性和社会影响力。各省(区、市)、市(州、盟)、县(市、区、旗)老促会的同志,以强烈的使命感、责任感和紧迫感,勇于担当,积极作为,认真实施,组织由老促会成员、专家学者等参加的十余万人编纂队伍。编纂工作主体责任在县,省、市组织协调、有力指导、审读把关。各方面人员以高度负责的精神和科学严谨的态度,满腔热情地投入工作,为丛书编纂出版作出了重要贡献。丛书编纂工作还得到了党和国家有关部委、地方各级党委政府及有关部门的大力支持和积极参与,社会各界也给予了热情帮助。中共中央政治局原委员、中央军委原副主席、原国务委员兼国防部长迟浩田上将,对老区人民怀有深厚感情,对革命老区建设发展十分关注,欣然为"全国革命老区县发展史"丛书作总序。

丛书由总册和1599部分册(每个革命老区县编纂1部分册)组成,共1600册。鉴于丛书所记述的史实内容多、时间跨度长和编纂时间紧,不妥之处,敬请批评指正。

中国老区建设促进会

审图号：鲁SG（2021）026号
山东省自然资源厅监制 山东省地图院编制

东昌府区地图

赵以政（1904～1928）

中共东昌县委旧址

1927年10月中旬，共青团山东省委秘书长张干民在东关姚家园子赵以政家里宣布正式建立中共东昌县委(又称“鲁西县委”)，张干民任书记，赵以政任组织委员。县委机关就设在赵以政家的南屋里。

聂子政（1904～1949）

1927年秋，中国共产党党员聂子政在家乡北周店村（现属闫寺街道）建立鲁西第一个农村党支部，聂子政任支部书记。图为中共北周店支部旧址。

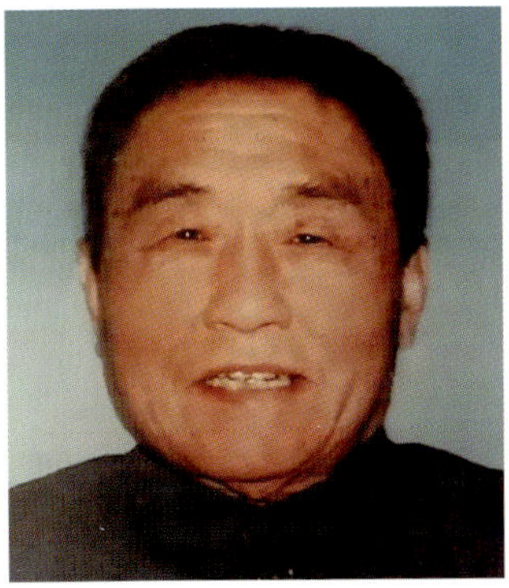

徐运北（1914～2018）

赵健民（1912～2012）

1935年2月6日（农历正月初三），在堂邑徐运北家由中共济南市委书记赵健民主持，召开了聊城、阳谷、冠县、堂邑、寿张等地党组织会议，成立了中共鲁西北特委，徐运北任书记。图为位于今堂邑镇的中共鲁西北特委旧址。

1937 年 5 月，中共孙老庄特别支部成立，该村党员孙寒光任特别支部书记。同年 10 月，以中共孙老庄特别支部为基础，建立中共聊城县委，孙寒光任县委书记。图为孙老庄村的孙立群老人指着孙老庄特别支部成立旧址的老墙根，述说那段历史。

东昌府烈士陵园位于聊城市东昌府区闫寺街道凤凰集村北部。其初建于 1946 年。1988 年 12 月，由解长林、谢德元出资修建凤凰集烈士碑。2012 年 9 月，东昌府区委、区政府对原烈士陵园进行重新规划设计，修建了纪念堂、纪念碑、纪念广场、纪念亭、纪念雕塑、大门等。2013 年 5 月，经区政府研究决定正式更名为“东昌府烈士陵园”。截至 2019 年，该陵园集中安葬烈士 489 名，其中无名烈士 156 名，有名烈士 333 名。图为东昌府烈士陵园东昌府英烈事迹展厅正门。

范筑先（1882～1938）

1941年4月，为纪念为国捐躯的民族英雄范筑先及700余名抗战英烈，聊城军民在梁水镇建立了“范公祠”。范公祠原有正门、大殿、二殿、东西厢房、纪念塔等建筑，2016年东昌府区委、区政府对范公祠进行了恢复性修缮，现为聊城市重点文物保护单位。上图自左至右依次为范公祠正门、纪念塔。

朱光（1914～2001）

朱光将军纪念馆位于将军家乡聊城市东昌府区郑家镇宋家村，是2013年郑家镇政府为纪念开国将军朱光而建立的。图中一位老人正向前来参观的小朋友介绍朱光将军的事迹。

解长林（1917~2002）

2018年11月20日，在解长林将军家乡闫寺街道凤凰集村举行解长林将军牌坊揭牌仪式。

领导干部的楷模——孔繁森

全国模范检察官——白云

中央电视台“感动中国2004年度人物”——徐本禹

侯营镇侯营村红色村史馆是东昌府区首个红色村史馆，现已成为村民爱国主义教育基地。馆内以大事记的形式展示了侯营村的历史，陈列了村民珍藏的奖章、证书、背包等实物和资料。上、下图依次为侯营村红色村史馆揭牌仪式、当地老人在村史馆内向年轻人介绍侯营村历史。

全国重点文物保护单位——光岳楼

全国重点文物保护单位——山陕会馆

全国重点文物保护单位——聊城铁塔

全国重点文物保护单位——京杭大运河聊城段

山东聊城第二中学　始建于1951年，现为公办全日制普通高中、省级规范化学校。建有功能齐全的多媒体教室、学生公寓楼、师生餐厅、礼堂、科技实验楼、塑胶操场、分类球场和体育馆等。

聊城第五中学　始建于2017年，设有初中部、小学部、幼儿部三个教学部。学校以“培养良好习惯，奠基幸福人生”为办学宗旨，先后获得“全国足球特色学校”“全国国际象棋特色学校”“省三八红旗集体”“市五星好学校”“市级文明校园”等荣誉称号。

聊城市实验小学　始建于1902年，文化底蕴丰厚，教育特色鲜明。学校秉承“求真求趣”的校训，立足“生命成长”的全人教育目标，坚持“文化立校、科研兴校、质量强校、特色活校”的办学思路，先后获得“全国文明校园”“全国足球特色学校”“山东省教学示范化学校”等国家级、省市级荣誉百余项。

聊城市东昌府人民医院　始建于1949年，是集医疗、急救、保健、康复、预防、教学和科研为一体的二级甲等综合医院。医院共有50多个临床专业科室（病区）及医技科室，其中消化内科为山东省临床重点专科。2020年5月，根据聊城市委、市政府决策部署，聊城市东昌府人民医院与聊城市人民医院整合，聊城市人民医院东昌府院区揭牌成立。

聊城市东昌府区妇幼保健院　始建于1952年，现已发展成为集保健、临床、康复、科研、教学为一体的大型专科医院，是聊城市首家三级乙等妇幼保健院。医院先后获得“全国三八红旗集体”“国家级巾帼文明岗”“全国妇幼健康服务先进集体”“全国五四红旗团委”“国家公共卫生和医疗服务标准化试点单位”“省级文明单位”“省级青年文明号”“省诚信医疗服务满意医院”等荣誉称号。

聊城市东昌府区爱心福利院　始建于2007年，现已成为城区规模最大、标准最高、功能齐全、环境优美的综合性公办医养结合养老服务机构。被评为“山东省一级五保供养服务机构”“山东省三星级敬老院”“聊城市幸福敬老院”。

堂邑镇刘庄村 截至2019年，有188户、659人，1035亩耕地，村办企业10个。刘庄村实现了村民共同富裕，家家住上了别墅楼，实现了统一供气、统一供水、统一供暖；荣获山东省首届“人居环境奖”，先后被评为“省村镇建设明星村”“中国特色经济村”“第四届全国创建文明村镇工作先进村镇”“山东省旅游特色村”“山东省美丽村居示范村”“山东省精神文明村”。

道口铺街道任堤口村　截至2019年，有村民667人，党员17人，耕地1119亩。近年来，任堤口村被列入聊城市农村集体产权股份制改革试点村、聊城市农村新型社区和新农村发展规划城郊休闲特色村，并先后被评为"省级美丽乡村示范村""省级旅游特色村""省级科技示范村"。

侯营镇苏庄村　截至2019年，有508人，700余亩耕地。该村先后被侯营镇党委评为“农村基层组织建设先进村党支部”“农业结构调整先进单位”，被东昌府区区委、区政府评为“社会治安综合治理先进单位”，2019年被评为“市级文明村”和“省级乡村治理示范村”，2020年成为山东省乡村振兴“十百千”工程示范创建村。

东昌府区闫寺街道凤凰集村　聊城市革命老区重点村，在革命战争年代是“红色堡垒村”“革命英雄村”。村民解长城经过精心设计，把自己家的庭院建造成集红色和民俗为一体的红色文化“美丽庭院”，已成为当地红色文化、爱国主义教育基地。

目　录

第二编　社会主义革命和建设时期

（1949 年 10 月至 1978 年 12 月）

引　言

东昌府区，山东省聊城市辖区，聊城市人民政府驻地，位于山东省西部，东依东阿县、茌平区，南接阳谷县，西连冠县、莘县，北靠临清市。截至2019年，全区总面积1443平方公里，常住人口133.51万人。①

东昌府区历史悠久，商代称“微子城”，西周为郭国领域，春秋战国属齐国，秦始置县，名聊城，属东郡，两汉时期仍属东郡，三国时属魏国平原郡。隋代废平原郡，于聊城县西境分置堂邑县，置博州，治聊城县。唐代、宋代至金代均属博州，元代设东昌路，明代改为东昌府，清承明制。明、清聊城县均为东昌府治，其县西境仍为堂邑县。得益于京杭大运河漕运的兴盛，明清时期的聊城县经济繁荣、文化昌盛达400年之久，为沿河九大商埠之一，被誉为“江北一都会”。雄伟挺拔的光岳楼、金碧辉煌的山陕会馆以及宋代铁塔、清代四大私人藏书楼之一——海源阁等名胜古迹均是历史的见证。

入民国后，历为济西道（1913年）、东临道（1914年）、东昌道（1925年）治所。1928年废道制，直属于省。1937年1月属山东省第六行政督查专区，并为行政督查专员公署驻地。

1940年4月于聊城东部和南部建立聊城县抗日民主政府，同年10月，为纪念抗日牺牲的范筑先将军，改名为筑先县，属鲁西行政区运

① 以上数据包含聊城经济技术开发区、聊城高新技术产业开发区、聊城江北水城旅游度假区。

(河)东专区。1941 年 7 月属冀鲁豫行政区第四专区,同年 9 月属晋冀鲁豫边区第十九专区(实际上仍多称运东专区)。1943 年初运东专区与泰西专区合并为冀鲁豫第一专区,亦称泰运专区,在晋冀鲁豫边区中排序为第十六专区,筑先县属之。1944 年 5 月,冀南、冀鲁豫两行政区合并为新的冀鲁豫边区,筑先县属该边区第一专区(仍称泰运专区)。

1940 年 10 月于聊城西部侯营、孙丰、田庄、沙镇一带置聊西县,属鲁西行政区第三专区(鲁西北专区);1941 年 7 月属冀鲁豫第三专区(同年 9 月改为晋冀鲁豫边区第十八专区)。1943 年秋,以聊西县和堂邑县南部改建聊堂县,属冀南行政区第七专区(鲁西北专区)。1945 年 5 月,属于冀鲁豫与冀南二行政区合并改建的冀鲁豫行政区第七专区(仍称鲁西北专区)。1943 年 11 月以堂邑县北部八甲刘、梁水镇、斗虎屯(今区境西北部)一带和冠县东部兰沃、柳邵一带合并组建武训县(因清末以行乞兴办义学著称的堂邑人武训而命名),属冀南行政区第七专区(鲁西北专区)。1945 年 5 月属冀鲁豫第七专区。

1946 年 2 月,撤销聊堂县,原堂邑县地划入武训县。1949 年秋,以筑先县沙镇、孙丰、侯营和阳谷县郭店屯、定水镇、四甲李、杨集等地合置聊阳县,属冀鲁豫第六专区。1948 年 6 月 8 日,聊城(筑先)城关区升级为县级行政区,属冀鲁豫第六(运东)专区。1949 年 8 月,撤销筑先县,恢复聊城县;撤销聊阳县,杨集、四甲李等地划归聊城县。此时聊城县、聊城城关区、堂邑县均属新设的平原省聊城专区。

1951 年 3 月,聊城城关区撤销,划归聊城县。1952 年 11 月,平原省撤销,聊城县、堂邑县均随聊城专区还属山东省。1956 年 3 月,堂邑县撤销,该县东部原辖之城关区、八甲刘、垢堌、斗虎屯、梁水镇、道口铺、张炉集、郑家等区划入聊城县。1958 年 12 月,聊城县改置聊城市。1963 年 3 月,聊城市复改为聊城县。1983 年,再度置聊城市,由聊城地区(1967 年由聊城专区改称)代管。1998 年 3 月,撤销聊城地区设地级聊城市,原县级聊城市改为东昌府区,隶属聊城市。

东昌府区文化源远流长,东昌府区人民勤劳勇敢、淳朴善良,在各个历史时期都创造了光辉灿烂的文明,形成了独具特色的东昌文化。辖区内先后发现了新石器时代龙山文化的权寺遗址、聊古庙遗址、聊城古清邑遗址等。

一

东昌府区是中国共产党在鲁西地区开展活动较早的县区，也是山东省较早传播马列主义和建立党组织的地区之一。1919 年五四运动中，东昌府区进步青年、北大才子傅斯年曾担任《新潮》主编，该刊物成为继《新青年》之后第二个公开主张文学革命的刊物。1921 年 7 月，中国共产党成立，中国历史掀开了新的一页。1925 年秋，东昌府区进步学生赵以政、聂子政等到广州黄埔军校和农民讲习所学习。1926 年 5 月聂子政加入中国共产党，成为东昌府区的第一名共产党员。1927 年 10 月中旬，成立了鲁西第一个县委——中共东昌县委(又称“鲁西县委”)，张干民任县委书记。同月，建立了东昌府区第一个农村党支部——中共北周店支部。1928 年 1 月 14 日发动坡里暴动，成立了“东临地区革命委员会”，发布了《告民众书》，提出了“打倒帝国主义”等口号，传播了革命火种。1935 年 2 月，中共济南市委书记赵建民在堂邑徐运北家成立了中共鲁西特委。1936 年 6 月，中共山东省委决定撤销中共鲁西特委，成立中共鲁西北特委。1937 年 5 月，在中共鲁西北特委指导下，建立了中共孙老庄特别支部，发展农村党员，壮大党在农村的力量。1937 年夏初，中共山东省委决定将中共鲁西特委分为中共鲁西特委和中共鲁西特委。

1937 年 7 月 7 日，抗日战争全面爆发。同年 10 月，以中共孙老庄特别支部为基础，建立中共聊城县委。中共聊城地方组织与山东省第六区行政督察专员、保安司令兼聊城县县长范筑先建立起抗日民族统一战线，密切合作，共同抗战，创建了鲁西抗日游击根据地，狠狠打击了日伪在聊城一带的嚣张气焰，成为国共合作抗日的典范，得到了毛泽东等中央领导人的充分肯定和赞扬。1939 年 2 月在聊城凤凰集建立了中共聊堂边区工委，4 月在抗日挺进队的基础上，成立了聊堂边区抗日游击队。1940 年 4 月底，聊城县抗日民主政府成立，10 月聊城县更名筑先县。1942 年 10 月，撤销堂邑县委，建立中共冠堂边工委。1943 年7 月，在聊西工委的基础上组建聊堂工委，11 月组建武训县委。1945 年 7 月 22 日，堂邑解放。1947 年 1 月，聊城解放。

二

进入社会主义革命和建设时期，中国面貌焕然一新。1949 年 10 月 1 日，中华人民共和国成立。聊城县境内聊城、堂邑和聊城城关区 3 个建制县级党政军机关、工厂、学校的干部群众和师生隆重集会，热烈庆祝中华人民共和国诞生。1953 年，中共中央制定了党在社会主义过渡时期的总路线，同时提出并开始执行以实现国家工业化为主的发展国民经济的第一个五年计划。聊城、堂邑两县开展了有计划地经济建设和对农业、手工业、资本主义工商业的社会主义改造，建立了社会主义基本制度。1956 年 9 月召开了中共八大，提出了全国人民的主要任务是集中力量发展社会生产力，实现国家工业化，其根本任务是在新的生产关系下保护和发展生产力。1964 年 12 月，在三届全国人大一次会议上，周恩来总理提出将中国建成四个现代化的社会主义强国的目标。

1966 年 5 月 4 日至 26 日，中共中央召开政治局扩大会议，通过了《中国共产党中央委员会通知》(即“五一六通知”)。以此为起点，一场长达十年的“文化大革命”爆发了。随着红卫兵运动的兴起和发展，正常的社会秩序被打乱，各级党政领导干部被揪斗。1976 年 10 月粉碎“四人帮”以后，全县人民为清除“文化大革命”的影响作出了积极的努力。从粉碎“四人帮”反党集团到党的十一届三中全会召开的两年多时间内，聊城县委带领广大党员干部群众，进行了深入的揭、批、查“四人帮”运动，清查与其有牵连的人和事，撤销其帮派体系。深入开展关于实践是检验真理的唯一标准的大讨论，端正党的思想路线。平反纠正冤假错案，解决历史遗留问题，为各项工作的顺利开展奠定了良好的基础。

三

进入改革开放的新时期，工作重心转移到经济建设上来。1978 年

12 月召开的党的十一届三中全会，回顾了新中国成立以来经济建设的经验教训，把工作重点转移到社会主义现代化建设上来。邓小平作了题为《解放思想，实事求是，团结一致向前看》的重要讲话。全会决定集中精力首先抓农业。全会通过了《中共中央关于加快农业发展若干问题的决定（草案）》，明确提出恢复和扩大社队的自主权，解决多种经营的方针问题；允许实行各种形式的联产计酬责任制；恢复自留地、家庭副业，开放集市贸易，对个体经济予以扶助。另外，还决定对粮食、棉花、油料等农副产品价格逐步作相应的提高。这些方针和措施产生了巨大的成效，改变了农村的生产格局，使原来停滞不前的农业经济，变得欣欣向荣、蓬勃发展了。改革开放的序幕由此拉开。1984 年召开的党的十二届三中全会通过的《中共中央关于经济体制改革的决定》，把经济体制改革的重点从农村转移到城市，是中国从计划经济向社会主义市场经济转变历史进程中的一个重要的里程碑。

1993 年 7 月，聊城市提出了"强工、重农、活商、兴城"等系列指导思想和工作方针。1995 年，全市上下坚持"抓住机遇，深化改革，扩大开放，促进发展，保持稳定"的基本方针，以实现"九五年大发展"为目标，正确处理改革、发展、稳定的关系，努力提高经济运行质量和效益，团结实干，锐意进取，综合实力明显增强。2001 年，区委提出了"聚精会神抓经济，一心一意建强区"。全区瞄准一个目标（建设经济强区），突出一条主线（结构调整），运用两大动力（改革开放和科技创新），实现五个重点突破（农业结构调整、工业经济、民营经济、对外开放、大项目带动）。2002 年 11 月，党的十六大作出了完善社会主义市场经济体制的部署，东昌府区提出"坚持强农固本、工业立区、三产兴区"，以科学发展观总揽经济社会发展全局，完成或超额完成了年初确定的预期目标。2010 年，东昌府区以"转方式、调结构、增总量"为主线，全面实施城镇化战略和工业突破战略，经济总量迈上新台阶，产业结构进一步优化。

四

2012 年 11 月召开的党的十八大提出，坚定不移沿着中国特色社会主义道路前进，为全面建成小康社会而奋斗。东昌府区继续坚持大力实施“工业突破”和“城镇化”两大战略，全力做好调优农业、做强工业、拓展服务业三篇文章，突出城中村改造、招商引资、科技创新、民生改善四个重点，全面推进经济、政治、文化、社会、生态文明五大建设，为全面建成小康社会而奋斗。2015年12月，东昌府区提出实行新型工业化、城镇化、信息化、农业现代化、绿色化“五化”同步推进，大力实施创新驱动战略，发展现代农业，壮大新型工业，繁荣发展服务业，建立创新创业推动机制，深入实施质量强区战略，实施项目带动。

2017年10月召开的党的十九大提出，决胜全面建成小康社会，夺取新时代中国特色社会主义伟大胜利。东昌府区以习近平新时代中国特色社会主义思想为指导，认真贯彻党的十九大精神，凝神聚力谋发展，尽心竭力惠民生。按照“产业兴旺、生态宜居、乡风文明、治理有效、生活富裕”的总要求，着力抓好乡村振兴战略深入实施，全区生产总值完成417.73亿元。2019年，全区紧紧围绕打造“首善之区”的目标定位，正式跨入“全国综合实力百强区”，入选“全国科技创新百强区”和“全国投资潜力百强区”，获得“中国木版年画之乡”“全国绿化模范单位”“四好农村路全国示范县”等荣誉称号。全区生产总值完成448.67亿元，同比增长5.9%，人均可支配收入达到24306元，同比增长9.5%。

以史为鉴，可以知兴替。回顾过去，可以从东昌府区革命和建设的历程中汲取有益的经验和前进的动力，开创更加美好的未来。在以习近平同志为核心的党中央坚强领导下，东昌府区人民以习近平新时代中国特色社会主义思想为指导，全面贯彻党的二十大精神，统筹推进“五位一体”的总体布局和“四个全面”的战略布局，进一步弘扬老区精神，走在前列，争创一流，为创造老区人民幸福美好的生活而努力奋斗！

第一编
新民主主义革命时期

（1921 年 7 月至 1949 年 10 月）

第一章
东昌党组织的创建及活动

中国共产党聊城市东昌府区党组织(简称“东昌党组织”)的酝酿建立和开展活动,首先是在部分先进的青年知识分子中开始的。东昌党组织作为中国共产党的一部分,在领导东昌人民推翻帝国主义、封建主义的斗争中,经历了“斗争—失败—再斗争……胜利”的过程,谱写出颇具地方特色的革命斗争诗篇。

鸦片战争后,中国逐步沦为半殖民地半封建社会,灾难深重的中国人民,是蒙受着耻辱进入20世纪的。为了民族独立和人民解放,无数先驱上下求索、不屈不挠,进行了一次又一次的斗争。1911年,孙中山领导的辛亥革命推翻了两千多年的封建帝制,建立了中华民国。尽管当时还不能真正拯救中华民族,但民主、共和的观念在国民中传播。在此形势下,激进的资产阶级、小资产阶级知识分子发动了新文化运动。1915年9月,陈独秀在上海创办《新青年》,响亮地减出了民主和科学的口号,吹响了新文化运动的号角。1917年俄国十月革命的胜利和马克思主义在中国的传播,给中国人民带来民族解放的新希望。1919年1月,第一次世界大战中的27个战胜国在法国巴黎召开“和平”会议,中国虽以战胜国的名义参加,但和会拒绝中国收回国家主权的正当要求,将战败国德国在山东的特权转让给日本。面对帝国主义列强对中国的步步紧逼和军阀政府的媚外卖国,1919年5月4日,北京终于爆发了一场震惊中外、具有伟大历史意义的大事件——五四运动。当五四运动的消息传到东昌后,设在聊城的山东省立第三师范学校(简称“省立三师”)和山东省立第二中学(简称“省立二中”)的爱国师生迅速作出反应,义无反顾地投身到这一全国性的反帝反封建运动的大潮中去。

第一节 进步师生的爱国运动

五四运动爆发前,受旧制度的束缚和封建统治阶级的残酷剥削,东昌人民世世代代过着一成不变的农耕生活,特别是北洋军阀残酷统治时期,穷兵黩武,横征暴敛,社会动荡不安,人民痛苦不堪。社会经济落后,人们思想闭塞,方圆百里看不见一座工厂的烟囱,听不到一声机器的轰鸣。残酷的压榨与剥削蓄积了人民追求光明、反抗强暴的巨大动力。

任何一次大变革总是从思想上开始的。新文化运动兴起以来,省立三师和省立二中的进步师生就深受其影响,在不断接受新文化、新思想的基础上,逐步萌发了新的意识观念,孕育着革命的火种。他们开始在班内或校内创办“读书会”、编印进步刊物,以诗歌说唱和介绍资料的形式传播新文化、新思想、新意识。当时,省立三师进步师生特别是青年学生,经常能阅读到的进步刊物有陈独秀主编的《新青年》,还有本地人傅斯年主编的《新潮》杂志,这两个文学革命刊物相继刊登了列宁的《帝国主义是资本主义的最高阶段》以及鲁迅、郭沫若等新文化运动旗手的文章,使封闭的东昌府逐渐渗透进一股生机勃勃的思想潮流。人们开始探索、研究中国的前途和命运,寻求民族的希望之路。各校学生运动的骨干召开了各校学生代表联席会,成立“聊城学生联合会”(简称“学联”),讨论确定了联合会的宗旨,研究制定了以组织学生上街游行宣传,张贴反帝爱国标语,散发进步传单,发动市民、商民等各界民众抵制日货、洋货为主要内容的活动措施。随后,联合了30余名商民参加到运动的行列中,成立了“聊城商民联合会”(简称“商联”)。两个联合会协同行动,分别组成宣传队、纠察队、调查队、募捐队等,走街串巷,进行宣传发动活动。“以实际行动反对卖国贼”“拒绝对德和约”“废除二十一条”“决不让日本夺取德国在山东的权利”等标语张贴得全城都是。

1919年6月1日,在聊城学生联合会的组织和号召下,城内爱国学生、商民、市民等各界民众3000余人，在城内东门附近繁华之处举行了群众集会，进一步宣传和发动民众。会上，有20余人登台演讲，揭露军阀政府屈辱卖国、镇压北京爱国学生运动的罪行。广大与会民众无不义愤填膺，怒斥反动政府和帝国主义列强的侵华行径。人们不断高呼“誓死保卫青岛”“还我山东”“外争国权，内惩国贼”等口号。会上，各界代表还商定了抵制日货的措施。宣布凡继续贩卖、销售日货、洋货的商号，一律封门停业，并将货物没收销毁。当即就有学生将没收来的洋货，浇上煤油当众焚烧。为表反帝爱国的决心，不少青年学生在集会场地当众咬破手指，用鲜血写下了“良心救国”四个大字。其情其景，令人感动，催人警醒。集会一直持续到傍晚，人们才慢慢散去。

这次集会后，城内学生开始罢课，商人开始罢市。根据形势的发展，学联、商联合并组成了“聊城学商联合会”(简称“学商联”)。在学商联的统一领导下，省立三师和省立二中的部分爱国学生组成精干的宣传队，分赴邻近各县进行宣传演讲，张贴标语。同时，还组成“抵制日货劝导团”，到各县进行销毁日货的活动，五四运动的烈火在鲁西大地蔓延开来。为进一步唤起民众，学商联又撰写了《泣告全国父老抵制日货宣言书》，印刷成传单，分赴周围各县散发，投寄省内各大报刊登载。爱国学生还经常深入乡间，利用村镇集市进行反帝爱国宣传。学商联以清政府和军阀政府对外签订屈辱卖国条约事实为主题，揭露美、英、法、意、日等帝国主义侵华的野心和罪行，以唤起广大百姓“外争国权，内惩国贼”的良知，推动五四运动的浪潮在聊城深入发展。

其间，学生和商民还自筹与募捐资金，在古楼东大街设立了爱国商场，从业的各商铺摊点一律销售国货。各商店门前都挂起了“勿忘国耻”“抵制日货”“用国货光荣”“用日货可耻”的横幅。整个大街的反帝气氛浓厚、爱国热情感人。乡间一些小学中的高年级学生和部分觉悟高的农民，也加入浩浩荡荡的反帝爱国的洪流中。每逢集市，都有乡间宣传队上街讲演，宣传和介绍北京、济南和聊城城内运动的情况。不少农民和乡村商人深受感动，主动为宣传的学生送水送饭，充分体现了爱国一家的情义。省立三师女子部、省立二中部分女同学以及光岳楼女子小学的学生们也冲破旧的封建礼教的束缚，踊跃参加游行和宣传，有的还加入了合唱队，到街头和乡间演出。

6月3日之后，轰轰烈烈的五四运动在北京遭到北洋政府的残酷镇压，爱国学生、群众遭迫害逮捕。消息传到聊城，更加激起聊城爱国学生和广大民众的义愤。在学联的发动下，全城各校学生在省立三师附近的万寿观召开了学生代表会议，揭露卖国政府的罪行，决定通报省教育厅，宣布学生罢课，以此表示坚决反对中国代表在《巴黎和约》上签字，坚决要求废除《中日密约》。省立三师、省立二中的学生开始了罢课斗争，省立三师、省立二中的进步教师也积极加入了斗争的行列。学联又派人分赴阳谷、临清等县中小学进行串联鼓动工作，带动那里的学生行动起来进行罢课斗争。学生们这一果敢的正义之举，得到鲁西各县广大学生和民众的积极支援和响应，五四运动的浩大声势在鲁西大地上更加澎湃和高涨。为保证运动的深入开展，聊城学生联合会作出决定：如果学校当局和当地政府出面干涉或武力镇压，学生们就离校深入农村，发动农民群众，一起揭露和痛击与五四运动相敌对的丑恶行径，并与他们作坚决的斗争，决不妥协退缩。

从5月下旬到6月上旬20余天的时间，聊城街头经常有学生和市民组成的宣传队开展宣传活动，每个宣传点都汇集着数百名群众，侧耳倾听着宣传员对国家大事和形势的宣讲，不时爆发出雷鸣般的掌声和震天动地的口号声。整个运动和斗争的事实，教育、启发和鼓舞了聊城广大民众的反帝爱国精神，聊城爱国学生和广大爱国群众的这一英勇行动，也有力地配合了席卷全国、震惊世界的五四运动。基于全国人民的强大声势，中国代表最终没有出席巴黎和会的签字仪式。五四运动取得了历史性的胜利，把中国革命推向了一个新的历史时期。

聊城的爱国学生和社会各界民众，在这场波澜壮阔的斗争中经受了锻炼和考验。斗争的实践，激发了有识之士的爱国热忱和寻求救国救民道路的迫切愿望，促进了革命的小资产阶级知识分子，特别是逐渐增多的中学、师范毕业生在马克思主义和新思潮的熏陶和影响下，开始积极地探求个人、国家和民族的出路，为中国共产党在东昌府的创建奠定了思想基础。

1921年7月，中国共产党宣告成立。这是中国革命历史上具有划时代意义的里程碑，中国人民的革命斗争终于有了可以信赖的组织者和领导者，中国革命有了坚强的领导力量。

东昌府区是山东省建立党组织较早的县区之一。1924～1927年，一场以推翻帝国主义在华势力和北洋军阀为目的的大革命运动席卷了神州大地。此时期，东昌府遭受北洋军阀的盘剥和统治，广大百姓饥寒交迫，处在水深火热之中。尽管人民还不能挣脱北洋军阀的黑暗统治，但轰轰烈烈的大革命运动使民众开始觉醒。省立二中的学生经常能阅读到《向导》《中国青年》《创造月刊》等进步书刊，这些书刊对学生的思想启发很大。家住聊城东关姚家园子的省立二中学生赵以政，为广泛团结学生，以同学之间集资的形式在校内开设小卖部，不以营利为目的，提供笔墨纸张、进步书刊等文化用品，资助生活贫困的学生，从而团结了一批进步学生，成立了民主研究会，开展进步活动。1925年5月，上海内外棉七厂工人、共产党员顾正红被枪杀，震惊中外的五卅运动爆发。消息传到东昌府，青年学生特别是省立二中的学生率先作出了反应，他们慷慨激昂地上街游行，进行反帝爱国的宣传活动。省立二中学生在街头自编自演了反映农民贫苦生活的活报剧，赵以政扮演的贫苦农妇使不少围观群众感动得流下了热泪。同时，省立三师进步学生宋占一等人在校内也组织起“爱国十人团”，进行反帝爱国宣传活动。一时间，在古老的东昌府，继五四运动之后又一次掀起了具有浓厚民主革命色彩的反帝爱国浪潮，为中共东昌地方党组织的酝酿和建立提供了理论和干部上的准备。

第二节　东昌党组织的创建

随着国共两党合作和革命统一战线的建立，以广州为中心，形成了革命的新局面。受其影响，就读于省立二中的赵以政、聂子政等有志青年，毅然于1925年秋投笔从戎，辗转到达广州，考入国共合作的中国国民党陆军军官学校（即黄埔军校），学习革命救国的真理。他们在校期间，受到了中国共产党人的思想教育和马克思主义的熏陶，树立了共产主义信念，积极要求参加共产党。

1926年5月，聂子政在黄埔军校加入了中国共产党，成为东昌府区的第一名共产党员。秋末冬初，赵以政于黄埔军校毕业，参加了国民革命军第二次东征，以后又分配到北伐军第三路军朱培德部工作，在江西前线由为黄埔军校第四期学员的工兵大队长介绍加入了中国共产党。是年冬，在济南读高中的聊城孙老庄的孙寒光，加入中国共产党，同时加入中国国民党，为跨党党员。赵以政之弟赵以凯，后考入黄埔军校军官预备班，不久在校加入了中国共产党。至此，东昌府区已有4名青年知识分子在外地加入了中国共产党。

此时，共产党组织开始派遣党员，通过学缘、亲缘、地缘等关系发展党员、团员，扩大党的力量，建立党的基层组织。省立三师、省立二中的进步学生也在积极寻求报国救民之路，秘密寻找共产党。1926年冬，省立三师学生兼校刊主编张廷焕（临清县人）在济南开会期间，结识了济南省立第一师范学校的学生共产党员李思孝（夏津县人）。经李思孝介绍，张廷焕在济南加入中国共产党，并受其指示回省立三师发展党的力量。在很短的时间内，省立三师的党团员就发展到30余人。鉴于党团员发展的大好形势，1927年春夏之交的一天深夜，全体党团员便在学校后院食堂内召开会议，宣布成立党团组织，后定名为“东昌支部”。

1927年夏，宋怀玉受山东省（区）党团组织派遣，以转学之名来聊城省立二中秘密进行党团组织的发展工作，先后介绍王筱湖、申和生等30余人入团，并很快建立了共青团聊城省立二中支部。东昌支部和共青团聊城省立二中支部的建立，标志着东昌地方党团组织在大革命时期的创立和革命活动的开始。

1927年秋，东昌府区第一个农村党支部——中共聊城北周店支部建立。支部设在聂子政家的南屋里，聂子政任支部书记。同时，北周店一带的农运工作也开展起来，成立了北周店农民协会，发展了农协会员。在党支部的发动和组织下，党员和农协会员积极工作，把党的宣传品多次张贴到闫寺和城关街上，传播党的主张，扩大党的影响。中共聊城北周店支部的成立，是东昌府区共产党人的革命活动与当地农民运动相结合的开始。

1927年，蒋介石和汪精卫相继在上海和武汉发动了四一二反革命政变和七一五反革命政变，国共两党第一次合作宣告破裂，轰轰烈烈的大革命运动失败。8月7日，中共中央在湖北汉口召开了紧急会议，总结了大革命失败的经验教训，坚决纠正了政治上的右倾投降主义错误；确定了土地革命和武装反抗国民党反动派的总方针，明确提出了“枪杆子里出政权”，号召全党全国人民继续进行革命斗争。

尽管共产党处于秘密状态，但从发展势头和活动影响来看，这是土地革命战争时期的十年间，聊城地方党工作最活跃的时期。其主要有以下原因。

第一，赵以政、聂子政等共产党员按照上级党组织的指示陆续从南方返回聊城，开展起秘密组建党组织活动。

第二，党团员人数的较快增加，至1928年1月聊城已有党团员70余人。

第三，农民入党，农村党支部的建立，农民协会的成立，开展起的农民运动。

第四，省立三师、省立二中党团工作的活跃和学潮的高涨。当时，党在省立三师、省立二中活动的重点：一是宣传党的斗争纲领，打倒帝国主义、封建主义和国民党新军阀蒋介石，建立中华苏维埃政权；二是彻底揭露国民党反动派背叛孙中山的“联俄、联共、扶助农工”的三大革命政策以及叛变国民革命、屠杀工农的罪行。其主要斗争方式是印发小报，张贴标语，在民众中广泛宣传共产党的主张；利用读书会、同乡会，联系和争取进步学生，提高他们对共产党的认识。

第五，本区交通不便、经济落后，尽管已有共产党的活动，但尚未引起敌人的注意和重视。

第六，驻扎在聊城的奉系军阀张宗昌只顾联合其他封建军阀残余势力，穷兵黩武、搜刮民财，全力对付新军阀国民党反动派的所谓“北伐”，对聊城的政治局面已无力顾及。

第七，聊城的共产党和国民党均处于北洋政府的高压统治下，国民党也处于不公开或半公开状态，他们除积极发展壮大自己的力量外，主要期待和等候国民党北征队伍的到来。

在中共山东省委的指导下，聊城共产党人抓住时机发展壮大力量，聊城地方党组织应运而生。1927 年 10 月中旬，中共山东省委派团省委秘书长张干民（临清县人）来聊城。按照组织上的安排，由省立二中学生申和生（阳谷县人）引导，将张干民接到姚家园子赵以政家里，与省委委员王寅生和共产党员赵以政、聂子政见面，传达了省委的指示，分析了聊城地区的革命斗争形势，统一了思想认识，一致认为应尽快落实省委意见，立即建立县委。随后，在赵以政家的南屋里，由张干民、王寅生、赵以政、聂子政、袁果（博平县人）5 人举行了党的会议。王寅生代表省委宣读了省委关于组建中共东昌县委（又称“鲁西县委”）的决定，学习了《中共中央告全国人民书》，随之宣布中共东昌县委正式成立。紧接着召开了第一次县委会，根据省委的指示和安排，由张干民任书记，王寅生任宣传委员，赵以政任组织委员，聂子政任军事委员，袁果任青年农民委员。会上，根据省委的要求，研究了县委今后的工作计划，一致认为要把党的工作重点放在农村，以贫雇农为骨干，大力发展农民协会组织，开展抗租、抗捐、抗高利贷，反地主土豪劣绅等各项斗争。同时开展士兵运动，在士兵中发展党员，夺取武装；在城市街道中组织小商小贩抗捐抗税；在省立三师、省立二中发展进步学生，成立学生会、读书会，传播马列主义，宣传共产党的主张，揭露新军阀蒋介石屠杀共产党员和工农群众的罪行，激发他们的革命热情。根据聊城革命斗争的实际情况，按区域分成四大片进行革命斗争活动。即聊城南、阳谷、莘县为一片，由王寅生、申和生负责；聊城北为一片，由聂子政负责；博平、茌平为一片，由袁果负责，赵以政协助；东平和聊城城内为一片，由张干民和赵以政负责。另外，军事工作、士兵工作以王寅生为主，聂子政、赵以政两人协助。

中共东昌县委隶属中共山东省委，其下辖中共博平区委，中共聊城北周店支部，聊城省立三师党团组织，聊城省立二中党团组织，中共博平袁楼支部，中共阳谷九都杨支部，聊城闫寺张庄、关帝庙党员的个人直接关系。

县委机关暂设在赵以政的家中。7 天后迁至城内北门里傅弼庵家的偏僻小套院里，因傅弼庵是清初状元傅以渐的后裔、著名历史学家傅斯年的近族，所以县委机关迁至他家较为安全。随着县委工作的迅速展开，贴标语、散传单、召开会议等，出入傅宅的人多起来，引起国民党地方当局的注意。月余后，为防止敌人破坏，在赵以政的一再坚持下，县委机关再次迁回地处城郊的赵以政家中，并增补宋占一、杨耕心为县委委员。县委机关设在赵以政家，得到其家人的大力支持。当时其父赵子芳①在家中设有私塾，有学生出入能掩人耳目。经常往来的共产党人身上高昂的革命激情和忘我的工作精神，也影响了赵氏一家，赵家成了接待站，他们自觉为共产党人烧茶做饭、站岗放哨、保管和传递文件，为东昌县委开展革命工作提供了很多方便。

第三节 东昌县委领导的坡里暴动

1927 年 11 月中旬，中共山东省委组织部部长丁君羊（丁基石）来聊城视察工作，由县委书记张干民陪同到博平县参加了中共博平区委在袁楼召开的群众大会。丁君羊在会上讲了话，主要是鼓励大家动员起来，参加政治活动和农民运动，武装夺取政权，掌握自己的命运。

是月，恰逢张宗昌驻聊步兵旅为防御国民党的北征，撤出聊城去津浦路和黄河渡口驻防，聊城地区形成了敌人力量薄弱而空虚的局势。中共东昌县委成立后，即研究制订了在阳谷坡里发动农民实施武装暴动的计划。

坡里村位于聊城、阳谷、莘县三县交界处，村北有一天主教堂，始建于 1889 年，占地千余亩，规模甚大，楼堂瓦舍，高墙深堑，犹如一森严城堡。该教堂由德国天主教教士经营，教堂内有教士、修女，他们除通过传教进行文化侵略外，还雇了一批穷凶极恶的打手，横行乡里，强迫周围村庄的农民入教，成为他们的奴仆和佃户。附近的地主豪绅为虎作伥，充当洋人的帮凶和走狗，变本加厉地欺压百姓。周围民众对他们的罪恶行径早已恨之入骨。是时，阳谷北部有一支由韩建德、曹万年领导的农民武装。韩本是农民，为地主土豪所欺而被迫揭竿聚众，打出了

---

① 赵子芳，即赵长馨，字子芳，育有 4 子 3 女。赵家是家境较富裕的书香世家，子女自幼在家读书，五四运动后，赵子芳支持子女学习新文化，曾与长子以政同时考入聊城县地方自治讲习所追求进步。在赵以凯、赵以政相继为革命牺牲后，赵老先生继续教育儿孙献身革命。在全民族抗战初期，把三子以唐、四子以彭和以政的遗孤、13 岁的赵芳谱（赵彬）先后送入中共鲁西特委领导的抗日游击队。

“替天行道、杀富济贫”的旗号,夜聚昼散,颇有些江湖绿林好汉之意味,更为官府和周围地主恶霸所畏惧,是一支较易争取的力量。对此,通过共产党员杨耕心引见,中共东昌县委书记张干民和王寅生、赵以政、聂子政等领导人多次与韩建德见面,向他讲述了共产党的主张,从道理上说服并指出只有在共产党的领导下,农民斗争才有出路,中国革命才有前途,动员他尽快走上共产党领导下的民族解放之路。经启发、教育和引导,韩建德愿意合作。遂成立了暴动军司令部和工作机构,韩建德任总司令,王朝举任副总司令,聂子政作为党代表参加司令部的领导工作。工作机构设有宣传、谍报、民政、总务、财务5个科和1个军法处,宣传科、谍报科分别由共产党员申兰生、宋占一、郭庆江负责。

1928年1月14日(农历腊月二十二)黄昏时分,起义队伍悄悄来到距教堂一里之遥的地方隐蔽起来。是日大雪纷飞,聊城大地银装素裹。暴动前,赵以政曾到北周店支部传达上级指示,动员北周店的全体党员和农协会员去支援坡里暴动。北周店支部和农民协会在村小学教室里召开紧急会议,确定了6名党员和部分主动请缨的农协会员于第二天黎明出发,步行百里于当日下午赶到暴动地点加入起义的农民自卫军,编入由共产党员孙大安为队长的“党员队”,拿起大刀、长矛或步枪参加到坡里暴动队伍之中。

聂子政对起义队伍作了简短的战斗动员,韩建德进行了具体的战斗部署。随后,乘教徒晚祷之机,韩建德率领扮成教徒的尖刀排,身藏武器,混入晚祷的队伍进入教堂,伺机迅速占领门楼,鸣枪报信。大部队快速赶到,暴动大军很快占领教堂大院,其护院、打手、教徒二三百人被控制起来,主教神父、修女6人也被关押拘禁。缴获长短枪四五十支、子弹2万余发、银元2.7万余块,另外还有大批粮食和其他物资。16日,中共东昌县委书记张干民和王寅生由聊城赶至坡里教堂,宣布成立东临地区工农革命委员会,并以此名义发布了《告民众书》,提出了“打倒帝国主义”“打倒军阀”“打土豪、分田地,建立农民武装,建立工农革命政权”等口号,强调了“开放民权”“建立民选政府”的政治主张。几天后,各地农协会员等已在坡里聚集了四五百人,声势浩大。

为扩大政治影响,壮大革命力量,更广泛地发动民众,起义军首先用小车和麻袋将教堂内几十万斤粮食运到打谷场上，开仓济贫，拨出四五十人经管发放。放粮工作日夜进行，教堂周围贫苦百姓推车挑担、络绎不绝地前来领粮，群众欢天喜地，盛况空前。同时，组织宣传队在打谷场上演讲，控诉西方列强及国民党反动派的罪行，宣传共产党的主张，鼓励人民起来斗争，为推翻黑暗统治增添一份力量。同时，还组织了武装工作队到周围村庄发动农民斗争恶霸地主，收缴枪支，分粮分款。起义军当场枪决了为地主阶级企图“和谈”和“收编”起义军而充当说客的地痞盛思本，从而打击了地主阶级的嚣张气焰，振奋了穷苦百姓敢于斗争的勇气，增强了战斗力。

坡里暴动震惊了聊城及山东各地的军阀，东昌道尹陆春元调集所辖县的警备队，并勾结土豪劣绅民团一起进行反扑，包围了坡里暴动武装。暴动历时 25 天，最后失败。之后，党组织决定：凡参加坡里暴动的共产党员各自离开原地，隐蔽起来，以保存革命力量。

暴动失败后，中共山东省委又将张干民、宋占一、袁果和张廷焕分别调省委和团省委工作。聂子政、杨耕心等坡里暴动的指挥者、组织者和参与者，也因遭反动当局通缉和聊城军警追捕而被迫隐蔽，逃亡他乡。此时，中共山东省委指示由赵以政代理东昌县委书记，留守聊城坚持工作。因暴动失败，党团员有的退党退团，有的外出躲避，留下的极少数人也隐蔽起来或停止了活动。因此，聊城党的力量相当薄弱，已无可与强敌相抗衡的力量。

1928 年 3 月间，奉系军阀在山东的统治已濒于崩溃，张宗昌的军队纷纷北撤。赵以政抓住时机深入博平袁楼一带发动党员和农协会员，组织扩大农民协会的秘密武装，并与省立二中、省立三师的党团员取得联系，以他们为内应，计划首先占领博平，然后再进攻聊城。4 月间，张宗昌驻聊部队撤出，国民党军队还未进驻，聊城一时出现了短暂的真空状态。赵以政等人立即决定调集袁楼武装力量进攻聊城，建立革命根据地。但是，国民党反动派的地下组织成员王慕桥、刘培誉、宋志光等纠合了一部分封建地主武装，抢先乘虚占领了聊城，并利用土豪劣绅集团组成的所谓“农民协会”，推举所谓的“民选县长”，制造声势，迎接国民革命军第二集团军第十八师程心明部入城，挂出了“中国国民党聊城县党务指导委员会”的招牌，公开反对共产党。

鉴于革命形势急转直下和不断恶化的实际状况，中共山东省委根据中共临时中央政治局扩大会议要求“党的领导干部工农化”的精神，派马守愚来聊城调整和改组中共东昌县委。1928年5月，中共东昌县委在县城西北的凤凰集村召开扩大会议。会上，马守愚宣布了中共山东省委的任命，由贫农出身的林梦白继任中共东昌县委书记，袁寿宸（袁本恒）任组织委员，郭庆江任宣传委员，代理书记赵以政改任县委执行委员。会议决定：中共东昌县委机关迁至博平县袁楼村，赵以政留聊城城内继续坚持党的地下工作。

由于叛徒出卖，敌人很快掌握了聊城地区30余名共产党员的名单，并迅即展开抓捕。中共东昌县委要求赵以政迅速转移，但他本人认为突然离开会给其他未来得及转移的党员带来不便，遂推迟了行期，处理善后工作。6月8日上午，赵以政在家中被王慕桥、杨芳亭等率领的聊城县警备队逮捕，其父赵子芳与三弟赵以唐同时被警备队带走，后在街坊邻居的联名具保下二人获释。赵以政被捕后被关押于鲁西剿匪司令部，敌人对他实行“军法会审”，起初采用高官厚禄的手段，诱迫他在“自首书”上签字，交出鲁西党员名单，遭到严词拒绝。后又严刑拷打，用信香和蜡烛烧得他两腋流油、遍体鳞伤。赵以政在狱中受尽酷刑，忠贞不屈，回答敌人的只有一句话：爱国无罪，革命无辜！并用鲜血题写壁诗：“死刑复何惧？我还仰天呼！”表现了一个共产党员视死如归的英雄气概。敌人黔驴技穷，便决定将他杀害，以达杀一儆百之目的。6月19日清晨，聊城四门和城中心光岳楼等处均张贴了枪杀赵以政的大幅布告，赵以政带着沉重的镣铐在一连匪兵的押送下大义凛然、慷慨赴难，沿途他大骂国民党反动派，高呼“中国共产党万岁”。敌人将他杀害于聊城南门外水桥旁文昌阁处，年仅24岁。赵以政是东昌府区第一位为革命流血牺牲的共产党人。①

---

① 1928年，中共聊城党组织在赵以政的出生地——聊城市东关姚家园子村北竖立墓碑。1971年，赵以政墓被迁至聊城市花园南路人民公园东南角。现为聊城市重点文物保护单位，是干部群众特别是青少年学生接受革命传统教育的重要场所。

从此，共产党在聊城的革命活动处于隐蔽状态，革命形势处于低潮。此时期，在蒋桂战争中叛冯拥蒋的韩复榘被蒋介石委任为山东省政府主席，为保存实力、独霸山东，组织了密布城乡的庞大的特务网络，对共产党人和革命志士施行惨无人道的政治高压、精神摧残和疯狂屠杀。

第四节　东昌党组织在逆境中发展壮大

由于共产党领导革命斗争的经验不足，加上受到党内“左”倾错误的影响，在严重的白色恐怖下，一些革命意志不坚定者经受不住残酷斗争的考验。1928～1933 年中共山东省委连续遭受 10 次重大破坏，仅省委书记就有 6 人相继变节投敌，省委和一些地方党组织屡遭严重破坏。1931 年 4 月 5 日，共青团山东省委书记宋占一与前山东省委书记、中共一大代表邓恩铭等 22 名重要领导同志同时遇难，白色恐怖笼罩着齐鲁大地，东昌地方党组织几次失去了与上级党组织的联系。在此逆境中，东昌地方党组织不但没有被敌人的血腥屠杀所吓倒，而是执着追求、不断探索、扎实工作，共产主义的种子在东昌大地照常萌发。

中共东昌县委机关由聊城城内迁往博平袁楼后，聊城党团组织活动基本停止。但在省立三师、省立二中隐蔽下来的党团员以及新入学的党团员学生，仍断断续续地开展地下对敌斗争，其主要活动是宣传共产党的主张，秘密发展党团员，抓住一切有利时机与国民党反动派进行合法和半合法的斗争。

1931 年，日本帝国主义制造了九一八事变，东北近百万平方公里的土地和三千万同胞陷于日寇铁蹄的蹂躏和践踏之下。九一八事变和全国开展起抗日救亡运动的消息传到聊城，激起民众的极大震动，省立三师、省立二中的爱国学生强烈呼吁和要求政府出兵抗日。不论在校园、教室还是在食堂、宿舍，到处可见三五成群的学生聚集在一起谈论如何动员全国军民，发起抗日爱国运动等。在这一形势的感召下，原来很多不关心政治、一心读书的学生也不能埋头求学，有的要求投笔从戎；有的响应平、津、沪学生的爱国举动，要求学校当局允许他们去南京请愿。

面对学生表现出的为中华民族的命运和前途担忧的爱国热情，省立三师以党团员为主的学生认真分析了形势，认为应不失时机地团结爱国师生进行斗争，在全校发动一次较大声势的反帝爱国运动，以揭露国民党反动派的卖国行径，使共产党的主张深入人心，同时在斗争中使党团员和爱国师生受到锻炼和考验。

1931年9月28日，在党团员和进步师生的倡议下，全校12个班级的大部分学生自动在学校大操场集合开会。会上，一方面声讨日寇的侵华暴行，要求政府出兵抗日；另一方面要求学校当局批准组成“三师学生请愿团”，到南京去请愿，声援平、津、沪和济南等地学生的革命行动。高级师范七级二班学生、共产党员刘子蔚（刘书林）在集会上慷慨激昂的演讲，引发在场师生一阵阵热烈的掌声。

正在学生群情激昂的时刻，校长周超（字拔夫，梁水镇周庄人，南京中央大学历史系毕业）、训育主任朱衣仙（临清人，北平[①]燕京大学毕业）和教务主任陈际晨（益都人，南京东南大学毕业）等人出现在学生们面前。他们都是国民党员，听到学生中国民党分子的汇报，急忙赶来压制学生运动。爱国学生不肯善罢甘休，与校方进行了强有力的辩论，校方依然百般阻挠。集会后，他们指派教员到各班进行说教和恫吓，同时通知学生家长配合校方严加管教自己的子女，不得有违校规之举。

省立三师爱国学生赴南京请愿虽未能成行，但使学校当局看到了爱国学生的力量，为怕再闹事，学校采取提前放假的手段，强迫学生离校。学生爱国斗争的烈火虽被暂时熄灭了，但共产党的主张却进一步深入人心，师生中的进步力量又逐步活跃起来。

1932年下半年，中共山东省委组织部负责人田××来聊城省立三师帮助恢复建立党的组织。田××到省立三师后，先找到八级二班学生、共产党员桑艮阳（肥城县人）和孙芳茜（阳谷县人），通过济南省立高中学生马云祥和省立三师学生于泮清等人介绍，与刘子蔚接上关系。听取情况汇报后，决定在省立三师成立中共鲁西总支委员会（简称“鲁

① “北平”为北京的旧称之一。1928年改北京为“北平”，1949年10月1日新中国成立后以此地为首都，复称“北京”。

西党总支”)，隶属中共山东省委，由刘子蔚任书记，桑艮阳任组织委员，孙芳茜任宣传委员。

中共鲁西总支委员会成立后，主要领导省立三师、省立二中、省立十一中(临清)和省立第八乡村师范(寿张)等学校中的地下党团活动，在学校中发展党团员，壮大组织力量，开展多种形式的对敌斗争，宣传党的主张，传播革命真理，特别是在省立三师发动和领导学生运动。其间，鲁西党总支的组织发展工作很有起色，自鲁西党总支成立至1934年不到两年的时间里，先后发展申云浦、谢鑫鹤、盛北光(盛广灿)、王晋亭等30余人入党。

1933年春，鲁西党总支为便于实行对鲁西党团活动的领导，避开学校当局和山东省立聊城师范学校(1933年春，山东省立第三师范学校改称“山东省立聊城师范学校”，简称“聊城师范”)国民党组织的注意和破坏，在聊城师范校门外东邻胡邦盛的茶馆小院内租了一间房子，作为党组织开展活动的秘密联络站。在这里，鲁西党总支对所辖党组织传达党的指示、工作通知，召开党的秘密会议，这一秘密联络站被誉为“红色堡垒”。是年6月，因中共山东省委遭到破坏，鲁西党总支与省委一度失去联系，但仍能自主坚持工作，开展党的活动。

1934年7月，刘子蔚毕业离校，鲁西党总支的工作移交给申云浦和陈景文(陈子周)负责。其间，国民党蒋介石集团的统治面临严重危机，蒋介石为加强统治，除扩大军事、政治和特务的力量外，还借助精神的力量，大肆宣扬封建道德和法西斯主义，发起所谓的“新生活运动”，提倡“民族固有道德礼义廉耻”，对全国人民加强精神统治，用封建的伦理道德来整治人心，禁锢广大人民的一言一行，妄图让广大人民服服帖帖地接受统治。在这一形势下，聊城师范校内的政治气氛非常不利于共产党的活动，仅有校图书馆是党内同志活动的重要场所。他们除加强钻研马列书籍外，更注意对时事的研究，并注重帮助思想进步师生，继续发展壮大组织力量。此时，申云浦的活动引起校方和国民党分子的注意和监视。之后，其身份暴露，于1935年初放寒假时被学校当局开除离校。申离校后，聊城师范党组织的活动更加隐蔽。

为了在鲁西各学校中扩大党的影响，积极开展组织活动，在鲁西党总支的统一部署下，各校党团组织都创办了自己的外围组织——读书会。读书会是半公开的进步学生团体。参加读书会的学生，都是事先经组织考察，思想倾向进步，并由一个正式会员介绍，经读书会批准后方可加入。在读书会里，会员们当时能看到的书籍有鲁迅的《呐喊》《彷徨》，郭沫若的《女神》《三个叛逆的女性》，蒋光慈的《少年漂泊者》《冲出云围的月亮》，高尔基的《母亲》，左联的期刊《萌芽》《奔流》，共产党的刊物《十月》《红旗》以及秘密传阅的马列著作。这些书刊的秘密流传，使不少进步学生在思想上受到启发，觉悟上有了提高，行动上趋于革命。此类书刊是学校当局和国民党政府所禁读的，一经发现，读者即遭抓捕或审讯，但学生们利用课余时间，每天清晨自习或晚饭后，三五成群地把进步书刊夹在课本中间走出校门，或到城墙上，或到护城河边，几个人围坐起来边读边议。对这些书刊的传阅、研读，开阔了思想境界，增长了革命知识，因此读书会办得越发活跃起来。

鲁西党总支要求党员在读书会里利用交朋友的方式，在会员中选择培养党团员纳新对象。鲁西党总支领导下的聊城师范各党小组的活动，多半是利用晚饭后逛城墙或沿护城河边散步时进行，有时利用星期天逛花园或以看铁塔、傅坟为掩护。组织开会、传达党的指示或讨论党员入党事宜，大都是在校外秘密进行。按照组织规定，为坚守党的秘密，党员之间一般都是单线联络。有时，同一个党小组组长领导下的几名党员之间也互不了解各自的身份。因此，即使在白色恐怖严重时，也没有造成党组织的破坏。

1932 年冬至 1933 年春，鲁西党总支曾在聊城城内组织发动了推水车工人要求增加工资的罢工斗争。当时，聊城数西关大堤口的井水最好，城内的大户用自己的马车到那里去拉水，大部分商号和有钱人家则靠买水。可拉水工人每车水只卖到 5 分钱，因此他们一般收入低、出力大，生活极端困难。鲁西党总支认为，这是发动群众与有钱人作斗争的好机会，便安排党员利用星期天的时间，对推水车工人进行宣传鼓动，启发他们的阶级觉悟，引导他们团结起来反对剥削和压迫，鼓励他们为生存而斗争。经反复做工作，有 40 余名推水车工人进行了提高水价的斗争。这一举动，在城内民众中产生了积极的影响。

1932年冬，正值全国人民一致要求抗日、挽救民族危亡的关键时刻，蒋介石提出了“攘外必先安内”，为揭露蒋介石的这一阴谋，鲁西党总支在确保组织和党员个人安全的前提下，要求各班级的党员带动积极分子，利用合法场合与之展开斗争。于是，在省立三师掀起了一场班级性的政治辩论活动。通过深入宣传和群众性的正反两方的政治辩论，有力地驳斥了国民党反动派的谬论，宣传了共产党的抗战主张，得到了聊城地区广大民众的声援，促进了抗日潮流的高涨。

1933年4月间，由于中共山东省委屡遭破坏，国民党特务带领侦缉队施行大逮捕，全省阴云密布。中共山东省委派交通员李振山来聊城传达省委指示。其主要内容是根据当前形势，注意保存自己，确保组织安全，团结依靠群众，注意斗争策略。同时，鲁西党总支书记刘子蔚向李振山汇报了党总支工作，并让李报告省委：为配合中央苏区的反“围剿”斗争，总支计划在全城进行一次张贴标语的活动。李振山当即表示赞同和支持，为防止敌人查对笔迹，主动承担了书写标语的任务，在聊城师范校门外胡邦盛的茶馆里，李振山写了很多标语。两天后，各党小组组长分别将标语领走，按3人一组，分侦察路线、用袜筒盛糨糊涂抹、贴标语3个步骤，十几个党小组一齐出动，一夜之间，聊城城内主要街道路口甚至国民党第三路军二二〇旅旅部门口均出现了“打倒蒋介石”“打倒国民党卖国政府”“同胞们，团结起来，为争取民族解放而斗争”“苏维埃政府万岁”“中国共产党万岁”等红红绿绿的标语。在聊城师范校内，标语贴到了校长、训育主任、教务主任的办公室门上，教学楼左右和几个重要过道也都贴上了醒目的标语。第二天一大早，街上行人和校内学生都纷纷争看新张贴的标语，有的大声朗读，故意渲染气氛，扩大影响。

1935年2月，开学后，共产党员盛北光休学一年期满回校复学，插入九级二班。与王晋亭、钱杰东3人交换意见后，决定将鲁西党总支改名为中共山东省立聊城师范中心支部（简称“支部”），盛北光任支部书记，王晋亭任组织委员，钱杰东为宣传委员。

支部建立后，王晋亭积极开展党的活动，针锋相对地同校内国民党反动分子进行斗争，引起校内国民党特务（时称“职业学生”）跟踪密报。

7月，校方以莫须有的罪名令其退学。1935年下半年开学后，支部研究决定增补郭庆云为支部委员。1936年清明节前后，盛北光、钱杰东、郭庆云、宋秋潭等100余名应届毕业生，在国民党山东省教育厅的命令下，离校到济宁山东八校师范生乡村服务训练处参加集训。

支部成立后，立即研究分析了校内所有共产党员的情况，认为能坚持政治活动的只有十几人，故支部决定，对态度消极不敢活动、长期不找党组织联系、不参加党的活动的党员一律甩掉。同时做好脱党退党者的善后工作，告诫他们以后再不准谈党内往事，更不能出卖组织，如发生党组织遭受破坏、党员受陷害之事，出卖党组织者绝不会有好下场。因此，在白色恐怖严重时期，虽有人退党、脱党，但没有发现他们出卖党组织的事情。支部成立后，非常重视组织发展问题，在第一次会议上即讨论通过了纳新进步青年杨绪铭、耿祎等为中共党员。随后，由钱杰东调查了解并澄清了校内图书管理员耿荆山误入托派的问题，将其纳入党组织。在为党组织补充新鲜血液的同时，党支部特别强调组织纪律，加强党组织的保密工作。党员之间不准发生横向联系，党组织和党员之间实行单线联系。

鉴于革命形势处于低潮的实际情况，支部强调尽量利用一切能利用的合法身份进行活动。支持党员个人与地主家庭出身或有国民党政治背景的同学、友人建立并处好关系，以掩护自己、保护组织。

为利用学校的合法身份进行党的活动，盛北光、钱杰东向教务长黄沧溪建议由耿荆山向学生讲授“农村问题”。经校方批准后耿荆山给九级各班每周讲一课，其薪金由29元提高为40元，耿每月交5元党费用来购买进步书报刊物。此后耿荆山升为教务员兼图书管理员，可参加学校校务、教务会议，成为党支部在校方的耳目。

支部成立不久，破坏中共山东省委的大叛徒——省委组织部前部长宋鸣时由临清来到聊城，扬言专为破坏聊城的共产党组织、抓捕聊城师范共产党员而来。当时，社会上的共产党员已作暂时回避，而学校中爱读进步书刊、对当局不满而爱发牢骚的学生心情都很紧张，共产党员心中也忐忑不安。因宋鸣时叛变前的特殊身份，在全省党员为数还不太多的情况下，各地党组织情况甚至党员名单都在他掌握之中。为此支部立即召开会议,通知到每个党员做好被捕牺牲的思想准备。党支部研究讨论并规定了被捕后的三部曲:一是被捕后在无证据的情况下,不论敌人动用什么酷刑和实施什么骗术,决不供认自己是共产党员;二是如果有叛徒指认或有其他确凿证据,确已无法否认,就凛然正气地承认自己是共产党员,进而利用敌人的法庭据理相辩,宣传共产党救国救民的主张,利用法庭对敌斗争,变被告为原告,争取民众的同情和支持;三是如果法场临刑,要一路高呼"共产党万岁""打倒卖国害民的国民党政府"等口号,以扩大共产党在人民群众中的政治影响。

复杂的斗争环境,使年轻的共产党人逐渐成熟起来,党支部在纳新党员时申请人未填写自己的真实姓名,上报的也是假名字,因此,党员都有较充分的思想和精神准备。又因有耿荆山随时通报和资助容易暴露的党员提前离校躲避,宋鸣时尽管煞费心机三次到聊城师范调查,却未能抓到一名共产党员,更未能摸到党组织的蛛丝马迹,最后灰溜溜地离开聊城。

1935 年夏,支部拟定在聊城师范学生中开展一次学术辩论会,以达到宣传政治的目的。支部书记盛北光和宣传委员钱杰东经教务主任黄沧溪同意,又取得训育员的支持,使辩论会合法化。辩论会确定了两个题目:一是"国家政权是否为人民利益的",二是"是地主养活了农民,还是农民养活了地主"。支部内定将支部成员分成正统组和反对组两个对峙的阵式,并规定正统组只能失败,同时要求在辩论过程中,既要用大量的事例揭露国民党反动派的本质,又要大力阐述马列主义和唯物辩证法。支部组织的"学术辩论会",历时两个半天,参加辩论和倾听的学生挤满了九级二班的特大教室。一切按计划进行,辩论进行得热烈而深入,最后,正统组被批驳地败下阵来。全校顿时轰动,一些国民党反动分子和落后学生纷纷出面上诉校长,校长孙芳时也懊悔当初不该允许学生们如此"造次",遂立即通知停止辩论,并决定以后再也不准搞这样的活动。

1935 年 12 月 9 日,在中国共产党的领导下,北平掀起了大规模的学生爱国运动,喊出了"打倒日本帝国主义""停止内战,一律抗日"等口号。北平学生的爱国行动很快得到全国人民的广泛响应和支援,迅速形成了全国范围的抗日救亡运动高潮。面对蓬勃发展的革命形势和学生们高昂的爱国热情，支部决定联合省立二中的学生上街游行。游行后准备成立聊城学生救国会，以加强对斗争的领导。因泄密，学校当局严守校门不准学生外出，上街游行未能进行。党支部便组织力量到各班级联络，在校内召开了声援一二·九北平学生爱国运动大会。校方极力破坏即将掀起高潮的学生运动，宣布提前放寒假，学生因无法解决食宿问题，只好陆续离开学校，活动停止。

1936 年 1 月，支部召开会议，与会成员认为没有上级党的领导，又与外地党组织无联系，如此孤军奋战是不行的，必须尽快寻找上级党组织取得领导和指示。春节前，支部负责人盛北光和钱杰东去濮县古云集找河北省党组织接续组织关系。春节后，中共山东省工委组织部部长、中共济南市委书记赵健民也去古云集，找河北省党组织联系恢复中共山东省委事宜，聊城师范党组织遂接受省工委的领导。

1936 年清明节后，李飞接任支部工作。与此同时，国民党山东省党部派人来聊城调查共产党的活动情况，耿荆山听到消息后立即向支部汇报。支部开会研究决定，为确保组织安全，暂时停止公开活动。这时，在一二·九运动的影响下，聊城师范进步学生姜作军通过在北平读书的老乡，得到北平学生救国会和民先①总部的文件及宣传材料，邵玉琢（邵汝群）、史占岐、耿祎、李志峰等如获至宝，经常在一起阅读、讨论，遂于 10 月间在护城河苇丛内召开秘密会议，宣布成立聊城师范民先组织（简称“民先组织”），推选姜作军为负责人。当时，在校的地下党员耿荆山、任汝舟、王学信和支部负责人李飞都积极支持并参加了民先组织的活动。民先队活动的主要内容是讨论国事，传播党的宣传品，激发学生的抗日反蒋爱国热情，并利用办墙报、写文章、开班级演讲会等方式，宣传共产党的抗日主张。1937 年 9 月聊城师范南迁，党组织解体。

坡里暴动失败后至 1934 年，堂邑县境内共产党的活动处于低潮。继土地革命战争时期加入共产党的聂子政、宋占一之后，堂邑县又有一

---

① “民先”即中华民族解放先锋队的简称，1936 年 2 月在北平成立，是在中国共产党领导下的以抗日民主为奋斗目标的先进青年的群众组织。

批先进的青年知识分子陆续在外地加入共产党并从事党的活动。在中共山东省委连续遭受破坏的情况下，在济南从事地下工作的徐运北曾多次到北平寻找党组织，均未取得联系。1935 年 2 月，徐运北回到家乡。中共山东省临时工委负责人、中共济南市委书记赵健民在堂邑城里徐运北家中，以春节拜年走亲访友的形式，召开了聊城、阳谷、冠县、堂邑、寿张等地党组织会议，成立了中共鲁西特委。1935 年 10 月，鲍廷干（堂邑县鲍家海子村人）在外地由高中同学林一山（林玉山，北平师范大学学生）介绍加入中国共产党。11 月，鲍廷干回到家乡和正在堂邑开展党的工作的徐运北接上党的关系，并归属徐运北领导。

鲍廷干入党后，在老家鲍家海子一带的公开身份是小学教师，他积极联络进步青年农民，先后发展了边云如、于少畬等人入党。1937 年 2 月，上级为加强对堂邑的领导，尽快开展抗日救亡运动，由中共鲁西北特委负责人刘仲莹（老范）主持，在鲍廷干家中召开党的会议。会上，刘仲莹代表上级党组织宣布：在堂邑县成立党的特别支部，由鲍廷干任特支书记，支部成员包括徐运北（未到会）。会上谈了一般政治问题，并作了两条决定：在学校教员中开展工作，方法是成立读书会；在农民中发展党员。

中共堂邑县特别支部成立后，首先以特别支部成员为中心，联系各方面的知识分子，成立了读书会。读书会以小学教师为主，没有会章，没有入会手续，主要是以进步书刊向人们宣传革命思想，基本上与党的宣传口径相同。在思想觉悟提高的基础上，党组织的发展工作也逐步展开，发展农民党员十余人。为加强与上级党组织的联系，方便读书会成员订阅进步书刊，鲍廷干在辛集王大璋、王大龙的邮政代办所建立了秘密联络站。联络站负责接待党的秘密交通员，转送上级党组织的秘密文件等。读书会则通过秘密联络站订购进步书刊，进行学习和宣传，为党组织的发展壮大奠定了有利的思想基础。

1934 年 5 月，流亡在外的孙寒光在阳谷县与杨耕心、盛北光等人组织共产党的外围组织——中坚社，此时由杨耕心介绍重新加入中国共产党。1937 年 2 月之后，孙寒光回老家沙镇孙老庄以从事教育为掩护开展党的工作。他先后介绍孙玉贵（孙林）、孙玉珠、孙玉堂、孙林章等人加入共产党，并逐步在聊西南一带开展党的地下活动。5 月，中共鲁西北特委负责人徐运北在孙老庄主持召开会议，成立了中共孙老庄特别支部，孙寒光任书记，孙玉珠任组织委员，孙玉贵任宣传委员，孙玉堂任保卫委员，孙林章负责交通工作。特别支部隶属中共鲁西北特委领导，活动在聊西南、聊南和聊西一带的 100 余个村庄，大致范围包括：北到聊城县朱楼、段堂村；东南到阳谷县的王庄集，东阿县的前秦、于桃庄，聊城县的李海子、小郭庄；南到聊城县的刘集、老韩庄；西到聊城县的五圣、五孙村。特别支部成立后的主要任务是发展党员，壮大党在农村的力量。

第二章
东昌人民坚持抗战

1937 年 7 月 7 日，日本侵略军悍然发动卢沟桥事变(即七七事变)，中国军民奋起抵抗，全民族抗战由此爆发。8 日，中共中央发出通电，号召“全国同胞、政府与军队，团结起来，建筑民族统一战线的坚固长城，抵抗日寇的侵略”。在日军大举进攻、中国领土受到严重威胁和全国人民奋起抗日的强大压力下，蒋介石终于接受了中国共产党的建议。国共第二次合作实现后，中国抗日战争逐渐形成战略互相配合的两个战场：一个是主要由国民党军队担负的正面战场，一个是共产党军队为主的敌后战场。抗日战争初期，国民党的爱国将士基于民族仇恨，表现出空前未有的抗战热情，作出了很大牺牲，对抗日战争的战略防御起了重要作用。但是，由于敌强我弱的总形势和国民党实行片面抗战的路线及单纯防御的作战方针，正面战场的战局处于非常不利的境地，许多重要城市和富饶地区相继失陷。共产党实行全面抗战的路线并制定了纲领和政策，有力地配合了正面战场的防御作战，打破了日军不可战胜的神话，极大地鼓舞了全国人民抗战必胜的信心。

8 月，日本侵略军占领平津后，兵分四路继续沿津浦铁路南下，向华北腹地进犯，于 10 月 3 日侵占德州，危及聊城。中共聊城党组织在国家民族危亡、大敌压境之际，与时任山东省第六区行政督察专员、保安司令兼聊城县县长的范筑先结成统一战线，收复失地，发展武装，建立政权，动员全民抗战，使“山东红了半个天”，东昌人民用鲜血和生命写下了蔚为壮观的平原游击战争的壮丽篇章。

第一节　与范筑先建立鲁西北抗日民族统一战线

范筑先，1882年12月30日生于山东省馆陶县南彦寺村（今属河北省）一个贫苦农民家庭。15岁起，就靠推独轮车运粮为生。1904年，卫河决口，馆陶、临清一带农田被淹，适清廷编练新军到鲁西北招兵，范遂应募投军。辛亥革命后，历任北洋陆军第四师连、营、团、旅长等职，后任西北军冯玉祥部下张维玺第十三军少将参赞。九一八事变后，到山东韩复榘的第三路军任少将参议，并先后担任沂水县、临沂县县长。1936年，升任山东省第六区行政督察专员、保安司令兼聊城县县长。范筑先虽长期在旧军界、政界任职，但他一直保持着正直廉洁、爱国忧民的好品德，得到了部下和社会各阶层人士的拥护和信赖。当他从沂水调聊城任职时，沂水士绅及百姓沿街设置酒宴欢送，范一一作别，很久才骑自行车离开县城。在聊任职期间，他同样爱民如子，每次出城骑马回来，一进城门便下马步行，频频向街上行人招呼。他平易近人、爱护百姓、率先垂范的品德和作风，为人们所称颂。

早在1937年5月中旬，中共中央北方局联络局书记彭雪枫受中共中央副主席周恩来派遣，在其中学同学、时任范筑先秘书的张维翰陪同下由北平经济南到聊城，部署与范筑先建立统一战线的工作，并与在专署工作的赵伊坪、牛连文见面。彭、张、赵、牛同是西北军子弟，又是北平育德中学同学，相聚七日。此行，彭雪枫给1927年加入中国共产党的赵伊坪接上了党的组织关系，发展张维翰加入中国共产党，介绍了国内外的政治形势，对聊城的情况提出了许多重要意见。他指出，范筑先是一个富有爱国思想的人，为人正直，掌握着鲁西北的政权和保安武装，在群众中有一定的威信；要做范筑先的团结工作，争取他同共产党合作抗战，倘若战争打起来，一定要争取范筑先，坚持鲁西北抗战，建立抗日根据地。彭雪枫的聊城之行，是共产党人对鲁西北作出的颇有见地的战略部署。根据彭转达的党中央关于开展统一战线的指示精神，聊城共产党人认真分析了同范筑先建立抗日民族统一战线的条件，决定在独立自主的原则下，有计划、有步骤地同范筑先建立统一战线。

8月初，经中共山东省委同意，张维翰、王化云、牛连文等人邀请范筑先到济南津浦宾馆，与原西北军高级将领座谈抗战形势。通过这次座谈，范筑先同共产党直接取得了联系，并主动邀请共产党人到鲁西北协同抗战。中共山东省委为加强鲁西北的工作，遂派共产党员姚第鸿到聊城，范任命他为专署秘书。

10月初，日军侵占德州，聊城形势危急。范筑先即派张维翰、牛连文等去济南邀请共产党人到第六区协同抗战，通过原在第六专署任职的地下党员赵伊坪，与中共山东省委组织部部长张霖之接上关系。中旬，山东省委派解彭年等12名共产党员来第六区担任政训干事，并由中共中央军委联络部华北联络局以华北救国会的名义，从第三集团军开办的政训班中挑选了以共产党员和民先队员为骨干的平津流亡学生240名为政训服务员，于10月中旬分3批到达聊城。

目睹国民党溃兵南下的所作所为后，一向忧国忧民的范筑先坐卧不宁，得知留守聊城的政训服务员被南撤到聊城的国民党溃兵洗劫，他心情沉重。1937年11月初，国民党第一集团军反攻邢台、石家庄失败，退守大名，于14日向黄河南退却。日军追踪侵入鲁西北，临清、高唐相继失陷，鲁西北形势危急。韩复榘再次命令范筑先撤离聊城，退守黄河南，称“黄河以北再无中国军队，你如现在不撤，以后就来不及了”。在此关键时刻，张霖之指示姚第鸿、张维翰向范筑先阐述抗战形势，范筑先深知靠国民党坚持抗战是不可能的，之前撤退又回聊城的事实证明了共产党的意见是正确的。经反复考虑，他毅然再次拒绝执行南撤的命令，并于19日向全国发出了“裂眦北视，决不南渡”的皓电[①]。皓电的发表，在当时国民党几十万大军节节退败、纷纷南撤的情况下震动了全国，振奋了聊城广大爱国民众的抗战热情，也标志着鲁西北地方党组织和范筑先统一战线的形成。

中共中央领导人时刻关注着鲁西北。1938年3月初，范筑先写信给毛泽东、朱德，汇报鲁西北的抗战情况，请求予以支援。朱德总司令的复信大意是：钦佩范筑先将军的抗日行为，愿精诚团结，共同抗日，并

---

① 皓电，电报所发之日为19日，对应的电报代日韵目为“皓”。

同意鲁西北派干部到延安学习。4月后，聊城党组织先后派3批干部赴延安中国人民抗日军政大学（简称“抗大”）学习，其中第一批出发的就有范筑先的长子范树中、长女范晔清、三女范树琬。根据范筑先的要求，周恩来派原红军师长袁仲贤为首的一部分军事干部到达聊城。

1938年6月14日，袁仲贤、姚第鸿、牛连文等陪同范筑先前往河北威县，徐向前、刘志坚等领导和广大军民列队迎接。在欢迎大会上，徐向前致辞，热情赞扬了范筑先将军不顾年高、不辞劳苦坚持抗战的爱国精神。15日，徐向前与范筑先就冀鲁联防问题进行了会谈。双方就以下问题达成协议：建立情报互换制度；八路军帮助范筑先培训干部；冀南地区归八路军驻防，鲁西北地区归范驻防，两个地区的民众起义武装互不收编等。徐向前、刘志坚还分别向范介绍了八路军的歼敌战例和红军战术，并陪同范参观了八路军驻地以及部队生活学习等情况，范筑先盛赞八路军治军严明，并对八路军收复冀南大片国土、英勇作战的行为非常钦佩，表示决心与八路军配合作战，共御倭寇。

1938年9月23日，在河北省南宫召开冀鲁两省军政联席会议。范筑先应邀出席。中共领导人徐向前、朱瑞、宋任穷、杨秀峰对与范再次会面表示真诚的欢迎。中共北方局代表朱瑞热情称颂范为“抗战的老英雄”，当地老百姓则贴出了“欢迎劳苦功高的范司令”的大字标语。会上，范筑先发表了坦诚的讲话，表示坚决与共产党八路军合作，坚持鲁西北抗战。双方制定了冀南与聊城一带协作抗战的方案，还就加强政治工作、整军、动员组织民众、合理负担、干部学习等问题充分交换了意见。

威县和南宫之行使范筑先开阔了眼界，学习了八路军中的不少新鲜东西，尤其是对毛泽东在《论持久战》中所阐述的战略思想有了进一步了解，使他对聊城抗日根据地的巩固和扩大、对开展平原游击战有了明确的方向。他回聊后曾兴奋地告诉部下：共产党人才辈出，徐师长军政兼优。当今之世，要救中国，要想不当亡国奴，唯有听共产党的话。我把长子、长女、三女儿都送到延安抗大学习，就是表示我这一决心。

1938年春末夏初之间，中共山东省委书记黎玉去延安向党中央汇报工作情况，毛泽东在仔细听取汇报后，对山东抗日工作作了许多指示，特别对聊城（鲁西北）的抗日工作极为关心，亲自给范筑先写信，并要求黎玉把信面交范筑先。10月，黎玉和新任八路军山东纵队指挥张经武率党中央派往山东的300余名干部返回山东。到达聊城时，受到了聊城党组织和部队官兵的列队欢迎。当黎玉把毛泽东的亲笔信面交范筑先时，年近60岁的范老将军异常激动，使劲握着黎玉的手连声说："感谢毛主席的关怀！感谢毛主席的关怀！"同时，黎玉又把从延安带回的武汉出版的毛泽东著作——《论持久战》一书分别赠送给范筑先和张郁光等人。范筑先双手捧着小册子，感动不已。范筑先表示："毛主席写亲笔信给我，我今生不能违背毛主席。至今之世，要救中国，要想不当亡国奴，唯有听共产党的话。谁真心抗日我拥护谁，所以我要跟共产党合作，要听毛主席的话，坚决抗战到底。"①

随着鲁西北抗日斗争局面的稳定，为统一鲁西北地区党组织的领导，1937年11月，中共山东省委决定，以中共鲁西、鲁西北特委为基础，新组建中共鲁西特委，中共山东省委组织部部长张霖之为省委驻鲁西特委的代表。1937年10月，中共山东省委组织部部长、驻聊代表张霖之和鲁西特委负责人徐运北、王晋亭3人，在聊城县孙老庄特别支部书记孙寒光家的小楼上召开党的会议。决定在中共孙老庄特支的基础上，组建中共聊城县委。由孙寒光任书记，孙玉珠、孙玉贵、孙玉堂分别担任组织部部长、宣传部部长和武装部部长，孙林章负责交通站的工作。中共聊城县委隶属中共鲁西特委领导。

1938年5月，在鲁西特委的部署和领导下，聊城县委开展"红五月"建党突击月活动。把党组织的发展，由原来以城内知识分子和学校为中心转移到广阔的农村，大量发展农民党员，为全面抗战做好组织准备。聊城县委着重在聊西和聊南一带深入各村扎扎实实抓基层党组织建设，在很短时间内便发展了一批新党员，并相继建立了党的基层支部。古老的东昌府呈现出一派朝气蓬勃的抗战景象，光岳楼的东门洞两旁画有1丈5尺高的壁画：抗战的钢铁战士向着敌寇英勇冲杀！气壮

① 参见中共聊城地区委员会编：《党和国家领导人与聊城》，中共党史出版社1997年版，第1～3页。

山河的人民大众，奋起救国，一往无前！光岳楼上悬挂着大幅标语：拥护范司令领导抗战！兵、农、工、学、商，一起来救亡！

1938年7月下旬，美国驻华大使馆海军武官埃文斯·福代斯·卡尔逊由延安文艺工作组的刘白羽、汪洋、欧阳山尊等陪同，先后对临清、聊城进行访问。26日到达聊城，受到鲁西北共产党人与范筑先的热烈欢迎和盛情款待。欢迎会上，范筑先首先致辞，妇女、儿童和青年代表先后发言，感谢国际友人对聊城人民抗日斗争的正义支援，并请卡尔逊先生向美国人民转达聊城抗日军民的敬意。卡尔逊说：在外国看到日本人发表的华北地图，为了标明他们已全部占领中国，到处涂得一片漆黑。经我实地考察，华北敌后充满着抗日歌声，插遍了抗日红旗，到处呈现出热情澎湃的抗战高潮。回到美国我一定把所见所闻介绍给世界上一切爱好和平的人们。

1937年10月28日日军占领临清以后，开始进犯第六区聊城，以求得渡河南下的通道。11月22日，驻临清日军高桥联队派出一个18人的骑兵侦察队到堂邑、聊城侦察。日军到堂邑后，国民党堂邑县武装和政府工作人员没作任何抵抗便弃城逃跑。日军遂令人用堂邑县政府的电话通知第六区司令部：军队马上就去聊城，要准备粮草，安排住处，做好迎接工作。当时，范筑先正在清平收编王善堂部队，聊城的抗日武装大部正在博平、韩屯一带前方驻扎。当守城官兵向范筑先请示后，范当即表示：如果日军进犯聊城，不能让他们逃走一骑，我马上带部队击其后路。遂急令守城官兵做好战斗准备。与此同时，范筑先一方面命令保安一营火速驰赴堂邑截击敌人，另一方面亲率传令队和政训队六七十人赶到梁水镇设伏。当日军侦察小队进至聊城时，因城外四面环水，他们只好徒步顺西门小道进发。进入射程后，守西门的部队一阵猛射，打得日军慌乱上马向北逃窜，妄图顺着运河逃回临清。下午4时左右，日军骑兵到了梁水镇，撞入伏击圈内。范筑先一声令下，传令队和政训队伏兵一齐向日军开火，经过激战，将敌击溃。击毙敌军小队长1名，缴获战马7匹，军毡、钢盔、战刀等战利品一宗。梁水镇战斗是聊城抗日武装在聊城境内和日本侵略军的第一次较量，也是鲁西北抗日武装对入侵日军打响的第一枪，大大鼓舞了聊城抗日军民的士气。

驻临清日军在梁水镇遭到伏击后，敌酋高桥于11月27日亲率步、骑、炮兵300余人从临清出发，企图再次进犯聊城。范筑先在清平得到情报后，立即亲率保安第一和第三营、政训队、传令队主动出击，于堂邑柳林北的界牌截击敌人。日军占领界牌西南4里处的大杨庄，猛烈的炮火炸垮了界牌的围圩门楼。范率军与敌激战四五个小时，毙伤敌军80余人，缴获一批战利品，日军撤出阵地，慌忙逃回临清。这次战斗给日军以沉重打击，范筑先率部凯旋，聊城市民鸣放鞭炮夹道欢迎，范筑先的威信大大提高。政训队员在战斗中冲锋在前，英勇杀敌，受到了范筑先的称赞。

1938年8月，为策应保卫大武汉，聊城调动了14个支队于8月13日对驻济日军进行总攻击，同时动员铁路工人和农民1万余人对津浦路济南至德州段进行大破袭，使日军的交通陷于瘫痪。之后，各支队分驻在济南以北铁路沿线，不时对禹城、晏城、齐河各据点驻敌骚扰袭击。特别是驻齐河日军遭抗日支队袭击后，每晚在城圩上挂上灯笼，点燃火把，唯恐抗日军民进攻。

前方政治部率领政干校学员和工、青、妇抗日青年，组成了几十个工作组，配合前方进行抗日宣传和动员群众等工作。聊城青年抗日挺进大队坚决要求到抗日前线锻炼杀敌本领，报效国家。挺进大队的成员以聊城省立二中学生为主，共120余人，都是十七八岁的热血青年，范筑先的次子范树民任大队长，政治部主任为阎戎，参谋长为何方。该队自1938年3月成立后，长期在聊城师范附小学习和受训，尚未参加过战斗。这次参加袭击济南的战斗，出发前政治部专门从第十支队等作战部队抽出较好的枪支配备给挺进队，并举行了欢送会。第二天，他们背着枪唱着《大刀进行曲》奔赴前线。挺进队员走到哪里就把抗日宣传动员工作做到哪里，贺立德(侯营贺海人)一手扛抢一手提桶和麻刷，沿途刷写抗日标语。

8月22日，挺进大队来到前方军事指挥部驻地潘店，被总指挥范筑先安排在坡赵庄第十九支队防地。不久，敌人疯狂反扑，调集禹城、晏城、齐河3个据点的敌人300多人，带着钢炮、迫击炮和轻重机枪等武器，并配骑兵数十骑，利用第二十九支队和第十九支队换防之机，偷偷绕过其他支队防地，于28日拂晓突然包围了坡赵庄。挺进队员多数人没参加过战斗，缺乏战斗经验。听到西北方向没有枪声，便向西北方向突围。村西北是一片开阔地，种的是豆子，敌人的轻重机枪数十挺埋伏在对面堤外，待挺进队员走近便开始疯狂扫射。队员们急忙卧地还击，范树民举枪向敌人射击。敌人听出有短枪声便集中火力向范树民打来。十几分钟后，敌骑兵手持战刀在豆田里横冲直撞，堤外敌人也冲上来和挺进队员进行白刃战。挺进队员有的中弹身亡，有的被砍死，有的已牺牲仍被敌人用刺刀把肚子挑开，其惨状目不忍睹。

王唯一的第十九支队，没有掩护挺进大队便向西撤退了。范筑先当时正在集寨平息会道门黄沙会，听到消息后，强忍着心中的怒火和悲痛，仍镇定地慰问部队，鼓励挺进队员们继续战斗。

坡赵庄战斗的损失是惨重的，大队长范树民和参谋长何方等23名优秀青年光荣牺牲。挺进大队回聊进行整顿，一部分队员到政干校，一部分到军教团，还有一部分去延安学习，余下二三十人仍组成挺进大队，范筑先任命年仅20岁的二女儿范树琨继任大队长。

范树民牺牲后，全国各地和聊城民众纷纷电函慰唁，范筑先命政治部一一答复，表示感谢。为向世人致谢，范筑先在聊城《抗战日报》登载了范树民殉国答谢慰唁各方启事。原文如下：

> 此次幼子树民任挺进队长，随军东征，在齐河坡赵庄与敌激战，为国捐躯，系属军人光荣，乃承各方函电慰问，弥深感激。马革裹尸，男儿应具素愿，既获疆场殉国，死后何憾！除分别函电复谢各方请释关注外，特此登报聊表谢忱。
>
> 山东省第六区游击司令官范筑先[①]

中共聊城地方党组织和范筑先密切合作、共同对敌，狠狠打击了日伪在聊城一带的嚣张气焰。从1937年11月19日范筑先通电全国到1938年夏天，在将近一年的时间里，聊城抗日武装与敌作战80余次，鲁

① 中共聊城地委党史资料征集研究委员会编：《范筑先与鲁西北抗战资料选》，山东人民出版社1988年版，第473页。

西北境内基本上肃清了日伪军，收复并保卫了23县的国土，以聊城为中心政令达30余县，开辟了广阔的鲁西北抗日根据地。

第二节 聊城失陷，范筑先将军壮烈殉国

1938年1月，韩复榘被蒋介石以“违抗命令，擅自撤退”的罪名革职处决，沈鸿烈继任国民党山东省政府主席兼保安司令，省政府设在曹县。沈鸿烈电邀范筑先到曹县，质问他为什么容纳了许多左倾青年。范理直气壮地说：“去年国军撤退后，很多地方的官员都逃跑了，就是这些青年随我在黄河北抗战。他们不贪不沾，不怕死，能吃苦耐劳，为什么不用呢？”沈鸿烈又挑拨范筑先与共产党的关系，逼迫范让出由共产党掌握的几个县政权；要求范将抗日游击司令部的名称改回保安司令部，让复兴社分子接管由共产党主持的政治部，解散共产党领导的所有支队，编入保安旅，把政干校改为按国民党设置的课程进行教育的旧制学校；还要求从第六区拨两个团作省政府的警卫团等。这些无理要求遭到范筑先的坚决反对。为控制范筑先，沈鸿烈又采取更加卑鄙的手段，改派国民党山东省政府民政厅厅长李树春兼任山东省政府鲁西行辕主任。李树春还利用旧关系收买范筑先的参谋长王金祥，纠集一些顽固分子，收集情报，散布谣言，公开与政治部对立。在李树春的支持下，玉金祥于1938年10月中旬借第十三支队去鲁西南开展工作之机，造谣该支队要过黄河逃跑，制造了“鄄城事件”，杀害了共产党员、第十三支队副司令王青云和政治部主任汪毅。中共山东省委代表张霖之向范筑先提出严惩凶手王金祥的要求，并提醒他防范顽固势力的破坏活动。范筑先开始时接受了共产党的要求，命令将王“撤职查办，驱逐出境”。但由于李树春多次找范筑先讲情，加之范本身有正统思想、顾虑到与国民党山东省政府的关系，对王金祥的处理又改为“撤职留任，戴罪立功”，最终为鲁西北抗战事业留下了隐患。

1938年10月，日军攻占广州、武汉后，便停止了对国民党正面战场的进攻，集中力量对付共产党领导的华北敌后战场。11月中旬，日军由济南、德州、禹城兵分三路进攻鲁西北，中心目标是聊城。第一路是日

军一一四师团秋山旅团千叶联队从东阿越过黄河进攻聊城，其先头部队是平田大队，有步、炮、骑兵400余人，汽车18辆，坦克10余辆，钢炮4门，骑兵五六十名，并有2架飞机配合。另外两路敌人：一路从禹城经高唐向聊城进犯，一路从大名金滩镇过卫河扑向聊城。13日上午，范筑先召开军事会议，具体商讨迎击日军的作战方案。政治部姚第鸿、张郁光、张霖之、袁仲贤、赵伊坪等参加了会议。张霖之提出：根据毛主席的战略方针，在敌强我弱的形势下，不应计较一城一池的得失，应把部队转移到城外和日军打游击。范同意进行游击战的意见。

14日凌晨，日军占领陈口。为探虚实，没有立即攻城，而是把兵力先分布在城的四周，上午9时，对聊城形成了包围之势。此时，范筑先已布置完战斗任务，正欲带传令队、手枪连等随从人员撤退出城时，国民党省政府民政厅厅长李树春和省政治参议沙名扬突然乘车而至，在专署门口和范相遇。因范的办公室已撤完，即在司令部东边屋里进行迎坐。李树春与范商谈部队整编问题。约11时敌人已迫近城关，炮弹落在东关大街。已撤出城的张霖之、王幼平、姚第鸿、张郁光等发现范还在城内，预感到问题的严重性，遂决定派张郁光、姚第鸿返回城内一定要把范老将军拖出来。两人接受任务后，跑步回到专署，几次催促他迅即出城指挥。但李树春一直拖到下午4时方才起身告辞，慌忙坐车出城，此时日军已将古城团团围困，并用机枪封锁了四门。在东关布防的民军第一路很快放弃阵地逃跑，王金祥趁机以追赶民军第一路和调集部队为名，从北门带着游击营的一个连撤到城北辛闸。此时，范筑先已无法出城，便和张郁光、姚第鸿率部守城作战，以待外援。

因撤退和布防，城内兵力已很少。只有游击营、卫队营、执法队、传令队及文武官员700余人，能用的步枪也仅有400支，弹药基本上已全部运出城外。

下午4时后，日军从北门发出信号弹，却首先从南门方向攻城，游击营同日军展开激战。在小钢炮和机枪的掩护下，日军有恃无恐，欲爬墙进城。危急之际，范筑先、张郁光、姚第鸿等率手枪连和传令队50余人增援，日军几次爬城都被击退。经过1个多小时的战斗，日军败退，向城东南教堂方向逃跑。战斗中日军伤亡数十人，守城部队亦伤亡30余人。

在南门激战的同时，日军在东门、北门、西门都开始了进攻，战斗愈打愈烈。黄昏后，东关失守。天黑后，日军在猛烈的炮火掩护下由东门等 3 个方向爬城。范筑先、姚第鸿急率传令队赶到战事最紧的东门，经过 2 个多小时的激战，打退了日军的 3 次爬城，暂时稳住了东门阵地。至晚 9 时，范筑先和姚第鸿返回司令部和张郁光等再议守城部署，商谈中多数人主张突围，唯范不同意，他含泪向大家说："我老了，死了没什么，你们都是年轻有为的人，救国得靠着青年。突围，我怕你们不安全，他们只要有良心（指城外各支队），想起我老头子还在城内能不来救吗?！只要城外援兵一到，敌人的枪口一倒转，咱们即可安全冲出去。"说罢，遂向各县和各支队打电话，命他们火速来援。这时，守城将士均盼望城外援兵的到来，气氛极为紧张。

至深夜 12 点，仍没听到城外援兵到来的消息，通往各县的电话也被敌人割断，战况更加不利。日军又开始了攻城，城内不但兵力减少，而且弹药也已不足。种种不利因素，使久经战事的范老将军顿感形势紧张。

日军的炮弹接连不断地向城内轰击，又在东城门发起了更猛烈的进攻。范筑先、姚第鸿和张郁光又率传令队急速赶到东门督战，并指令刘佩芝从传令队、执法队和武术队中挑选 30 多名战士，携短枪和手榴弹，由一排长率领，在西门隐蔽下来，待机突围出城。当突围队到达吕祖庙、距敌人仅数十米时，被敌发现，遭到敌军火力封锁，当场有 2 人牺牲、4 人受伤，突围失败。此时，范筑先当即决定把司令部迁至光岳楼下，以备日军攻入城内光岳楼守不住时，迅速退入万寿观和敌人进行巷战。

15 日黎明，日军从济南派来的援军已到城下，在 2 架敌机的配合下，日军以密集的火力向东门发起进攻，并架起云梯爬城。英勇的守城将士用手榴弹、砖头、石块向敌人投掷，连续击退了敌人的 3 次爬城，在这关键时刻，范将军左臂被炮弹炸伤，血流不止。左右将士涕泪相劝，央求老将军暂时退出阵地略事歇息，但他依然由卫士搀扶着指挥守城作战。他一边指挥战斗，一边鼓励将士。战斗一直进行到上午 9 点，激战中又有陆子衡、张保金等 30 余人牺牲。敌人开始在烟幕弹的掩护下，用平射炮弹将东城门打开，由瓮城上马道冲向城门楼。防守东门的将士见状且战且退，唯范筑先誓死不退，坚决与日军血战到底。为保护范老将军，凌作善、肖金键、龚大兴等人一齐将他拖下城楼，由姚第鸿、张郁光架着退至光岳楼下临时司令部。

日军攻破东门后，没有直接向城内进攻，而是顺着城墙向两翼扩展开来。在范筑先的部署下，郑佐衡带卫兵七八十人，崔乐三带五六十人，先后从敌人攻击较弱的西门进行突围，在激烈的突击战中，击毙日军数十人，并冲过了西门外的水桥。西门外道路狭窄，队伍不能展开，造成目标过于集中而被敌人发现，日军在吕祖庙戏台上架着重机枪向突击队猛烈扫射，当即又有 30 余人中弹牺牲，突围 3 次均告失败。当突击队士兵退至西门瓮城时，日军尾随跟踪进城。在西门里，突围战士与日军进行了肉搏战，终因寡不敌众，西门被攻破。

下午 2 时，攻破东门的日军从城墙上冲下来，向城中央光岳楼攻击，集结在楼下的守城将士退至万寿观和敌人展开了巷战。下午 5 时，西城门被攻破，大批日军涌入城内，范筑先在身负重伤后，以身殉国①，共产党员张郁光、姚第鸿及六七百名守城将士壮烈捐躯。

之后，入侵日军在城内挨家挨户地进行大搜捕。在古楼南街搜出居民 36 人，日军将其赶到南门外水桥边分 3 排站立，然后开枪打死，或用刺刀挑死，尸体被扔到护城河中。数百名老百姓被集中到城内西北角大操场，汉奸从中辨认出 70 多名所谓“抗日可疑分子”，他们全部被杀害在西门外。100 多名青年和未及退出的官兵也未幸免，全部被机枪扫射而死。古老的东昌府城内尸骨纵横，血流成河。

聊城失陷、范筑先将军壮烈殉国的消息传出后，举国震悼。各党派纷纷发来唁电，哀悼范筑先及抗战将士。中共鲁西特委于 12 月 15 日在冠县举行了范筑先追悼大会。12 月 23 日，重庆举行了追悼大会，朱德、彭德怀和吴玉章、董必武分别送了挽联。朱德、彭德怀的挽联是：“战事

---

① 1988 年，抗日英雄范筑先殉国 50 周年之际，范筑先纪念馆建成，位于聊城光岳楼东北角。碑文由邓小平于 1986 年 7 月 9 日亲笔所题，碑阴刻有徐运北撰写的将军传略。1994 年，范筑先纪念馆被命名为“聊城市爱国主义教育基地”。1996 年，被山东省国防教育委员会授予“山东省国防教育基地先进单位”。

方酣，忍看多士丧亡，显其忠勇；吾侪尚在，誓必长期抵抗，还我河山。”吴玉章、董必武的挽联是：“三友见精神，松体遒，竹身直，梅花亦自清高，格老气苍，直到岁寒全晚节；一门尽忠义，夫殉职，妻卫民，子女都称英武，顽廉儒立，共纾国难绍遗风。”聊城人民为纪念抗战殉国将士，1940 年 10 月，将聊城县更名为“筑先县”，之后，古楼南状元街改称“郁光街”。

日军攻占聊城后，国民党顽固分子也加快了反共步伐，范筑先收编改编的 35 个抗日支队，除共产党掌握领导权的几个支队外，其余各支队有的投靠了日本侵略军，成了汉奸、卖国贼；有的独霸一方残害百姓，对付共产党。聊城由抗战初期的模范抗日根据地，变成了典型的日、伪、顽、杂统治区和日本侵略军的“强化治安区”。

第三节　在困境中坚守抗战

1938 年 11 月 19 日，中共鲁西特委召开紧急会议。会议认为，鲁西北的抗战形势已到了紧要关头，共产党人必须担负起抗战的历史重任，组织领导人民牢牢地把握抗日战争的主动权，直到取得最后胜利。

1939 年 2 月，聊城青年抗日挺进大队遵照上级指示，化整为零，以小组为单位行动，保存实力。王鲁光（王清洲）与刘子华（刘觉民）、宗曙光（宗合成）、王庆芳、刘铮、李英昌等回到家乡聊东南一带，以家乡为基点开展党的各项工作。1938 年 12 月，在聊城省立二中任体育教师的梁伯河回到家乡梁庄，不甘心当亡国奴的他与时任十三乡乡长的爱国民主人士何器之不谋而合，他们积极宣传抗日，很快组织起一支游击队进行抗日活动。1939 年春，该队接受共产党的领导，改编为平原纵队第一游击大队，梁伯河任大队长，何器之任副大队长。在对敌作战中，梁伯河身先士卒，英勇善战，游击大队狠狠打击了日伪军的嚣张气焰，使敌人闻风丧胆。8 月，梁伯河在率队攻打与抗日武装为敌的花牛陈伪据点时，遭陈玉怀为首的红枪会袭击，梁伯河腿部中弹被俘，后惨遭敌人杀害。何器之被抄家逮捕，后经党组织通过社会关系将其营救出来，遂又投入到抗日斗争中去。

1937年的仲夏，位于聊城东北的北杨集一带连降40天大雨，加之客水入境，造成洪水泛滥，平地水深3尺能行船，地里除高粱外，其他作物颗粒无收。祸不单行，日军又侵入聊城，当地人民陷入了双重灾难之中。

倚仗有国民党顽固派当靠山，北杨集村伪村长翟东成采用"春借一斗粮，秋后还两斗"的"高利贷"盘剥村民，并且采取土地硬作保的手段霸占了不少土地，还把所谓的"村花费"强压在穷困潦倒的村民头上，谁要拿不出，拖进村公所便是一顿毒打，老百姓敢怒不敢言。北杨集党组织发动群众成立了抗日救国会和互助组，以"借粮"为突破口，同翟东成展开斗争，并取得了胜利。翟东成不甘心失败，便联合附近几个村的大小地主成立了红枪会，又从省城买来12支大枪，要与抗日村民对抗。

面对新情况，党支书赵春华召集支部成员研究对策，准备夺取村政权，摆脱伪村长的控制。在党支部的组织下，村民们一致选举共产党员翟修安为村长。翟东成气急败坏，写了一封告状信，告村民的选举不合法，妄图通过大堂论战夺回村政大权。北杨集党组织遵照鲁西北特委指示，研究制定了应变对策。赵春华义正词严，与翟东成对簿公堂。最后，大堂官在铁的事实面前未置可否，结束了这场官司。

斗争并没有就此结束。大地主翟东成仗恃着担任伪区长的堂兄弟翟东岱，积极组织红枪会，不时地恫吓和对抗抗日的革命群众。对此，赵春华根据鲁西北特委指示，采取了保存实力、等待时机的策略，同敌人进行着巧妙的斗争。

1940年春，聊城、茌平、博平三县边界的电线被割断，日军和汉奸巡逻队同时遭到袭击，死伤10余人。对此，敌人胆战心惊，怀疑是北杨集抗日村民所为。日伪军出动3辆汽车，突然包围了北杨集。翟东成尾随着日军军官龟田，在人群中寻找与他作对的共产党员。

赵春华看到这种情景，考虑到突围是没希望了，自己是共产党员，决不能看着群众惨遭杀害。在这生死攸关的刹那，他虎步走出人群，怒视着敌人，高声喊道："你们不是找我吗？我就是共产党员赵春华。"随后，敌人相继逮捕了赵春湖、王宪伦、张子杰、翟林臣、耿玉明、翟修安等共产党员和积极分子。

龟田对赵春华等人用尽了各种酷刑，但他们始终坚贞不屈。敌人黔驴技穷，最后下了毒手，不到一个月便先后将赵春华等7人全部杀害。党和人民为纪念这7位英烈，在北杨集村东北角建立了碑亭，石碑上镌刻着“浩气长存”4个大字，以表达对革命烈士的敬仰之情。

1940年6月，经聊城县委、县政府做工作，爱国民主人士白凤仪领导的民团武装决定参加抗日。经军分区批准，这支民团改编为运东大队。7月，大队开始秘密集中，最初有20多人，有的带枪而来，有的徒手而至，“运东大队”的旗号打起来了。为了扩大影响和避开敌人的注意，他们选择在聊城、阳谷、东阿三县边境一带活动。为使队伍尽快发展壮大，采取了边发展边战斗、在战斗中求发展的方针，首要任务是带头执行县政府推行的破路挖沟运动，并把破路重点放在聊东南一带。大队确定高士禄为破路委员，专门检查督导破路工程，各村男女老幼轮番出动，在交通要道挖沟破路。敌伪白天出来骚扰，群众便夜晚挖，各村分片包干进展很快，大致用三四个月的时间，破路活动便告一段落。在聊城县内运河以东至东南门，李海务以东，周店、魏庄、杜庄、八大寨以北，于集以南，顾官屯以西，方圆几十里，原来地面道路全部挖成了深2米、宽3米的沟壕，两边沟沿栽上蓖麻。在与聊城县接壤的东阿县西北地区即秦老庄以西，曹孟庄、西程铺、坡里、官庄、赵寺以南，孙郭、刘集以北，多数道路也都挖成了沟。在阳谷县东北地区即七级镇以东、阿城镇以北一带地区的道路，也全部挖成了壕沟。这样一来，沟沟相通，村村相连，四通八达，聊、阳、阿3县结合成一大片，路沟和村庄连成一大片，既便于掩护部队的活动，又增加了敌伪外出骚扰的困难。从此，运东大队的威信大大提高。

聊城县的敌伪势力对运东大队又恼又恨，他们经常联合东阿和阳谷的敌人，分进合击运东大队或袭扰这一带的村庄。在几次扑空之后，敌伪便丧心病狂地窜到白凤仪老家，烧毁了他家全部房屋并殃及全村。敌伪军的野蛮行径，更加坚定了白凤仪抗战到底的决心，激发了广大群众支援运东大队、保家卫国的积极性。运东大队经常派出小部队袭扰敌人的据点和盘踞在城内的敌人，还派小部队破坏敌人的通信设施，锯电线杆，拖走的电话线有时长达数里，使敌人通讯联络中断。有时部队在夜间带领群众横向挖沟，切断公路，使敌人的汽车不能通行。运东大队通过主动袭击敌人，锻炼了队伍，丰富了作战经验，战斗力不断增强。经过半年多的时间，部队的组织机构逐步健全，大队下辖3个中队，近300人。

运东大队的不断发展壮大，使盘踞在聊城城内的日伪军惶惶不可终日，为防范抗日武装对县城的威胁，日伪军准备在花牛陈附近王官庙（一座孤立庙宇，只有几家店铺）设置新据点。1940年底，日伪军动用大量兵力，强迫大量民工到王官庙修建新据点。敌人的这一行动，激起了周围村庄群众的极大愤怒，纷纷向运东大队报信、诉苦。大队经商议决定，在敌未立足之时给予其狠狠打击。就在敌伪到达王官庙修碉堡的当晚，运东大队出其不意地对其进行猛烈攻击，枪炮声、手榴弹的爆炸声响了一夜，给敌人以重创，附近村庄青壮年纷纷躲避，使敌人白天抓不到民工为他们修筑碉堡，几天后便逃回聊城城内。运东大队经过这次夜袭，锻炼了进攻守敌的本领。一个月后，大队又主动进攻驻扎在聊东十余里的傅庄据点，敌人龟缩在碉堡内，凭险顽守，运东大队久攻不下，便将碉堡的配套房屋放火烧毁，以示警告。之后，驻守在这一带据点里的日伪军一听到枪声便缩回据点，有时外出抢掠，听到群众大喊“运东大队来了”，也会迅速撤回据点。

1940年农历八月初六早晨，一支30余人的日军队伍从堂邑据点出来向南进发，来到李双镇的伪军据点，命令伪军大队副张双令带200余名伪军随同出征，奔李海解救齐子修的兵力，把共产党的堂邑县委给消灭了（当时堂邑县委就驻在郑家村）。日伪军赶着十几辆大车，载着迫击炮、轻重机枪等各式武器弹药，开进到郑家村东边三四里地的张部村附近时，八路军地方部队——堂邑县大队和二区中队60余人在二区区长李善亭率领下，在这里和敌人交火。双方胶着，一直咬得很紧，日军因为人数相对较少，就命令张双令带领伪军正面向八路军进攻，日军则向北迂回至郑家村内向西急进，然后向南包抄八路军后路，形成一个小小的包围圈，实行夹击。

郑家村南有一座沙土岗，东西走向，长约一公里，高十三四米不等，时称“卧龙岗”。卧龙岗上长满了酸枣树和一米多深的杂草。北侧是一个打麦场,麦场四周残垣断壁,场内麦垛林立,场外则有杂木杂草和残存的民宅。南侧沙丘起伏,果树成林,杂木丛生,荒草遍地。从郑家村东南到邴家一带则是一片洼地,方圆几公里都是积水,一片汪洋,一眼看不到边。李善亭的队伍就在卧龙岗一带和鬼子开始了斗智斗勇的游击战。敌进我退,敌逃我堵,迂回曲折,巧妙周旋,僵持了四五个小时。中午时分,八路军的一个团从围困李海、白堂的战斗中撤出一个骑兵营(曾经是机枪营,有300余人)来支援郑家村的战斗。一路由田团长亲自率领从东边推进,一路则从郑家村西南的孙家、赵家、小屯、大屯、于家等村摆开了一个大包围圈,圈住了后到的伪军,并且逐步向里压缩。在压缩的过程中,八路军发起政治攻势:不断向圈内的伪军喊话做工作,要他们"中国人不打中国人"。果然,伪军大队副张双令借机带着他200多人的队伍,不声不响地撤出战斗溜走了。①

田团长指示,时间和地域的优势都在我们手里。为了减少伤亡,不要急于下手,不要硬碰硬,而是充分利用地形地物,以排为最小单位作战,采取神出鬼没、声东击西、调虎离山等战术,诱惑敌人跑空腿、放空枪,先把敌人拖累拖垮拖晕拖瘦,然后用截肢断腿、掐头去尾等方法,逐渐把他们分割成若干小部分,分头围住吃掉。于是,东边几声手枪响后,引来日军一阵咆哮和轰鸣的机枪声;西边手榴弹一声炸响,换来日军左冲右突,找不到人,然后冲天鸣枪发疯示威;北边刚刚还看见麦场里有几个八路军,但是日军进来后却一个人影也看不见;南边传来了八路军的冲锋号和喊杀声,日军认为是大军到了,迫击炮和重机枪就对着那个方向疯狂开火,结果机枪打掉了树枝,燃着了芦苇,迫击炮弹惊飞了鸟雀,远远地落到了东南的湖水里,腾起高大的水柱,然后泛起几条死鱼……包围圈越缩越小,最后锁定在卧龙岗两侧不大的范围内,敌人已被八路军分割成八部分。

18:30左右,田团长下达了打歼灭战吃掉敌人的命令,顿时整个阵地杀声四起,轻重机枪、步枪、手榴弹等武器在近战中充分发挥了作用,

---

① 此前李善亭打听到伪军大队副张双令是本地人,对当地人民没有血债,是可以争取的力量,并进行了教育争取。

打得敌人晕头转向，顿时乱作一团。最后，打成了胶着战。机枪、长枪也用不上了，有的在沙丘树林里短兵相见，有的在卧龙岗荆棘丛里白刃搏斗，有的在麦垛和残壁间追逐周旋。经过两个多小时的激烈战斗，共歼灭日军 30 余人，活捉 1 人，逃跑 1 人；缴获迫击炮 1 门、重机枪 2 挺、弹药两大车，大车、马匹、轻武器、军大衣、钢盔等一大宗。八路军牺牲了 2 名战士。

把战场选在郑家村除了地形适合打仗外，还因为当时郑家村有较好的群众基础。在周围的温集、谢家、李海、白堂等村都被日伪占领的情况下，郑家村一直设有秘密联络站和情报站。郑家村当时还有粮食仓库，曾存有 20 多万斤粮食，用内层是麦糠、外层是沙土的方法埋藏在 40 多个地窖里（每个地窖大约能藏 5000 斤粮食），为共产党开展革命斗争提供了较好的物质基础。这种方法非常科学巧妙，最主要的优点就是防潮效果好，操作简便。这 40 多个地窖其实就分布在卧龙岗两侧。日军万万没有想到，他们的丧胆丢命之地竟然有如此重要的“宝贝”。

太平庄是出了名的抗日联防英雄村。1942 年 1 月 25 日（农历腊月初九）夜晚，聊城城里部分日伪军和花牛陈、赵鸭子庄、周庄等据点的日伪军七八百人，配有小钢炮 4 门、轻重机枪 10 余挺，取远路绕过联防区偷袭太平庄。

此时，二区区队副田成香（西太平庄人）得到消息，立即赶回家找到村长周茂铎、自卫队长郎宗义以及周庆智、周茂成、田成陆、田绪东等人。经过分析，认为组织撤退已来不及，县大队、区队又都远在他村驻防，唯一的抗击力量是本村的自卫队民兵和群众，于是决定据守防御工事与敌人背水一战。村干部立即分头去安排，并派人从西面绕道去报告县大队和区队，还到东阿县赵庄一带去找冀鲁豫军区第四（运东）军分区主力部队，请他们火速支援。

西太平庄的防御工事已有了一定基础，村周围修了不高也不厚的土埂作为掩体兼炮台，村里每个胡同口都修了小炮楼，街上挖了纵横交错的交通沟、地道，房顶上修筑了工事，房与房之间架上了木板，户户相通。老弱病残隐蔽起来，其余不论男女老幼，凡能拿动武器的都上阵。民兵每人几枚本地造手榴弹，会使土炮的，架起了大抬杆；没有枪炮的，就拿起了大刀、长矛、切菜刀、斧头等。在敌人可能经过的地里、路上都埋了地雷，在敌人可能行进的街口、大门上面挂上了手榴弹，在重要关口都安上了大劈山①。太平庄的村民很快进入了自己的岗位，做好了与敌人决一死战的准备。

敌人在太平庄周围布满了兵力，日本少佐小野亲自督战。凌晨3时，敌人发起进攻，先是十多发炮弹从东北方向飞到了村里，接着便是机枪扫射。这时，村长、自卫队长命令大家隐蔽待命，等敌人靠近再打。

敌人放了一阵枪炮见村子里毫无动静，便壮着胆子向村里进攻，眼看就要到村前沿阵地时，村长、自卫队长同时发出命令："打！"钢枪、土枪、手榴弹、老抬杆一齐射向敌群。敌人迎头挨了一棒，死的死，伤的伤，立时倒下了二三十人。霎时间烟雾弥漫，火光冲天。敌人很快又发起第二次、第三次进攻，火力一次比一次猛，在钢炮、机枪的掩护下，日伪军冲到了安有大劈山的工事前面，自卫队炮手迅即点燃炮芯，"轰"的一声巨响，前面几个日本兵应声倒地，后面的不知道是什么新武器，吓得退了回去。

村北六七十名伪军在日军的监督下，加快速度向太平庄扑来，一下子踏进了布雷区。"轰隆隆——"地雷响成一片，敌人被炸得血肉横飞。穷凶极恶的敌人又发起了更猛烈的进攻，他们凭着武器好、弹药充足的优势，一边猛烈开火，一边向村子逼近。自卫战士拼死抵抗，田绪荣举枪向伪军开火，两个伪军应声倒下，田绪荣也倒在了血泊里，守在身旁的老父亲拿起儿子手中的枪，立即投入了战斗。区队副田成香被流弹击晕倒在地上，妻子胡月梅拿起丈夫的武器，把子弹射向侵略者，子弹打完了，她又抓起手榴弹向敌人投去，直到最后牺牲。民兵周庆林头部负伤鲜血直流，他顾不上包扎仍坚持战斗。老自卫队员周茂盈已50有余，右腿被弹片击中仍不下火线。老猎手周茂庆施展打猎练就的本领，连续撂倒了好几个敌人。击鼓老人周荣敬把鼓敲烂了，接着又吹响号角。70多岁的田大娘见身边的炮手负伤了，接过火药捻点燃大抬杆，轰

---

① 大劈山，即大抬杆、老抬杆，是一种群众自造的土炮，炮身长1丈2尺，杀伤力极强。

得敌人不敢向前……

战况越来越紧急。自卫队员周墨安、王石头、张廷元、周永笃等人先后牺牲。东太平已被敌人占领，自卫队的阵地越缩越小。子弹打完了，自卫队员们抓起手榴弹，手榴弹用完了，又拿起砍刀、斧头、切菜刀和敌人展开了肉搏战。正当全村老幼处于生死存亡之际，南面、东南面响起了清脆的机枪声。军分区主力部队、县大队、二区队和各村联防队赶来支援。敌人腹背受敌损失惨重，草草收兵落荒而逃。

这次战斗，毙伤日伪军170余人，缴获大量枪支弹药，粉碎了聊城日伪军妄图摧毁太平庄抗日联防的阴谋，使太平庄抗日联防自卫队又经历了一次严峻的考验。在战斗中，太平庄民兵自卫队员阵亡11人、伤30余人。

李海子村位于聊东南，是著名的八大香坊之一。周围设有敌人的据点，东边有周庄、花牛陈据点，北边有刘道之据点，西边有谭庄和周店据点。敌人据点林立，日伪军日夜出来抢劫、抓人、杀人、放火。敌人的横行肆虐，严重威胁着群众的生存。早在1928年，李海子村建立了黄纱会(即红枪会)，是人们抗官抗税、保家自卫的封建迷信群众组织。1929年7月，大土匪王金发攻占聊城。9月，红枪会2000余人在王堂击败土匪，并用土抬杆将王金发打落马下，红枪会首刘润常威名大振，之后，被推举为永清区(于集一带)人民自卫团(永清团)团长。

中共李海子支部建立之后，支部书记刘子华在本村很快发展了十几名党员，大部分来自刘氏家族，他们利用同村、同族、父子、兄弟的关系，积极做刘润常等红枪会领导人的工作。1940年聊城县抗日民主政府成立之后，县区抗日政府根据中共中央的指示精神，不断邀请刘润常到政府开会议政，向他宣传共产党的抗日统一战线主张，启发他爱家爱国的民族觉悟，动员他与共产党团结合作，一致对外。刘润常在共产党人和抗日政府的影响之下，思想觉悟不断提高，他领导的永清团逐渐走上了拥护共产党，与抗日政府团结合作、共同抗战的道路。

1942年农历腊月二十六日上午，盘踞周庄伪据点的50多名汉奸骑兵窜到后高村、刘池子一带抢东西、烧房子、骚扰老百姓。红枪会领导人和几十名红枪会会员听到消息不约而同地汇集起来，经商议，刘润常下令:击鼓吹号,群众到佛堂集合。接着又派人通知各村红枪会会员,去后高村、刘池子一带抗击日伪军。

李海子村的群众听到集合令,拿着大刀片、红缨枪、铁锨、锄头、推磨棍子,少数人还拿着大枪和汉阳造步枪到佛堂里集合。出征祈祷仪式完毕,刘润常带领红枪会会员奔向战场。共产党员刘润河、刘润江、刘锡爵、刘润达、刘锡铭等都带着武器随着红枪会一起出发。

正在刘池子、后高村烧房子抢东西的汉奸骑兵,听见鼓声、号声,看见蜂拥而至的红枪会会员,便连忙撤出村子,边射击边向东面盐屯一带逃跑。

这时梁庄、刁海、董庄、前高庄、梁堂等十几个村庄的1000多名红枪会会员,头裹黄纱巾、身着黑兜兜、手持系着红绸子的大刀长矛和各种各样的武器,高喊着"打倒日本鬼子"的口号,从四面八方朝刘池子一带涌来。见大队人马赶到,刘润常便下令各村会长带领队伍绕道向东,埋伏在盐屯西面一处南北长半里多地的盐碱土岗子地里,截住敌人的归路。

这时,汉奸傅崇鲁带领伪军200余人和日军30余人由盐屯方向赶来增援。等敌人走近,刘润常大喊一声,率先从土岗后面冲了出来。接着,上千名红枪会会员举着大刀长矛,高喊着口号从壕沟土岗和荆棘丛中奋不顾身地向敌群扑去。刘润常登上一处高土岗子指挥战斗,不幸被敌人的子弹打中,身负重伤。敌人的炮火越来越猛烈,多名会员先后牺牲,战斗进入到白热化阶段。红枪会渐渐抵挡不住敌人的疯狂进攻,且战且退。几名红枪会会员的遗体还未来得及抬走,便被惨无人道的日伪军浇上汽油焚烧起来。这时,张侠带领县大队和二区队赶来增援,顿时红枪会会员精神振奋,鼓声、号角声、呐喊声又响成一片。

县大队兵分两路,绕到日伪军的北面和南面,二区队由区委书记刘子华带领,配合红枪会在正面进攻敌人,对敌人实行三面夹击。战斗进行到傍晚,县大队和二区队终于把敌人追赶到盐屯以东,敌人指挥官战死,日伪军死伤惨重。

刘润常因伤势过重不久便去世了。消息传出,远近几十个村的父老乡亲都纷纷到李海子吊唁慰问。筑先县政府召集领导干部开会,总结了这次战斗造成重大牺牲的原因，引导农民破除封建迷信、学习战略战术。抗日民主政府派人到李海子村进行慰问，对死者家属进行抚恤，并追认刘润常、刘润身、刘锡奎、刘润都、刘润坤等为抗日烈士。

1941年至1943年上半年，整个华北大旱，鲁西北旱情尤为严重。马颊河两岸与聊堂公路两侧地势高亢，旱情更为突出，1942年冬至1943年春河渠干涸，大地龟裂，加之日伪顽杂势力的横征暴敛，农作物几乎颗粒不收。在天灾敌祸的双重逼迫下，群众实在无法生活下去，凡能走动的纷纷背井离乡去逃荒。至1943年，出现了以堂邑为中心，西南至马桥、桑阿镇，东北到梁水镇、土闸，长80多里、宽三四十里，涉及聊、堂、冠、莘4个县十几个区、1000多个村庄的“无人区”。鲁西北地方党组织和抗日政府将抗灾救灾和对敌斗争、恢复建设根据地作为一项紧迫的中心任务，使根据地在极端艰苦的条件下得以迅速发展。

第四节　夺取抗日战争的全面胜利

中国人民的抗战，大大消耗和削弱了日本军国主义的战争实力，从而减轻了苏联和美英等国的压力。1943年秋冬，世界反法西斯战争已经露出了胜利的曙光。

中国共产党在党的建设方面实现了党的一元化领导，加强了党内团结，提高了战斗力；开展了整风运动，党的队伍在思想上、组织上、作风上、纪律上得到了加强，促进了各项工作的顺利开展。

然而，聊城的抗战出现一些新情况、新困难。吴连杰部黄竹斋（黄儒修）团投靠日军，盘踞在武训县堠堌乡阮庄伪据点与八路军为敌。阮庄伪据点是大围子里有小围子，伪军据守的小围子易守难攻，四周的围墙又高又厚，设有高低枪眼。围墙外布有带蒺藜的铁丝网，网外环绕两道深壕，内壕丈余深，外壕深4丈，壕内有活水，壕外还有一道圪针寨，壕上设两座吊桥，是进围子的主要通道。黄竹斋带领伪军的主力驻守小围子，另一部分伪军驻守阮庄大围子，布局得体，防守严密。根据已掌握的敌情，只能智取，不能强攻。

1944年1月21日凌晨，冀南第七军分区二十二团参谋长刘墨卿亲自带领二连两个排，由阮庄党支部组织委员满九成带路，隐蔽在事先选好的埋伏地点。

天刚亮围子里的吊桥放了下来，有几个哨兵在桥头站岗。打进敌人内部的伪排长吕连元按事先的约定，头戴礼帽，身穿长袍，左手拿着烟，正在桥边悠闲地踱来踱去。6名化装成老百姓的八路军战士见时机已到，马上推着装满草料的小平车朝桥上走。快到桥边时被哨兵拦住，这时吕排长马上大声招呼道："大哥，你上哪里去啊，怎么这么早啊？"一个战士回答说："我们是来送草料的，赶早来，回去还有事。"哨兵见来人是排长的熟人，也就不再纠缠。当草料车一靠近哨兵，战士们突然亮出武器，迅速缴了他的枪，把他连同吕排长一起推到外壕里。6名八路军战士按战前部署，1人直奔伪军团部，4人分别扑向4个炮楼，留下1人把守大门并发出信号。刘参谋长随即带领伏兵冲进围子，战士们先收缴了敌人挂在墙上的武器，再喊醒正在梦中酣睡的敌人起来集合。平日威风十足的敌军官兵，这时糊里糊涂就当了俘虏。

在伪军团部，伪团长黄竹斋也未起床，听到外面有动静知道不妙，伸手去枕头下摸枪，但未等他起身便被冲进屋去的八路军战士一枪击中。至此未到一小时，一场军民合作、以少胜多的歼灭战胜利结束。这是武训县影响较大的一次战斗，它沉重打击了敌伪势力，拉开了抗日武装力量局部攻势作战的序幕。

1944年5月，汪伪政权从华北调来了治安军齐燮元部3个团来鲁西北接防，其中十七团驻守聊城。筑先县抗日民主政府及县大队责成情报站站长裴动民尽快了解这股敌人的人员、装备等情况。

裴动民接受任务之后，立即与敌工部张宗谦等人展开调查，得知十七团团部和所属两个营大约1000人，驻在山陕会馆一带。伪副团长张建州36岁，中校军衔，平时不住团部，他和一个姓李的军需官住在米市街孔家酱菜园，每晚8点左右，有一排伪军护送他回孔家酱菜园过夜。孔家酱菜园是一家老酱菜铺，位于米市街中段路东，有3间门面，里面有前后两个院子。酱园主人住前院，张建州和军需官住在后院。后院另有大门，在通向运河去的东西巷道里，再往东面不远处便是山陕会馆。米市街北头连着东关大街，街上有伪警察所。往西走不远便是东城门，大批日伪军就驻在东城门以西护城河环绕的聊城城里。

摸清了张建州的住处和行踪之后，县大队便制定了行动方案。3月27日晚，由武工队队长韩学水和指导员孟克、队员谭文甫及公安处陈副队长，利用晚间敌人不备之时，突击进入张建州住处，抓获张建州及其军需官。

十七团的伪军听到消息迅即集合出动，武工队早已无影无踪。天快亮时，韩学水他们回到了县政府和县大队的驻地——大白庄。县长张侠和公安局局长李诚、敌工干事张宗谦等人立即对张建州、军需官分别进行审讯，掌握了伪军司令部和十七团的全部情况。不久便把二人释放了。张建州回到十七团，伪司令部对他失去了信任，不久，他便辞职回家。敌人随后将十七团调离聊城。

1944年6月下旬，筑先县委、县政府和县大队正在聊城、茌平、东阿交界的三区顾官屯以北石庄、王楼村驻防，突遭聊城、博平、茌平、东阿等县1000余名日伪军"铁壁合围"。县大队组织几次强行突围均未成功，只好化整为零，战士以班为单位，文职人员八九个人为一组，随着外逃的老百姓分散突围。

筑先县委敌工部部长于化民高度近视，在奔跑途中不慎把眼镜跑丢，被敌人围困在包围圈内。他为了保护群众被敌人刺了3刀，他忍痛带领部分群众冲出敌人的包围。这时青年抗日救国会主任董毅民追了上来，背起于化民就往外冲。于化民怕连累同志，执意从董毅民的背上挣脱下来，躲进了附近的刘庄，因流血过多，他被紧随而至的日伪军逮捕。随后，敌人对于化民进行了严酷的拷打、审讯，他几次昏过去但始终没有说一句话。敌人将他捆起来扔进水坑里，又用梭镖将他插进水底活活折磨死。

筑先县委武委会主任韩效民随着一部分群众从小白庄突围出来，敌人在后面边追边开枪，韩效民掏出手枪阻击敌人，掩护大家逃跑。第二天敌人撤退以后，战士们又回到原地找他。只见一道斑斑的血痕直通到高粱地里，韩效民已壮烈牺牲，手里还紧紧握着手枪。

没有冲出包围圈，被围困在茌南张会所村附近旷野里手无寸铁的群众，在日伪军逼迫指认共产党、八路军毫无结果的情况下，遭到穷凶极恶的日伪军架起机枪集体屠杀，全部遇难。筑先县党政军人员有几十人伤亡或下落不明。3天后，县大队辗转至孙堂驻防，夜间又遭途经此地赶赴阳谷参加“扫荡”的日伪军的袭击，三中队队长谢家福和文化干事王勇等不幸遇难。

敌人这次“铁壁合围”大“扫荡”中共有134名抗日军民遇难。为纪念死难群众，是年7月，茌平县抗日民主政府在惨案现场修建“六二七惨案”纪念碑亭。

1944年8月，据情报得悉：即日下午，聊城伪军4人押送一辆大车，从村东公路上经过到谭庄据点，车上有一部分伪军新军装。另一个情报是：聊城方面原定今天派一个中队进驻双庙据点，因情况变化，暂时不来了。

区委指导员杨诚、区长张佃一、抗联主任张彦卿等人当即研究商定：马上派区队一个班埋伏在村东公路旁，把敌人的军装劫下，因离谭庄据点太近，要速战速决。待到第二天拂晓，由杨诚亲自指挥换上伪军装的区队战士，乘双庙据点等候聊城方面来人之机，来个冒充偷袭。区队当日下午顺利地截下敌军装。次日拂晓，区队一、四两班战士穿上伪军装，其他班拉开距离紧随其后直奔双庙伪据点。快到据点时，指导员杨诚派一个班去双庙村北公路旁监视聊城方向的敌情，然后让四班长苗景华扛着缴获的三八式步枪，带领几名战士走在前头。到了据点大门口，苗景华向门岗说：“我们是来换防的。”说着，从衣兜掏出“面交队长”的信让门岗看了看，就顺利地进了据点，紧跟苗景华身后的战士，手疾眼快地缴了伪军门岗的枪，门岗换成了区队战士。一区队迅速进了据点，苗景华直奔伪队长的住房，伪队长见有人来，刚从床上坐起，苗景华就把“面交队长”的信封递过去，趁他低头拆信时，苗把三八式步枪上明晃晃的刺刀对准了他的胸口，伪队长刚要伸手去摘挂在墙上的手枪，早被区队战士抢先一步，伪队长乖乖地当了俘虏。这时，在院子里睡觉的20多名伪军，在睡梦中就成了俘虏。一区队一枪未发，果断大胆地拔掉了双庙伪据点。

1944年秋季，中共中央发出指示：老根据地要组织群众恢复生产，改善生活，发展教育，要努力开辟新根据地。中共筑先县委和筑先县抗日民主政府根据中央的指示精神，决定首先开辟四区，实施“打王（王殿明）”计划。

其间，经共产党组织积极落实“争取、瓦解、打击会道门”的方针，分别派县长张侠、区委书记刘子华、敌工干部张宗谦等不间断地对陈殿贞进行教育争取，聊东南的蓝枪会由开始敌对到和平共处再到友情相助，对抗日工作已构不成威胁。而此时的红枪会头子王殿明仍积极反共，与人民为敌，死心塌地地为日伪服务，被聊城县伪政权任命为三区[①]区长，伪区公所设在军王屯，距聊城城里不到10里。该村早就有两丈多高、一丈多宽的围子墙，王殿明上任后又在村内修炮楼。据点内驻有100多人的伪中队，伪区公所里有脱产的红枪会会员把守。王殿明层层设防，戒备森严，深居简出。

县委书记陶东岱和县长兼县大队长张侠召开专门会议，研究“打王”方案。县大队副大队长马锐锋、敌工部干部张宗谦等几人进行了反复讨论，最后决定采用“掏心”战术，组织一支临时武工队，钻进伪区公所除掉王殿明。为了配合武工队行动，县大队派一个中队埋伏到围子墙外东侧，只等围子里枪声一响，县大队就在外面鸣枪呐喊，佯装攻围子，迷惑敌人。

经过挑选，组成了一支精干的锄奸队，由张宗谦担任队长，带领戴伯明、韩学水、杨金玉和四区队的两名战士，又从县委、县政府和县大队挑选了12支最好的短枪，每人配备两支。第二天一早，军王屯村里出来一个十六七岁的骑毛驴的年轻人，出西门径直走到一片高粱地头上，见对面地里有两棵高粱晃了几晃，他便举起鞭子摇了三摇，然后狠狠一鞭抽在驴屁股上，朝着聊城方面奔去了。这个年轻人就是地下党员张景山（小五子），打入敌人内部以后，当上王殿明的勤务员，负责往城里送信。

得到小五子的暗号，6个农民打扮的武工队队员从高粱地里出来，随着出出进进的群众进了围子。张宗谦、杨金玉走在最后，他俩走到围寨门口干净麻利地将两个哨兵反捆起双手，嘴里塞上毛巾锁进村外一

---

① 三区，即筑先县四区，区抗日民主政权在1942年底建立。

座破庙里。走在前面的4个武工队队员很快来到区公所门口，戴伯明借哨兵盘问韩学水和区队队员之机，冷不防地冲进了区公所。两个哨兵慌了手脚，转身去追赶，韩学水等人趁势将其绊倒捆了个结结实实，塞上毛巾捆在门外的槐树上。然后，韩学水让两名区队队员留在门口，他疾步跑进区公所。

戴伯明进入区公所，敌人正乱哄哄地吃早饭，他便直奔堂屋而去，来到门口高声喊道："哪位是王区长？"王殿明正低头吃饭，刚要回答，抬头一看是个陌生人，老奸巨猾的王殿明一下子钻到桌子下面。戴伯明抬手一枪，打在了王殿明的肩上。王殿明顶着桌子往外冲，桌子被屋门挡住，他想钻出来逃跑，刚一露头，戴伯明又是一枪，打中了王殿明的头部，王立即栽倒在地。这时，韩学水从外面赶来，对着王殿明的头部补了两枪，罪大恶极的王殿明当场毙命。

抗日战争期间，东昌府区凤凰集村在革命斗争的锻炼和党的培养下，涌现出一大批英勇抗敌的党员干部。解平任聊堂县抗日民主政府五区区委书记，谢九岭任区队副队长，解彭年家叔侄多人相继加入抗日队伍并担任党政重要领导职务。敌人把凤凰集称为"共产党的老窝"。同时该村还成立了以张振山为区游击队队长、解长厚为区长、张立廷为乡长的抗日组织，本村120余人参加了该游击组织。日军为消灭革命力量，于1938～1945年对凤凰集村进行"围剿""扫荡"十几次。

1945年1月3日(农历十一月二十)拂晓，驻堂邑城内的日伪军200多人在坂本司令率领下包围了凤凰集，他们荷枪实弹进村后，见到可疑人(像共产党、游击队的人)就抓，共抓到40多人。他们把抓来的人赶到两面靠墙、一面靠胡同的小场院里，用3挺机枪和1门小炮对着手无寸铁的群众。随后逼问谁是自卫队队员家属，在问到张广太时，他没有回答，日军就开枪打死了他。群众怒不可遏，接着大喊起来。日伪军气急败坏，命令群众蹲着围在一起，向他们乱刺乱打，张广友被砍伤，张立荣被踩伤，许金堂被刺刀一刀刺穿。解树海抓住了敌人的刺刀，任玉娥抓住了敌人的枪杆，可是都受伤了。张东山被敌人用刺刀刺死。随后日伪军又放火焚烧民房，抢劫财物，用一辆大车载走抢夺的被服物资。

敌人此次疯狂"扫荡"，造成该村石振公、解树祥、张广太、张东山、张二狗 5 人死亡，张秀峰也因伤不治身亡，14 人重伤。

抗日战争期间，梁水镇镇江庄村抗日分队由江式武、江式同、江乃心 3 名同志领导，共有十几条枪，与县区抗日统一战线秘密联络，进行各种抗日活动。分队一般都是夜间活动，打一仗就需要换一个地方，居无定所，条件非常艰苦。当时西边冠县的宋小屯村、东边的乔集村都有日军的据点，横征暴敛，民愤极大。江庄村青壮年积极加入抗日队伍，根据上级指示，打掉多个日军据点，涨了抗日分队的士气，抗日队伍也不断壮大。江富武在与日军的战斗中英勇牺牲于茌平，江乃山在与日军的战斗中牺牲于河北景县，江式阳等十余名烈士牺牲于抗日战场。更有几名战士，不知牺牲于哪里，一去未回，成了无名英烈。

各地在战斗的同时也要搞好生产。陕甘宁边区的大生产运动，形成了一整套成功的经验和做法，为各抗日根据地大生产运动的开展提供了借鉴。筑先、聊堂、武训县区党政军机关在领导这一经济斗争的运动中，首先带头搞好机关生产，建立独立核算的机关生产合作社，完善和制定了机关生产的分配办法。一面战斗一面生产，机关达到自给或半自给，粉碎了敌伪顽的经济封锁，克服了严重的物质困难，密切了党政军民关系，积累了经济建设经验。

筑先县党政军机关在战斗和军训间隙进行力所能及的开荒种地大生产活动，在于才庄建立了小生产基地，榨油酿酒、养猪喂鸡、做酱制菜，对改善部队生活起到不小的作用，从而大大改变了干部战士的身体素质和精神面貌。筑先县一区队在南北辛庄开荒种菜，在运河故道种小麦，战士们在行军时身背粪筐拾粪积肥，减轻了人民的负担，受到县委、县大队的表彰。随着大生产运动的开展，军工生产也得到了迅速发展。筑先县政府在西太平庄建立了一个小型兵工厂，开始主要是翻新子弹，制造炸药、手榴弹，很快便发展到日产手榴弹 300 多枚的规模，在加强抗日联防区各自卫队武器装备的同时，有力地支持了抗日游击斗争和攻势作战。

1945 年上半年，世界反法西斯战争在欧洲战场取得完全胜利，德意法西斯彻底覆灭。此时，日本还没有遭到重创，日军大本营遂在准备所谓的“本土决战”，他们在中国的东北及朝鲜北部配备 75 万兵力，企图以此与日本本土及外围诸岛连成一体，实现长期作战。

1945 年 7 月 20 日下午，冀南军区下达了解放堂邑的命令。第七军分区二十二团负责主攻堂邑城，马颊河支队和各县大队分打外围。总指挥部设在温集，由军分区司令员赵健民任总指挥。当夜 12 时，攻城部队接近城郊。这时，李乃武派人送出情报说，敌人对原城防部署进行了改动，负责接应的张双令部由防守南城墙改为防守东城墙。攻城部队随即将攻城部署作了相应调整，改为从东城墙魁星阁攻城。攻城令下，勇士们如猛虎下山，仅用十多分钟便迅速爬上了城墙，控制了东、西、南三面的炮楼要点。

此时，武训县、区抗日民主政府立即将民兵、农会、妇女、自卫队进行分工，代表灾荒区翻身农民上前线抬担架、送给养。一批批慰劳队不顾烈日炎炎，带着自家用盐白水煮熟的小鸡、鸡蛋、烹炸食品、蔬菜、瓜果等，步行二三十里赶往前线，指挥所、团部门前摆满了慰问品。

21 日上午 8 时，六连开始强攻伪县政府和伪大队部驻地——许家大楼。由于上次攻打堂邑时这里没有被攻下，伪军们便以为此处坚不可摧，伪县长胡玉南、伪军大队副车农青和伪县政府的科长们都龟缩在此处。他们修补了寨墙，挖了寨壕，安设了铁丝网，企图坚守顽抗。六连的战士们爬进寨墙，将三层大楼团团围住。战士们首先向敌人喊话展开政治攻势，未能奏效，便展开强烈的军事攻势。在一排强大火力的掩护下，二排、三排的勇士们越过敌人严密的火力网，竖上梯子，三班班长王心宽第一个爬上去，接着九班班长安金明、三排排长王金波都迅速爬到房顶，通过梯子由房顶向楼上爬去。当安金明爬到梯子中央时，梯子突然断裂，他从一丈多高的空中掉下来，又一骨碌从地上爬起，抓住窗户棂子爬到房顶，再爬到楼上。这时三排的战士已全部赶上来，开始向敌人猛攻。武训县二区民兵营神枪手许继岭、张树栋、李树芹等由军区特调带一中队参战，他们瞄准敌人的流动哨、碉堡射击孔，弹无虚发，配合主力部队排除障碍。随着三声炮响，楼顶被炸开了花，敌人已无路可逃，便从窗户里举出了白旗。胡玉南、车农青及伪科长们一个个举着双手走出了大楼，其余的人也都放下武器，尾随其后下楼投降。许家大楼——这座日伪军苦心经营多年的顽固堡垒终于被八路军攻破了。上午10时，四连战士又攻下西南炮楼。

城隍庙，是伪军的另一个主要聚集点。这里驻守的是伪军保安二团一营，共有3个中队180多人，敌人在城隍庙外面又加修了一道小围墙。早5时，二连战士在火力掩护下向伪军发动政治攻势，敌工站的人员把刚刚俘虏的胡玉南、车农青带来，向城隍庙内的伪军喊话。下午2时，据守城隍庙的伪副营长率全部伪军投降。

当日下午，攻城部队二十二团一连、八连开始攻打城区最后一处据点——东关据点，这是伪三区区长江克敏自卫团的盘踞地。强攻之前，攻城部队照例向敌人展开政治攻势，敌人不但不听，反而打冷枪，拼死反抗。强攻的炮弹落在敌人的炮楼上、寨墙上、围子里，南门小楼塌了半边。炮声一停，八路军战士便迅速攻进了围子。然后兵分两路，一路在寨墙上分别向东、向西北压缩敌人，一路在院内与敌人展开激烈的肉搏战。战士们越杀越勇，撂倒了20余名敌人，其余29人不敢恋战，全部放下武器举手投降。敌人经营多年的东关据点处在一片熊熊烈火之中。在攻城部队集中兵力与顽敌展开激战时，伪军大队副张双令率七中队和十中队一部乘混乱之机越城逃窜。念其对抗日工作有过贡献，敌工人员又通过中间关系找到他，继续做团结争取工作。22日，张双令率部下200余人带着枪支反正抗日。

至此，堂邑城内全部日伪军被攻城部队肃清，共毙敌40余人，俘敌400余人，缴获长短枪340余支、轻机枪1挺、掷弹筒4个、电话机1部。群魔盘踞堂邑的时代结束了，堂邑城终于回到了人民手中。

首次围攻聊城则是1945年8月16日，由冀南军区第七军分区副政委张希才为总指挥，以新编二十四团（原马颊河支队）为主力，筑先、东阿县大队及部分民兵共2000余人开始围困聊城。指挥部开始设在馆驿口，后迁至双街教堂，不久又搬到小东关。

恰在此时，早已失去部卒、长期在高唐庞长森顽部避难的国民党顽固分子王金祥受国民党山东省党部和省政府的指派，带领高唐的汉奸王兴邦和高耀南两部分伪军共500余人，由北门窜进了聊城城里，将城里龟缩的伪军“收编”为“山东省保安四旅”，下设两个团，委任赵振华为旅长，郭培德为副旅长兼二团团长，傅崇鲁为一团团长。王金祥被国民党山东省政府任命为“山东省第六区行政督察专员兼保安司令”。不久，国民党山东省党部和省政府又派代表来聊城在西北大操场开会，宣布“正式委任”。王金祥之流为了负隅顽抗，抓丁拉夫，在原来高大坚固的城墙上又加修工事，对伪军作了周密布防。

经历了长期的战乱，全国人民要求和平的呼声很高，国际上也要求中国避免内战，国共和谈正在酝酿。8月中下旬，蒋介石连续3次电邀中共中央主席毛泽东赴重庆谈判。28日，毛泽东、周恩来、王若飞赴重庆谈判。为表示和平诚意，部队围城十几天后，于8月底撤离。

1945年8月15日，日本宣布无条件投降。9月2日，日本代表签署无条件投降书。至此，抗日战争终于以中国人民的完全胜利、日本帝国主义的彻底失败宣告结束，世界反法西斯战争也胜利结束。

抗日战争中，中共东昌地方党组织领导广大军民浴血奋战，为民族的解放事业作出了巨大贡献。此时期，经过战争和困难的考验，地方党组织得到迅速发展和壮大。党员人数由1937年7月的50人左右发展到抗战胜利时的2090人；基层支部在原来仅有中共堂邑、孙老庄特支的基础上，发展到200余个；先后组建和设置了十几个党的县级领导机构和抗日民主政府，其所辖各区分别建立了区委和区、村政权，以及工农青妇等抗日群众团体；县委领导下的人民革命武装从无到有，由弱到强，且不断补充八路军主力部队；各县、区、村民兵、自卫队以灵活机动的战略战术打击敌人，涌现出一批英雄村、模范村和英雄人物。东昌人民全民动员，通过各种方式方法投入到抗日战争的行列，充分显示了人民战争的巨大威力。

东昌人民为战胜日本法西斯作出了巨大牺牲，冀鲁豫区委1945年5月统计，仅筑先县各种物资损失共折合法币3344132万元。全县被敌人杀害、因敌人制造的灾害病饿而死，流亡失踪、被抓未回，遭敌枪伤、拷打致残，妇女被奸污染病者数以万计。东昌人民不怕牺牲，前赴后继，战胜了日本侵略者及汉奸走狗，以不屈不挠的斗争精神，谱写了全民族抗战的光辉历史，为世界反法西斯战争的胜利作出了不可磨灭的贡献。

第三章
聊城解放，支援全国战略决战

抗日战争胜利后，中国人民迫切需要一个和平安定的环境，休养生息，重建家园。中国共产党从人民的愿望出发，主张团结一切可以团结的力量，依靠人民群众把中国建设成为独立、民主、富强的新中国。然而，以蒋介石为首的国民党统治集团，企图依靠美帝国主义的支持，将中国恢复到抗战前国民党专政的状态，实行独裁统治。此时，中国社会的主要矛盾已由中华民族与日本帝国主义之间的矛盾，转化为以中国共产党为代表的人民大众同以蒋介石集团为代表的中国大资产阶级、大地主阶级之间的矛盾。

面对蒋介石在美帝国主义支持下疯狂抢夺抗战胜利果实、积极准备内战的形势，1945 年 8 月 11 日，冀鲁豫行署、军区发出联合命令，号召全区军民实行总动员，解除日伪武装，进占大城市，维护社会秩序，保护人民利益，保卫抗战胜利果实。8 月 13 日，新华通讯社发表了毛泽东撰写的《蒋介石在挑动内战》的评论。即日，毛泽东在延安干部会议上作了《抗日战争胜利后的时局和我们的方针》的讲演。毛泽东针对国民党顽固集团寸权必夺、寸利必得和假和平、真内战的两面策略，提出了“针锋相对，寸土必争”的斗争方针，从思想上提醒全党，要正确认识形势，警惕国民党发动内战。为了制止内战，争取和平，中共中央在 8 月 16 日向国民党提出关于制止内战的三项主张；又于 8 月 25 日发表《对目前时局的宣言》，提出“和平、民主、团结”三大口号，及时地为全国人民指明了前进的方向。

第一节 发起聊博战役

1945 年 9 月底，聊城境内除城里和个别据点为伪顽匪盘踞外，筑先、聊堂、武训三县连成了一片。三县地方党组织，经过八年全民族抗日战争的洗礼，在思想上更加成熟，在组织上得到了发展壮大，形成了党领导革命斗争的绝对优势。广大干部经过战争锻炼，思想政治水平、组织领导能力都得到很大提升。

根据抗日战争胜利后国内的斗争形势和党的斗争方针，筑先、聊堂、武训三县的主要任务是遵照冀鲁豫、冀南区党委、行署及军区的部署，深入进行战争动员，号召和教育人民丢掉幻想，放下包袱，立即行动起来，参加保卫胜利果实的斗争，做好应付内战全面爆发的思想准备；开展大规模的扩兵运动，完成地方武装升编任务，充实扩大主力部队；同时，加强地方武装和民兵建设，随时配合主力作战，加强解放区治安；配合和支援主力部队继续反攻作战，收复敌伪残存据点，扩大解放区；加紧解放区建设，在新区开展减租减息和反奸清算运动，在老区进行减租减息的复查工作，在边沿地区要防止敌特的破坏，在全解放区迅速开展大生产运动，医治战争创伤，恢复发展经济，为支援自卫战争做好物资和兵源的准备。

筑先、聊堂、武训等县区利用村干会、群众会、开明士绅会等多种集会，采用扭秧歌、演戏剧、贴标语、发传单、组织学校师生宣传队等多种形式，宣传抗日战争胜利后的形势及中国共产党的方针，揭露国民党顽固派的内战阴谋，号召丢掉幻想，紧急动员起来，为收复沦陷区、巩固抗战胜利果实而斗争。通过广泛深入动员，三县解放区迅速进入战争准备状态：一是动员广大群众踊跃参军，扩充主力部队；二是做好参战准备，按中心村组织担架队、运输队，编成班、排、连，如遇战斗随时集中；三是在解放区内实行戒严，自卫队加强站岗放哨，盘查行人，维护社会秩序，严防奸细造谣破坏；四是各级政府动员民资民财，随时征调，保证战争的财粮供给；五是组织互助组，在担架队、运输队出征后，协助其家属搞好秋收；六是关闭枪支市场等，以实际行动投入保卫抗战胜利果实的斗争。

根据冀南第七军分区指示，武训县抗日民主政府于1945年8月组织300余名民兵成立第一批出征民兵大队，参加解放清平、临清的战斗。9月1日夜，由冀鲁豫军区冀南指挥部司令员王宏坤为总指挥，调集冀鲁豫军区第一和冀南军区第四、第六、第七军分区部分主力部队与武训、清平等县民兵，共2万余人参加解放临清的战斗。临清战役的胜利，极大地鼓舞了武训县军民，尤其是武训县出征民兵，除完成运输、押送俘虏任务外，他们先后参加作战7次，毙敌40余名，活捉匪首吴连杰、杨昌缙、赵希圣在内的伪杂军30余名，有力地锻炼了民兵队伍，激励部队官兵英勇杀敌。临清解放后，武训县政府委派参议员穆仲轩、李一香、韩佑伊率领各区群众代表，带着4大车慰问品奔赴临清，代表武训县广大人民群众慰问参加解放临清的全体指战员。之后，组织武训县民兵大队和六、七区队，消灭了盘踞在梁水镇据点的伪军罗兆荣残部，彻底拔除了梁水镇伪据点。9月4日，中共武训县委和抗日民主政府在柳林镇召开万人大会，公审并处决了汉奸杨昌缙。11月10日，在五区胡堂村召开万人大会，公审处决了国民党三十一旅旅长吴连杰及其参谋长赵希圣。公判大会极大地调动了民兵们参战立功的积极性。

为适应抗战胜利后斗争形势的需要，1945年10月5日，冀鲁豫区党委书记张霖之在全区干部会议上作了《边区形势和我们的任务》的报告，指出下半年根据地中心区的任务是扩军，全力保证建立和壮大正规军，在充实正规军的基础上，加强地方武装和民兵组织建设，以建立正规军雄厚的后备力量。中共筑先、聊堂、武训县委根据上级党委的部署，动员党政军民一切力量，召开各种会议，利用各种形式广泛宣传，揭露蒋介石反动集团的内战阴谋，提高群众的阶级觉悟，激发群众的参战热情。各学校都组织了宣传队、标语组；街头巷尾都办起了街头报、黑板报、墙报；利用开办民校、夜校等形式，对广大群众进行宣传。通过大张旗鼓地宣传和党员干部的积极带动，解放区迅速掀起了扩军高潮。

在蒋介石连续3次电邀毛泽东赴重庆谈判的情况下，1945年8月28日，毛泽东、周恩来、王若飞在张治中、赫尔利陪同下乘专机抵达重庆。经过43天的谈判，10月10日，国共两党代表签订《政府与中共代表会谈纪要》(即“双十协定”)。国民党迫于形势，表示同意“和平建国”的基本方针，但解放区的政权问题、国民大会和军队整编问题悬而未决，国民党政府仍企图通过发动内战来消灭人民革命力量，并加紧了向解放区发动军事进攻。

1945 年 10 月 7 日，晋冀鲁豫军区决定，将冀鲁豫、冀南、太行、太岳 4 个军区的主力部队依次编为晋冀鲁豫野战军第一、第二、第三、第四纵队。冀南部队的主力团大都编入第二纵队。二纵下辖第四、第五、第六旅和直属机关部队共 1.4 万人，司令员陈再道、政治委员宋任穷、副司令员兼参谋长范朝利、政治部主任钟汉华，受命与冀南、冀鲁豫有关军分区部队进行聊(城)博(平)地区作战，向顽匪残存在鲁西北的最后两个城镇据点发起攻击。

二纵受命后，于 12 月 22 日开会布置了攻克聊博地区伪顽据点的任务。会议后部队即准备东进，为了保密，待部队过河后再进行动员。1945 年 12 月 26 日，纵队直属机关和第四旅由邯郸、第五旅由临漳、第六旅由沙河镇驻地出发，向目的地集结。29 日进至冠县以东地区，进行战前动员后，部队继续进至堂邑地区。30 日，战役部署大致确定：第四旅攻击罗庄，第五旅附冀鲁豫军区第一军分区两个基干团奔袭聊城，第六旅奔袭博平城。聊城、茌平等县县大队配合作战，参加兵力共计 2.5 万余人。战役以博平打响为准，定于 1946 年 1 月 2 日 24 时。聊城城内中共八 A 支部成员装扮成伪军，登城侦察守敌布防情况，由支部书记李纯礼的爱人怀揣小孩佯装走亲戚，将情报辗转送至冀南军区。

为配合我主力部队攻打聊城，中共筑先、聊堂、武训县委分别召开全县誓师动员大会。会后，各群众团体积极行动起来，妇女赶做拥军鞋，做拥军饭，送到围城部队战士手里；男青年准备好担架和小车，进行战地服务。聊堂县负责支援聊西北区的攻城部队。该县组织了 4 支支前大军：一支是 1000 人的运输队，肩挑车推运送粮弹；一支是担架队，在前线随战斗部队行动；一支是武装民兵，直接参加战斗；一支是前线慰问队，随时慰问伤员，并负责及时给部队补充鞋袜。各县县大队及地方武装随时接受攻城部队所派任务，配合主力部队攻打聊城，接受城防工作。

聊城四面环水，墙高城固，敌人戒备森严。指挥部决定从4关将敌人团团包围起来，选定1个突破口，由1个团突进城去，然后再发动全面进攻。突破口选在城墙西北角北侧。这里城外地面比较宽阔，往北去水面较窄，隔水便是聊堂公路，便于行动。此处是敌军一团三营七连谢春芳和九连仇志修的防地。第五旅第十三团担当爬城突破任务，团部设在三里井。为了完成这一任务，团长以二连为基础，组织了攻城突击队，队长是二连副连长傅凤喜，副队长是副排长朱正法。突击队由3个组组成：第一组，梯子组，25人；第二组，破障组，15人；第三组，手榴弹组，10人。突击队亦称第一梯队，待其爬上城墙后，第二、第三梯队紧随其后攻城。

1946年1月1日刮了一整天北风，午后下起了大雪。2日深夜北风凛冽，天寒地冻。第五旅在冀鲁豫军区第一军分区基干团的配合下，按时向聊城发起攻击。第十三、第十四两团由北、西两面攻击城西北角，第十五团攻打东关。

第十三团的指战员在团长带领下，踏着一尺多厚的积雪向目的地进发。官兵一律反穿棉袄，1000多人的队伍融进了茫茫雪夜之中。宽阔的环城湖水面已经封冻。开始，走在上面只是发出咯吱咯吱的响声，随着人员越来越多，又带着沉重的武器装备，冰层开裂，战士们落入水中，只好从深达胸部、夹杂着冰块和积雪的湖水中一步一步向城墙进逼。

突击队架着4丈8尺多长的梯子，首先爬到了靠近城墙的湖岸上。因为天气寒冷，城墙上的哨兵都缩进了炮楼里，丝毫没有发觉。梯子组的战士们迅速向城墙靠近，不料几个战士掉进被积雪掩盖的横沟中，梯子的响声惊动了敌人。突击队员们连忙爬过沟去，架起登城梯子①。梯子竖好了，遭到敌人的火力阻击。在攻城部队掩护下，战士们迅速爬到梯顶，由于梯子不够长，无法翻过城墙，部队只好暂时撤回。

---

① “登城梯子”是特制的，下端两边各一个鸡爪钉，上端两边各一个滑轮，紧挨滑轮各拴一根长长的皮绳。梯子竖起时，人拉住皮绳，掌好方向；几个高个战士扶好梯子，让滑轮贴着墙皮；另外几个人架着梯子往上一攒，立即又往下一落，鸡爪钉便牢牢地插进地里。

是夜，第五旅占领聊城东关和北关，歼敌百余人，自己也伤亡百余人。次日下午2时，第十五团一营一连将东关馆驿口敌人消灭，俘敌10余人，毙伤20余人，缴获轻机枪1挺，其残部逃至北关花园。第十三团团部进驻北坝，做好攻城准备。我军将梯子接长1丈多，重新组织了突击队，取消了破障组，增添一部分战士背柴草负责垫横沟。4日夜，第五旅发起第二次攻击。敌人早有准备，一开始就猛烈地扫射。团长命令掩护部队集中火力向城墙射击。

副排长朱正法登上头梯。他腰里挂着10来枚手榴弹，背2支枪，左手腕上系着2个哨子。快到梯顶时，他抬起左手吹了一下哨子，掩护部队开始向两边分射。朱正法正准备翻身爬墙，忽听上面有响动，一抬头，只见几个敌人正架起一根粗大的横木。“不好，滚木！”朱正法迅速地一扭身，转到了梯子背面。随即“咔嚓”一声，梯子从他脚下边被砸断了。朱正法抱住上半截梯子，顺着稍有坡度的城墙滑下来摔在地上。

敌人的机枪、步枪、手榴弹一齐打来，还把高粱秸捆浇上煤油点燃后扔下来，城墙下面一片火光。敌人借着光亮向攻城部队投掷手榴弹。因为距离近，手榴弹扔下来还未爆炸，战士们手疾眼快，捡起后扔到横沟里，来不及捡的就用脚踢，不少战士的衣服被火烧着了，他们就地打滚，借雪把火扑灭。

撤退的命令下达了，团长亲自背着伤员后撤。他们互相搀扶着，又从冰冷刺骨的湖水中泅渡回来。次日，第五旅旅部奉命迁至山陕会馆，第十三团团部迁到米市街。部队进行休整。

1月6日，博平县城解放。纵指移至博平南关，并接到刘伯承、邓小平电示：10天之内可能实现和平，争取在此时间内攻克聊城，否则不便再打。纵指研究决定，把第六旅调往聊城战场，集中兵力攻击聊城。8日下午，晋冀鲁豫军区二纵司令员陈再道、政委宋任穷抵达第五旅旅部，详细察看敌城东面阵地，当晚召开第五旅团以上干部会议，总结两次攻城未克的经验教训，对提高战术、增强指挥能力、防敌逃窜几个方面作了口头指示，部署新的战斗任务。

第五旅各团进行攻击准备，主要是构筑火力阵地，挖交通沟，打造梯子。纵指移至聊城东关。当日黄昏，第六旅由高唐以南地区进抵聊城东北王口、花园、傅庄、双庙一带。

10日9时，第五、第六旅再次对聊城发起攻击。攻城部队首先以野战炮、山炮和轻重机枪打击城墙上的敌人。停止射击后，第十三团从城角东南及以北第一凸出部登城，第十五团由第三凸出部登城，第六旅第十八团由东北攻击，第十四团由西北攻击。战斗打响后，第十三团突击队战士头顶用湿棉被蒙着的方桌，冒着敌人的枪弹前进，在八八式野炮、机枪、步枪掩护下，梯子队的战士迅速地来到城墙下面。指战员勇猛攀登，副队长朱正法第一个爬上梯子，副排长孔向宾、班长陈春田、战士王朴成等14人陆续登上城墙。他们利用面前倒塌的砖头、土块作掩体，向敌人猛烈射击。敌人集中火力封锁梯子口。后续登城的战士有的牺牲了，有的被打伤摔下去，增援部队难以为继。

城墙上的15位勇士和敌人展开了殊死搏斗。他们分成两部分，一部分顶住北面的敌人，一部分阻挡南面。北面有暗堡，南面就是魁星楼，敌人两面夹击。勇士们毫不畏惧，敌人的手榴弹扔过来，他们捡起来又扔还给他们。有几枚手榴弹扔进了魁星楼，炸倒了他们自己的人。敌人上来一批、倒下一批，冲击多次都被击退了。战斗中，14位战士先后牺牲，只剩下朱正法一人。他把战友们的枪支架在身体周围，把手榴弹打开盖放在身边，哪边来敌人，就往哪边射击，子弹打光后就顺手把枪扔到城外，再向敌群扔手榴弹……枪弹全部用完，朱正法乘敌不备顺着梯子皮绳滚落城外。吓得敌人惊呼：共产党部队竟有如此不怕死的人！

攻城战斗持续了2个多小时，攻城部队伤亡约200人，消耗子弹、炮弹1.5万余发。11日，攻城部队进行休整，召开会议总结教训，研究如何尽快结束战斗。晚上，全体指战员在团部驻地召开誓师大会。陈再道司令员到会讲话，宋任穷鼓励大家争做“聊城团”突击先锋。

经过观察发现，南门东100多米处一段城墙蛰陷，六旅决定派一个团从这里爬城突破。11日夜，该团从南关向突破口架了一段浮桥。12日18时，纵指下达第四次攻击聊城的命令：第六旅强攻，第五旅实施爆破。13日下午4时，攻城部队开始行动。第十六团由南口攻击，这里是敌二团二营六连的防地。突击队的战士正要架梯沿浮桥前进，不料湖面冰层被大炮震开，铺在冰面的门板随之游移，水深没人，敌人火力密集，突击队一时无法通过。掩护部队隔水射击距离太远，起不上作用，仍未攻上城墙。第十八团第一、第三营分别由西门和西北角攻击，一度搭上梯子，但均被敌人打下城来。第十四团从东北角搭上梯子，也未能攻上城去。第十三团对东南角第一凸出部连续爆破3次，由于炸药接济不上，被敌封锁。纵队首长组织力量，准备发动大规模攻击，坚决攻占聊城。

正在这时，二纵司令部接到上级命令，国共和谈已达成协议，从即日午夜起停止一切军事行动。刘伯承司令员下达命令，要求各部剀切遵行。国民党派飞机从济南飞来，撒下了双方停战的传单。1月13日24时后，攻城部队完全停止战斗，撤回原地。聊博战役遂告结束。

根据1946年1月10日国共双方签订的停战协定，由共产党代表叶剑英、国民党代表郑介民、美国代表罗伯逊组成北平军事调处执行部，负责监督双方执行停战协定的情况，下设若干军事调处小组。攻打聊城的主力部队撤出后，固守聊城的国民党王金祥部无视停战协定，经常四处残害人民，袭击围城的地方武装。不到一个月时间，就用活埋、凌迟等手段杀害革命干部战士60余人，激起了地方党组织和人民群众的极大愤慨。1946年2月15日，由国共两党和美国代表组成的北平军调处执行部济南执行小组（三人小组）来到了聊城。晋冀鲁豫军区二纵政委宋任穷以冀鲁豫军区司令员的名义赴聊城参加谈判，为共产党首席代表。共产党代表还有邝任农，国民党代表是张叔衡，美国代表是戴维斯。中共筑先县委书记陶东岱、筑先县民主政府县长张侠和冀鲁豫第一军分区六团政委胡泮生，作为地方代表参加了会议。

谈判因美蒋代表不抱诚意，最后只草成了3条会议纪要：第一，国共双方同意，严格执行停战命令，停止冲突。对于驻军问题，目前暂保持现状，待以后请示北平军调处执行部解决。第二，双方同意由国共双方各派代表3人（内有群众代表1人）共同组成粮食委员会，负责解决城内群众的粮食问题。第三，城内外居民经检查后，可自由往来，双方都不得拘捕与阻拦。

谈判期间，地方党组织出于对城内群众的关心，与国民党方面协议：筑先县民主政府向城内运送3000斤粮食，城内国民党军放出3000名百姓。几天以后，筑先县民主政府准备了3000斤粮食，用小车推到东城门外的水桥上，边往里运粮边往外放人。运进了1000余斤粮食，伪军才放出几百人。这时，城内百姓听到消息，大批群众涌来纷纷争着要出城，城内守敌怕影响军心，就关上城门不再放人了。

国共和谈暂停之后，国民党方面毫无执行3条会议纪要的诚意。地方党组织曾多次提出让城内百姓出来，但王金祥、赵振华之流一律不准百姓出城，声称"有提出城者，一律按私通八路论处"。聊城被困八九个月时间，城内粮食奇缺，城内人员的生活也陷入极端困难之中。敌人又开始在夜间派出小股部队出城抢粮，甚至对围城部队进行骚扰。为了掐断敌人的"脖子"，围城部队发动邻城各村的民兵、群众实行联防，彻底打击他们的破坏活动。国民党山东省政府派飞机向聊城城内空投物资，但害怕被围城部队射击不敢低飞，常常把物资投到八路军阵地或环城湖中。

1946年5月，聊城城内残余敌军被围困数月，国民党空投又接连失败，城内敌人饥饿不堪。国民党山东省政府打出"国际救济总署"的牌子，以"救济城内灾民"为名向聊城运送物资，接济被困之敌，被筑先县县长张侠戳穿，其阴谋落空，全部物资（折合法币2000万元）由筑先县政府保管。

第二节　聊城宣告解放

1946年6月26日，国民党集团以围攻鄂豫边宣化店为中心的中原解放区为起点，相继在晋南、苏皖边、鲁西南、胶济路及其两侧、冀东、绥东、察南、热河、辽南等地向解放区展开大规模的进攻，全面内战爆发。

1946年6月，晋冀鲁豫军区司令员刘伯承、政治委员邓小平向冀南、冀鲁豫等军区发布命令，立即组织地方兵团加强对聊城敌人的围困，待机歼敌。接到电令，冀南军区第一军分区第二十四团与冀鲁豫军区第一军分区第六团、第一团等部队先后抵聊，将龟缩在城内的王金祥残部团团包围起来。第二十四团由冀南军区第七军分区司令员白云、政治部副主任李大清和独立团副团长李善亭、政治委员王希永率领，负责包围东门和南门，团部设在东关教堂。第六团在团长岳舜卿、政治委员胡泮生指挥下，负责包围北门和西门，团部设在城北念窑。

是月，为配合解放聊城，中共筑先县委和县政府在孙堂召开万人动员大会，号召适龄青年参军参战，县大队兵力得到补充和加强。

冀南与冀鲁豫的地方部队围困聊城后，王金祥、赵振华之流仍借助国民党反动派的支持在城内苟延残喘，并不断出城抢掠，残杀围城部队战士。因此，捆住敌人的“手脚”，卡断敌人的“脖子”，成为围城部队的首要任务。围城部队在筑先县政府支持下，实施如下方案：一是组织临城各村民兵群众积极行动起来，白天由儿童团设卡放哨，夜晚由民兵巡逻站岗，实行联防，统一信号，统一指挥，统一行动；二是各部队加强警戒，在敌人出入必经之路设潜捕俘；三是动员各区组织民工，在城墙周围主要地段开挖深、宽各 3 米的封锁沟，土往外翻充当围城掩体，沟内放水封锁敌人；四是军民齐动手挖防空洞，伪装和掩蔽阵地工事的军事目标。同时，挑选一批优秀射击手组成对空射击班，阻击敌运输机空投资敌。

城内之敌犹如困兽，情急之下，王金祥妄图从吕祖庙开辟一条城西走廊，作为突围逃跑和外出抢粮的通道。吕祖庙坐落在城西约 200 米处，腹背环水，只有一条自东向西的土路将城内外连接起来，吕祖庙处于咽喉地位，是围城部队的重要防地。城内八 A 支部将敌人意图告知围城部队，担任驻守任务的第六团第三营一个连在大殿东头、庙门前、戏楼下构筑明碉暗堡，配备较强火力，重点防范。

王金祥为夺取吕祖庙，假装向城外放老百姓，让其部下夹杂其中，伺机夺取吕祖庙，此计未成。他便又调集数百人组成“敢死队”和掩护队强行攻打。9 月 13 日上午 8 时，在 2 架飞机和城墙上敌人火力的掩护下，郭培德率“敢死队”从西城门蜂拥而出，直扑吕祖庙。围城部队以 6 挺机枪、80 多支步枪的火力将通道严密封锁，在接连几次的争夺战中，敌人均告失败。至 16 日，敌人损兵折将 300 余人。

为了从精神上瓦解敌人，围城部队向城内敌人展开强大的政治攻势。各连队都有喊话小组，在掩体堡垒中向城内喊话，尤其是夜间给伪军们讲形势，摆政策，指出路，有时还把伪军家属请到城下喊话，使被围困之敌陷入四面楚歌之中。

1946年冬，围城部队首长经多方面分析，认为解放聊城的时机已经成熟：第一，从敌情看，经一年之久的围困，城内之敌已由2700多人减至1000多人，战斗力大大削弱，但他们多是民愤大、有血债的亡命之徒，必须依靠武力才能解决。第二，从围城部队看，经过数月的阵前练兵和政治思想教育，求战情绪很高，物资上也做好了充分准备。主力部队几个月来在外线作战中取得了很大胜利，进一步巩固和扩大了解放区，目前大部分经过休整，可以腾出手来支援解放聊城。第三，从气候条件看，当前天气寒冷，河床结冰，是攻城良机。于是驻聊围城部队委托李大清向军区首长起草了解放聊城的请战报告。几日后军区回电：刘邓首长已批准请战报告，并将立即派主力部队抵聊。

12月18日，奉刘伯承、邓小平的命令，晋冀鲁豫军区第七纵队司令员杨勇、政治委员张霖之及副司令员刘致远等率部抵达聊城，与围城部队会合。杨勇在东关小学主持召开各参战部队首长和地方政府主要领导干部军事会议。会上，张霖之首先传达了解放军总部关于保护聊城固有文化的3条命令：第一，向民族英雄范筑先墓立正敬礼；第二，保护中国四大书库之一的海源阁藏书楼；第三，妥为保护中国史学家傅斯年先生在北街的住宅。随后，杨勇进行了作战部署。

12月22日下午1时，3颗红色信号弹腾空而起，紧接着炮弹撕裂长空，呼啸着飞向东城门楼，解放聊城的战斗打响。刹那间，敌人东城楼附近的防御设施土崩瓦解。在300多挺轻重机枪猛烈火力的掩护下，架桥的战士迅速接近护城河，在冰层上铺设木板、搭设便桥；爆破组的战士冲上前去，把一包包炸药运到城墙脚下；梯子队的战士把爬城的云梯一架又一架地立于城壁……

攻城的炮火给敌人以重大杀伤。郭培德的胞弟、第二团一营营长郭培显当场毙命。王金祥吓得胆战心惊，一会儿到东边督战，一会儿到西边调兵，连连向其上司呼叫"救命"。

一天夜间，东关部队值勤哨兵报告：城门里面有搬动砖石的声音，好像敌人把堵门的砖石扒掉了。这是敌人企图突围逃跑的迹象。李大清得到消息后，立即报告了纵队首长。纵队指挥部也收到敌情报告：济南守敌王耀武派其第一一一师孙焕彩部及警备旅等驰援聊城，现正渡黄河。纵队首长分析，济南敌人可能要接应王金祥逃窜。根据这一判断，部队很快作了兵力调整和新的战斗部署，决定主力一部在茌南一线截击济南来敌，其余部队撤围离城，给敌人虚留生路，在城东马官屯一带布置一个口袋阵。

1946年12月31日夜，紧闭了数月的东城门悄悄打开，在城内憋了一年多的亡命之徒像大水灌了蚂蚁窝一样，从城里蜂拥而出，争相逃命。王金祥生怕再陷入我军伏击圈内，出东门后，便率人向东北方向逃窜，企图取道高唐、禹城投奔济南。敌人逃到高唐，即遭我军地方部队的截击，追击部队也及时赶到，经过一场激战，敌人伤亡惨重，落荒而逃。王耀武派出的援军在茌南遭到有力阻击，死伤惨重，败阵而去。

1947年1月1日，聊城获得解放。至此，国民党政权在鲁西北地区的最后一个内战堡垒被拔除。经统计，此战共毙俘王金祥部及援军700余名，缴获步马枪1500多支、汽车11辆、造枪机器数部、机枪4挺、小钢炮2门，大批被服及其他军用器材、物资。

在聊城解放过程中，附近群众纷纷赶到前线，修梯子、架桥板、抬担架、送给养，踊跃支前。聊城解放后，范县、朝城、馆陶、冠县、武训、临清等县人民特派代表携款前来聊城慰劳。博平、茌平、阳谷、筑先等县亦把毛巾、肥皂等送往前线慰问部队。筑先县民主政府给攻城部队送慰问信，信中表示：保证加强优待军属，保证贫民有地有房，以报答战士们的功劳。

聊城解放后，筑先县及围城部队全体军政干部隆重举行仪式，公祭抗日民族英雄范筑先将军。追忆范筑先将军生前英雄业绩，并对他和抗日将士的不幸殉国表示沉痛悼念。对烈士的悼念活动，坚定了聊城人民以英雄为榜样，保卫抗战胜利果实，夺取全国解放战争胜利的信心！

6日，筑先县民主政府为适应全国解放战争的需要，按照上级要求向各区发出通知，确保全县组织400名固定常备民工，随时调往前线服务。同时，为防止敌人卷土重来，发动群众将易守难攻的城墙彻底拆除。

冀鲁豫边区民主政府为救济聊城城内难民，特调拨20万斤小米，并向无家可归者拨付木材、砖瓦等建筑材料，帮其重建家园。

1946年5月4日，中共中央发出了《关于清算减租及土地问题的指示》，决定在全国各解放区普遍开展反奸清算和减租减息运动，以此方式迅速解决解放区农民的土地问题，实行“耕者有其田”，建立巩固的大后方。

武训、筑先两县虽相继获得解放，但从整个地区和外部情况看，敌顽的残余势力依然存在，活动仍很频繁。1946年6月，筑先、武训两县公安局和民兵配合莘县公安局，捕获了由济南特务机关派遣到聊堂边进行破坏活动的郭大胡子6人特务小组。中共武训县三区区委在锄奸防特运动中保持高度的警惕，及时发现并侦破乔装打入革命队伍中的国民党女特务陈延荣，并一举破获了暗藏在三区的国民党地下组织和指挥机关。聊堂县公安局处决了投敌变节的王立之、女特务杨桂兰、冒充抗日工作人员的郭兰海、汉奸区长郭灿章等65人，维护了党和人民的利益，取得了群众的信任。

第三节　组织民工抢复黄河大堤

1938年5月，日本侵略军占领徐州后，继续沿陇海路西犯，企图进攻中原，夺取武汉。6月5日，日军侵占了河南省会开封。6月9日，蒋介石下令炸开郑州东北的花园口大堤，企图以黄河水阻止西进的日军。此举虽暂时阻止了日军进攻，却使黄河改道南泛，制造了包括豫皖苏3省44个县的黄泛区，给人民群众带来了深重灾难。从此，花园口以下黄河故道无水。抗日战争胜利后，国民党当局在联合国善后救济总署的支持下，决定堵塞花园口决堤口处，让黄河水回归故道。

黄河故道在抗日战争胜利后国共双方的军事布局中，占有十分重要的战略地位。这一决定表面上看是解除黄泛区人民的灾难，实质上是国民党当局为了把黄河中下游的冀鲁豫解放区一分为二，割断华北与中原和华东解放区的联系，以达各个击破、“以水代兵”的目的。

黄河改道后，黄河大堤常年失修，加上侵略战争的破坏，损坏已很严重，又因长年无水，部分河床被垦作农田，新建有1400个村庄，大约有40万农民在这里生息耕作。如不复堤浚河抢修险工，不迁移河床居民，黄河归故就会制造第二个黄泛区。然而，国民党当局却打着拯救黄泛区人民的幌子，在单方面决定引黄归故后于1946年2月在国民党黄河水利委员会的领导下，成立了黄河堵口复堤工程局。3月1日在未与解放区洽商的情况下，于花园口正式进行堵口工程。

针对黄河归故斗争的严峻形势，中共中央考虑到黄泛区人民的利益和中华民族的长远利益，以大局为重，同意黄河归故，但应在下游复堤之前停止堵口。中共中央提出的斗争方针是争取时间，推迟堵口，加紧复堤，同时在政治上揭露国民党当局的阴谋，在经济上要求联合国善后救济总署和国民党当局，承担复堤工款和河床居民的救济款。

国民党当局鉴于中国共产党的严正立场和沿黄河故道广大人民对其单方面进行堵口的行径提出的强烈抗议，迫于国内国际舆论的压力，把黄河复堤堵口问题提到了正在河南新乡进行军事调处的国、共、美三方代表面前，三方代表张治中、周恩来、马歇尔对黄河复堤堵口问题进行了商谈。此后，冀鲁豫和渤海解放区代表就黄河归故问题与国民党当局及联合国善后救济总署的代表进行了谈判斗争。

1946年4月7日签订了《开封协议》，确定“花园口堵口日期须俟全勘下游情形及复堤工程大小而定”。15日又订立了《菏泽协议》，进一步明确了先行复堤、浚河、裁弯取直、整理险工，迁移河床居民，然后再行堵口。5月18日又签订了《南京协议》。

筑先、武训两县为执行《南京协议》，按照冀鲁豫行署的统一部署，在两县政府的组织领导和修防处、段的指导下，5月26日，首次动员大批民工开始了以复堤自救为中心的反蒋治黄斗争。当时正值麦收大忙季节，广大群众放下农田生产，自带粮食，迅速参加了复堤工程。在工粮工款没有拨下、饮食困难、工具缺乏、没有帐篷、日曝夜露的情况下，许多民工劳累过度病倒在工地，但他们坚持复堤。至7月上旬，基本完成了第一期工程任务，堤上獾穴、鼠洞、决口等修补完毕，有的工段加高加固，河岸大堤得到初步恢复。

围绕黄河归故诸多协议的签订，国民党当局根本没有打算执行。8月，国民党军队向冀鲁豫解放区发动了大规模的军事进攻。蒋军所至，抢掠和破坏解放区原有的治河物资器材，对治河机关、民工进行狂轰滥炸，迫使复堤工程于该月15日全部停顿。12月27日，国民党当局以合龙工程技术需要为借口，将部分黄河水归入故道。28日后，蒋军不断派飞机轰炸黄河北岸堤坝、险工、船工、料工等，炸毁了范县、寿张、张秋、东阿等段的河堤，有几处出现了破堤危险。1947年3月15日，国民党当局在黄河堤坝120余里未修复、险工37处未完成之际，下令花园口堵口工程合龙，将黄河水全部放入故道。据当时的不完全统计，濮县、范县等10县滩区被淹没村庄达237个，被淹没耕地27万余亩。

在此严峻情况下，沿黄各县广大群众为图自救，紧急动员2万名民工，不顾飞机轰炸扫射，对部分河堤进行了抢修。筑先县根据冀鲁豫区第六行署关于治黄修堤自救的指示，动员组织全县人民掀起了第二次治黄复堤高潮。全县组织1万余名翻身农民奔赴黄河大堤，自6月15日起，连同茌平、博平、东阿、河西、齐禹等县的6万余名民工，昼夜抢修陶城铺至齐禹临黄大堤及王厅至齐禹全堤，长达300余里。冀南区第一地委组织武训、清平、冠县、莘县、元朝等县3万名民工，从数百里外星夜赶至黄河北岸，修复濮阳柳下屯至张秋陶城铺250余里的长堤。在修堤中，上有国民党军的飞机扫射，隔河有国民党军的大炮轰击，修堤民工冒死抢修。在复堤中，各县、区展开了劳动竞赛。各修堤处都建立了黑板报、广播台，好人好事随时予以表扬。预定每人每天挖土培堤2方，实际大多培堤4～5方，每天劳动12～14小时。筑先县七区劳动模范高树资、高长城、武凤和等3人，每人每天挖土14.27方，被誉为“挖土大王”。在各县掀起的献石、献粮、献土方、献料运动中，筑先县三区献土2万方，节省小米34万斤，受到行署表扬。至7月23日，鲁西北人民胜利完成500多里的北岸临黄大堤的复堤任务，经受住了7月底第一次洪水到来的考验，从而彻底粉碎了国民党反动派的阴谋。

第四节　支援全国战略决战

自晋冀鲁豫野战军在刘伯承、邓小平率领下于 1946 年 7 月开进冀鲁豫区，执行内线作战任务起，筑先、武训两县即担当起支援刘邓大军前线作战的任务，动员民众，竭尽全力做好战勤工作。

在大力支援刘邓大军内线作战中，两县人民多次组织大型担架队、运输队配合主力作战。在刘邓大军先后发起的定陶、巨野、鄄南战役中，筑先、武训县各级领导干部带头报名上前线，带动了群众的参战热情，很快形成了参战支前热潮。之后，为打破国民党军队妄图实现打通平汉路的企图，刘邓大军于 1946 年 11 月 19 日至 1947 年 2 月 4 日先后发起滑县、巨(野)金(乡)鱼(台)、豫皖边战役，采用大踏步前进的战略，在广大新收复区和国民党统治区连续作战，转战 2000 余里，供应线长达 600 里。筑先、武训各县组织大批担架队和破路民兵、民工队奔赴前线。在巨金鱼战役和豫皖边战役中，仅筑先、博平、茌平 3 县往前线运送小麦就达 200 余万斤，保证了前方作战部队的供给。

根据晋冀鲁豫战勤总指挥部的要求和战勤工作需要，1947 年春，筑先、武训两县先后建立了战勤指挥部，县级主要负责同志任指挥长。下设 3 个科：动员科，主要负责动员民工，组织担架队、运输队等；组织科，主要负责干部的思想工作及布置临时任务；财粮科，主要提供财粮等物资供应。各区、村均设有动员、组织、财粮委员。

1947 年 6 月 30 日，刘邓大军在西起临濮集(濮南县)、东至张秋镇(寿张东)300 余里的地段上开始强渡黄河。晚 9 时正式发起渡河战役，在渡河部队密集炮火掩护下，各渡口大小船只如离弦之箭，冒着敌人阻击的炮火划向对岸。水手和民工在抢渡中展开立功竞赛，经 1 日 2 夜的奋力抢渡，刘邓大军 4 个纵队 12 万余人顺利渡过黄河。

在支援刘邓大军渡河南下的过程中，筑先县支援面粉 10 万斤，麸子、玉米各 1 万斤，绿豆 2 万斤，柴草 23 万斤，军鞋 8.5 万双，派出担架 1800 副，合计出动民工 7.2 万人。

1947 年 8 月 11 日，中央军委指示华东野战军分为内、外线兵团(亦称“东西兵团”)，由陈毅、粟裕率第一、第三、第四、第六、第八、第十纵队及特种兵纵队为外线兵团，执行外线作战任务。筑先、武训与刚成立的聊阳县各级党组织和各级政府，为大力支援陈粟大军配合刘邓大军渡河南下开创中原解放区，挖掘一切潜力，动员组织广大翻身农民投入到支援解放战争的工作中去。第一，组织常备担架队、轮战团和常备民工随军出征，配合主力作战，收复敌人外围据点，抢救运送伤病员，押送俘虏及战利品等。第二，组织老弱妇童，碾米、磨面，缝洗军衣，赶做军鞋，为过往部队宣传鼓劲、站岗、送信、担任向导，为战地医院干零活，为仓库装卸物资等，做好拥军和村内勤务。1947 年 7 月，筑先县与武训县各派出担架 400 副，分别由筑先县委组织部部长沈廷梅和武训县县长梁向明带领支前。

8 月，遵照冀鲁豫行署电谕，筑先县抽调 50% 的民兵组成民兵支队奔赴前线，随同陈粟野战军在单县、鱼台、金乡、成武县一带与国民党第五军等部转战一个月，胜利完成支前任务。9 月，筑先县为确保途经此地南下的中国人民解放军顺利通过，分别在五区张飞庄、军王屯、八里王，七区梁庄和聊城东关建立了柴粮供应站，以保证部队的食宿等物资需要。10 月，筑先县根据冀鲁豫区第六军分区电谕，筹备担架 500 副待命出发。接通知后即抽调 300 副组成担架团，由筑先县四区区长刘镜涛担任团长，带队前往寿张接受支前任务。11 月 29 日，筑先县奉命派出民工 1500 人奔赴华东野战军兵站，向郓城一带转运军需物资。12 月，筑先县根据冀鲁豫区第六军分区战勤指挥部的命令，派担架队到徐翼县安乐镇与阳谷县担架队合编，两县共组织担架 500 副，由筑先县民政部部长田景韩任团政委率队出征。1948 年 1 月 9 日，聊阳县民主政府奉命抽调 870 名青壮年成立常备担架队，以应急出征。10 日，筑先县抽调民工 1000 人，每人自带扁担 1 根、麻绳 2 条，为华东野战军运送物资。18 日又出动民工 1600 人，派出担架 400 副，到濮县吕桥渡口接送由黄河南转送来的伤病员。其间，筑先、聊阳、徐翼 3 县共组织担架队 4323 人。支前民兵自 1947 年 12 月至 1948 年 6 月走遍苏鲁豫皖 4 省的 10 余个县城，参加了亳县、单县、黄口、杨庙、阜阳等重要战役战斗，火线抢救伤员 438 人，运送伤员 2073 人、子弹 407 箱。

据1948年6月冀鲁豫区战勤总指挥部、行署责成有关部门进行抽样调查结果显示：筑先县七区鲁庄总人口612人，平均每人负担支差4.3个工，壮丁平均每人负担42.5个工；聊阳县五区王化庄总人口532人，平均每人负担支差5.51个工，壮丁平均每人负担65.22个工。两县均高于或约等于当时冀鲁豫全区6个月每人负担支差3.407个工和壮丁42.607个工的平均数。筑先县、武训县、聊阳县人民群众进行的大规模战勤工作，为刘邓大军转入战略进攻及南下作战，为陈粟大军驰骋中原、转战陇海路作出了重大贡献。正如邓小平在挺进大别山之前所说："冀鲁豫区是个好战场，我军打到哪里，都有翻身群众的支援，打到哪里都有粮食吃，我军取得的胜利是和边区人民的支援分不开的。"①

全面内战爆发后，冀鲁豫区党委于1946年8月向全区发出了《告全体党员书》和《关于动员参军的指示》，号召全体党员要带头参军，扩大正规军，并决定在全区停止1个月的土地改革群众运动，集中力量动员参军。

筑先县适逢聊城城内尚未解放，根据上级指示精神，便以主要精力动员广大民众集中优势兵力，配合冀鲁豫地方部队围困聊城，随时做好解放聊城的准备工作。其间，筑先县委、县政府在二区孙堂村召开会议，进行扩军动员，以补充县大队力量之不足。

9月，筑先、武训县委、县政府在全县深入宣传反击国民党军队进犯解放区、进行自卫战争的伟大意义，广泛发动群众，积极组织青年参军参战，武训县有400名青年参军入伍，补充了正规军的战斗力量。

1947年，通过反奸清算、土改复查等运动，筑先、武训县人民群众的政治觉悟和革命积极性空前提高，在"反蒋、保田、保饭碗"的号召下，掀起了两次大规模的参军高潮。第一次是在三四月间，为支援全国解放战争，武训县于3月20日召开参军动员大会，广大青年踊跃报名，经严格审查共批准1524名青年参军入伍。筑先县于4月16日在二区后高村召开全县干部、活动分子万人大会，冀鲁豫区第六地委书记申云浦在

① 中共党史人物研究会编：《中共党史人物传》第73卷，中央文献出版社2000年版，第23页。

会上作了题为《保田、保命、保家乡》的动员报告，全县各级党组织、民主政府在深入发动群众进行土改复查的同时，开展参军运动。翻身后的广大青年农民有6730人报名参军，经严格审查后有3500人被送往部队。两县此次参军人数均超过任务的3至5倍。

进入9月，为确保南下的解放军兵力充足，筑先、武训县大队奉命升级，筑先县大队被编为冀鲁豫军区独立一旅三团三营，为该县大队第四次升级；武训县大队升级被编入军区部队。两县县大队升级，共有400余名指战员补充到主力部队。从此，各县县大队不复存在。为加强地方武装力量，保障前方兵源及时得以补充，是时起，各县相继成立人民武装部，行使地方人民武装工作职能。

11月，筑先、武训县根据晋冀鲁豫边区政府的统一部署，又一次广泛发动群众，掀起了规模空前的参军热潮。仅武训县就有千余名区、乡、村干部和大批优秀青年带头报名，10天时间，全县有9447名青壮年报名参军。经严格审查，1100余名青年被批准入伍，组成1个新兵团补充到华东野战军，由县委宣传部部长念辛涛任团政委。

筑先、武训两县在此阶段连续掀起3次大规模的参军热潮，广大翻身农民来不及修复战时的残垣断壁，来不及体味解放后当家作主的生活甜蜜，便义无反顾地踊跃报名，争上前线。父送子、妻送郎，父子兄弟同参军、争当参军模范的动人情景随处可见。

随着人民解放军转入外线作战，战场不断扩大，解放区不断增加，迫切需要大批干部开辟新区工作。根据中共中央和上级指示，从1947年6月刘邓大军强渡黄河到1948年秋冬，中共筑先、武训、聊阳3县先后组织了两批干部南下支援新区建设。

其间，解放战争形势迅猛发展，为夺取全国胜利，中共中央决定从各解放区抽调干部去华北局学习。筑先县二区代理书记刘锡铭在李海子村抗击日伪军战斗中痛失父兄，但他舍小家顾大家，于1948年7月中旬奉命北上，在华北局党校毕业后与同乡韩学笃等随队出发，开赴平津参加接管新区的工作。

1947年8月下旬，刘邓大军跨过陇海路挺进大别山，开辟了江汉、桐柏两大解放区。晋冀鲁豫中央局根据中共中央指示，抽调大批干部配合刘邓大军开辟新的解放区，组成了南下干部支队。冀鲁豫区为第一干部大队，彭天琦任队长，赵紫阳任政委。冀鲁豫区第六地委的干部编为第一大队第一中队，梁久让任中队长，筑先县委书记孟筱澎为指导员，下分4个班，共计50余人。南下干部于7月在阳谷集中训练，8月底出发，途经山东、河南、安徽、湖北4省31个州县，历时3个多月，行程3500里，于12月中旬到达湖北新建的江汉区鄂中分区京山县开辟工作。同时，筑先县抽调200名农村工作积极分子分别到河南第三、第五、第七专署所辖新解放区帮助开展工作。

受冀南区第一地委领导的武训县抽调干部南下。干部大队于1947年7月初到晋冀鲁豫中央局所在地——河北武安冶陶镇报到，经短期培训即随晋冀鲁豫野战军二纵南下，越过陇海铁路，涉过黄泛区进入大别山。冀南区第一地委的南下干部主要分配到安徽省金寨县开辟工作。

随刘邓大军南下干部的主要任务是跟随部队接管新解放区，开展剿匪、反霸、土地改革、征粮征款、支援前线、建立政权、扩大革命武装等工作。在开展新区的工作中，他们克服了情况复杂、斗争激烈、人地两生、生活不习惯等难以想象的困难，与当地群众建立了血肉联系。其中不少干部献出了宝贵的生命，出色地完成了各项艰巨任务，实现了中共中央确定的到敌占区开辟新战场、扩大解放区的战略目标。

1947年秋，随着解放战争形势的发展，为开辟中原地区准备干部队伍，为大别山根据地增援干部力量，筑先、武训两县在冀鲁豫区第六地委、冀南区第一地委的直接领导下再次开展干部南下的准备工作。1948年2月，两县抽调南下干部从鲁西地区出发踏上征程。

冀南区第一地委根据上级党委的指示，按照配备1个地委和若干个县委领导班子的要求，从武训等县抽调600余人组成南下干部队，其中县以上领导干部有数十名。干部队由王志浩带领，于12月在冀南曲周县进行正规整训，重点学习新区土改、整党、统战政策、政权建设等方面的知识与方法。1948年3月，干部队从曲周县出发，拟从开封渡黄河奔赴中原。

由于战争形势的需要，人民解放军暂时放弃开封，开封又被国民党军队占领，于是干部队又辗转迂回，7月到达桐柏地区。当时桐柏区党委正在部署以反霸、双减为中心的群众运动，急需大批干部。8月，全体南下干部按照区党委的分配奔赴新的工作岗位，为开辟桐柏解放区增加了一支生力军。

1947年9月，冀鲁豫区党委抽调千余名干部组成第二批南下干部支队，随晋冀鲁豫野战军第十一纵队南下大别山。冀鲁豫区第六地委根据上级部署，从筑先、茌平、博平、阳谷等8县抽调200余名干部（其中筑先县70余名），组成了由徐翼县副县长唐立全任队长、筑先县委副书记孙士祥为政委的干部队，经过集中整训后，于1948年春到达苏豫皖地区。此时因大别山根据地的情况发生变化，遂将这批干部分配到淮河以北的阜阳地区工作。

济南是国民党山东省政府和第二绥靖区司令部的所在地，亦是国民党残存在山东腹地最后一个坚固设防的城市。国民党第二绥靖区司令王耀武率3个师9个旅及5个保安旅共约11万人，固守济南。

根据中央军委的指示，华东野战军在代司令员兼代政委粟裕的组织指挥下，于1948年9月16日发起济南战役，激战8昼夜，攻克济南，歼灭守军10.4万余人。这次战役，使华北、华东两大解放区完全连成一片，沉重打击了国民党防御和坚守大城市的信心，揭开了战略决战的序幕。

济南战役期间，筑先、聊阳两县民主政府积极进行组织动员，投入到紧张的战勤支前工作。筑先县民主政府根据冀鲁豫区第六专署的指示，为保证军运任务的顺利完成，要求全县各级政府和广大群众保护好公路，确保军队运输畅通，并组织担架队、运输队3次支前。

第一次是1948年9月12日，筑先县民主政府派担架200副、民工1000人支前，与茌平、清丰、内黄县担架队组成冀鲁豫担架团。筑先县七区区长兼区委书记于凤山任副团长，县人武部副部长裴动民任政治部主任。担架团参加了济南战役、淮海战役后，又随刘邓大军南北转战，历时5个月胜利完成支前任务。第二次是9月17日，筑先县民主政府派城关区副主席、区长刘庆超带领担架300副、民工1800人到东阿县鱼山黄河渡口支前。第三次是9月下旬，筑先县民主政府根据行署指示，组织大车200辆为前线运送粮食。

在整个济南战役中，筑先、聊阳两县所组织的大批担架队、运输队、民工随军出征，顺利完成了抢运伤病员和运输给养、弹药等任务，得到上级党委和政府的表彰。

在淮海战役期间，随着战场的逐渐南移，聊城解放区离战场越来越远，为继续做好支前工作，各县增设随军常备民工，创造性地组织子弟兵团，随军南下远征作战。筑先、聊阳、武训3县派出的民工和担架队、运输队，在济南战役结束后转战淮海战役。筑先县组织的200副担架、600名民工的支前营，仗打到哪里，担架就跟到哪里，出色地完成了转运伤员的任务，荣获“冀鲁豫支前模范营第二营”的嘉奖。

为保障频繁调动的部队粮食供应，冀鲁豫区党委于12月14日下达了《关于运粮工作的紧急指示》，要求第六地委和第九地委分别完成筹集和运输2500万斤和800万斤小米到济南的任务。对此，冀鲁豫区第六专署召开了各县战勤指挥部指挥长、财经科长紧急会议进行部署，并与战勤指挥部联合下发了通令，号召全区人民“一律改吃杂粮，所有谷子不分边地粮和陈粮统一碾米，运往前方，供给军需”。冀鲁豫区第六地委发出了紧急通知，号召各村共产党员要带头完成这一艰巨任务，提出了“快碾、快交、快运”的口号。广大群众在碾米工具缺乏、牲畜少的情况下，男女老少齐动员，轮流推碾昼夜不停。如聊阳县五区糖坊村干部参加了区里召开的紧急碾米会议之后，回到村未吃晚饭便召开了支部会议，讨论完成任务的办法，决定分组碾米。接着又召开了群众大会进行动员，会后自由结合分成8个组。该村只有1盘碾子，群众怕耽误时间就到邻村借，全村16667斤的任务到第三天便完成了90%。

在筹集军粮的基础上，筑先县响应上级党委“保证前线吃饱穿暖”的号召，组织大车200辆为前线运送粮食。因运粮队车辆多、目标大，为避开敌机轰炸和炮火的威胁，多是昼宿夜行，将大批粮食运往前线。随着战役的发展，粮食越送越远，运输线长达数百里。此期间，正值阴雨连绵，天寒地冻，道路泥泞。支前民工脱下棉衣盖在粮袋上，或前拉后推，或肩挑背驮。前方炮声隆隆震天响，后方车轮滚滚支前忙，形成了人民战争的汪洋大海。经昼夜奋战，于12月底分3期全部完成任务。

为配合淮海战役切断西线之敌东进，根据淮海战役总前委的战略部署，冀鲁豫军区部队独立第二旅、第四军分区部队发起了解放新乡、安阳的战役。为支援解放军解放新乡、安阳，武训县于1949年1至2月，派出大车359辆、牲畜1092头，组织担架100副、民工1996人赶赴前线服务，胜利完成支前任务并受到表彰。

在整个淮海战役期间，筑先、聊阳、武训3县党组织除组织了大批担架队、运输队，筹集粮草、碾米、磨面、做军鞋等以保证前方需要外，还动员广大人民群众在护河、修路等后方勤务方面出色地完成了任务。整个战役中，做到了每村、每户、每个有劳动能力的人，都积极参加支前工作，充分显示了翻身农民的高度政治觉悟。

1948年9月至11月，东北野战军发起辽沈战役。奉中央军委的命令，东北野战军解放东北全境后入关，与华北军区部队发起平津战役，解放了北平、天津等城市。1949年初，东北野战军改称“中国人民解放军第四野战军”(简称“第四野战军”)。

第四野战军南下的消息传到鲁西北，筑先、聊阳、武训县广大人民群众欢欣鼓舞，奔走相告。1949年3月，中共筑先县委、县人民政府联合发出紧急通知，动员全县人民积极准备迎送第四野战军。通知要求，凡部队经过的地方，一定要保证军需供应，并组织军需供给检查组到各区进行督促检查；要求各区人民政府组织带路组、公路修补队，并在各过往路口扎松坊、设路标。筑先县积极行动起来，村民们腾出最好的房屋，备足过境大军所需要的柴草、粮食、蔬菜等。妇女赶做慰问袋400余个，内装毛巾、肥皂、花生、红枣及慰问信等；18至45岁的男性村民在区政府的领导下，赶修公路、桥梁、涵洞，保证南下大军道路畅通。3月至5月间，第四野战军大部队分批路过鲁西北，所到之处，锣鼓喧天，鞭炮齐鸣，广大群众夹道欢迎欢送。

4月下旬至5月初，第四野战军18万人分两路途经武训县南下，其中主线10万人、副线8万人。武训县群众沿途设置路标，张贴标语，设立饮水站、医疗站、文艺宣传站，为过路大军演节目，献茶送饭，补军衣、送军鞋，赠送鸡蛋、烟包等慰问品。两县人民怀着对人民子弟兵的深情厚谊，对过路部队热烈迎送和盛情款待，又一次完成了支援大军南下作战的历史任务。

1948年9月8日至13日，中共中央在河北省平山县西柏坡村召开政治局会议，会议指出：必须准备好3万至4万下级、中级和高级干部，以便这些干部能随军南进，能够有秩序地接管新解放区。华北局于10月29日作出决定，要求各区党委抽调干部组成从区委到区党委一整套完整的领导班子，整体调出。冀鲁豫、冀南区党委于年底分别召开了组织部部长、县委书记联席会议，部署组织南下干部的工作。

1949年1月，鲁西北解放区动员干部随军南下的工作正式开始。整个组织发动工作大体分为两个阶段：一是提高认识阶段。经过层层贯彻、层层发动，使每个干部认清随军南下开辟新区工作的意义，端正思想，坚定信心。二是报名表态阶段。通过学习、酝酿、讨论，由干部自愿报名南下。2月中旬，完成了组织发动工作。批准南下的干部由各地委按照冀鲁豫和冀南区党委的要求进行集结整训，整装待发。

筑先、武训、聊阳3县按照上级的指示和要求，逐级进行了南下干部的动员和具体组织工作。党中央提出的"打过长江去，解放全中国""打到南京去，活捉蒋介石""将革命进行到底"的战斗口号，极大地鼓舞激励着解放区的人民群众，各县广大干部职工立即行动起来，直接报名的、写申请书的、向党表决心的络绎不绝。有的报了名但怕不批准，于是多次找领导倾诉衷情；有的怕家人不同意造成不应有的麻烦，干脆不告诉家里（直到过江以后才写信告知家人）；也有极个别人受"老不征北，少不征南"的旧观念束缚，离不开故乡本土，离不开小家庭……对此，县、区领导在各种场合讲政策、讲前途、讲组织纪律，并规定了对随军南下干部的家庭实行军属待遇等一系列优待政策。经反复的思想工作及组织审查工作，各县均顺利完成了任务。

南下干部随军接收新解放区的工作，是非常艰苦及危险的。由于新区情况复杂，土匪地霸极其凶恶，部分群众对外地人建政工作还未有正确的认识，民间枪支弹药颇多，南下干部深入山区、农村群众中做工作，时刻经受着生与死的考验。

筑先县南下干部杜吉庆在余江县银行工作期间，为保护商船，只身一人与土匪战斗，不幸牺牲，年仅20岁。印江县土匪暴乱，四区副区长高登海率欧阳英、程南德等在泮溪与土匪战斗，英勇牺牲。区委书记姜梦斗率其他6位干部坚守阵地，后寡不敌众，壮烈牺牲。

武训县南下干部、安化六区区委书记韩侯，在领导群众集中力量征集粮食、支援大军过境工作中，突遭200余名土匪的袭击，韩侯与区长申林掩护当地党员干部化装隐蔽，9位南下干部终因寡不敌众，先后壮烈牺牲。

聊阳县南下西进的61名干部，在开展贵州解放初期的剿匪斗争中，有10人壮烈牺牲。接管锦屏县期间，县委办公室主任孙瑞民、民政科长康阜在平叛斗争中英勇牺牲。郭寨区区长刘书善在土匪暴乱中落入敌人魔爪，受尽酷刑，献出了生命。助理员刘云芝在新化乡工作时，中了敌人的埋伏，英勇就义。助理员王登岭、郑振华，干部孙景宝在平察乡被敌人包围，壮烈牺牲。炊事员宓发尧、警卫员杨润生赴天柱县工作，不幸被捕，一起被活埋。女干部任守范在鸡场区工作时，不幸被包围，尽管她身怀有孕仍顽强战斗，为掩护另一位女同志撤退而光荣牺牲。

另有一些未留下姓名的南下干部，在接管新区的斗争中，甘洒东昌儿女的一腔热血，为祖国大西南的建设献出了宝贵的生命。

天地英雄气，千秋尚凛然。1949年10月1日，中华人民共和国成立，中国人民站起来了。从此，英雄的东昌人民在中国共产党的领导下，在与时俱进的中共东昌地方党组织的带领下，同全国人民一起，迈进社会主义革命和建设的崭新时期。

第二编

社会主义革命和建设时期

（1949 年 10 月至 1978 年 12 月）

第四章
新民主主义政权的建立和巩固

1949 年 10 月 1 日，中华人民共和国成立，此时东昌府境内有聊城县、堂邑县和聊城城关区三个县级建制。10 月 2 日，三县（区）党政军机关、工厂、学校的干部、军人、工人、农民和师生隆重集会，热烈庆祝伟大的中华人民共和国诞生。砸碎封建枷锁、获得解放的人民群众身着盛装，载歌载舞，尽情抒发对党浓厚的阶级情谊，表达对新社会的拥护和憧憬。各县主要领导在大会上发表热情洋溢的讲话，号召全县人民在中国共产党的领导下，为完成新时期的新任务而奋斗。庆祝会后，人们走上街头，敲起锣鼓，扭起秧歌，手举彩旗，高喊口号，沉浸在一派节日的气氛之中。

然而，新中国成立初期，聊城县、堂邑县和聊城城关区的政治经济形势错综复杂。在政治方面，与新政权为敌的各种势力残存，并以各种方式进行破坏。在经济方面，广大农村由于战争和自然灾害，生产力极度低下。县（区）委、县（区）政府组织和动员全县人民，克服各种困难，有步骤地以经济为中心进行政治、军事、文化诸方面的社会改革和建设，社会秩序趋向稳定，城乡经济在较短时间内得到恢复和发展。

第一节　新中国成立初期东昌府的形势和任务

聊城、堂邑两县和聊城城关区是党的基础和群众基础较好的老解放区，人民民主政权已建立起来。聊城县辖区党委 10 个，党支部 417

个，党员4460人。堂邑县辖区党委9个，党员4132人。聊城城关区辖区党委1个，党员194人。新中国成立初期，三县（区）党组织领导人民群众开展了政治、经济、文化领域的民主革命，逐步建立新民主主义的社会制度，并取得和积累了多方面的执政经验。三县（区）广大人民群众经过剿匪、土改和民主运动等斗争，特别是从亲身经历的日伪和国民党统治时期遭受的蹂躏压迫和新中国成立后过上安定生活的强烈对比中，深深体会到只有跟着共产党，才能翻身得解放，过上幸福生活，人民群众的政治觉悟和组织观念有很大提高。但是，党和人民也面对许多困难，面临很多严峻考验。

在政治方面，国民党残余和会道门等坏分子，或公开或潜形匿影，进行阴谋颠覆活动，严重扰乱社会治安，危害着人民的生命财产安全。同时，聊城、堂邑两县和聊城城关区的基层党组织未完全公开。广大农民还没有彻底从封建主义精神枷锁的束缚中解放出来，封建主义的生产关系也未得到根本变革，严重地阻碍了农村生产力的发展。部分地区的赌博、吸毒、暗娼、迷信等恶习尚未根除，特别是区、村人民政权调整、充实、巩固的任务还很艰巨。

在经济方面，聊城、堂邑两县和聊城城关区本来就不富裕，加之国民党、日伪军的长期统治、压榨和掠夺，生产力遭到了严重摧残。1949年夏秋大旱，受灾面积达60万亩，粮食歉收，有些农村出现了借高利贷、租让或出卖土地的现象。而一部分原来的中农靠着资金、农具、劳力的优势，经济地位上升很快，又开始雇工生产和放高利贷。

依据现实的政治、经济形势，三县（区）确立了以恢复和发展经济为首要工作的基本思路。聊城、堂邑县委和聊城城关区工委从1949年10月到1950年底，多次召开党员代表会议、各界人民代表会议、县委联席会议，及时传达中共中央、华北局、平原省委、聊城地委的指导精神，会议确定以开展生产与救灾运动为中心，结合工作总方针，分别提出了具体的任务要求：一是组织冬春生产和救灾度荒。在生产方面，县委动员全体干部、党员、团员和广大群众，充分认识搞好农业生产的重要性，大力组织劳动互助，改良粮食品种和农作技术，扩大工业所需原料的种植面积，兴修水利，按时完成种植任务；在救灾度荒方面，要贯彻“不饿死一人,不逃荒,不卖牲口”和“以生产自救为主,社会互济、政府扶持为辅”的方针,调查灾情,了解灾户。各村建立拥优小组,解决烈、军、工属的困难,发放救济粮,帮助群众发展家庭副业,号召群众开小荒地,广种蔬菜和早熟作物。开展社会互济,提倡正常的自由借贷,借贷利息不宜过高。二是巩固社会治安,保护群众生产。积极开展群众性的社会治安工作,做好逃亡回归人员的思想改造,加强对地主、恶霸分子的管制,肃清散匪,取缔会道门,揭发会道门的欺骗性,瓦解其群众基础。发展民兵自卫队,建立健全农村团部,搞好护仓护路工作,保卫交通,保卫春耕。三是公开基层党组织。未公开的党支部要加强教育,1950 年清明节前逐步公开。公开党支部的过程就是对党员进行教育的过程,教育党员全心全意为人民服务,密切联系群众,在各项工作中起模范带头作用。四是整顿建立群团和合作社组织。要普遍建立青年团,教育团员在生产建设中发挥先锋作用;建立妇代会,力争 80%的村建立妇女组织,使妇女享有正当的权利。改选旧社,发展新社,将县生产推进社转为县供销合作社,大力发展区、村供销合作社,要求区有区社、大村有村社,广泛发展社员,积极吸取股金,合作社社员逐步转向折实入股、按股配售。供销合作社要及时发放贷款,扶持发展工农业生产,以合理价格收购农副产品,廉价供给社员生产、生活资料,减少商人的中间盘剥。

开展民主建政工作。新中国成立前,聊城、堂邑两县建立的参议会只是一种过渡形式,民主尚未达到完善的地步。新中国成立后,聊城、堂邑两县根据聊城地委的部署,按照《中国人民政治协商会议共同纲领》开展了民主建政工作。

1949 年 9 月,中国人民政治协商会议第一届全体会议通过《中国人民政治协商会议共同纲领》,它是新中国成立之初政权建设的根本纲领,起着临时宪法的作用。新中国成立之初,由于各地尚不具备普选的条件,因而采取了在中央通过中国人民政治协商会议全体会议,在地方通过逐级召开人民代表会议的方式,逐步向人民代表大会制度过渡。各地普遍建立并定期召开各界人民代表会议,代行人民代表大会职权,民主选举各级人民政府,实现民主建政。这对当时建立健全新民主主义的政治制度,加强人民民主监督,防止政治腐败,保证党和政府各项政策与任务的正确贯彻落实，巩固新生的人民政权，具有重大意义。

根据中央人民政府颁布的《各界人民代表会议组织条例》，1949 年 11 月 14 日，聊城县召开了首届人民代表会议，会议历时 5 天。县委书记吴克让作了《今冬明春工作计划(草案)》的报告，县长王鲁光作了政府工作报告。11 月 24 日，堂邑县召开首届人民代表会议，会议历时 6 天。县委书记司洛路作了《今冬明春工作计划(草案)》的报告，县长赵安邦作了政府工作报告，与会代表经过讨论作出了大会决议。实践证明，各界人民代表会议是逐步过渡到正式选举的人民代表大会制度的适当形式，是实行民主集中制的人民代表大会的雏形，它为党和人民政府进一步加强国家的民主政治建设积累了可贵的经验。

1950 年 1 月，政务院发布省、市、县人民政府组织通则，对各级地方政权的隶属关系、组成、职权、机构等作了明确规定，使地方各级政权的建立有了初步的法律依据。聊城、堂邑两县根据政务院、平原省政府、聊城专署的统一部署，普遍开始了民主建乡工作。其大体做法：一是召开干部和群众会议，学习上级的有关指示，明确民主建乡的目的、意义、方法和步骤。二是划分选区，选出代表，物色乡行政委员会候选人。三是搜集整理代表提案。四是召开乡人民代表会议。五是乡人民代表会议结束后，以选区为单位各选举一名委员，参加由乡行政委员会统一成立的各工作委员会。六是召开全乡群众大会，宣布乡人民政府成立，乡长就职，开展工作。

聊城、堂邑两县在开展民主建政的同时，群众团体组织进一步巩固发展并逐步健全起来。1949 年 10 月至 1951 年 5 月，先后召开了工、青、妇代表会议，相继建立了县总工会、县团委、县妇联、县工商联合会等工作机构。1956 年成立了县科普协会。各群团组织的建立，有力地团结了工商业者、青年、广大妇女，在社会主义改造、建设和新的历史时期，成为发展工农业生产和完成各项政治社会任务的重要力量。

第二节　镇压反革命和取缔反动会道门

聊城、堂邑、聊城城关区三县(区)是鲁西战略要地，新中国成立前这里反动社会基础强大，反动统治根基深厚，各种反动党团、反动会道门以及封建把头、地痞流氓充斥着各个角落。新中国成立后，聊城、堂邑、聊城城关三县（区）回到了人民的怀抱。但是，国民党反动派妄想“卷土重来”。一方面，溃逃时留下的残余势力疯狂进行各种破坏活动；另一方面，国民党反动派的潜伏人员以假自首的方式混入我内部，进行破坏活动。特别是朝鲜战争爆发后，残余反革命分子气焰更为嚣张，他们猖狂地进行烧杀抢掠，组织反革命暴动，破坏土地改革和抗美援朝运动，严重影响经济建设。社会上杀人、抢劫、偷盗、扰乱秩序等案件多是国民党特务、残兵和反动会道门等反革命分子所为，严重威胁着新生的人民政权，威胁着人民生命财产安全和社会安定。几年来仅聊城县被残杀的干部、共产党员、积极分子就有37名，反动地主富农复辟倒算的387起，被逼迫离家出走46户。

反动势力的猖獗，严重危害社会秩序的稳定和新生人民政权的巩固，极大妨碍了党和政府各项工作的开展。1950年10月10日，中共中央发出《关于镇压反革命活动的指示》（简称“双十指示”），要求各级党委全面执行“镇压与宽大相结合”的政策，对已被逮捕及尚未逮捕的反革命分子，应根据已掌握的材料，经过审慎的研究分别加以处理。其中，镇压反革命运动打击的重点对象是特务、土匪、恶霸、反动党团骨干及反动会道门头子。从1950年10月开始，聊城、堂邑、聊城城关区三县（区）大张旗鼓地开展了镇压反革命运动，历时3年。1950年冬，聊城县对以冯炳良、孟纪增为首的6股土匪及散匪进行逮捕，共逮捕27人，缴获枪7支、各种子弹265发。由于前期对成绩估计过高，对隐蔽敌人打击得轻，干部思想懈怠，镇反工作乱而不严，软而无力，导致反革命分子继续活动；对群众的优势缺乏正确认识，忽视群众工作，宣传工作没能跟进，致使部分群众对土地改革、抗美援朝等产生怀疑。各县（区）随即根据本地实际情况，详细研究并布置了具体方案，相继大张旗鼓地开展了宣传工作。聊城县以区为单位召开了村干部、群众积极分子大会和民兵检阅大会，讲解《镇压反革命条例》和取缔会道门政策，打通村干部和民兵的思想，培养了镇反工作骨干，到会人数达16000余人。堂邑县党委召开了1900人的宣传员大会，县政府召开了420人的各界代表会、

200人的工商医务代表会，以罪犯的罪恶作启发，通过小组讨论、大会典型发言，提高群众觉悟。同时两县委印发《镇压反革命条例》，发放到每个干部、高初小教员以及每个村庄，用各种办法在各种场合进行宣传。教员把《镇压反革命条例》写在村头墙上，公安机关将没收敌人的反动武器和会道门的反动证件等放到各区进行展览。聊城县把省委、专署批转的35名死刑犯，送到犯罪所在地召开9次诉苦公审大会并处决。通过一系列的宣传，广大干部群众认识到镇压反革命的伟大意义。这9次大会参加群众有47000余人，到会诉苦的群众60余人，当场控告的70余人，会后检举的30余人。堂邑三区在各界代表会后，有15个群众检举了反革命分子40人，有的将远逃罪犯的门牌、地址告诉政府。

在做好宣传工作的同时，镇压反革命工作转向了取缔和判定。聊城、堂邑两县反动会道门组织种类多，分布广，历史悠久，仅聊城县就有会道门12种，即金生道、一贯道、圣贤道、中央道、无极太明道、黄沙会、蓝门道、金侣道、佛门道、后天道、西华堂道等。其中一贯道的活动范围最广，曾经达到300余村庄，道头45名，道徒600余名。县委对取缔反动会道门作了详细安排，公安、武装干部组成取缔登记小组，负责登记处理道徒及重点宣传工作；青、妇、宣教等部门在党委的统一领导下进行深入宣传；由武装部和公安局组成联合办公室负责给各区联系掌握情况、备集材料，在党委的指示下传播经验、纠正偏向；县局干部配合审判处专门突审道首和集训中、小头目工作。

1951年2月，中央人民政府颁布《中华人民共和国惩治反革命条例》，为镇压反革命运动提供了法律武器和统一的量刑标准。1951年4月4日，中共聊城县委制订了取缔反动会道门的计划。聊城县以一贯道、金生道、圣贤道三种道为取缔重点，以三种道活动较多的三区为重点进行取缔。三区在军王屯召开了500余人的抗美援朝扩大代表会，开会期间就有20名道徒诉苦，悔过并要求政府协助他们向道会头子追回道费。在重点取缔的同时，全县展开取缔反动会道门活动。结合抗美援朝、春耕生产，开展形象化教育，积极宣传党的“打击道首，集训和登记小道首，对一般道徒则开展群众性退道活动”的政策。

中共堂邑县委在1951年6月7日和7月29日分两次下发了有关

镇压反革命工作的指示，对贯彻镇压反革命提出了具体意见：一是扭转政策，克服“镇压反革命就是杀人”的片面认识。结合具体情况将管制计划订出来，彻底消灭反革命。二是全面贯彻政策，发动群众，分化孤立敌人，有宽有严，该杀的坚决杀掉，该管的一定管制。三是加强三级治安委员会的责任，建立制度，具体领导，深入检查，发现问题及时解决，充实肃奸防特的内容。四是避免乱捕乱押现象。严格逮捕手续，分清管押权限，如须逮捕的对象，将其材料写好后送交县委研究再分别逮捕。

1952年6月初，聊城县组织力量发动落后村的重点试验工作并组织骨干到地委进行学习。7月初，全县组织了112名干部深入到142个偏僻落后村分三批进行了发动，解决镇压反革命遗留问题。全县共逮捕反革命分子17名，管制45名，建立治保会46个，订立会期制度，培养积极分子125名，使不少落后村变为先进村。聊城县共整建治安保卫会104个，选出委员1263人，小组932个，组员2452人。经过整建，发动了群众，整顿了管制。领导小组建立了半月一次会议制度、每月一次学习业务制度。

镇压反革命运动中，聊城县在1950年10月至1952年10月共逮捕反革命分子563名，判处徒刑256名。共逮捕了道首66名，登记道首196名，退道道徒4000余人。缴获银元170块，金戒指3枚，钢筋1250斤，反动宣传书籍300余册，退道费折合麦子4038斤。集中打击了土匪、恶霸、特务、反动党团骨干分子和反动会道门头子等五方面的反革命分子，基本上肃清了国民党在本地残留的反革命势力，巩固和加强了人民民主专政，有力地支持、配合了土地改革和抗美援朝斗争。

镇压反革命运动的开展，使反革命分子受到严重打击，大部分已经落网，有效地镇压了反动气焰，安定了社会秩序。但尚有部分人仍坚持其反动立场，并由公开转向秘密，伺机活动或潜逃外地伺机活动。因此，必须开展镇压反革命摸底工作，以便彻底肃清敌人，使镇压反革命运动取得胜利。1952年12月28日，中共聊城县委发出为继续开展镇压反革命运动彻底肃清反革命分子加强摸底工作的指示，并相继召开全县干部大会和公助会，传达第五次公安会议精神，布置摸底工作。对会道门以侦察为主，对群众摸底工作以治安为主，密切结合，将过去的档案材料整理掌握起来，与发动群众相结合，从实际工作中教育干部，克服干部的麻痹思想。经过调查摸底，澄清了全县的敌人。1953 年 2 月 20 日接专署指示转到判定阶段，党委作了具体研究，又下达指示，各区均召开了乡干会，具体贯彻复查判定工作。

第三节　打击地富反攻倒算活动

朝鲜战争爆发以后，聊城、堂邑两县不断发生地主夺回农民分得的土地、房屋、工具、粮食等反攻倒算活动。对此，两县委为保护翻身农民的“人、地、财”三权，巩固土地斗争成果，落实致富政策，发动广大翻身农民迎头痛击地富反攻倒算活动。

倒算可划分为旧倒算和新倒算。镇压反革命运动以前倒算者为旧倒算，镇压反革命运动以后以及“三反”运动①中倒算者为新倒算。处理倒算原则，无论新旧倒算坚决将所倒物通过各种会议，当场由村干部全部退还原主。对旧倒算如情节不严重、对群众影响不大者，一般在当地群众会上宣布其反动性、犯法行为，令其向群众表态，找保人担保，并交村管制起来；对新倒算，不论所倒东西多少、方式如何，均按现刑犯处理，有的逮捕法办，有的即时处理。如新旧倒算方式都较恶劣，对群众影响较大，除逮捕前召开群众大会，揭发其罪恶事实，宣传镇压反革命政策，表扬好者，打击坏者，扩大教育宣传意义外，还要在群众比较集中的集镇揭发其罪恶、企图与阴谋，令其自身坦白倒算经过及方式，以进一步教育群众，提高其阶级觉悟。

1952 年春，反动地富、会道门、伪顽匪特等相互勾结进行造谣惑众、搞破坏、复辟倒算等活动，致使一部分群众背着“三反”顾虑的包袱，不敢向不法分子作尖锐的斗争，使反动分子有机可乘，倒算事件也逐渐增多，仅聊城县在 2 月 1 日至 3 月底就发现新倒算 11 起、旧倒算 12 起(时

① “三反”运动是 1951 年 12 月起在国家机关、部队和国营企业等单位中开展的反贪污、反浪费、反官僚主义的斗争。1952 年 10 月，“三反”运动结束。

间多为1948年纠偏时倒算)。仅新倒算11起中,向贫农倒算者6起,共计倒地13亩,场院1亩,树2棵,树枝300斤,麦子6石,瓷缸2口,耙1盘,箩1张。向农会倒算者5起,共倒算树木25棵,宅子1亩,土房3间。他们的倒算方式可分为四种:一是钻"三反"空子,威胁硬倒,即趁着村干部对"三反"有顾虑之时在农会的地宅、场院等抢先点种,借着响应增产的合法名义达到占取的目的。二是利用哭穷,伪装困难,软化气氛的方式,迎合落后"变天"思想达到倒算的目的。三是在新倒算中,对家具、农具等多系借用不还方式。四是在旧倒算中,利用买空、卖空的方式。

聊城、堂邑两县在处理地富反攻倒算事件前充分掌握资料,有计划有步骤地召开群众会,扩大宣传,在揭发其罪恶内幕、企图的同时,讲明镇压反革命政策和宽严处理的方式,好坏对比,赏罚分明,取得群众对政策与处理方式上的拥护,使守法的感到政策的宽大温情,犯法的感到政策的不可侵犯。同时,加强基层组织教育,强化农村管制,严格监督反革命分子的劳动改造。1952年4月,聊城县委组织力量深入到村,发动群众贯彻了"三反"与镇压反革命政策,召开了15次处理大会,处理了地富倒算113起,逮捕了首要分子12名。普遍开展了管制分子的"查比评",将老实守法的24人解除管制,将不老实的58人延长管制,并重新管制了66人,严厉打击了其嚣张气焰。

从1950年10月至1952年10月,聊城县共处理了地主倒算189起、富农倒算198起,退回倒算土地1127亩、房子353间、宅基24处、大车28辆、粮食35206斤、牛12头、大树127棵。打击地富反攻倒算活动中,聊城、堂邑两县打击处理了一些不法分子,进一步稳定了社会局面。

第四节 开展抗美援朝运动

正当全国人民为医治战争创伤、争取财政经济状况全面好转而奋斗的时候,1950年6月25日,朝鲜内战爆发,美国随即进行武装干涉,派遣第七舰队侵入台湾海峡。侵朝美军不顾中国政府的一再警告,越过三八线,直逼中朝边境的鸭绿江和图们江,出动飞机轰炸中国东北边境的城市和乡村，新中国面临外部侵略的严重威胁。为保卫祖国、保卫世界和平，应朝鲜民主主义人民共和国政府的请求，在反复权衡利弊之后，中央作出了“抗美援朝，保家卫国”的决策。10 月 19 日，中国人民志愿军肩负着人民的重托，在夜幕的掩护下，按照预定计划，跨过鸭绿江，秘密进入朝鲜参战。经过两年零九个月军事、政治的较量，中国人民取得了抗美援朝战争的伟大胜利。

在中国人民志愿军打响入朝作战第一仗的次日，党和政府在国内发动了一次声势浩大的全国人民抗美援朝运动。这场运动的蓬勃发展，不仅有力地支援了志愿军在战场上的作战，也有力地促进了聊城、堂邑两县各项工作的开展，为两县的经济建设和社会改革赢得了一个相对安定和平的环境。

广泛开展抗美援朝宣传教育。1950 年 10 月 26 日，中共中央发出关于在全国进行时事宣传的指示，同日，中国人民保卫世界和平反对美国侵略委员会(简称“抗美援朝总会”)在北京成立。抗美援朝总会的成立，使抗美援朝运动便于统一领导，同时又便于动员各方面参加抗美援朝的活动。

在抗美援朝总会的领导下，抗美援朝宣传教育运动在聊城、堂邑两县轰轰烈烈地展开。两县的抗美援朝宣传教育通过系列会议、报告会、座谈会、游行等不同形式进行。1950 年 11 月中旬，中共聊城县委召开组宣委会议，部署落实抗美援朝宣传教育运动。各区相继召开全体干部会、教员会，进行运动的宣传贯彻，传达当前形势。1950 年 11 月 19 日至 25 日，抗美援朝宣传教育运动中，聊城、堂邑两县组织群众召开座谈会，用回忆对比的方法，根据实际情况解决群众的思想问题，提高政治觉悟，并有重点地掀起控诉美帝怒潮，树立敌情观念，启发爱国热情。12 月 4 日，中共聊城县委宣传部发出关于开展抗美援朝保家卫国运动建立农村通讯组、读报组的指示。通讯组和读报组的建立，使党的每一项政策与每一个时期的中心任务进入千家万户，使广大群众正确了解上级政策、工作方针与任务。中共聊城县委于 12 月 7 日下达了《关于开展抗美援朝保家卫国运动宣传周的通知》，通知规定从 12 月 9 日至 15 日利用一周的时间深入开展抗美援朝保家卫国运动，组织各部门力量进行集中宣传,使群众认识到美帝完全可以打败,了解美帝侵略朝鲜与侵略中国不可分的关系。抗美援朝运动在全县很快形成高潮,并带动了各项工作的开展。如聊城七区李海,五六天工夫完成了2万多斤的秋征任务。

聊城、堂邑两县的各区根据区内各村实际情况划分片村。1950年底,各区相继召开片村群众大会,举行片村民兵检阅,揭穿美帝“停战”阴谋,庆祝中朝人民部队抗美胜利。聊城县参加民兵检阅的人数达1671名。在180个行政村中邀请代表6429名,召开了各片村抗美援朝代表会。

朝鲜战争爆发以后,美国为把日本作为其在亚洲进行侵略扩张的基地,加快了“单独对日媾和,重新武装日本”的步伐。这种做法明显违反了第二次世界大战期间同盟国共同签署的一系列文件。因此,中共中央在1951年2月2日发出《关于进一步开展抗美援朝爱国运动的指示》,将“反对美国重新武装日本,争取全面的公正的对日和约”,作为开展抗美援朝爱国运动三件中心任务的第一件。根据这一指示,中国人民在抗美援朝总会和各级分会的组织下,有组织地开展了“反对美国重新武装日本,争取全面媾和”的运动。3月2日,中共聊城县委宣传部下发《关于开展反对美帝武装日本运动宣传的通知》,通过系列运动进行宣传教育。

1951年春,朝鲜友好代表团到聊城、堂邑两县访问。两县组织了盛大的欢迎大会。在会上,朝鲜代表团代表愤怒地控诉了美帝国主义在朝鲜犯下的滔天罪行,赞扬了中国人民志愿军英勇作战的国际主义精神和中朝两国人民并肩战斗的深厚友谊。堂邑县还邀请赴朝参战的一位同志作了专题报告。6月,中国人民赴朝慰问团在聊城县的新华广场作报告,聊城县组织近万名群众听取。报告详细介绍了赴朝慰问活动情况和志愿军的战斗事迹。这几次报告激起了群众对美帝的极大愤怒,激发了干部群众的爱国热情,使抗美援朝运动在两县更加普及并向纵深发展。

1951年5月1日到5日,聊城县组织召开22次示威游行大会,12万人参加了抗美援朝、反对武装日本、保卫世界和平的示威游行。

1951年5月1日前后，聊城县各区有重点、有计划地召开了5个群众会，到会群众达77000余人。会议上开展了对日、伪、蒋、美的罪行控诉，经过系列会议的贯彻，提高了群众的爱国思想，普及深入了抗美援朝运动。如三区的戴庄，召开了145人的群众控诉会，有50多人控诉；四区在村干大会上经过控诉后，便有35名村干、党团员在大会上报名参加后方医院工作，并有7名老人送子报名。国庆节各区又普遍召开了片村庆祝大会，全县参加群众达79215人。

为响应中央建网决定，聊城、堂邑两县在运动中逐渐发展和培养了报告员、宣传员，建立与扩大了宣传网。截至1951年5月1日，聊城县宣传员达到972名。堂邑县于7月17日召开了252人的宣传员代表会议，会议通过总结工作，提高与会人员对宣传工作重要性的认识，进一步加强和开展对抗美援朝的宣传工作。

1951年7月10日，中共聊城县委成立了由16人组成的“聊城县抗美援朝分会”，县长王坦兼任分会主任。各区、村分别成立由7～11人组成的“区、村抗美援朝分会”，分别由区长和村长任主任。两县通过开设训练班和专业会议，对干部进行时事教育培训。聊城县开设党、武、公、义教、艺人等训练班共8期，培训了1761人，通过各代会、劳模会、专业会议、社员代表会议等，556人得到培训。经过培训学习，提高了干部的政治水平，克服了干部中存在的狭隘民族主义观点，树立了正确坚定的爱国主义思想。

1951年9月初，聊城县召开了党员代表大会，在会上重点通过回忆诉苦、新旧社会对比、前后方对比，贯彻“祖国第一”“爱国第一”等反美爱国思想政治教育。会后，中共聊城县委相继召开灾民代表会、青年团代表会、妇女代表会、说唱艺人会、教员会等，参会人数达1224人，进行反美爱国思想教育。

和平签名运动。聊城、堂邑两县在广大干部和人民群众中，开展了声势浩大的“反对侵略战争，保卫世界和平”的和平签名运动。为顺利开展和平签名运动，聊城县建立了和签委员会，以王鲁光、华玉琦为主任。区和签委员会以宣教委员会（宣委、文助、个别高小校长）为基础并吸收青年和妇女干部参加，临时组成和签委员会。

为使和平签名运动能够顺利进行，聊城、堂邑两县做了大量宣传工作。以《平原日报》的《反对侵略战争，保卫世界和平讲话教材》作为和平签名运动的政治教材，在党员、团员、民兵、妇女、学校、民校等有组织的群众中进行讲解，利用纪念活动、各种会议、集市等，由和签委员会统一领导教员、学生代表等宣传力量，运用广播筒、黑板报等宣传工具大力宣传和平签名运动的意义，并进行了现场签名。各区还指定专人在中心集市设立签名处，方便过往群众签名。截至1950年9月底，聊城县7个区各区签名的人数都在区总人口的一半以上，其中五区已有2/3的人口进行签名，共有13万人签名。

掀起参军、参战、支前的热潮。为加强国防建设，中央人民政府人民革命军事委员会和政务院于1950年12月1日发布了《关于招收青年学生、青年工人参加各种军事干部学校的决定》。次年6月，政务院又一次发出有关的决定。以两次军事干部学校招生为契机，聊城、堂邑两县结合本地实际，在人民群众特别是青年中开展了以仇视、鄙视、蔑视美帝国主义为中心的爱国主义教育，即“三视”教育，提高了广大青年的政治觉悟和爱国热情，两县迅速掀起了响应祖国号召，踊跃报名应召，积极参军、参战支前的热潮。两县出现许多“父送子，妻送郎，兄弟争着上前方”的感人事迹。聊城县1950年10月召开了279人的青年代表会议，会上自愿报名参军的有225人。大孟家村14名青年联名写信要求县领导批准他们参加志愿军赴朝作战。为确保入朝志愿军因战伤残者及时得到治疗，聊城县动员群众自愿参加后方医院工作。1951年5月，县委逐级数次召开了7700余人参加的动员大会。计划本县180人参加后方医院工作，结果参加了230人。堂邑县为国挺身而出的有1495人，他们带着祖国人民的重托，在战场上英勇杀敌，用自己的鲜血染红了志愿军的战旗，涌现出许多可歌可泣的英雄事迹。两县在这场战争中有近百人光荣牺牲。

订立爱国公约。为把人民群众抗美援朝、保家卫国的爱国热情与实际行动结合起来，遂用公约的形式加以强化和巩固。从1950年11月开始，全国各地广大群众纷纷订立爱国公约。中共中央在1951年2月2日发出指示，要求在全国各地各界群众中普遍推广这种做法。根据这一指示，聊城、堂邑两县掀起了订立爱国公约的热潮。爱国公约的内容主要是开展生产竞赛、优待烈军属、反对美日媾和等。聊城、堂邑两县的人民群众和机关干部、各行各业订立了与其相适应的集体和个人的爱国公约。为了使爱国公约得以落实，两县委与“抗美援朝分会”对爱国公约分别进行了集体、小组和个别检查与修订，使爱国公约运动得以健康发展。12月，聊城县849个自然村中，订立爱国公约的自然村达到712个，计37289户，16万多人。两县人民以爱国公约为行动准绳，身体力行，推动了抗美援朝运动更广泛、更深入地开展。

拥军优属。1951年1月14日和22日，抗美援朝总会先后发出关于筹集救济品和慰劳品、组织赴朝慰问团的通知。在订立爱国公约的过程中，为进一步加强国防，支援朝鲜前线，抗美援朝总会发出号召，动员全国男女老少、各阶层人民开展捐献飞机大炮运动。聊城、堂邑两县认真贯彻中央的决定和抗美援朝总会的号召，积极做好宣传，募集慰问品、慰问金，写慰问信慰问志愿军。1951年国庆节前后，商户们敲锣打鼓，踊跃捐献，捐现款2634万元（旧币）。1951年7月到10月，在遭受水灾的情况下，聊城县捐款6亿余元（旧币），捐献粮食12万斤，给志愿军送慰问袋1132件。很多慰问袋上有妇女的精工刺绣，里面装上慰问信、鞋袜、毛巾、搪瓷茶缸和聊城的土产品——乌枣等。沙镇区杨家村一个60多岁的老大娘将卖织布赚的1.8万元（旧币）捐了出来：“把钱买成物品送到前方，让战士们早日打败美国鬼子。”城关区市民王常德是搬运工，靠做零工维持生活，每天坚持多推一趟砖，每月捐献2万元（旧币）。群众到县、区捐款捐粮时，都是敲锣打鼓、高呼口号，表现了高度的爱国热情。经过抗美援朝运动，基本肃清了恐美崇美思想，树立了自尊心，提高了爱国主义与国际主义思想。

“前方打胜仗，后方拥属忙。”聊城、堂邑两县成立“拥军委员会”，并下达“一定要把军属和战勤、民工家属优待好”的指示。各村开展了优抚、优耕的工作。群众都把照顾烈军属、解决烈军属困难，作为执行爱国公约的一个重要内容。聊城县有烈军属4760户，无劳力需要代耕的285户，以固定代耕给军属代耕土地45872亩，使烈军属和荣残军人的土地也获得丰收。同时，不少村组织青年学生给烈军属挑水、扫院子、做零活。城关镇南顺河街的王希福等8名青年自动组织起来,给烈军属修补破漏的房屋;干部下乡工作时,都到烈军属家里慰问,卫生医疗部门给烈军属减免看病费用;政府对有困难的烈军属定期发放救济金;学校对有困难的烈军属子弟免收学费,并按月发放助学金。全县烈军属主动给前方将士写信,鼓励他们安心工作,为国立功,以报答党和政府的关怀,这极大地鼓舞了士气,增强了部队的凝聚力和战斗力。

1951年7月10日,中、朝方代表与美方“联合国军”代表开始停战谈判。1952年3月,中国人民志愿军归国代表团在堂邑受到热烈欢迎。经过多次谈判后,于1953年7月27日签署《朝鲜停战协定》。轰轰烈烈的抗美援朝运动,使聊城、堂邑两县各级党的组织和两县人民受到了洗礼,接受了新的挑战与考验。抗美援朝战争期间,两县带领广大人民群众认真贯彻了支援前线、保家卫国、发展经济、巩固国防的方针,从物质上、人力上和精神上有力地支援了前线,凝聚了人心,唤起了干劲,激发了人民群众的爱国热情和劳动热情,为恢复和发展国民经济、推动各项社会改革提供了巨大动力。

第五章
新民主主义改革与建设的全面展开

新中国成立初期，党领导全国人民在社会生活的各个领域进行了深刻的改革，社会面貌和社会风尚焕然一新。聊城、堂邑两县县委县政府领导全县人民开展了土地制度、婚姻制度和文化教育卫生事业等方面的改革，进行了知识分子的思想改造运动和“三反”“五反”运动，荡涤了旧社会遗留下来的污浊，为全面开展新民主主义建设奠定了坚实的基础。

第一节　新民主主义改革

结束土地改革，彻底废除封建土地制度。新中国成立前，党领导农民在解放区和半解放区进行了土地改革。聊城、堂邑两县是老解放区，两县的土地改革工作始于1946年，经过反奸反霸、诉苦清算、土地复查，划分阶级、确定地权、颁发土地证，至1949年2月，两县的土地改革宣告结束。但由于当时处于紧张的战争环境，加之政策教育不够，干部经验缺乏，土地改革不是很彻底，历史遗留问题尚未完全解决。新中国成立后，党又进行了解决老区的遗留问题和新解放区的土地改革。老区和新区土地改革的任务、方针、政策是有区别的。省委和聊城地委根据党中央和华北局的指示精神指出，我们大部分地区在过去已实行过土地改革，基本废除了封建土地制度。在老区基本上是确立地权，保持原状，对尚未解决的问题，根据符合政策、加强团结的原则，个别调整解决,以达到结束土地改革、发展生产与加强民主建设的目的。聊城、堂邑两县县委按照省委、地委的指示和通报要求,领导两县人民开展了全面结束土改扫尾工作的运动。1950 年 1 月上旬,聊城县委制定了《关于处理土改中若干问题的方案》(简称《方案》)。《方案》对颁发土地证,黑地如何处理,地主、富农与贫农换房情况,如何做被斗户的复议工作等问题进行了详细规定,为土改问题指明了方向和工作方法。

1950 年 6 月,中央人民政府委员会颁布《中华人民共和国土地改革法》。政务院相继制定和公布实施与之相配套的法规、政策,包括《农民协会组织通则》《人民法庭组织通则》《关于划分农村阶级成分的决定》等文件,为土地改革的正确实施制定了具体的政策。为了加强对运动的领导,正确执行党的政策,保证运动的健康发展,聊城、堂邑两县县委采取了一系列措施:召开县、区两级负责人会议,认真学习上级文件精神,提高认识,统一思想,明确方法和步骤;抽调一批政治素质好、工作能力强的干部,组成结束土地改革工作组,分赴各区帮助工作;成立由县委书记和有关部门负责人参加的结束土地改革委员会,建立人民法庭和分庭;县、区分别进行基点试验,按照先易后难的原则,逐步推进土地改革工作。

聊城、堂邑两县虽然在土地改革中颁发了土地证,但各区都有一部分遗留问题,阻碍着生产运动的顺利开展。如聊城县有小部分落后村尚未颁发到户,全县有 30 个村没有填写土地证;有的村已填完并交县盖章但没有领回;有的村尚有个别有问题的户没有把土地证发到手里。为迅速处理土地改革遗留问题,彻底结束土地改革,为开展爱国主义互助丰产运动扫除一切障碍,1952 年 1 月 4 日,聊城县委发出解决土地改革遗留问题的指示。该指示要求,各级党政领导一定要把结束土地改革遗留问题列入重要议事日程。责成民政科作出发完土地证的计划,司法部门处理土地改革遗留问题案件的结案工作,对地富倒算的土地或填写的土地证宣布作废,发动群众,1952 年必须全面解决土地改革遗留问题。聊城县委按照地委指示,经常委会研究决定,针对不同类型的村采取不同的政策:在丰收区,通过镇压反革命和整党,发动三类村的土地改革工作。通过查田定产,确定地权,颁发土地证和发动干部群众主动上报等方法，确定土地宅基和果实公物，按照先烈军属、荣复军人、最困难户，然后再分给自关外回家尚未分到土地房屋的群众，把未分的果实全部分给群众。在灾区，以生产救灾为中心，在群众迫切要求和不妨碍生产的原则下，结合救灾处理土地改革遗留问题。在麦收后，夏秋冬三季中，结合其他工作处理土地改革遗留问题。聊城县政府又于8月10日对土地证办理手续和工料费等作了详细规定，指出要结合处理土地改革遗留问题，提高群众的觉悟，健全村级政权。

这一次土地改革运动，是在人民革命战争已经取得全国胜利、统一的人民政权已经建立的条件下进行的。当时，党面临的最大难题已不是如何夺取革命战争的胜利，而是如何恢复和发展国民经济。党进行的各项工作，都应当围绕这个中心并为它服务。结束土地改革的目的也在于此。正如《土地改革法》第一章第一条所说："废除地主阶级封建剥削的土地所有制，实行农民的土地所有制，借以解放农村生产力，发展农业生产，为新中国的工化业开辟道路。"聊城、堂邑两县县委根据中央和省委、地委指示精神，加强领导，强化措施，善始善终地将土地改革运动完成，其重要意义显而易见。

贯彻《婚姻法》，改革旧的婚姻制度。旧中国封建桎梏的一个重要方面，是沿袭着以夫权为中心、压迫妇女并剥夺男女婚姻自由的封建主义婚姻制度。它束缚和摧残人性、人权，酿成无数人生悲剧。新中国成立前，聊城、堂邑两县和聊城城关区实行的是封建包办婚姻制度。婚姻形式低俗愚昧，有娃娃亲、童养媳，富裕家庭还有一夫多妻的现象。新中国成立后，过去封建社会畸形的社会道德、社会习俗以及半殖民地萎靡的社会风气均在扭转与扫除之列，集中体现为对旧的婚姻制度的改革。

1950年4月13日，中央人民政府委员会第七次会议审议通过了《中华人民共和国婚姻法(草案)》。30日，毛泽东主席签发命令予以公布，《中华人民共和国婚姻法》(简称《婚姻法》)自5月1日起施行。这是新中国成立后制定的第一部基本法律。《婚姻法》规定："废除包办强迫、男尊女卑、漠视子女利益的封建主义婚姻制度。实行男女婚姻自由、一夫一妻、男女权利平等、保护妇女和子女合法利益的新民主主义婚姻制度。”“禁止重婚、纳妾。禁止童养媳。禁止干涉寡妇婚姻自由。禁止任何人借婚姻关系问题索取财物。”这是几千年来中国家庭生活的一次伟大变革，是对旧中国旧社会盛行的包办婚姻和干涉婚姻自由的旧制度的彻底否定，也是中国人民反封建斗争深入的表现。

《婚姻法》颁布后，聊城、堂邑两县和聊城城关区结合土地改革、镇压反革命等运动在党、政、军、民机关组织干部群众学习、宣传和贯彻。5月15日，聊城县在第二届人代会上对新婚姻法进行传达贯彻，并明确要求各区对新婚姻法进行学习和宣传。1951年9月26日，政务院发出《关于检查〈婚姻法〉执行情况的指示》，聊城、堂邑两县全体机关干部普遍进行了学习。为大力宣传贯彻《婚姻法》，11月16日，中共聊城县委宣传部制定了《婚姻法》宣传提纲：一是废除包办强迫婚姻，实行婚姻自主。二是反对虐待妇女，实行男女平等。三是禁止干涉寡妇结婚自由，保证寡妇的再婚权。四是男女感情不好可以自由离婚。两县召开了县、区、乡三级干部会、妇代会、宣传员代表和部分村干部会，全体干部进行了新婚姻法的学习，部分干部结合本县、区的实际情况作启发报告。会议通过讨论形式，发动与会人员自己检查和互相分析批判。结合检查干部中的封建思想与违反《婚姻法》的事实，提高干部对贯彻《婚姻法》的认识和政策水平，彻底根除干部中的封建思想残余，培养了干部骨干。堂邑县培养了1800余名骨干，为全面开展贯彻《婚姻法》提供了有利条件。

加强组织领导是贯彻《婚姻法》的有利保证。1952年9月13日，聊城县以民政科、法院为主召集有关部门建立贯彻《婚姻法》委员会，副县长范汉卿任主任，民政科、法院、宣传部、县委研究室、妇联、青委会、县政府办公室、监委会等单位共9人任委员。各区也随之成立了贯彻《婚姻法》委员会。贯彻《婚姻法》委员会负责编印各种宣传材料，组织宣传贯彻，检查《婚姻法》贯彻情况，讨论研究《婚姻法》的执行情况和发生的重大问题。

贯彻新婚姻法是新中国成立后面临的新问题，以点带面，重点做起，然后普遍推广，是解决新问题的基本方法。1952年1月6日，聊城地区和聊城县组织13名干部，在聊城县七区李知洲乡作重点试验，历时

29天。堂邑县以二区李大庄乡为重点开展运动。通过重点试验取得了经验，在此基础上，每区选一个重点乡，所有乡抽出一个干部到重点乡，一面实习，一面交流经验，每乡找出一个重点村，集中力量抓重点，以点带面，使新婚姻法的贯彻和宣传在全县得以顺利进行。

根据中共中央和政务院的指示，1953年3月10日到4月10日聊城县开展宣传贯彻《婚姻法》的运动月活动。堂邑县也同时进行。两县把贯彻实施《婚姻法》作为这个月的中心工作，县、区、乡各级干部和宣传员通过喇叭筒、黑板报、画报、快板、漫画和报告等方式，运用民校、速成班、老年政治课、党的传授站、互助组生产参观评比活动，利用好、坏典型，向广大人民群众宣传，使《婚姻法》家喻户晓，深入人心。新婚姻法得到贯彻，社会上出现了很多夫妻互敬互爱、共同劳动，媳敬婆、婆爱媳，姑嫂和睦团结生产的新家庭，妇女的经济、政治、文化等地位都有了提高。普遍实行婚姻登记，帮助相当一部分青年男女从不合理的婚姻制度下解放出来。1951年1月至11月，堂邑县因父母包办结婚致夫妇感情不堪而离婚者270对，因父母包办或不足年龄订婚而解除婚约者704对，寡妇再婚者262人。自由恋爱、自主结婚的新式婚姻典型有47对，经人介绍、父母作主、本人同意成婚者730对。《婚姻法》的贯彻使广大妇女能够积极参加互助生产运动和各种社会活动，在经济上和政治上以及文化学习上获得了与男子同等的权利。1952年，堂邑县青壮年妇女农业主要劳动者达到全县妇女总数的50%，涌现出县以上劳动模范50余人。参加民校学习者21800人，占全县青年妇女总数的80%。妇女参政的积极性逐渐提高，堂邑县政府委员中有6名女同志。在宣传和贯彻《婚姻法》运动中，对虐待妇女、包办和买卖婚姻情节严重的进行了惩罚。3年来判处徒刑者29名，劳役、拘役和扣押教育者103名，教育了广大群众，包办和买卖等不合理的婚姻案件逐步减少，1950年不合理婚姻案件47件，1951年17件，1952年15件。

婚姻制度改革是中国共产党推进民主改革和社会改造的一个重要方面。这次改革从根本上动摇了封建婚姻制度和旧有家庭关系的根基，触动了旧的传统思想观念和伦理道德，在全社会逐步建立起新型婚姻家庭关系，社会风气发生了很大改变。

1953年2月初，山东省贯彻《婚姻法》工作队、聊城地委、聊城县委及七分区区委统一安排部署，在聊城七区（沙镇）开展为期一个月的以生产为中心的贯彻《婚姻法》运动。此次运动大体分3个步骤进行。第一步是培训骨干。通过大会讲解、座谈讨论的形式，用7天时间集训全体区乡干部及党团员等骨干分子，统一思想认识，使骨干分子成为推动运动的中坚力量。第二步是组织宣传。用13天时间，通过召开人代会、青年团、妇代会等各系统会议，传达学习和布置相应工作。会议传达后在各村利用宣传员、黑板报、广播、幻灯片、农村剧团等一切宣传工具与力量，使广大干部群众正确认识《婚姻法》。第三步是树立典型。用9天时间选出民主团结的模范家庭及互敬互爱、团结生产的模范夫妇，以典型事迹推动生产及贯彻《婚姻法》工作。以生产为中心贯彻《婚姻法》运动，不仅使生产取得佳绩，还使《婚姻法》的贯彻深入人心。到3月6日，在生产方面，全区11.8万亩麦田，普锄一遍的达到95%，锄两遍的达到30%；耕春地7500亩，耕一遍的达到40%以上。在互助合作组织方面，纠正互助合作工作中的强迫命令现象，巩固提高了互助组织。如向庄乡原有44个互助组，大部分流于形式，经过整顿后有33个组进行集体生产，有5个组开始记工算账；互助组选举妇女组长和会计员，修订了生产计划与爱国公约。在《婚姻法》贯彻方面，表扬了模范夫妇、模范家庭及模范互助组等，树立了男女平等、婚姻自由的榜样。

1953年3月28日，中共中央山东分局批转了省贯彻《婚姻法》运动委员会《关于省贯彻〈婚姻法〉工作队在聊城七区（沙镇）通过生产贯彻〈婚姻法〉的经验报告》，要求各地、县学习其经验，在紧张的春耕生产中开展贯彻《婚姻法》的运动。中共中央山东分局对聊城七区（沙镇）通过生产贯彻《婚姻法》运动给予了肯定和高度评价，认为其提供了相关方面的经验。

文教卫生事业的改革。新中国成立后，聊城县、堂邑县和聊城城关区在大力恢复和发展国民经济的同时，有步骤地对文化教育卫生事业进行了改革。

新中国成立前，文化教育事业在帝国主义和反动统治阶级的控制之下，基本上是为少数人服务的，劳动人民大都没有受教育和享受文化生活的权利。新中国成立后，党为了从根本上改变文化教育落后的状况，使文化教育工作适应社会主义革命和建设的需要，提出了文化教育为工农兵服务、为国家建设服务的总方针，有步骤地开展了对文化教育的改革。县(区)人民政府设立文教科，各区和村相应地设立文教助理员和文教委员，具体领导文教工作，在教育制度、学制、课程设置方面进行了改革。

教育制度方面：小学在区、乡、村政权的领导下，实行校长负责制，较大规模的学校设立校务委员会，校务委员会由校长、教导主任及教师代表组成。1952 年，中央下达“纠正学校混乱现象”的指示后，聊城县文教科制定相应文件，学校校长直接向人民政府负责，教师向校长负责，中学则由教育局直接进行管辖。

学制方面：新中国成立之初，聊城县小学沿用的是“四二”分段学制，春季开学；中学采用“三三”分段学制。1952 年 11 月，教育部颁发《关于小学实施五年一贯制的指示》，规定小学修业年限为 5 年，聊城县因条件不具备而未执行。1953 年出台的《聊城县五三文化教育工作计划》指出：“根据中央指示，全国高、中、初等教育原则上秋季始业，以符合国际性的教育制度，本县决定自五三年春季起今后城乡各小学春季一律不招收学生。以求初级各年级逐步转上秋季始业。”聊城县小学继续沿用“四二”分段学制，有部分小学个别班级实行五年一贯制，获得了好成绩，随后各学校开始普遍推行。

课程设置方面：根据学制的变化和教育部不同时期颁布的教学计划设置课程。新中国成立初期，小学课程分低、中、高年级设置，设有国语和算术等课程。1952 年，教育部发布了统一的小学教学计划，辖区内各学校根据要求统一进行了调整，将国语改为语文，美术改为美工，并相应增设了课程。

学校建设和师资力量得到充实。1949 年底，聊城县有普通中学 1 所，教职工 80 人，学生 632 人；师范 1 所，学生 300 人；小学 327 所，教职工 504 人，学生 15200 人。三县(区)历来有群众集资建校的传统，新中国成立初期，广大农村大部分借用民房或土地改革时收缴的私房，或利用庙宇、祠堂改作学校，少部分以国家投资、集体建校或向群众集资相结合的方式建设学校。1950年末，平原省第六专署下达“各县建立中学令”。聊城县、堂邑县和聊城城关区相继建立新校和扩建老校，掀起“村办村学”“乡办乡学”的办学高潮。1951年1月，聊城县建立聊城县中，学生183名。1952年改为山东省聊城第二中学，学生427名。是年，堂邑县立中学（今堂邑中学）创办。1952年，聊城城关区新建或扩建初中、高小和完小共计7所学校，并按建校时间的先后统一命名：聊城城关区第一小学（河东小学）、第二小学（民主小学）、第三小学（原郁二小学，后改建成九中）、第四小学（东关小学）、第五小学（北顺小学）、第六小学（原郁一小学，后合入实验小学）、第七小学（原郁三小学，后为市聋哑学校）。创建专职学校，培养教师力量。1950年夏，堂邑、冠县师范各一个班合于聊城县城内考院街的聊城师范学校，成立聊城联立师范，是年经调整改为平原省聊城师范学校。聊城县划归山东省后，学校改名为山东省聊城师范学校，学校职能是培训教师，培养新老师，解决师资不足。幼儿教育开始发展。1952年11月，聊城专员公署办公室筹办“聊城地委直属机关托儿所”。聊城县积极筹划组建，聊城实验小学、东关小学相继设立幼稚班，成立之初入园儿童达80多名。聊城县电厂、烟厂、商业局等单位，成立不同形式的托儿所、幼稚班，解决女职工后顾之忧。经过几年的建设，三县（区）学校和在校学生的数量逐年增加。到1952年，聊城县各类学校428所，其中中等专业学校1所，在校生498人；普通中学3所，在校生1458人；小学424所，在校生24913人。

成人教育在扫除文盲运动的开展下逐步发展。新中国成立后，消灭文盲，提高文化水平，不仅是一项单纯的教育任务，而且是一项政治任务。党中央和国务院采取了许多措施，推进工农教育事业的发展。1949年12月，教育部颁布《关于开展1949年冬学工作的指示》，决定在全国农村普遍开展冬学教育。1952年9月6日，全国总工会发出《关于在工人群众中推行速成识字法开展扫除文盲运动的指示》。按照指示，聊城、堂邑两县和城关区的扫除文盲运动相继展开。

聊城、堂邑两县和城关区按照平原省人民政府指示，分别制订冬季学习计划。学习计划对冬学的方针与任务、目的与要求、具体做法、教育内容和组织领导及师资等问题，作了明确规定。1950年10月19日，聊城县人民政府制订《1950年聊城县冬季工作计划》,对在11月1日正式开课的冬学运动作出安排部署。一是贯彻以识字为主并结合政策时事,进行思想政治教育,启发政治觉悟,普及教育,改进生产技术及增进卫生常识。二是组织领导,成立县、区、村三级冬学委员会。县冬学委员会以政府为主,协同党委会、宣传部、武装部、青委妇会、工委有关部门组成。县长为主任委员。区可由区长担任主任委员。村可由村长、支书、宣委、青委、妇委、民兵班长、文教委员、小学教员、义教员等组成村冬学委员会,并由村长或支书、小学教师、义教员组成校部,村长或支书任校长,义教员起骨干作用,自然村可根据村庄的大小选举有威信的干部3～5人组成冬学委员会。对冬学经费开支标准和入学对象、授课内容和方式都作了明确规定。冬学运动对扫除农村文盲起到了积极作用。聊城、堂邑两县和城关区的扫盲运动按照积极稳重、先易后难、突出重点与巩固并重的方针开展。1952年10月,县、区、村相继成立速成识字运动委员会,下设办公室。城关区8所完小协助街、村办起民校和识字班配合扫盲工作。第四和第六小学开办"速成班",帮助年龄较大的青年学习文化知识。1949年底,城关镇有职工业余教育班11个,学员280人。后来又建立20多处夜校,推广"祁建华速成识字法"。15～30岁没有文化的街道居民、城郊农村的农民、工人、机关家属等都主动参加夜校进行学习。聊城县配备专职扫盲干部20人,专职扫盲教师67人,群众速成教师440人,健康有序地开展扫盲运动。运动采取重点试办,由点到面逐步推广,分批分期的方式进行。聊城县第一批重点试验了56处,1599个学员。1952年冬,第二批组建了440个速成班。扫盲运动以城市领导乡村,以职工与市民带领农民,以重点领导一般,以干部扫盲为主进行。对干部采取集中培训,职工利用业余时间参加学习,每周8小时,对市民、农民和家属,在群众自愿的原则下,可抽出整日或半日的时间进行扫盲学习。学习步骤根据学员文化程度,选择《生产竞赛运动》《镇压反革命》《婚姻法》等读物,由易到难,由浅入深进行研读。学习分为两个阶段,先学识字然后巩固。一是突击阶段,以识字为主,同时适当地注意巩固,3个月时限,每天3～4个小时,共识2000字。目标要求能读一般工农课本,会写二三百字的短文。二是巩固阶段，以大量阅读写作为主，在老师指导和学习互助下进行，7～8个月时限，每天2～3个小时。要求能读小学语文、自然、社会常识5～6册，看懂通俗文章，会写七八百字的文章。聊城县文化馆在农村建立图书馆50处，配合扫盲工作。1952年冬，聊城县扫除县区机关文盲半文盲干部70名，扫除职工文盲半文盲360名，扫除干部家属文盲半文盲30名，扫除市民文盲半文盲1320名，扫除农民文盲半文盲10000名。聊城、堂邑两县和城关区的工农教育在上级党和政府的正确领导下，取得了巨大成就。1950年聊城县有民校323处，学员7805名；1952年有民校551处，学员41762名，其中女学员22656名。职工教育33个班，学员409名。

新中国成立后，党和人民政府倡导继承和发扬民族文化中的优良传统，重点发展人民的文学、戏剧、电影等文化事业。聊城、堂邑两县设立相应机构，建设文化场所。1949年冬，聊城县设立文化馆，隶属政府办公室。建成可容纳1200余人的新华剧院。后又相继建成聊城影剧院、东昌电影院、红星影院。1951年初，聊城县组建收音站，每个收音站配备收音员1名，每天上午和晚上收录中央人民广播电台的记录新闻，及时向县委、县政府汇报。在多地建立收音点，遇有重要新闻和影响农时的天气预报广播，即组织农民直接收听。10月，在光岳楼建"文化楼广播站"。1953年，城内喇叭安装数量达到37只。1956年2月，组建电影放映小队，农村设立放映点，丰富了农民群众的业余生活。戏剧方面，净化舞台，整理传统剧目，剔除旧戏中的封建"毒素"，鼓励各种戏曲形式的自由竞赛，改革不合理的制度；文艺工作者在政治、文化和业务上加强学习；组建秧歌队和高跷队，剧团逐渐增多，如西王乡郭屯河北梆子剧团、姚屯业余剧团、八甲刘乡刘官营四根弦剧团、于集乡孙堂京剧团、张炉集乡石槽剧团、江庄乱弹剧团等。1954～1956年，培养文艺骨干450人，文艺工作者积极开展戏剧、戏曲的创作和会演工作，群众创作的诗歌、快板等多种形式作品近1万个。同时，各区业余剧团配合政府的中心工作，开展业余演出，歌咏、美术、壁画等各种群众文化活动日益增多。图书市场逐步建立。1949年11月，新华书店聊城中心支店建立，隶属平原省分店，并负责对阳谷、东阿、高唐、堂邑、清平、博平、莘县、冠县、寿张、茌平10个支店业务指导。1952年11月，平原省撤销，聊城中心支店改称新华书店聊城支店，隶属新华书店山东省分店。所辖除上述10个支店外，增加范县、观城、朝城、濮县4个支店，负责对14个支店进行业务、财务指导和管理。1956年聊城县图书馆建立，藏书6500册。文化事业的发展，使宣传党的方针政策有了更直接的方式，干部群众随时随地受到形势教育和党的方针政策教育。

聊城、堂邑两县积极贯彻“面向工农兵”“预防为主”“团结中西医”三大原则，发展卫生事业。为改善医疗条件，两县积极采取措施，扩建、新建卫生院，增加医疗卫生设备，兴办全民医疗机构，壮大人民卫生队伍。为加强对卫生事业领导，1950年春，聊城县政府成立卫生科。同年，卫生科组织中、西医医生业务技术考试，向合格医生发放了开业证书。1月，沙镇南街阁北路西的聊阳县人民医院迁至聊城东关街驴市口路北，更名为聊城县卫生院。1953年，聊城县卫生院扩建新房25间，共375平方米，增设内科、外科、妇产科等科室，设病床15张。1954年，又增设了化验室，配备了显微镜、离心器、水浴箱、干燥箱等设备。1951年9月，聊城县七区（沙镇）设立全民所有制卫生所。1952年后，其他各区相继建立卫生所或联合诊所。1953年秋，聊城县召开首届中医代表会，参加会议的医务人员有45名。县长孔雨亭作了《贯彻落实党的中医政策，继承和发扬祖国医学遗产》的报告。从此，每年春节前召开一次老中医座谈会，总结中医工作，交流经验，检查中医政策的落实情况，布置下年度的任务。是年，堂邑县建立第一个中医联合诊所。聊城县把城关区16户私人开业的中西医诊所组成4个联合诊所，3户私人接生站组成1个联合妇幼保健站。同时，二十里铺区建立起第一个农村联合诊所。1953年，堂邑县招收一批个体开业的中西医药技术人员，分配到县卫生院和梁水镇、斗虎屯、温集等区卫生所工作。为加强县级医院人才建设，1953年底，聊城县卫生院、堂邑县卫生院各选派1人，去山东医学院检验班等处学习。1955年，全县有487名个体医药人员响应党的号召，走集体化道路，成立起85个联合诊所。1955年4月，为做好中西药品（材）的批发、零售供应工作，进一步方便群众和保证医疗单位用药，吸收城关个体开业的中西药剂人员22名，建立聊城县城镇国药总店。

1956年,国家对工业、农业和资本主义工商业进行社会主义改造,县内绝大部分私人诊所、药铺组成联合诊所。3月,堂邑县撤销,堂邑县卫生院和温集、梁水镇、斗虎屯3处区卫生所49名医务人员划归聊城县。6月,建立于集、二十里铺2处卫生所,新增职工10名。8月,经地、县领导批准,堂邑西街精神病联合诊所收归国有,改称聊城县精神病医院,有职工7名。根据山东省人民委员会人事局、卫生厅《关于吸收转业复员军人和中医师参加工作的通知》精神,聊城县录用一批转业复员军人,充实到县、区医疗卫生单位工作。1956年底,聊城县卫生系统职工发展到194人,医疗床位190张,卫生技术人员146人,西医师2人,中医师20人,西医士16人,护士6人,助产士7人,西药剂士3人,检验士1人,护理人员3人,其他初级卫技人员69人。1951年,县保健委员会成立,负责公费医疗费用的管理。1952年6月27日,政务院发布《关于全国各级人民政府、党派、团体及所属事业单位的国家工作人员实行公费医疗预防的指示》,全县享受公费医疗的人数增加为1500人,标准每人每月0.9元(现币),超支部分由地区卫生、财政部门解决。同时,在国营企业内部建立了卫生室,保障了企业干部职工的身体健康。

普及育儿知识,保护妇婴健康,培养妇产科人才,控制人口过快增长。1949年,聊城县首次开展妇女孕、产期卫生知识宣传。特聘著名画家叶松桥①绘制妇幼保健宣传画50余幅,轮流在集镇宣传展出。有计划地培训和改造旧接生婆,推行新法接生。1950年,梁庄、小店子、许堂3个区和城关镇先后举办新法接生训练班,培训乡村助产员184名,改造旧接生婆350名。实行新法接生,婴儿的死亡率由过去的44%降到11%。关心保护妇幼健康工作逐渐走上正轨。1949年9月,聊城县首次给妇女干部发放生育费,给婴儿发放保育费及保姆费。1952年,开始给婴儿接种卡介苗。1953年,儿童接种疫苗的种类、范围逐渐扩大。先后接种百白破二联、三联3次,共计54623人份;接种白喉类毒素3次,共计4040人次份。1951年5月,遵照毛泽东主席"尊重护士、爱护护

---

① 叶松桥(1889～1954),聊城人,民国年间城乡闻名的国画家。他擅长花卉翎毛,并致力山水、人物,由写意而工笔,后又戏以指画。

士”的指示，聊城县人民政府召开了第一次国际护士庆祝大会，对在护理工作岗位上作出突出贡献的单位和护理人员进行表彰。1953 年 8 月，根据政务院关于“帮助群众节育”的指示，聊城县组织医务人员宣传节育知识，推广避孕和人工流产等办法，但由于旧社会流传“多子多福”的封建思想，节育工作未能正常开展。1956 年，聊城县提出关于推广节制生育等精神，结合推广新法接生，组织医务人员进行广泛宣传。特别是在春、秋物资交流大会上，利用图画进行详细讲解，受教育者 42 万人次，为做好计划生育工作打下了良好基础。同年，聊城专区妇幼保健所下放聊城县，改为聊城县妇幼保健所。随后，各区先后建立妇产院和接生站 60 处，接生人员达 366 人。

1950 年 2 月，聊城县政府成立卫生委员会。各区由文教卫生助理负责本区的卫生防疫工作。农村设文教卫生委员会及保健员，负责本村的防疫工作。全县农村共设保健员 2488 人，各级防疫工作都有专人管理。3 月 3 日，城关区召集驻聊各机关、学校、公私合营厂店及工商联等 12 个单位，成立城关区卫生分会。10 月 12 日，卫生部发布《种痘暂行办法》，聊城县随即开展预防接种工作，在机关、学校和乡村设立牛痘菌接种站，组织干部、职工、学生、市民和农民接种牛痘。1950～1952 年，聊城县初种 14.4 万人，复种 46.6 万人。在全县范围内广泛开展卫生防疫工作，街道路边设置垃圾箱；每周一次清洁大扫除；饭店和食物摊贩设置纱罩；机关、学校的厨房与厕所卫生制定标准；宣传教育群众洗衣服，常晒被褥。一场群众性的卫生防疫运动形成了。对此，《平原日报》给予了报道。1952 年 4 月 19 日，聊城县建立县防疫工作委员会，各区相继成立防疫工作领导小组。1953 年 3 月，根据中央人民政府发出的《关于 1953 年继续开展爱国卫生运动的指示》，聊城县防疫工作委员会改称为“爱国卫生委员会”。按照中央指示，全县上下立即掀起以除“四害”、讲卫生为主要内容的爱国卫生运动。截至年底，全县改造水井 515 眼，加井盖 230 眼；填平污水坑 1024 个，改厕所 3396 处，灭鼠 199 万只，挖蝇蛹 945 斤。随着预防医学的发展，各种生物制品的增加，预防接种已成为控制各类传染病发生和流行的主要手段。1953～1956 年，增加应用疫苗、菌苗、类毒等生物制品进行预防接种，累计初种牛痘

46091人份，复种137788人份，卡介苗初种4356人份，伤寒菌苗59056人份，接种其他疫苗45455人份。

全县文化教育卫生事业的发展，改变了人民群众的生活习惯，提高了人民群众的生活水平，增强了党在人民群众中的号召力和凝聚力，巩固了党的执政地位，促进了其他各项事业的发展。

第二节 新民主主义经济建设的恢复和展开

新中国成立初期，聊城县、堂邑县和聊城城关区经济一片萧条，工农业生产濒于绝境。按照中共七届三中全会精神，三县（区）组织干部群众医治战争创伤，着手经济恢复和建设工作。从1949年10月到1952年底，经过3年的艰苦奋斗，三县（区）的国民经济获得全面恢复，并有了较大发展。

农业的恢复。聊城、堂邑、聊城城关三县（区）充分调动农民个体经济和劳动互助方面的生产积极性，通过生产自救、兴修水利、抗御自然灾害等一系列政策和措施，促进了农业生产的恢复和经济的发展。1951年秋，聊城全县遭受水灾，受灾村庄552个，受灾面积56万亩。全县8条河流由于进水迅猛，加之河道窄，有42个洼地积水。县委、县政府先后召开各区干部会、村干会、互助代表会、灾民代表会，积极贯彻“生产自救”方针，寻找生产门路，研究救灾办法，组织110名干部，组成7个检查组，深入重灾区，组织群众疏水排涝，补种晚秋作物。全县修木船175只，保证运河水运，组织灾民运输自救。帮助灾区发展副业，如窑业、油坊、草纸、木工、木料厂、运输业等。采取自报公议、相互对比、重点照顾、人代会通过、张榜公布、报区批准的办法，下发救济款38058元，解决了烈军属、老弱病残的生活困难。按照“防洪、排涝、解除水患”的方针，全县集中力量，突击了河道的疏浚和治理。1951年，治理了运河张秋镇至临清河段。在陶城铺及牛屯设虹吸管，在张秋金堤河设泄水闸，补充运河水量，恢复航运，维修了周店船闸和李海务、龙湾、闸口、辛闸、梁乡闸、土闸六座桥梁，以及土闸北右岸三孔泄水闸。冬季开挖了高楼、曹店、王寨、李古泉、东太平南等排水沟19条，修理涵洞7座。

1952年,新建桥22座、涵洞24个。初次治理了赵王河。除涝面积7万亩,完成土方14万方,工日6万个,投资3万元。对四新河扩大治理,老四干至王店铺段由聊城县施工,完成土方56万方,投资5.7万元。在治理河流修筑防洪排涝工程的同时,县政府带领全县人民掀起了一个拦蓄地上水、挖掘地下泉的水利建设高潮。1952年,打水井8748眼。是年又逢春、秋旱,全县以抗美援朝为动力,开展爱国生产竞赛运动,发动地邻互助打井、下泉、贷水车,扩大了浇地面积,水浇田43500亩,保证了农业生产的丰收。农业总产值由1949年的2704万元,增加到1952年的3612万元。1952年,粮食总产量达到10370.5万公斤,比1949年增长2689万公斤,超过了全面抗战前的最高年产量。粮食单产达到83公斤,比1949年的亩产67公斤增产16公斤。棉花总产量393.5万公斤,比1949年增长251.5万公斤,达到历史最高水平。棉花单产18公斤皮棉,比1949年的亩产量13公斤增加5公斤。农民年平均收入达到82.3元。

响应中央"12年绿化祖国和实现大地园林化"的号召,全县突出营造用材林、经济林和风景林,培植林场、林带与零星植树相结合,植树与育苗相结合,用材与花草相结合,促进林业的发展。1950～1952年,共造林279亩,植树331.7万株。

工业生产的恢复。新中国成立初期,聊城县的工业重点是做好手工业,发展轻工业,建立重工业。1950年,聊城县政府按照"发展生产,繁荣经济"的方针,通过开展信贷活动,扶持手工业者克服资金短缺的困难,恢复生产。在地方工业服务农业生产、服务农村经济的方针指导下,县政府除积极发展和扶持手工业生产外,1950年重建烟厂,生产纸烟365箱;1952年建发电厂,年发电9.70万度;生产水车1796部;生产白酒888吨、植物油540吨。到1952年,共有国营企业11个、集体企业22个,其中手工业5个、轻工业8个、重工业2个。工业总产值达778.8万元,比1949年提高3.2倍。

发展交通事业,建立汽车站,开辟了通往济南、临清、邯郸等地的公路干线,年客运量达42万人次。全县整修道路21公里、桥梁2座,新建道路9公里、公路桥3座。加强了水路运输,百只小机轮和木船担负着临清至聊城到黄河北岸的运输任务，保证全县煤炭、食盐、建筑材料的供应。

发展城市建设，在新中国成立初期的3年里，市政建设的重点是清除旧社会遗留下的碎砖烂瓦，整顿市容。在原有街道房舍的基础上，进行了城内房屋的修补、刷新、增添和建设规划等工作。县委、聊城二中、银行、汽车站、烟厂、酒厂、农具厂、新华舞台及聊师附小、东关街等几处小学都进行了建设。到1952年，全县新增房舍1880间，建筑面积56400平方米，相当于新中国成立前城市原有房舍面积的30%左右。县城和东关大街许多古老的瓦房和平顶土房都得到了修缮，市容面貌焕然一新。

经过3年的努力，整个国民经济得到全面恢复和较快发展。至1952年，聊城县工农业总产值4600万元，按可比价格计算，比1949年增长31.8%。其中，工业总产值比1949年增长220.4%；农业总产值比1949年增长28.6%，粮食、棉花等主要农产品的产量和生猪、大牲畜的年底头数都超过了新中国成立前最高年产量。社会商品零售总额达到1398万元，比1949年增长40.5%。地方财政经济状况有了根本好转。1949年财政收入200万元，1952年达到300万元。城乡人民收入逐年增长，生活普遍得到改善。职工年平均工资由1949年的109元增加到1952年的229元。国民经济的全面恢复，为开始进行大规模的经济建设创造了前提条件。

稳定市场物价。1947年聊城县解放后，国民党统治时期形成的通货膨胀、商业投机之风，一直持续不止，市场物价很不稳定。人民政府一方面领导土地改革和发展生产，另一方面发动境内“泰兴隆”等4家国营商业机构组织货源、平抑物价、稳定市场。尽管做了很大努力，但由于商品紧缺，市场物价仍不能得到有效控制。曾有人以10公斤小米交换0.5公斤红糖，以10个鸡蛋交换0.5公斤食盐，故有“鸡蛋换盐，两不找钱”的说法。

新中国成立后，中央采取了一系列稳定市场物价的措施，先使物价在现行水平上稳定下来，再对部分不合理的价格进行调整。内容包括：统一全国的财政收支，控制投放，使财政收支接近平衡；统一全国物资调度，集中物资力量稳定市场；统一全国的现金管理，按照轻重缓急，使其有计划地流入市场；禁止法币、金币券、外国货币和金银在市场上流通，规定人民币作为统一货币，对老解放区流通的货币按照一定兑换比例收回。同时，采取整理税收，发行公债，控制投放吞吐物资，吸收存款等多种经济措施。1950 年 4 月，聊城县政府根据政务院《关于统一国家财政经济工作的决定》，采用供售物资、回笼货币、调剂供应等措施，至 1952 年夏，基本控制了通货膨胀，稳定了市场物价。根据“调剂供应，促进物资内外交流”的经营方针，聊城县政府在财贸工作中重点抓开辟市场、稳定物价、活跃经济等。至 1952 年底，全县建立大小初级市场 27 个，社会商品零售额达 1520 万元，比 1949 年增加了 1.4 倍。同时，商业部门设立了五金、粮食、食品、盐业、棉花、百货采购站和供应门市部，有力地支援了工农业生产，大大推动了恢复发展国民经济的步伐。

第三节　开展“三反”“五反”运动

新中国成立后，由于工商业政策的调整和实施，城乡物资交流的开展，农民购买力提高，加上国家建设规模的扩大，抗美援朝战争所需各种物资的增加，市场出现了繁荣景象，不仅国营经济迅速发展，资本主义工商业也有了很大发展。然而，不法资本家为了牟取暴利，采取各种手段拒绝国营经济的领导，大搞“五毒”[①]活动，向工人阶级发起猖狂进攻。党内干部队伍也有一些人受到资产阶级腐蚀，出现了严重贪污、浪费和官僚主义倾向。为了整顿干部队伍，保持艰苦奋斗的工作作风，打击资本家的不法行为，打退资产阶级的进攻，党中央决定在党政机关工作人员中开展一场反贪污、反浪费、反官僚主义的“三反”运动。同时，在工商业界开展一场反“五毒”的“五反”运动。两个运动先后开展，彼此密切联系，是在特定的历史条件下开展的。

开展“三反”运动。为严肃法纪，纯洁干部队伍，保证各项工作的顺利开展，聊城、堂邑两县县委县政府遵照 1951 年 12 月 1 日中共中央作出的《关于实行精兵简政、增产节约、反对贪污、反对浪费和反对官僚主

① “五毒”，即行贿、偷税漏税、盗骗国家财产、偷工减料、盗窃国家经济情报。

义的决定》和毛泽东主席大力推动“三反”的各项指示，在两县的党政机关及县直公营和公私合营企业的公派人员中，主要是在县直机关中开展一场反对贪污、反对浪费、反对官僚主义的“三反”运动。

12月，中共聊城、堂邑两县委分别召开机关干部大会，传达中央“三反”的决定，拉开运动的序幕。3日，堂邑县召开了县直机关干部大会，县长赵安邦作动员报告。16日，县委召开全委会议，会议强调了开展“三反”运动的重要性。会后两县都分别成立了增产节约委员会，负责领导和推动运动的全面开展。1952年1月27日，聊城县委作出《关于“三反”运动的紧急指示》，以经济部门为重点，适当划分小组，明确专人负责，限期开展活动；广大干部提高认识，及时转入“打虎”阶段，然后积极发动干部群众检举，普遍深入检查，扩大战果。两县的“三反”运动，从1952年1月下旬开始，到6月底基本结束。整个运动经过发动群众、自上而下的普遍检查阶段，“捉虎”阶段，审判、追赃、定案处理阶段，初步总结转向经济建设阶段4个阶段，历时半年结束。通过发扬民主，开展批评与自我批评，着重批判了官僚主义作风，广大干部思想觉悟都有很大的提高，普遍认识到“贪污有罪，再也不敢贪污了”，但仍有不少糊涂观念，思想界线划不清。如有的认为，“斗的是干部，反的是贪污，怎么说是打退资产阶级的进攻呢?”经过“三反”运动，组织典型诉苦，清算了每个人的错误思想，多数干部划清了思想界线，明确“三反”运动是一场激烈的阶级斗争。在干部思想觉悟提高的基础上，贯彻“先易后难，重点审查”的方针，普遍发动了自觉交代关系，聊城县参加交代关系的干部352人，有问题交代的100人。通过组织建设，达到了清理机构、纯洁组织的目的。

“三反”运动的发展基本上是健康的，“三反”运动教育了大多数的干部，挽救了犯错误的同志，清除了党和国家干部队伍中的贪污腐败分子。“三反”运动还是一场群众性的社会改革运动，有力地抵制了旧社会遗留的恶习和资产阶级的腐蚀，树立了干部廉洁、朴素、为人民服务的工作作风。同时，社会各界群众的广泛参与，使厉行节约、艰苦奋斗、爱护国家财产等新的社会风气进一步形成。

开展“五反”运动。“三反”运动在党和国家机关开展起来后，各地各部门清查出一些机关内部人员同社会上的不法资本家内外勾结，侵吞国家资产的案件。1952年1月26日，中央发出《关于首先在大中城市开展“五反”斗争的指示》，要求在全国一切城市，首先在大城市和中等城市，依靠工人阶级、团结守法的资本家及其他市民，向着违法的资本家开展一场大规模的坚决彻底的“五反”斗争。按照中共平原省委的要求，1952年2月，聊城、堂邑两县开展了“五反”运动，并很快掀起了高潮。

2月上旬，省委派出工作组来到城关区指导“五反”运动。3月中旬，地委主持召开了城关区“五反”运动动员大会，号召广大群众积极行动起来，依靠工人阶级对“五毒”商户进行大胆检举、揭发，查清他们的犯罪事实。3月底，地委、专署和县委、县人委在新华舞台召开城关区检举、揭发大会。会上，当场法办了10余人。这一措施，极大地震慑了“五毒”分子。接着，城关区区委又在城关区工商联合会召开了坦白、检举、揭发斗争会。经过群众的检举、揭发，查出不法商户偷税漏税、盗窃国家财产、偷工减料折款违法金额100亿元(旧币)。城关区按照中央关于在“五反”运动中对工商户处理的基本原则，根据团结大多数及斗争从严、处理从宽和坦白从宽、抗拒从严的政策，将工商业者划分为五种类型户：完全守法户、基本守法户、半守法户、严查违法户和完全违法户。全区共有商户2072户，其中前三类工商户占总数的95%，表明绝大部分商户都是守法的。

1952年9月，根据省委关于结束“五反”运动、搞好统战的会议精神，聊城县委、县人委召开县直干部以及城关区党员、团员、店员、工人和积极分子参加的一系列会议。经过酝酿讨论，一致认为结束“五反”运动是发展生产、开展物资交流、繁荣市场的必要。10日，聊城县成立结束“五反”办公室。10～20日，分两个阶段对836家大小“五毒”户进行审查核实。22日，召开城关区群众大会，宣布聊城县的“五反”运动结束。“五反”运动在工商业者中普遍进行了一次守法经营教育，推动了在私营企业中建立工人监督和民主改革的进程。

第四节 知识分子的思想改造运动

用科学的即马克思主义的观点来研究和解释历史，对于在经济社会转变时期消除旧的思想影响有着重要意义。1951年，首先围绕对电影《武训传》的评价而展开。11月30日，中共中央发出《关于在学校中进行思想改造和组织清理工作的指示》，要求有计划、有领导、有步骤地在大中小学的教职员和高中以上的学生中，普遍进行初步的思想改造工作。按照中央要求，聊城、堂邑两县根据自身实际情况，结合对电影《武训传》和杨培要思想的讨论和批判，在两县广大知识分子中，开展了自我教育和自我改造运动。

对电影《武训传》的讨论和批判。电影《武训传》由上海私营昆仑影业公司1950年摄制完成。影片取材于我国清朝末期的真实事件，讲述了武训行乞30年兴办义学的故事。武训原名武七，清末堂邑柳林镇武家庄人，生于1838年，死于1896年。武训乞讨30年，积累了一些钱，在他50岁以后陆续在堂邑柳林集、馆陶、临清办起了3所义学，而他自己仍然乞讨生活，直至死去。武训的行乞兴学活动，受到统治阶级的赞扬，清末山东巡抚张曜曾奏准光绪帝给予“建坊施表”。武训死后，其事迹“宣付史馆”，被尊为“义乞”“乞圣”。

1951年5月20日，《人民日报》发表《应当重视电影〈武训传〉的讨论》的社论，从如何评价武训这个历史人物，引申到如何看待中国近代历史和中国革命道路等根本性的问题。全国各主要报刊转载了这篇社论，各地组织文教机关、团体学习社论，并在报刊发表大量文章，展开了对该电影及武训其人的批判。

电影《武训传》事件发生地大部分在堂邑县，因而所谓“武训精神”在聊城、堂邑两县可以说是影响最深、最大。7月，为了彻底澄清文化界和教育界在武训问题上的混乱思想，由人民日报社和文化部发起，组织了一个武训历史调查团到堂邑县柳林镇进行调查。下旬，中共平原省委亦派3人小组到堂邑县柳林镇武家庄对武训进行调查。聊城、堂邑两县迅速组织干部群众观看电影《武训传》，开展了关于电影《武训传》的讨论和批判。7 月 1 日,中共堂邑县委召开县委会议,学习中央批判电影《武训传》的计划和指示,成立了“学习中央批评电影《武训传》研究委员会和研究小组”,负责组织全县干部的学习。7 月 2 日,堂邑县县长赵安邦在县直机关全体干部会上作了批判电影《武训传》的报告,并部署具体计划。7 月 23 日,《人民日报》发表《武训历史调查记》,对武训作了全盘否定。聊城、堂邑两县根据干部的文化程度和政治理论水平的高低,按照彼此相互结合的原则,成立了若干学习小组。根据《人民日报》社论,结合干部对电影《武训传》的认识和思想反映,两县每个区都召开了干部大会,会上区党委领导作了启发报告,结合干部下乡工作,对武训及电影《武训传》进行批判。以工作组为单位,采取集体或分散的方式进行《人民日报》社论等文件的学习,要求每一名同志记笔记,并且针对学习情况进行研究和讨论。

学习毛泽东著作。由教育界开始的以改造思想为主要内容的学习运动,逐渐扩展到整个知识界。其间,《毛泽东选集》第 1 卷出版发行,成为当时社会政治生活中引人瞩目的一件大事。在党员干部、青年、知识分子和各界人民群众中,形成了学习毛泽东著作的热潮。随着 1952 年 4 月、1953 年 4 月《毛泽东选集》第 2 卷、第 3 卷的出版,毛泽东思想作为中国革命和建设的指导思想在全国得到了广泛传播,对于中国人民的思想变化和国家各项事业的发展产生了深远影响。广大知识分子学习马列主义和毛泽东思想,学习时事政治,在革命斗争与实践中划清敌我界限,划清无产阶级思想和资产阶级思想的界限,走与工农相结合的道路;自觉清除帝国主义、封建主义、官僚资产阶级思想的影响;用批评与自我批评的方法,进行自我教育和自我改造。在组织清理过程中,极少数隐藏在知识分子队伍中的反革命分子也被清查出来。

1952 年秋,思想改造运动基本结束,知识分子通过思想改造,在很大程度上克服了旧社会政治思想影响,其间虽然由于要求过高、过急,方法有些简单等问题,使一些知识分子的感情受到伤害,但总的来说,作用是积极的。

第六章
完成生产资料私有制的社会主义改造

随着土地改革的完成和国民经济的迅速恢复，没收官僚资本基础上的国营企业和新建国营企业日益发展和壮大，国家对社会经济活动的控制力量日愈增强，党原来的设想发生了变化，要求尽早开始向社会主义过渡。1953 年，中共中央制定了党在社会主义过渡时期的总路线，同时提出并开始执行以实现国家工业化为主的发展国民经济的第一个五年计划。聊城、堂邑两县开展了有计划地经济建设和对农业、手工业、资本主义工商业的社会主义改造，建立了社会主义基本制度。

第一节　农业的社会主义改造

1953 年，中共中央正式提出中国共产党在过渡时期的总路线："从中华人民共和国的成立到社会主义改造基本完成，这是一个过渡时期。党在这个过渡时期的总路线和总任务，是要在一个相当长的时期内，逐步实现国家的社会主义工业化，并逐步实现国家对农业、手工业、资本主义工商业的社会主义改造。"聊城、堂邑两县通过轰轰烈烈和旷日持久的宣传运动贯彻过渡时期总路线，两县人民的思想水平、社会主义觉悟有了较大提高，党在过渡时期的总路线、总任务深入人心，从而为圆满完成对农业、手工业和资本主义工商业的社会主义改造，为动员全县人民组织起来走社会主义道路，全面发展国民经济、改善人民生活创造了有利条件。

新中国成立前夕，党的七届二中全会决议和《共同纲领》明确规定，在已经彻底实现土地改革的地区，必须谨慎地、逐步地而又积极地引导个体农业向着社会化、集体化方向发展，引导农民按照自愿互利的原则，组织各种形式的劳动互助和生产合作。聊城、堂邑两县在新中国成立前就已经领导翻身的农民建立和发展了各种劳动互助组织。堂邑县在 1945 年灾荒后，全县 1/2 的群众为了解决生活问题及恢复生产，组织了临时互助组；1947 年土改复查中，群众为了解决战争中劳力不足的问题自觉自愿参加了互助组。由于当时观点不够明确，又缺乏领导，故而垮了一部分。但是经过这两次群众性的互助，锻炼了群众集体思想与互助习惯，积累了一些经验。

互助组按照自愿互利的原则发展。自愿结合就难免出现穷人和穷人，富人和富人结合的现象。对此情况，聊城、堂邑两县要求在工作中适当加以引导，贯彻等价互利政策，帮助解决组内如何工换工的问题，使耕畜、农具较为优越或劳力较强的户，自愿与贫困或劳力较弱的户结成互助组。但是在个别地方出现任务观点、急于求成、强迫命令等现象，用行政命令编组、熬组，一定程度上影响互助组的巩固与提高。针对此现象，1952 年 7 月聊城县召开了全县干部会，贯彻互助合作政策，明确提出“三大原则、四大结合”①。7 月 22 日，召开全县互助代表大会，会上代表们交流了互助经验，制定爱国公约，树立“爱国主义互助丰产”观念。结合竞赛运动的开展，通过各种干部训练班及系列会议，对干部进行了互助合作意义与政策的教育，提高了干部的觉悟与认识水平，训练培养出了一批劳动互助合作的骨干，互助合作组织有了进一步的巩固与发展。为尽快恢复农业生产，完成全年农业生产任务，中共聊城县委于 1951 年制定《农业十条政策》，相关政策的制定和相应耕作技术和生产条件的改善，带动了农业生产，使参加互助的农户得到了实惠，互助组织也得到了发展和巩固。

---

① “三大原则”即自愿原则、等价与两利的原则、民主管理的原则，“四大结合”即互助组与供销社相结合、互助组与副业相结合、互助组与提高技术相结合、互助组与政治相结合。

1951年9月，中央召开全国第一次农业互助合作会议，讨论制定了《关于农业生产互助合作的决议(草案)》[简称《决议(草案)》]。12月15日，《决议(草案)》正式印发各级党委试行实施。根据《决议(草案)》，农业生产互助合作运动在全国范围开展起来。聊城、堂邑两县委按照中共中央“组织起来，发展互助合作，走社会主义集体化道路”的指示，积极鼓励和引导农民组织起来。1952年7月30日，聊城县、区分别成立了县、区农业互助合作委员会。县长孔雨亭为主任，委员11人。下设互助合作办公室，具体领导聊城县的互助合作运动。县委直接领导了七区李鸿昌、郭宗瑞，三区庄培凡，二区董西河4个互助组，各区的区长、区书、农助每人领导一个组，县、区共专职领导25个互助组，创造经验，树立榜样。到年底，聊城县组织长期互助组431个，参加农户3461户；临时互助组6788个，参加农户23759户。1952年，爱国增产节约竞赛在全国蓬勃展开，组织起来的农民在农业增产中起了带头作用。全县80%的村庄掀起了轰轰烈烈的竞赛运动。群众性的竞赛运动推动完成了春耕、锄麦、植树、春种、捕虫及打井等具体工作，反映出组织起来的优越性。

互助合作基础好的互助组试办初级社。同时，互助组也具有很大的局限性，不能适应农民进一步扩大生产的要求，不能把更多的人力物力组织在一起进行较大范围的管理，于是试办农业合作社提到日程上来。根据中央“典型示范而逐步推广”的指示，聊城县在于集区、堂邑县在辛集区分别选择群众思想认识高、互助合作基础好的互助组试办初级社。1952年秋，聊城县于集区东太平董西河初级农业生产合作社、11月堂邑县辛集区石庄乡军盘寨村刘长怀初级农业生产合作社分别正式成立，按照依靠贫农、团结中农及自愿、互利的方针，采取土地报酬和按劳付酬相结合的分配方法，实行土地入股、统一经营、评工记分的制度。1953年2月15日，中共中央公布了《关于农业生产互助合作的决议》。在该决议的指导下，聊城、堂邑两县的农业生产互助合作运动健康发展。截至10月，聊城县试办农业生产合作社72个。组织长期互助组1069个，参加农户7092户，占总农户24.6%；临时互助组2233个，参加农户14005户，占总农户47.5%。

聊城、堂邑两县举办培训班和召开专题会议对干部和社员进行培训与指导,推进农业生产互助合作运动的健康发展。1954 年 1 月,堂邑县利用 21 天的时间分 3 期集训互助组、合作社的骨干力量 750 人。2 月,对 151 个农业生产合作社的社干 468 人进行了 11 天的集中培训。12 月,聊城县分 2 批训练互助组、合作社的骨干力量 900 余人,训练会计 590 人。1954 年 8 月,地委召开区书会,聊城、堂邑两县召开三级干部会及会计会,各区又相继召开乡干会。聊城县在 8 月 16 日召开全县农业生产合作社社长会议。通过一系列的会议,干部和社员总结了经验,学习了政策,思想逐步提高,进一步解决了分配问题、管理问题与组织不纯的问题,制定 3 年、1 年、1 季、1 段的增产计划,修订了丰产计划,使互助组健康有序地发展。通过培训和对系列会议精神的贯彻,提高了合作社干部办社的水平,进一步激发了农民加入互助组、农业生产合作社的热情,巩固了现有的合作社。

聊城、堂邑两县经过对过渡时期总路线和总任务的宣传教育,激发了广大农民参加互助合作的积极性,互助合作运动得到全面健康发展。截至 1954 年 9 月,堂邑县发展初级社 212 个,入社农户 2898 户,组织起来的农户占总户数的 64.7%,年底初级社发展到 756 个。1954 年底,聊城县组织起来的农户达 40339 户,占总农户的 67.5%,其中临时互助组 1945 个,常年互助组 3117 个,初级农业生产合作社 720 处,有 17 个行政村全部成立农业生产合作社。这一阶段的农业生产合作社的发展较为集中,统购统销运动之前,通过宣传教育,群众自愿参加合作社,组织比较纯洁。在统购统销运动中,由于只抓运动的发展而放松对合作社的领导,合作社内部出现思想混乱和组织不纯的现象。两县的合作社大体有以下四种情况:一种是由老社扩大或好的组合并而成,多是县区重点。合作社的干部有丰富的经验且领导能力强。社员中积极分子较多,社员觉悟高且有集体劳动习惯。合作社的制度健全,党的政策路线能在社内实现。这种合作社在聊城县有 72 个。二是由常年互助组或临时互助组合并而成,个别是乡村干部或党员积极分子由单干直接建成合作社。合作社干部有热情但是无经验。社员中大多则持有随大流试试看的态度。合作社的制度不健全,党的政策一般还能在社内实现。这种合作社在聊城县有 143 个。三是合作社没有基础,自发成立,以中农为主且组织不纯。这种合作社在聊城县有75个。四是有富农、奸商和反革命分子趁机混入并由其间接或直接领导建立的资本主义性质的社。这种合作社在聊城县有8个。

1955年春,农业合作化进入大发展时期。聊城、堂邑两县的农业生产合作社(初级社)、互助组一哄而起,有的违反了自愿互利原则,强拉中农入社,有的在土地评产、耕畜农具作价方面,侵犯了中农利益,引起中农不满,个别地方甚至出现退社、宰杀牲畜、砍伐树木、变卖农具等情况。如三区辛集乡长期互助组32个,垮台15个;五区翟庄乡互助组51个,垮台26个。针对农业合作化运动中出现的问题,聊城、堂邑两县认真贯彻中共中央《关于整顿和巩固农业生产合作社的通知》精神,对合作社进行整顿和巩固。聊城县先后组织了100余名干部帮助整社。堂邑县于1955年3月15日至21日,召开全县的农业生产合作社社长会议,新社和老社共756个,社长839人,区、乡干部93人。两县各区将互助组和合作社进行分类排队,作出整社计划,区书记亲自深入重点社摸索经验指导运动。在整顿的过程中贯彻自愿互利政策。首先在干部中开展了两条路线的斗争,克服急躁冒进的做法,明确了从实际出发,贯彻政策,发动群众,解决互助组的具体问题,纠正了干部“不敢整、不会整、没整头”的消极思想情绪,强调干部从重点做起来、典型示范、走群众路线的工作方法。经过学习政策和讨论座谈,提高了干部的思想觉悟和政策水平。同时,两县结合生产对互助合作展开普遍整顿。在整顿的过程中采取层层培养典型、利用合作网、介绍交流经验等形式,培养出不少办社骨干,解决了合作社的生产投资,牲畜、农具折价入社,租赁使用与土地入股等问题,在处理问题中执行自愿互利政策,使合作社得到巩固。在整顿过程中,堂邑县17个农业合作社,其中有13个社、46个社员提出退社,整顿后,得到巩固的社员30人,4个社在整顿中发展社员6人。整顿中搞好了生产,显示了组织起来的优越性,单干农民组织起来的要求得以激发。据不完全统计,在夏秋两季生产运动中,组织起来长期互助组188个,临时互助组1514个。经过全面整顿和普遍发动,互助组织得到巩固提高,并有很大发展,互助合作运动走向空前活跃。

1955 年 9 月，聊城县、堂邑县分别召开党员活动分子代表会议。会议上传达了《关于农业合作化问题》的报告。会议对有关农村社会主义运动高潮认识问题进行学习，自上而下检查批判了右倾保守和急躁冒进思想。各县根据本地实际情况，订出合作化发展的规划和实现规划的具体措施。堂邑县 11 月 7 日至 12 日又召开了全县党员、干部、积极分子会议。会议贯彻了中共七届六中全会精神，并根据中共七届六中全会精神及省委、地委指示，结合具体情况，布置了冬季农业生产、整顿互助合作、统购统销及其他各项工作。在“全党办社”的形势下，农业合作化运动迅猛发展。到 11 月，聊城县已有农业生产合作社 602 处，入社农户 11160 户。

这个时期，由于县委领导的某些错误思想等未得到很好克服，在指导生产与办合作社方面出现了一些盲目冒进的或右的情绪；出现了过分强调冬季不合并社，消极执行“刹车”精神等；也产生了盲目乐观、麻痹自满情绪，认为“分批不如一鞭赶，不愿再进行规划”，只愿发展，不注意整顿巩固，提高质量。对于这些缺点和错误，按照中央、省、地系列精神，地方都积极采取措施，进行了纠正，使合作社健康发展并且圆满完成合作社发展的任务。在合作社整顿巩固过程中，逐步在合作社内部进行党的建设，堂邑县在农业生产合作社中建立党的支部 172 个、小组 318 个，社里建立了团的支部和小组，并在部分生产队中建立了宣传员小组。

1955 年冬到 1956 年春，农业合作化进入了由初级社向高级社发展的阶段。合作社所表现的巨大的力量，鼓舞着农民加速走向社会主义道路的步伐。不少合作社由于发展生产，需要全面进行农田水利建设，对小型初级社已感到不能满足需要，迫切要求合并大社，有的要求办高级社。人们普遍反映：“小社处处不方便，力量小，费工多、地块零散，增产困难。”“初级社办了两三年，什么时候到社会主义呀？”这充分说明农民的社会主义觉悟已经提高，小型的初级社已经不能适应生产力发展的需要，由初级社阶段过渡到高级社阶段势在必行。中共聊城县委于 1956 年 1 月 15 日印发《中共聊城县委关于办高级社的规划意见（初稿）》，制定初级社到高级社的全面规划，规定办好高级社采取的措施。同月，聊城县试办顾庄高级农业合作社。18 日至 20 日，县委召开扩大会议，贯彻了省委提出的"提前全部完成农业社会主义改造，实现全社会主义合作化，加速机械化"的指示精神，总结顾庄村试办高级农业合作社的经验。聊城、堂邑两县分别召开党的活动分子会议，培训党员骨干分子，各区、乡召开了支委、党员、贫农、宣传员等一系列会议，普遍提高了同志们的思想觉悟。聊城县根据试点经验，挑选 270 个县、区、乡长期培养的基点社或中心社，试办 48 个高级社。为了搞好这批高级社，县委以小店子区马官屯、广福刘乡为重点，由区书记亲自领导，以示范乡带动 48 个高级社全面发展。

为使初级社能够向高级社平稳过渡，同年 2 月 2 日，中共聊城县委印发了《关于办高级社中几个问题》的文件，提出以自愿互利原则全面贯彻各项政策。建立领导组织，以大社为单位、以小社为基础，成立筹备委员会，统一领导高级社的筹建工作。筹备委员会下设生产规划小组、冬季生产小组、财务清点小组、宣传发动小组、治安保卫小组 5 个小组。4 月 2 日至 24 日，召开了乡书、社长和驻社干部会议，全面检查勤俭办社的方针。7 月 10 日，聊城县委根据省委、地委关于建立农业增产示范社的指示，研究确定了县、区农业增产示范社的意见。马官屯、李大庄、沙镇、河洼刘 4 个社作为县的农业增产示范社典型社，各区以原来的基点社作为区委的农业增产示范社典型社，各乡支部在每处社确定一二个增产示范队作为乡支部指导农业增产的基地。全县共设 150 个示范队，加上 21 个增产示范社，共有约 2 万户、30 万亩耕地。层层典范建社带动了全县开展高额丰产竞赛运动。

至 1956 年底，聊城县由原来的 720 个小型初级社发展合并升级为 498 个高级社，入社农户由原来占农户的 18%增加到 94%，基本上实现了社会主义合作化，农业的社会主义改造在全县基本完成。高级社土地、牲畜、农具完全归集体所有，实行按劳取酬、多劳多得的社会主义分配原则。农村经济形式的全面改组和生产关系的根本改变，促进了生产力的发展，初步显示了社会主义制度的优越性。从此，广大农民摆脱了小农经济的束缚，走上了共同发展共同富裕的道路。但在向高级社发展过程中出现了要求过急、步子过快、工作过粗等问题，如在初级合作社立足未稳的情况下，又马上并社升级，使不少农户超越了初级社这一关键步骤,“一步登天”跨入高级社。因此,不少新建的高级社实际上只是挂个牌子,搭个架子,社内劳动组织、分配制度、财务制度等都没有建立健全,以致遗留了一些问题。群众收入下降,社员闹退社、闹缺粮等事件时有发生。1957 年 1 月 28 日,县委召开扩大会议,学习贯彻中共中央、国务院《关于加强农业生产合作社的生产领导和组织建设的指示》,组织工作组到基层帮助工作,解决社员闹退社、闹缺粮问题,以及乱捕、乱押、乱打闹事者等严重违法乱纪问题。其后,聊城县又于 1957 年 12 月、1958 年 2 月先后对高级农业社进行两次较大规模的调整,将高级农业合作社调整为 143 个。3 月,推行了三包(包工、包产、包成本)责任制,高级农业生产社的增产效果更加明显。全县普遍建立高级社,标志着农业的社会主义改造基本完成。

聊城、堂邑两县的农业互助合作运动的发展基本上是顺利的、正常的,尤其是在互助组、初级社阶段得到群众的广泛拥护。互助合作在低水平的农业生产条件下取得良好的效果。农业的互助合作运动直接推动了全县对手工业、资本主义工商业的社会主义改造。农业的社会主义改造再一次实现土地这一重要的生产资料所有制的深刻变革。这一变革属于探索建设社会主义道路的范畴。

妇女权利得到发挥的颜玉梅互助组。颜玉梅互助组共有 14 户 62 人(男 34 人、女 28 人),其中,男劳力 15 个、半劳力 3 个,女劳力 12 个、半劳力 4 个,耕地 240 亩,播种小麦 127 亩,水井 1 眼。互助组一开始存在轻视妇女民主权利,不让妇女参加主要会议,记工不合理等问题。由于娃娃组不记工,保姆不能很好地看护小孩,影响妇女的热情。在一次座谈会上,顾玉梅说:“咱组有些妇女和男的一样干活,不一样记分,太不合理,这样往后谁愿意多干呀!”李年氏说:“咱妇女干多干少反正是记三分半(整分五分),咱也不参加评分委员会,人家想怎么记就怎么记,真不合理!”明确问题后,通过召开座谈会等形式进行讨论,大家一致认为上述问题的存在确实降低了妇女的生产热情,影响了生产,并认识到这个问题如不解决,互助组将不能巩固。大家同时也认识到男女一样干活,不一样记分,不让妇女参加主要会议,就是忽视妇女民主权利,就是男女不平等。在此基础上,根据全体组员的意见,重新修订制度，邀请妇女参加计划生产、购置农具等重要会议；吸收妇女一人、娃娃组保姆一人参加评分委员会。根据修订意见又制订了生产计划，实行同工同酬，男女具体分工，合理记分。制度的改变大大鼓舞了妇女的生产热情，提高了妇女对劳动的认识。顾玉梅说："我们妇女参加了劳动才能实现真正的男女平等，因此，今后我们必须经常积极地参加生产。"全体妇女组员提出包锄麦田 3 天完成，会后由 2 个男组员带领 9 个妇女一天锄了 40 亩，并已开始浇麦，一天一眼井浇一亩地。男组员配合妇女浇麦、盖房、搞粉坊等，娃娃组也表明态度，保证看护好小孩，使小孩身心健康，全组男女群众士气高涨，工作效率大大提高。

1953 年 4 月，为推动农业互助合作运动的发展，推广经验，中共聊城县委向全县通报了二区沙店集乡李古泉村顾玉梅互助组，号召全县各村的互助组克服男尊女卑，实行男女平等、同工同酬，调动妇女参加生产积极性的经验做法。

聊城、堂邑两县的第一个初级农业合作社。1947 年，聊城县于集区东太平村成立临时季节性董西河互助组，1952 年春转成土地入股的常年互助组。该组共 8 户，其中贫农 5 户、中农 3 户；共 31 人，其中党员 4 名。互助组组长、东太平村老农会长、复员军人董西河曾先后被授予"省劳模"和"社会主义建设积极分子"等光荣称号。健全组织、制定制度，成为互助组健康有序发展的基础。互助组的全体组员大会为最高权力机关，通过选举推选出正副组长、生产指导股长、检查股长、会计股长和保存股长；制定详细的会议制度、学习制度、记工评分制度。对分红和公粮负担办法进行详细规定：分红是将农业收入的 10%作为公共积金进行建设与购买第二年的良种或补偿意外损失之用；5%作为公益金，用于组员的药费，出门招待和三节选模发奖；45%为作为土地分红，40%作为劳力分红。副业收入用于资金与工具，剩余的归并到农业收入。草、柴和公粮负担也制定了细则。互助组里的牲畜、车辆、农具，用副业生产的红利和按土地股份多少摊派的资金购买，有的是组员自己拿来算作公有，互助组对此作了规定，退组时如带走原农具就按消耗程度补偿价格，如不带走可付原价格。1952 年秋，于集区东太平董西河农业初级合作社成立，到 1954 年合作社达到 17 户 68 人，土地 264 亩。其中碱地 148 亩，占 56%，其余为洼地，产量很低，农业收入不能维持生活，建社前社员多以刮土熬盐为主要收入，且不断破产。建社后经过正确领导，社员进行土地改碱，彻底改造了洼碱地 30 亩，初步改造了较轻的碱地 87 亩，获得了显著增产。全组人员集中进行改造，经过起土、翻土、施肥，碱地变成丰产地。县参观团评议后，每亩能收粮 620 斤，增加了群众的积极性。改造好的碱地的棉花亩产达 153 斤，为改造前产量的 5 倍以上，增产粮食共 6000 余斤，大大增加了社员的收入，改变了贫穷的面貌。1954 年秋，全社每人平均折粮 350 斤，其中有 8 户余粮，6 户自给，只有 3 户老弱孤残缺粮，得到了公益金补助。社员劳动热情非常高涨，得到社外群众好评。群众反映："合作社的力量大，不怕碱地不怕洼。兔子不拉屎的老洼碱，变成了丰产的好棉花。"董西河互助组的发展促进了全县农业合作化运动的快速发展。

1949 年，堂邑县三区（辛集区）王庄的刘长怀和王福安两户结合成立互助组。1951 年 8 月发展至 3 户临时互助组，1952 年 2 月发展到 5 户，成为长期互助组，实行评分记工，并健全制度，6 月增至 7 户，全组共 28 人，占总人口 45.8%。1952 年 11 月结合农村整党，在辛集区石庄乡军盘寨村试办了第一个初级农业生产合作社——刘长怀合作社。社员共 57 人，其中军盘寨 26 人、王庄 31 人，社员中有 6 名党员。该社共有耕地 270 亩。为推广农业生产合作社发展的经验，中共堂邑县委及时总结建立合作社的经验，即建立初级农业生产合作社"几个问题的商榷"，并把此经验上报地委，后批转到全地区进行学习。

贯彻粮食统购统销政策。经过三年多的艰苦奋斗，遭到严重破坏的国民经济得到全面恢复，并有了初步发展，人民生活水平提高，城镇人口逐渐增多，但是随着工业化的发展，出现粮食供不应求、农民待价惜售和私人粮商操纵粮食市场的局面。针对上述问题，1953 年 10 月 16 日，中共中央作出《关于实行粮食的计划收购和计划供应的决议》；11 月 19 日，政务院下达《关于实行粮食的计划收购和计划供应的命令》。根据上述文件精神，在全国范围内实行粮食的计划收购和计划供应，即实行统购统销。聊城、堂邑两县着手部署统购统销工作。11 月 24 日，聊城县召开三级干部大会，根据中央和省、地委有关统购统销的精神，发出关于粮食计划供应的指示，明确规定粮食计划供应的原则、步骤和具体办法，同时公布了从此开始使用全国和山东省粮票，并对城镇人口实行粮、油计划供应。1954 年 1 月 6 日，中共堂邑县委发出《关于粮食等统购统销政策的宣传教育提纲》，在全县广泛深入地开展了宣传教育工作。2 月 8 日，聊城县召开了县、区、乡三级干部扩大会议。会议历时 7 天，与会代表 1340 人。会议作了进一步深入贯彻党在过渡时期的总路线，积极搞好生产救灾、互助合作和粮食统购统销等工作的报告。2 月 10 日，堂邑县召开县、区、乡三级干部会议，会议历时 7 天，与会代表 1031 人。大会首先表扬了 32 名先进和模范工作者，处理了在统购统销工作中违法乱纪的个别干部。在两县的三级干部会议上，通过认真学习和讨论，进一步加深了与会人员“总路线是照耀我们各项工作的灯塔”的认识，增强了政策观念，明确了各项任务，激发和鼓舞了建设社会主义的主动性和积极性。三级干部会议后，两县中的所有乡都召开了支委会、党员全体大会，党员干部组成宣传大军，组织宣传员，通过黑板报、广播、群众会等各种方式，大张旗鼓地展开统购统销政策的宣传教育工作。其主要在形势与任务、物资供不应求现象产生的原因、统购统销政策三方面进行宣传教育。经过教育提高，聊城县 10450 名党员中的 2320 名余粮户卖出余粮 60 万余斤。同时，随着宣传教育的深入，及时处理了一些破坏统购统销政策进行市场投机活动的坏典型。这大大加深了广大干部群众对实施统购统销政策重要性的认识，增强了执行政策的自觉性，保证了政策的落实。

聊城、堂邑两县的统购统销，大体经过了 1953 年冬、1954 年夏、1954 年冬三个阶段。聊城地区确定聊城县三区为地、县基点区，聊城县三区的统购统销工作为全县乃至全区创造了经验。1954 年夏季统购统销是在自上而下总结 1953 年冬季统购统销运动经验教训，解决处理遗留问题，恢复党员和群众积极性的基础上与夏购同时布置。为消除群众对粮食恐慌的影响，在夏购前认真安排了夏季统销，对非农人口和缺粮户进行了适当供应。聊城县 7 个乡区，供应 35882 户，占总户数的 59.7%；供应人口 17.9 万余人，占总人口的 67%；供应粮食 548.6 万斤，人均 30.5 斤。通过统销，稳定了群众情绪，给夏购创造了有利条件。

然而，在统购统销运动中一部分乡村和一部分干部也出现了强迫命令、违法乱纪等问题。1954 年 6 月下旬，两县先后召开党代会、人代会，检查总结前一段的统购统销运动，明确了是非界线，贯彻了党在农村中的阶级路线和政策办法，开展了批评与自我批评，干部逐渐转变了作风。1954 年秋季统购统销是在总结前两次统购统销经验，肯定成绩，改变方式，检查问题的基础上进行布置的。这次运动“以互助合作为中心，以统购统销为重点”，着重查实灾情、农作物面积产量和民评等环节，重视宣传政策与发动群众工作。在广大党员干部和农民群众思想提高的基础上，着重抓住了“尽量多购一点”的方针，以及“多余多购，少余少购，不余不购”的原则。为贯彻“尽量多购一点”的方针，各党支部通过加强审议，在不少村庄中找出了黑地黑人、瞒报产量、变换作物面积、扩大灾情等情况。同时突出抓了以支部为核心的评产定购，充分贯彻了群众路线的工作方法，组织以党团员、贫农骨干和一定数量中农参加的评委会。在评产定购过程中，坚持支部研究提出方案，召开党员干部会、人民代表会议通过，交给群众讨论，张榜公布，征求群众意见，并组织受理群众意见，小组接受监督等步骤，以便统购统销有序进行。

在执行统购统销政策过程中，由于缺乏经验，余缺底子不清，购销安排不当，分配的粮食统购任务过大，有的该购的没有购足，有的购了过头粮，造成“家家谈粮食，户户要统销”的紧张局面。为解决上述问题，党和政府提出实行粮食定产、定购、定销的“三定”政策[①]，使统购统销工作得到改善。在聊城地委、专署的领导下，聊城、堂邑两县的粮食“三定”工作逐步展开。

中共中央《关于实行粮食定产、定购、定销的指示》和《关于春耕生产的决定》下发后，聊城、堂邑两县分别在 1955 年 3 月 25 日至 28 日、3 月27 日至 29 日召开了三级干部会议，集中贯彻了中央的春耕生产决议和“三定”政策。两县要求贯彻“三定”指示精神，联系实际，整顿生产

① “三定”政策即在每年春耕以前，以乡为单位，将全乡粮食的计划产量确定下来，向农民宣布国家将向本乡征购和销售的粮食数字，使农民结合确定的指标，知道自己生产多少、国家收购多少、个人留用多少、缺粮户供应多少，心中有底。

合作社，制定生产措施，搞好春耕生产，落实“三定”任务。会后，聊城县派出63名干部深入区、乡，县委印发的关于“三定”的宣传讲话材料人手一册，宣传贯彻政策。在此次宣传中还侧重于纠正定时间、赶步骤和纠缠于统购统销具体数字的两种偏向。为贯彻地委“三定”到户的指示，中共聊城县委制定了《关于执行地委“三定”到户指示的计划》。聊城县的“三定”试点乡李知洲乡在1955年3月12日贯彻到户。同时，县委抽调以财贸部副部长为首的17名干部下乡到地、县基点区——三区，配合地委工作组进行工作。4月12日，召开了历时3天的三级干部会议，会议主要对“三定”试点工作和粮食统购统销的补课等进行了总结。4月20日，中共聊城县委根据地委“三定”到户的指示，提出如下建议：核实麦田面积；摸清统购统销实际情况；做好试点，以点带面；结合春耕生产，深入贯彻“三定”政策。统购统销运动开始后，聊城县组织106名干部参加地委财经会议，学习了有关统购统销精神、政策并接受了技术培训，为“三定”到户做了细致的前期准备工作。聊城县“三定”到户运动分两批进行，于10月25日基本结束。

贯彻粮食统购统销以来，聊城、堂邑两县正确地执行了党的政策，圆满完成了国家任务。聊城县1953年冬地委给予的完成指标是840万斤，结果完成992.5万斤，占任务的118%。1954年夏季地委所发给的任务指标是903万斤，结果完成1675万斤，占任务的185%。1954年秋季粮食统购任务是1350万斤，完成1330.5万斤，占任务的99%；棉花征购任务是136万斤，完成85.3万斤，占任务的63%；花生任务是75万斤，完成86.5万斤，占任务的115%。自1953年7月至1955年2月，聊城县完成统购粮食3998万斤。自1953年9月到1955年5月共供应了粮食7010.15万斤，其中以2537.16万斤供应了缺粮农民口粮。

统购统销运动对农民进行了总路线教育，大大提高了广大群众的社会主义觉悟，促进了互助合作的发展。从农村来看，高利贷剥削现象已基本消减，互助合作有所发展，并日益巩固和提高。1953年冬季运动前，聊城县组织起来的农民仅占总户数的43%，其中只有农业社4个，参加农民44户。到1955年底，组织起来的农业社达到613个，参加农民有11156户；发展信贷社组95个，社组员46146人，吸收股金3.9万元。

同时，缺粮农民的粮食供应得到保证，特别是1953年聊城、堂邑两县受灾严重，若不是实行统购统销，农民破产逃荒，甚至饿死人等现象或会发生。由于实行了统购统销，物价稳定得以保证，为开展以互助合作为中心的农业增产运动提供了有利条件。

1957年10月11日，国务院发布了《粮食统购统销的补充规定》，提出统筹兼顾，全面安排，更好地调节粮食产需矛盾的实施办法；明确了在坚持粮食"三定"基础上，实行以丰补歉，保证国家正常粮食收入，严格控制粮食销售的方针。聊城县按照规定部署工作，使粮食统购统销得到进一步发展，并推动了农业生产的发展。

第二节　手工业的社会主义改造

手工业的社会主义改造是过渡时期总路线提出的三大改造任务之一。由于我国工业基础薄弱，手工业历来在国民经济和社会生活中占有重要地位。聊城、堂邑两县的手工业，多数是个体的独立劳动者，仅有少数是手工业资本家。其特点是种类繁多，分散性大，手工劳动，连家带铺，男女老少一起生产，多是落后的、保守的、盲目的。两县解放之初，县委、县政府便通过开展信贷活动，扶持手工业克服资金困难，恢复生产。1951年聊城县成立县供销社，下设生产科，分管手工业。供销社贯彻"发展生产，繁荣经济"的方针，从帮助解决原料供应和产品销售等环节入手，扶持手工业者发展生产，有重点地发动一部分条件成熟的行业进行联合。1952年6月，聊城县成立第一家手工业合作社——木器生产合作社。同年，组建聊城县棉织生产合作社。1953年，聊城县有50多个自然行业，手工业2251户，其中乡镇手工业有1459户，城关区有792户，从业人员3880人。主要有修车、修表、建筑、木业、印刷、酱菜、文具等17种行业，除织布、竹品加工、酱菜、木工、铁货、印刷6个合作社的106人组织起来集体劳动外，其余均为分散经营。

1953年11月至12月，中华全国合作社联合总社召开第三次全国手工业生产合作社会议，确定了对手工业进行社会主义改造的方针和政策，即"在方针上，应当是积极领导，稳步前进；在组织形式上，应当是由手工业生产小组、手工业供销生产合作社到手工业生产合作社；在方法上，应当是从供销入手，实行生产改造；在步骤上，应当是由小到大，由低级到高级”。聊城、堂邑两县按照会议精神，采取“积极领导、重点试办、稳步发展”的方针，有计划地开展对手工业的社会主义改造。在手工业合作社的发展中，以成立印刷合作社为典型，通过典型取得经验，推动其他合作社的建立。印刷合作社自组织起来集体生产后，发挥了集体生产的优越性。1952 年生产总值 1 亿 6000 万元，1953 年生产总值 3 亿 8000 万元，比 1952 年增加了 138%。1954 年 2 月，聊城县召开了全县手工业者代表会议。会上，通过回忆、对比、诉苦、算账等形式，挖出了手工业近百年来发展缓慢的 8 条穷根。会后不少人联络同行，要求党和政府组织起来集体生产，建立生产合作社组织。8 月，全县已经组织手工业合作社 16 处、生产小组 26 个，其中城关区手工业合作社 6 个、生产小组 11 个，入社入组 165 户。

聊城县制定了手工业生产合作社成立的 5 个标准：有前途、有销路、有技术、有先进的生产工具、有资金。采取自愿原则，实行参加和退出自由。发展方式一般是联购分产分销或联购联销分产，逐步过渡到生产合作社。1955 年，手工业的社会主义改造和生产改造进入了快速发展的时期。在手工业合作社不断发展的基础上，8 月，成立聊城县手工业生产合作社联合社，并召开首届代表大会，选举产生理事会和监事会。1956 年堂邑县撤销，其县属工业划归聊城县手工业系统。截至 1955 年 12 月 25 日，先后成立的制鞋、被服、文具、钟表维修等的手工业生产合作社 19 个，供销生产社 1 个，生产小组 39 个，社、组员 1453 人，占总从业人员的 44.6%，产值 116.6 万元。当年红炉业已全部合作化，社、组员 138 人。

根据中央的指示和“发展、利用、限制、转业、淘汰”的原则，1956 年 1 月，聊城县制定《聊城县手工业社会主义改造全面规划意见》(简称《规划意见》)，《规划意见》明确了 1956 年和 1957 年两年的手工业改造任务与规划。在《规划意见》指导下，合作化运动达到高潮，1956 年，聊城县达到全面合作化的行业 35 个，入社人数 3815 人，占全部手工业者的 95.7%以上。但是，由于对行业复杂、分布面广、兼营多、专业少的特点认识不足，组织对象不明确，考虑群众需要不够，合作社内还存在不少问题，特别是管理工作最为薄弱，不少合作社还没有建立生产、财务、民主管理等制度，严重阻碍着社员积极性的发挥和生产的提高。为了提高生产和更好地为农业生产服务，1956 年 11 月 20 日，中共聊城县委工业交通工作部制定了《关于今冬整顿巩固提高手工业生产组织的意见》，对巩固提高手工业合作社起到了积极作用。

1957 年，聊城县基本完成对手工业的社会主义改造，新中国成立初期一度占工业主导地位的私营工业和个体手工业已为全民所有制工业和集体所有制工业所取代，当年聊城县有工业 143 家，总产值 2473 万元。其中，全民所有制企业 14 家，职工 1521 人，产值 1406 万元，占总产值的 56.9%；集体所有制企业 74 家，产值 658 万元，占总产值的 26.6%；公私合营企业 2 家，产值 219 万元，占总产值的 8.9%；个体手工业 53 家，产值 189 万元，占总产值的 7.6%。

聊城县的手工业社会主义改造运动，基本上是健康的、积极的、稳妥的。但是，随着对所谓“右倾”思想的批判，工作指导上受“左”的影响，导致了一些偏差的发生。如过多地实行合并和统一计算盈亏，侵犯了独立手工业者的利益，不利于手工业经营的发展，出现了一部分手工业产品比自营时质量下降、品种减少的现象，有的虽然资金少但是盲目发展、扩大摊子，导致负债增多；在集体利益和个人利益的关系上，有的社过多地强调集体利益，对社员个人利益照顾不够，影响了社员生产的积极性。1956 年下半年，县委根据党中央、国务院有关部门的指示，对手工业合作社进行了调整和整顿，对手工业改造高潮中出现的偏差和失误进行了一定程度的纠正，促进了全县手工业健康平稳发展。

第三节　资本主义工商业的社会主义改造

新中国成立之初，聊城县、堂邑县和聊城城关区的私营工商业在政府一系列措施和政策的扶持下，经营稳定，逐步发展。除个别靠投机谋生的行业，如银钱业、经营迷信品的行业外，都能维持经营。新中国成立以后，聊城城关区有些私营工商业户自发组织联营店，这些联营店自筹资金，自负盈亏。联营店的组成，充实了企业的经营能力，对扩大商品流通也发挥了一定作用。1949年9月，聊城城关区在北花园供销合作社试点的基础上成立了城关区合作社，同年11月聊城县合作社总社建立。三县(区)工商业逐步得到恢复发展。

1952年，聊城、堂邑两县开展了“三反”“五反”运动，对扰乱社会主义经济建设的不法分子给予坚决打击，并逐步成立国营百货、粮食等公司或小组，对主要物资进行控制，巩固社会主义经济地位，一方面为资本主义工商业的改造创造前提，另一方面又不可避免地使商业中的公私关系趋于紧张。1953年，为调动私营工商业的经营积极性，解决私营工商业经营中的具体困难，聊城、堂邑两县采取了一些扶植私营工商业的具体措施。国营商业调出部分商品给私商经营；减少国营商业的零售网点，调整了税收比例；采取赊购、短期贷款等。这些措施使私营工商业的经营状况有了一定的改变。但是，国营商业和合作社商业经营范围和零售额不断扩大，使私营工商业营业额日益缩小，零售比重迅速下降。针对市场关系的变化，1954年7月13日，中共中央下发《关于加强市场管理和改造私商的指示》，要求国营商业和合作社商业必须对私营零售商进行组织货源和组织供应的工作，并缓和私营零售商营业额下降的趋势。

根据上级指示，中共聊城县委研究制定《聊城县委对私营商业改造的初步意见》。其中针对行业实际情况进行了分类：一种是行业本身经营较好，不能代替的服务业、副食业、面食业、药业、烟酒业共1613户，占总户数75%。对其进行严格检查与管理，制止非法暴力投机活动，教育正当经营。二是行业能够维持但是利润不大，固定货源缺乏，不能供应或需要进行批购的百货业、杂货业、文具业共237户，这一类占总户数的11%。三是行业需要全部进行改造，改造过程中必须经过批购经销逐步转入正规，有棉布业、小农具业、土产贩运商3个行业，共229户，这一类占总数的10.7%。四是行业的经营情况已不能维持或不应维持的有行商、颜料2个行业，共48户，占总户数的2.2%，这类行业大部分转向农业生产，对比较困难的转向代购代销，解决生活困难问题。

1955年12月，中共聊城县委、县政府按照中央和省委、地委关于私营工商业改造的方针，分别制定了城镇和农村工商业改造的规划方案。在城镇成立了以县委书记为组长、城关镇镇长为副组长的7人领导小组，下设私商改造办公室，主任1人，副主任2人，秘书3人，工作人员7人，从13个归口管理的业务单位抽调31名干部，实行专人负责，无口可归的行业则成立了综合性公司，配备35名工作人员，加强改造和管理。在农村成立了农村私营工商业改造领导小组，并从县区两级抽调干部67人，负责对农村工商业的改造工作。12月25日，全县召开党员干部会；30日，召开全体干部会，学习对私营工商业和平改造与赎买的政策。1956年，对资本主义工商业进行社会主义改造达到高潮。1月3日，聊城县召开县、区、村三级干部会，并对参加私营改造人员进行了集中训练。6日至8日，召开全县农村的屠宰商人会，会上贯彻了党对私营商业进行社会主义改造的政策，15名屠宰商人在会上坚决表示会后及时向供销社申请，将资金、工具归社，并自动报出资金310元以及各种使用工具。10日，召开农村私营商业中的积极骨干分子培训会议。21日，聊城县制定了《关于私营工商业改造工作的规划报告》，并具体制定1956年的改造任务与规划。通过举办资方从业人员训练班、召开商人代表会、全体商人会进行宣传教育。县委宣传部和私改工作组统一组织中小学生、扫盲队等，用文艺演出、电影广播、黑板报、张贴标语等形式进行宣传，全县掀起工商业社会主义改造的宣传活动热潮。

为了取得对私营资本主义工商业进行社会主义改造的经验，聊城县以棉布行业为试点，该行业共19户，其中5户因年龄较大或家里孩子多的妇女参加合营有困难，所以改造14户为公私合营，并根据市场需要设立了3个门市部，从业人员24人，其中妇女13人，资本额7028元。在改制方法上采取主动申请，大会批准，并且由点到面，带动全县的改造。商业资本家实行了公私合营，小商小贩也全部组织起来，时称“敲锣打鼓，一步登天”。

全县城镇共有私营工商业1014户，从业人员1700余人，到1956年9月，有618户参加公私合营，占总户的60.9%；参加合作化的工商户311户，占总户数的30.7%；吸收为国营商业的9户，占总户数的0.89%；仍为经销代销的76户，占总户数的7.5%。棉布业、煤炭业、茶叶业基本上完成了全行业的公私合营，油贩业完成了代销形式的改造。

全县农村共有私营工商业1473户，从业人员2107人。1956年1月至2月以棉布、屠宰和饮食业为重点，将其改造为供销社商业。3月完成了对杂货、颜料、酿造、饮食行业的改造。4月完成了对百货、文具、副食业的改造。5月至6月完成了对服务性行业的改造。到1956年9月，除87人仍以代购代销形式维持，其余2020人全部列入改造行列。过渡为供销社商业的900人，占44.55％；实行全行业合营的172人，占8.52％；以合作形式改造的508人，占25.12％；维持经销形式的440人，占21.78％。全县的私营工商业者基本接受了改造，由剥削者变成了社会主义建设的劳动者，私营工商业变成了社会主义性质的工商业。经过社会主义改造的工商业人员兴高采烈，集会游行，以示庆贺。

工商业进行社会主义改造的同时，在行业内部进行了清产核资、人事安排和工薪评定等工作。在私营工商业改造中，工资问题是私商、工人最关心的问题，工资标准和工资制度确定适当与否，直接关系到经营者的积极性和广大商业人员的生活。1956年2月26日，中共聊城县委私改领导小组制定《对改造后的农村私营商业人员工资试行方案（草案）》，在三区私营工商业推行基本工资加奖励金的办法，进行典型试验。改造后的私营商业情况相当复杂，故根据不同情况，采取多种多样的工资形式，充分发挥商业人员经营的积极性。主要采用了以下5种工资形式：基本工资加奖励金；固定工资和固定工资加奖励；手续费和定额代销超额奖励；吃批零差价；按日或按件计资。工资改革后，工人的收入稳定，工作积极性也大大提高。工商业的改造，改变了资本家所有制，建立了社会主义经济制度，调动了工人当家作主和生产劳动的积极性。同时，也把资本家由剥削者改造成为自食其力的劳动者。但在全行业公私合营高潮中，要求过急，速度过快，工作欠细，把一些小商小贩、小手工业者也带进了公私合营，给群众的日常生活带来了不便。

虽然私营商业改造基本完成，但是商业网还远远赶不上合作化大发展以后农业生产高潮的客观需要。农村商业网总起来看主要是不足，零乱无序，分布不合理，大部分基层社业务分工太粗。为此，根据“便利群众购销，扩大商品转流，合乎经济合算”的原则，本着“大部不升，小部调整”方针，对农村商业网进行合理调整。1956年5月7日，中共聊城县委私改领导小组印发了《关于调整农村商业网规划意见》，对调整商业网的具体规划和实现的措施进行了详细说明。在商业网调整中，注意对少数民族的风俗习惯和人员等方面的照顾。在资本主义工商业改造的基础上，开展了以支持工农业生产，满足广大人民需要，大力推进农业合作化为中心的经营竞赛活动。经过改造的商业从业人员分析市场特点，增添花色品种，满足了城乡群众不同层次的消费需求。

经过初步改造，大多数公私合营企业合理调整了劳动力，集中了技术力量，解决了部分行业过去在生产经营上的困难，使企业得以充分发挥生产潜力。企业中包括资方在内的广大职工，主人翁意识得到提高，劳动热情高涨。但在私营工商业社会主义改造过程中也出现了一些偏差。不应固定工资的固定了，固定工资的占全县改造总人数的40％，工资偏低影响了一些人的生活。在饮食业方面，将应分散的集中了，不仅影响了他们的收入，也给来往行人带来了不便。对部分商贩放松了管理和职业道德教育，出现缺斤短两、抬级抬价等不良现象，损害了人民群众的利益。但总体来说，经过公私合营，发展生产，活跃经济，积累资金，培训工人和管理干部，促进了整个国民经济的发展。

第七章
过渡时期的政治建设和党的建设

在过渡时期,围绕社会主义工业化建设和社会主义改造的总任务,聊城、堂邑两县进行了民主政治和党的建设,开展了“新三反”运动,惩治了违法乱纪的行为,并在党、政、军机关和人民团体、企事业单位开展了肃清暗藏的反革命分子运动。同时,进行了审查干部的工作,纯洁了干部队伍。

第一节 人民代表大会制度的实行和党代表大会的召开

人民代表大会制度作为新中国的根本政治制度,是《共同纲领》明确规定了的。新中国成立初期,在全国范围内实行普选的人民代表大会制度的条件尚不成熟,因而采取了在中央通过中国人民政治协商会议全体会议,在地方通过逐级召开人民代表会议的方式,逐步地向人民代表大会制度过渡。根据《共同纲领》“在普选的地方各级人民代表大会召开之前,由各届人民代表会议逐步地代行人民代表大会的职权”的规定和中共中央华北局《关于建立村、区、县三级代表大会和各界人民代表会议的决定》,按照中共平原省委和中共聊城地委关于召开各界人民代表会议的指示精神,聊城县于 1949 年 11 月 14 日召开第一届第一次各界人民代表会议,到 1954 年 6 月 30 日召开聊城县人民代表大会第一次会议期间,聊城县各界人民代表会议共召开两届 11 次会议。各界人民代表会议代表是在中国共产党聊城县委领导下,由党、政、军、工、农、妇、教、医等各方面实行推举、选派或邀请等方式产生。县各界人民代表会议的召开，保证了党的方针政策的落实，人民政权得以巩固，在团结全县各界人民完成各项任务方面发挥了重要作用。县各界人民代表会议是县人民代表大会的重要过渡形式。

1953年1月13日，中央人民政府委员会举行会议，正式作出《关于召开全国人民代表大会及地方各级人民代表大会的决议》，决定于1953年召开由人民用普选方法产生的乡、县、省（市）各级人民代表大会，并在此基础上召开全国人民代表大会。3月1日，《中华人民共和国人民代表大会及地方各级人民代表大会选举法》（简称《选举法》）颁布施行。4月，中央选举委员会发出《关于基层选举工作的指示》。根据中央指示和省委、地委的部署，聊城、堂邑两县在中共聊城地委、专署召开普选工作会议后开始大力宣传贯彻《选举法》。随后，两县开展了从未有过的真正的人民民主的普选活动。

为了在全国开展选举工作，需要统计出准确的人口数据。1953年4月3日，政务院颁布了《为准备普选进行全国人口调查登记的指示》和《全国人口调查登记办法》。按照中央统一部署，聊城县进行了第一次全国人口普查工作，经过调查登记、复查核对、补登补报等大量工作，截至1953年6月30日24时，聊城县人口总数为414583人，其中乡村人口385552人。1953年的第一次全国人口普查登记，不仅为普选提供了人口依据，而且为当地的经济、文化和社会建设提供了准确的人口数字。

按照中共聊城地委关于对基层普选及召开县乡人民代表大会的部署，1953年9月，聊城县成立“选举委员会”，堂邑县也相继成立，负责并领导全县首届人民代表大会代表的选举工作。两县首先进行典型试验，取得经验后再逐步开展。选举工作的第一步是进行选民登记，聊城县登记总人口289595人，18岁以上符合选举年龄规定者172538人，其中被剥夺政治权利者2596人，病患374人，符合选民资格者169568人，实际参加选举158668人，参选率93.6%。聊城、堂邑两县广大选民按选区参加选举活动。采用等额选举、举手通过和无记名投票的方式，选举产生第一届乡人民代表大会代表后，各乡相继召开第一届人民代表大会第一次会议,选举产生出席所在县第一届人民代表大会的代表。乡人代会结束后,代表们回村后认真贯彻乡人代会决议,带领群众积极搞好农业生产,努力完成各项工作任务。聊城县的首届基层选举历时6个月,于1954年4月顺利结束。

聊城、堂邑两县先后召开首届人民代表大会。在一切准备工作就绪后,聊城、堂邑两县首届人民代表大会于1954年6月30日和7月7日先后召开。聊城县会议历时6天,应出席代表279人,实际出席代表265人;堂邑县会议历时5天,与会代表235人。出席大会的代表具有广泛的代表性,有工人、农民、文教工作者、医务工作者、工商业者以及机关工作者,有少数民族,也有妇女同志。出席大会的代表,是第一次按人民代表大会制度,经过宣传发动、人口调查、选民登记等,由乡级人民代表大会选举产生。两县的大会,是在深入贯彻党在过渡时期总路线和《中华人民共和国宪法(草案)》的热潮中召开的。这次大会的任务是听取《关于目前形势的报告》;听取和审议县人民政府工作报告;学习讨论《中华人民共和国宪法(草案)》;研究夏季工作的建议报告;选举产生出席省人民代表大会代表3名;通过《中华人民共和国宪法(草案)》决议;抓紧夏季生产环节,搞好秋季丰产;做好夏季夏购,全力支持国家工业化建设,认真掌握统购政策,正确执行统购办法;加强对手工业的领导,巩固提高手工业合作社、组;根据利用、限制和改造的政策,加强对商业的领导,活跃城乡物资交流;加强武装治安工作。聊城县首届人民代表大会第一次会议收到代表提案586件,采取随收集随处理的做法,乡解决者7件,区解决者256件,县直接处理的323件。提案审查委员会向大会作了《提案审查整理总结报告》,根据“能办即办,缓办逐步解决,不能办的讲清楚”的原则,对所有提案均做到件件有着落,事事有交代,处理迅速,让代表满意。从首届人大一次会议到1955年12月底,首届人大又陆续召开了二、三、四次会议。

两县首届人民代表大会第一次会议的召开,标志着人民代表大会制度在两县的建立,结束了新中国成立以来由县各界人民代表会议代行县人民代表大会职权的过渡阶段,进一步巩固了人民民主专政制度,是全县民主政治建设的一个重要里程碑,对动员全县人民实现党在过渡时期的总路线，保证党和政府各项方针政策的贯彻落实，推进全县的建设事业起了重要作用。

党代表大会的召开。战争年代，由于环境恶劣、工作紧张，县委贯彻上级指示和部署工作主要通过县委全体委员会议、全委扩大会议和党员干部会议，没有条件召开党的代表会议或代表大会。从 1949 年 6 月 12 日中共堂邑县委召开第一次党代会，到 1956 年 3 月堂邑县撤销，中共堂邑县委共召开十余次党代会和党的活动分子大会。从 1949 年 10 月 28 日中共聊城县委召开第一次党代会到 1956 年 3 月中共聊城县第一次代表大会，相继召开了 6 次党员代表大会。

随着人民政权的日益巩固，新民主主义建设的有序展开，召开党代表大会的条件已经具备。1956 年 3 月，堂邑县建制撤销，其所辖的 4 个区划归聊城县，至此，聊城县辖 11 个区。20 日至 25 日，中共聊城县第一次代表大会召开，出席代表 545 人，代表全县 6149 名党员，列席代表 8 人。大会的中心内容是围绕县委的工作报告，集中揭批党在农业生产上的右倾保守思想和领导不深入不实际一般化的工作作风，以及忽视党的思想工作与组织工作的倾向。在统一思想、提高觉悟的基础上，讨论制定了《聊城县 1956 年至 1967 年全面农业发展纲要的规划》；根据省委"四年超额完成五年农业增产计划"的号召，审查修订了《聊城县 1956 年农业生产计划》；具体讨论制订了开展以打井、兴修农田水利、抗旱、浇麦、播种为中心的春季生产运动计划；响应山东省委提出的大规模的社会主义农业高额生产竞赛运动的号召，全县参加水利和绿化竞赛，依靠全党与广大群众的智慧和力量，克服一切右倾保守思想，保证 1956 年农业生产计划顺利完成。大会选举出县委委员 22 名，出席省党代会的代表 9 名。

党的代表会议不是党的领导机关，是县委有重要问题需要及时讨论解决时召集的重要会议。党代表大会是同级党组织的领导机关，有权选举党的领导人和确定党的路线、方针、政策。中共聊城县第一次代表大会的召开是聊城县党组织发展史上的里程碑，标志着聊城县党的组织建设日趋完善，为党中央的路线、方针、政策的贯彻落实，奠定了坚实的组织基础和思想基础。

第二节 在执政条件下加强党的建设

执政初期党的状况和党的建设。毛泽东在中共七届二中全会上向全党指出："中国的革命是伟大的，但革命以后的路程更长，工作更伟大，更艰苦。这一点现在就必须向党内讲明白，务必使同志们继续地保持谦虚、谨慎、不骄、不躁的作风，务必使同志们继续地保持艰苦奋斗的作风。"[①]新中国成立时，中国共产党已发展为拥有近 450 万党员，具有广泛群众性的大党。随着地方各级人民政权的建立，地方各级党的领导机构也建立起来。发展党员、建立基层党组织、考察选拔干部的工作在各地展开。聊城县、堂邑县和聊城城关区的党组织具有光荣的历史，绝大多数党员能够遵循全心全意为人民服务的宗旨，克己奉公，艰苦奋斗，遵守纪律，联系群众，积极发挥模范带头作用，使党在人民群众中有很高的威信。但是，党在实际工作中也存在不少弱点和问题。

新中国成立前，党的建党原则长期都是"秘密建党"，由于长期处于分散的农村，党的组织也很不平衡。为了解决党组织分布不平衡的问题，党中央提出"公开建党"的口号，以便更密切党与群众的联系，把党的活动公开在群众的帮助与监督之下。按照"公开建党"的原则，聊城、堂邑和聊城城关三县(区)党委在 1949 年 10 月相继公开党组织和党员的个人身份，公开进行党纲和党章的宣传教育。对一切要求入党的人严格进行考察，不仅听取介绍人的报告、本人的意见及党内的反映，而且广泛征求群众的意见，保证新发展党员的质量。新中国成立后，隶属聊城地区的中共聊城县委、堂邑县委、聊城城关区工委 3 个县级机构有基层党支部 743 个，党员 8752 人。与此相关联，大发展不可避免地带来鱼龙混杂的现象。解决思想上、作风上和组织上不纯的问题已迫在眉睫，否则就会严重影响党的执政地位的巩固，妨碍新时期党的任务的完成。根据党内出现的上述状况，中央提出在全国执政的条件下加强党

① 毛泽东：《在中国共产党第七届中央委员会第二次全体会议上的报告》，人民出版社 2004 年版，第 24 页。

的建设的新任务。1949 年 11 月 9 日,中央决定成立以朱德为书记的中央纪律检查委员会和地方各级党的纪律检查委员会,主要任务是检查和审理中央直属各部门及各级党的组织、党的干部及党员违犯党的纪律的行为。成立中央及各级党的纪律检查委员会,这在中国共产党的历史上还是第一次,是党在成为执政党的新的历史条件下,加强党的自身建设的一个重要举措。1950 年 2 月,聊城县成立了党的纪律检查委员会。根据省委、地委的部署,从 1950 年 10 月开始,聊城、堂邑两县自上而下展开一场大规模的整党整风运动。前期以整顿党的干部作风和基层组织为中心,后期以整党建党为重点。

整风运动的开展。结合一个时期的中心任务,针对党内存在的问题,及时开展整风、整党运动,这是加强党的自身建设的一个有效方法。中共中央于 1950 年 5 月 1 日发出《关于全党全军开展整风运动的指示》,要求在全党全军进行一次整风运动。整风的主要任务是提高干部和一般党员的思想水平和政治水平,克服工作中所犯的错误,克服以功臣自居的骄傲自满情绪,克服官僚主义和命令主义,改善党和人民的关系。整风的重点是整顿各级领导机关和干部。6 月,党的七届三中全会要求紧密结合各项工作任务进行一次大规模的整风运动。全会以后,整风运动在全党全军展开。

聊城、堂邑两县的整风运动从 1950 年 10 月开始,于年底结束。根据中央和省委、地委关于整党整风的指示,中共聊城、堂邑两县县委分别针对本县新中国成立后新增党员思想不纯和老党员中的骄傲自满、官僚主义等现象,召开整风会议。聊城、堂邑两县的主要领导干部首先参加了聊城地区于 9 月 11 日召开的地、县、区三级党员领导干部整风大会。地区整风大会后,两县随后分别召开本县的干部整风大会。堂邑县委于 10 月 8 日开始,以半个月的时间召开了全县党员干部整风会议,并吸收了非党员干部参加。大会在贯彻学习党的七届三中全会文件和党中央关于整党指示的基础上,从总结工作入手作了整风动员报告。报告肯定了一年来的工作成绩:植棉 20 万亩,织土布 54 万尺,打井 327 眼,基本消灭了虫害。针对某些党员干部存在的居功骄傲情绪和严重的命令主义作风以及违法乱纪等问题,开展了批评与自我批评。中共聊城县委于10日开始至23日结束，用14天时间召开了全县干部整风大会，除参加地委整风的区委干部外，到会干部共238名，其中县、区非党员干部66名。县长王鲁光同志传达了毛泽东主席在党的七届三中全会上作的《为争取国家财政经济状况的基本好转而奋斗》报告，县委书记吴克让联系本县党员干部的思想工作实际，作了《整顿党风的动员报告》。大会统一了整党认识和思想自觉性，检查总结了工作，开展了批评与自我批评，认识了官僚主义与命令主义对工作的危害。同时，对整顿农村党的支部工作作了部署。

在整风运动中，由上而下地整顿领导同由下而上地检查工作相结合，有针对性地克服上级机关的官僚主义和中下级机关的命令主义，纠正干部、党员中的居功自傲情绪和"革命到头"的错误思想，加强了党同人民群众的联系，为农村整党奠定了基础。

整党运动的开展。整风运动时间较短，只是初步解决工作作风方面的问题，来不及解决党内思想不纯和组织不纯等问题。随着政治形势、财政经济状况的基本好转，1951年2月，中央发出《中共中央政治局扩大会议决议要点》，提出用三年的时间进行一次整党。整党工作从1951年下半年开始有步骤地展开。1951年第一次全国组织工作会议通过《关于整顿党的基层组织的决议》和《关于发展新党员的决议》，对整党建党工作作出具体部署，规定了关于共产党员标准的若干基本条件。根据中央批准的全国组织工作会议作出的各项决议，整党运动有步骤地在全党展开。第一步是对广大党员普遍进行关于党纲党章和怎样做一名共产党员的教育，第二步是进行党员登记，第三步是党组织对党员作审查鉴定，最后根据不同情况作出组织处理。1950年10月21日，聊城县召开全县党员干部整党会议，布置整党工作。主要是解决县级领导干部的官僚主义，区、村干部中的命令主义及尾巴主义问题。11月8日，聊城县又召开了组委、宣委会议，具体明确了冬季整党工作的精神、方针与目的。第一阶段，10月中旬至下旬，县直机关以部门、基层以区为单位，并邀请党外群众参加。县直所有机关分成14个小组，设立临时整党委员会进行领导。各机关小组坚持每天4小时的整党会议。第二阶段，进行农村支部整党工作。每区先确定一个重点村，从中吸取经验。区确定重点村后，11 月 15 日左右开始对 7 个行政村、43 个自然村、党员 229 人的第一批农村重点整顿支部工作，12 月 14 日第一批全部结束。大体步骤是先召开支委会，打通支委的思想，使他们自觉起来领导整党。再召开党员大会，报告整党的精神、方针与目的和一年来领导生产等工作的检查与过去整党中的偏向。在整顿支部的过程中对抗美援朝、生产政策、党员基本知识和党的群众路线四个方面进行教育贯彻。11 月 25 日，召开了 4 天区书、组委、宣委会议。会议具体研究整党工作，讨论和交流各区第一批整顿支部的经验，指出第二批应注意和防止的问题。为加强整党工作的组织领导，12 月 7 日，聊城县成立了整党委员会，县委副书记、县长王鲁光任整党工作委员会主任，各区也建立相应组织，设专人负责向县整党工作委员会请示汇报工作。在整党过程中，兼顾抗美援朝、镇压反革命和生产等运动进行，制订了确保三大运动顺利开展的计划。还邀请党外人士或群众代表列席支部会议，提出意见和建议。

聊城、堂邑两县根据中央精神和省委、地委的部署，于 1951 年下半年着重从四个方面开展整党前的准备工作。一是传达整党决议。县委召开了党的代表大会，自上而下传达讨论全国组织工作会议和省委、组宣会议精神，学习共产党员的八项条件，总结过去的整党工作。二是训练整党干部，制订整党计划。两县共挑选 807 名作风正派、有整党建党知识和能力的干部，分三期到地委党校和县委党校学习整训。三是集训党员。方法是训练一批、整顿一批。县委训练班重点集训党内积极分子和表现较好的党员，一般党员的训练则主要在基层支部进行。四是进行典型试验。两县选择 8～9 个农村支部进行整党试验。

在整党试点取得经验的基础上开展全面整党。中共聊城县委 1951 年11 月 26 日提出意见，28 日制定《今冬明春整训计划》，要求各级党组织充分利用冬闲时间，对广大党员进行党纲、党章、党员八项条件和时事政治教育；克服革命已成功的意识，划清党群界限和敌我界限；认识官僚主义、宗派主义与和平麻痹思想的危险性，明确做一名共产党员的最终目的是为实现共产主义而奋斗。全县开始了以正面教育为主的全面整党。

1952年“三反”运动全面开展后，党中央在2月和5月先后发出《关于“三反”运动和整党运动结合进行的指示》《关于在“三反”运动的基础上进行整党建党工作的指示》。11月，根据中央精神，为切实做好农村整党工作，聊城县从11月下旬至12月上旬，在城南葛海村举办了325人参加的第一批党员骨干训练班，对整党的方针政策进行了学习贯彻。至此聊城县农村整党工作开始，共分四批进行，抽调县、区、乡干部和社会力量组成工作队帮助整党。第一批历时45天，1953年1月20日结束，参加整顿的有30个乡支部、122个分支部、1348名党员。堂邑县的整党同期分三批进行。第一批农村整党工作1月下旬结束，共抽调整党干部129人组成23组(每组4～7人)分赴23个乡进行整党，参加整顿的23个乡，共185个自然村、53个支部、1297名党员。通过整顿和教育，广大党员的社会主义觉悟显著提高，转变了作风，纯洁了组织，加强了党内团结，提高了党的战斗力。

聊城、堂邑两县的整党运动中，机关、学校、工厂、企业和农村的整党都大体分为五个步骤。一是整党准备工作。首先，召开支委、村干、骨干分子等座谈会议，通过座谈安排生产，了解全面情况。其次，根据所了解的情况确定整党重点，制订整党计划。根据计划，一方面召开党员大会进行整党动员，统一思想；另一方面，召开群众大会，讲明政策，推动生产。二是整党教育。这是整党的中心环节。教育的内容主要是共产主义和党的基本知识、当前形势与任务、整党文件和党员标准八项条件，其中以党员标准八项条件为主。在教育方法上，通过启发报告、小组讨论、组织典型发言等方式，运用新旧社会、新旧生活、单干与互助的对比，由近到远、由典型到一般逐步深入。县委领导亲自授课，教育结束后带训干部与受训学员共同领导整党。三是党员登记。登记是考验党员标准八项条件教育的深度和党员觉悟程度的关键，也是促使党员内在觉悟，下决心为党员标准八项条件奋斗的过程。党员登记存在如下情况：积极的党员迅速登记；过去工作积极但稍有错误的党员一边检查一边表态一边登记；犯有严重错误的党员想去登记又怕不让登记，摸底探听消息后登记；有些不纯分子首先登记企图蒙混过关。登记应掌握的原则是党员在自觉的基础上登记，不能强拉硬扯，也不能忽略对落后党员的教育。四是鉴定处理。鉴定处理是一场思想决战，也是体现整党方针政策的最重要阶段。处理要在审查鉴定的基础上进行，必须严肃慎重，不做生硬结论，在处理中通过支部讨论、本人同意后上报批准。堂邑县在第三批整顿中，参加整党者 781 人，其中受党纪处分的 24 人，被清退出党的 39 人，纯洁了队伍，提高了党的战斗力，密切了党群关系。五是建设。建设是巩固整党成果的重要步骤。通过思想建设、民主建设、乡政建设、制度建设四个方面巩固整党成果。

经过 1952 年 12 月至 1954 年 6 月的整党，解决了党内存在的埋头生产不问政治的倾向，消除了新滋生的资产阶级思想及行为，党在组织成分和党员素质等方面都有了明显改善和提高。聊城县 104 个乡(街)支部中有 24 个三类支部、19 个四类支部未达到中央整党的要求。1954 年 12 月 11 日，地委作出了《关于今冬明春农村整党补课意见(草案)》。中共聊城、堂邑两县委按照关于农村党支部普遍进行整顿的指示精神与地委的《关于今冬明春农村整党补课意见(草案)》，重点对三、四类乡支部进行了整党“补课”。中共聊城县委于 1955 年 2 月 15 日发出《关于今春整党补课意见》。其中要求今春以互助合作和春耕生产为中心，以新兵征招为重点，按要求完成整党补课任务。补课围绕中心工作，依靠多数党员、干部和群众，以理论与实际相结合的方法，按照先党内后党外的精神，批判党员中存在的资本主义思想和行为，对党员进行形势任务、工作政策和党员标准教育。

为使整党补课顺利进行，聊城、堂邑两县动员党内所有力量和专职整党干部进行整党补课。按照中央指示的四个要求，针对两县的实际情况，对三类和四类支部的补课提出具体建议：三类支部依靠党员骨干为主，围绕以互助合作为中心的增产运动进行整党补课，并通过统购统销和互助合作来总结工作，掌握支部中存在的主要问题。审查鉴定党员处理坏分子环节要注意纠正过去处理不当的党员处分，建立支委会，健全各种制度，以支部为核心推动各组织认真贯彻群众路线，开展各项工作。四类支部是整党补课的重点，依靠专职整党干部，通过总结工作，分析支部中存在的主要问题，抓住急需解决的问题加以解决。同时，在整党补课中注意培养领导骨干，建立健全支部，发展新党员。在支部统一领导下,发动各个组织推动各项工作。

这次整党运动是新中国成立后中国共产党第一次在全党范围内整顿党的基层组织的运动。就聊城、堂邑两县来说,由于全面准备和整党补课及扫尾工作,整党工作相对用时长了一些,这也是当时的客观情况决定的。由于有各级党组织的坚强领导,并随时注意纠正运动中出现的偏差,因此运动取得了很大成绩,收到了良好效果。通过整党,全县广大党员受到一次深刻的思想教育,提高了思想觉悟,改进了工作作风,密切了党群关系,纯洁和壮大了党员队伍,增强了党的凝聚力和战斗力,加强了党在各项工作中的领导作用,为全县国民经济的恢复和发展、为社会主义改造与建设任务的胜利完成,提供了可靠的保证。

组织党员干部学习。为使党员适应国内外敌我斗争情况,熟悉中国社会发展和阶级斗争的规律,了解共产党英勇斗争的历史及经验,提高阶级觉悟与政治水平,增强革命事业胜利的信心与决心,聊城、堂邑两县组织全县党员进行党史学习。1951 年 8 月 18 日,中共聊城县委下发《关于学习党史的计划》,在 8 月 20 日至 9 月 15 日逐级组织党员干部集中学习《中国共产党简史》、胡乔木的《中国共产党的三十年》、薄一波的《加强党在农村中的政治工作》、吴德的《加强平原省党的思想建设而奋斗》、新乡地委的《反对不问政治倾向的通报》与“七一”前后党内各负责同志撰写的文章。根据干部的实际文化水平,划分甲乙两组,分别订立学习计划,建立总结和测试制度,提高学习效果。

县委对学习作了具体规定:一是支部对干部的学习,视为重要工作之一。以支部为核心,督促指导,推动学习效果,解决学习中的问题,学习情况及时汇报宣传部。二是强调学习方法。学习过程中首先阅读文件,提出问题后通过座谈等方式进行分析讨论。同时,在党史的学习中要联系当地党的斗争历史,在学习中要结合自己存在的“革命成功思想”“不问政治倾向”等错误思想进行检查,具体领会文件精神,提高思想水平。

这次大规模的学习,提高了干部队伍的政治文化素质,改正了工作中的不足,许多年轻干部端正了态度,认清了形势,被激发出更大的工作热情,对恢复和发展生产起到了促进作用。

第三节　开展“新三反”运动

1953年1月5日，中共中央发出《关于反对官僚主义、反对命令主义和反对违法乱纪的指示》。中央指出，官僚主义和命令主义在我们党和政府中是一个大问题，各级领导机关要在1953年结合整党建党及其他工作，从处理人民来信入手，检查一次官僚主义、命令主义和违法乱纪分子的情况，并向他们展开坚决的斗争。在反对坏人坏事的斗争到了一个适当阶段时，又要将好人好事加以表扬，使全党都向这些好的典型看齐，发扬正气，压倒邪气。根据中央指示，各地开展了“新三反”运动。

聊城、堂邑两县全面贯彻落实中央、省、地指示精神。1953年2月18日至27日，聊城县先后召开县区573人参加的全体干部会议和区书记、县直主要部门负责人参加的县委扩大会议。会上布置了1953年的任务和春季工作，总结了1952年的冬季工作。县委书记王鲁光在大会上作了《关于开展反对官僚主义、反对命令主义、反对违法乱纪的“新三反”运动的动员报告》，并代表县委首先作了自我检查。县委各领导、各机关部门党员负责干部也作了典型发言，进行了批评与自我批评，同时也摆出了全县存在的多种多样的问题。两会的召开明确了三个反对的意义，划清了三个反对的界限，部署了全县“新三反”运动。3月5日中共聊城县委第四次党员代表大会召开，8日在会上作出了“结合开展反对官僚主义、反对命令主义、反对违法乱纪的‘新三反’斗争，并成为推动各项工作的动力”的决议。为使运动卓有成效，中共聊城县委于3月19日印发了《聊城县委关于开展反官僚主义、命令主义、违法违纪的情况与意见》(简称《意见》)。《意见》提出一个方针和两个要求，即贯彻“边反、边防、边建”的方针；要求采取稳步前进、始终贯彻到底的决心，防止突击一时或简单从事、放任自流的现象发生；要求耐心教育启发自觉，通过学习文件，提高觉悟，检查自己，既不能粗风暴雨，又不能避重就轻、姑息纵容。《意见》指出“新三反”工作的方法和步骤：总的原则是县级机关主要检查官僚主义，区、乡解决命令主义，并重点处理违法乱纪。县直机关首先由县委、县政府主要领导先后带头作了4次检查，讲解了开展三个反对的方针、目的，揭发了官僚主义、命令主义、违法乱纪的事实危害，启发干部的自觉，结合县委检查和各个党组的检查以及典型事件的揭发，开展批评与自我批评，对检查出来的问题总结并进行处理。区级主要是在贯彻集中加强党委制的过程中结合检查命令主义、检查官僚主义，处理违法乱纪，使运动在各个会议中、各个工作中进行贯彻。乡级主要是通过农村整党稳步解决“三反”问题。《意见》还对处理人民来信，对方针政策和理论知识的学习和建立民主制度等方面提出了具体建议。中共聊城县委确定了2名县委主要领导和10余名干部深入到李知洲、庄庄两个基点具体指导工作。各区、乡都确定基点、固定干部，每项工作都先行一步做出成绩，组织全县干部参观基点，以点带面，带动全县的“新三反”工作。

中共聊城县委于1953年7月21日召开了各区委和县直各科、局长等90多人参加的县委扩大会议。堂邑县于1953年7月19日至23日，召开了县第九届三次各界人民代表大会。两县研究部署了“新三反”运动的开展，要求各级自上而下层层带动，主动检查交代问题，并及时做好对坏典型的处理工作。10月下旬，聊城县又召开了历时7天的县、区、乡三级干部大会，到会干部852人。会议以三个反对的精神由县委带头从检查总结上半年工作中启发全体干部进行背靠背的揭发和面对面的批评与自我批评，促使运动向纵深发展。

聊城、堂邑两县通过处理人民来信落实“新三反”运动。中共聊城县委组织纪委会、监委会、检查署3个部门联合办公，清理积压来信的同时随收信件随处理。1952年共受理人民来信293件，处理152件，余141件。截至1953年4月，新收157件，处理203件。“新三反”运动的开展，惩治了违法乱纪的行为，维护了人民群众的根本利益，提高了各级领导干部的思想觉悟和政策水平，改变了机关和领导的作风，密切了党与人民群众的联系，推动了各项工作的开展。

第四节　开展审干与肃反运动

审干工作的开展。随着有计划的经济建设和社会主义改造的全面展开，党的干部管理工作面临着新的情况。这主要是党在全国执政以后，各级部门都吸收了大量新的工作人员，不仅干部队伍迅速扩大，而且干部成分也较过去更复杂。经过镇压反革命运动、“三反”和“五反”运动、整党整风以及各种民主改革运动，各级党组织对大部分干部有了基本的了解，解决了干部队伍中存在的一些最突出的问题。然而，随着国家各项事业的蓬勃展开，干部变动频繁，领导机关来不及对干部进行全面审查。根据上述情况，中共中央认为，必须在两三年内对全国干部进行一次细致的审查，以便进一步了解干部，保证国家各项建设任务的顺利进行。1953 年 11 月 24 日，中共中央作出《关于审查干部的决定》。

根据中央的统一部署，审干工作从 1954 年下半年起陆续在各级党政机关、人民团体及财经、文教部门展开。这次审干不采取突击运动的方式，而是结合工作进行。各地都在党委领导下成立了专门的审干机构，召开专门的会议，安排部署审干工作。1955 年 2 月初，中共聊城地委召开了审干工作会议，聊城县选出 5 名干部参加地委审干干部的训练。根据工作的开展情况，1956 年春、夏、秋三季又逐步增配审干干部 23 人。聊城、堂邑两县委按照地委部署和计划安排，从 1955 年 2 月至 1957 年 3 月在全县范围内开展审干工作。

按照中央和上级要求，聊城、堂邑两县分别成立审干机构，抽调政治上完全可靠、作风正派的干部做审干工作，经过培训，掌握审干的方针政策和必要的知识。1955 年 4 月 2 日，聊城县研究制订了《审干工作计划（草案）》，并成立了审干工作委员会，组织部部长梁建中任审干委员会书记，下设审干小组。5 月，堂邑县研究制订了整风审干计划，成立了整风审干工作委员会。两县审干工作委员会通过召开审干动员会和典型试点，推动审干工作的开展。

根据地委要求，聊城县首先在县公安局进行审干的试点工作。经过思想发动、调查对证，对全局 48 名干部作了审查和结论处理。经审查，干部中历史不清、政治可疑及历史环节有问题者，占 20%左右；工龄党龄有差错和枝节不明者，占 14%。聊城县将从试点工作中取得的审干工作经验向全县推广。1955 年 5 月 15 日，聊城县召开审干工作动员报告大会。大会详细介绍从试点工作中取得的经验。聊城、堂邑两县从干部的实际情况划定审查的范围：一是党员被捕、被俘尚未向党交代或者在交代中隐瞒某些严重情节的；二是入党前参加过特务和反动党、团、军、政、警、会道门，但是长期未交代或者已交代但有隐瞒情节较为严重的；三是入党前曾参加特务或反动组织，参加特务活动，但是未交代或交代不清的；四是本人政治与社交关系复杂或者历史上有过严重的包庇地主反革命分子和隐藏过反革命分子的严重罪恶行为，但未向党交代或交代不清的；五是入党后曾脱离党的组织或者有过叛变、弯腰逃跑行为，未向党交代清楚或者交代不清不实的；六是干部的一般经历如职业、出身、成分、社会关系等填写不一而相差悬殊或有隐瞒不报的。聊城、堂邑两县按照先党内后党外，先领导干部后一般干部，先要害部门后一般部门，先政治面貌不清、来路不明或有重大历史问题的干部后一般有差错的干部的审查原则，有步骤、有重点地结合中心工作，慎重细致、稳当妥善地开展审干工作。1956 年 2 月 19 日，聊城县召开了审干干部会议。会议讨论了中共中央的《关于审查干部的决定》，审干工作的做法与步骤、应注意的环节和审干工作应注意的问题。

聊城、堂邑两县根据中共中央要求，在审干工作中注意对政治问题与思想问题、历史问题与现实问题、家庭问题与个人问题等严格加以区别，力求做出正确结论。聊城县在审干工作中分系统成立审干小组，每小组从相应单位抽调 5～9 人构成。至 1957 年 7 月，聊城县审干工作共分五批进行，全县共审查了列入审查范围的区助级以上干部 1111 名，其中党员 679 名，占审查范围总数的 61%。

总之，党在我国工业化建设初期进行的这次审查干部工作是必要的、慎重的。通过这次审干，党基本弄清了各类干部的政治历史情况，绝大多数干部的问题搞清楚了，有了结论，一身轻松，可以放手大胆地开展工作；一些过去因历史问题不清而放在次要工作岗位上考察的干部，经查明确无问题又一贯表现很好的，按其德才提拔任用，更好地发挥他们的作用;少数干部有个别问题难以查清暂时挂起来,而对其历史清楚的部分予以结论,使他们放下包袱,轻装上阵。

肃反运动的开展。由于这次审查干部的工作涉及面很广,列入审查范围的干部数量相当多,各地审干机构的力量明显不足。1955 年 10 月 24 日,中共中央发出《关于审查干部工作同肃反斗争结合进行的指示》。按照中央的部署,全国党政机关和群众团体,高等学校和干部学校,中小学(不包括学生),军队,国营、合作社营和公私合营的企业,均须进行肃清暗藏的反革命分子的运动。斗争重点是那些明显或较明显有反革命嫌疑的分子,不采取大家检讨、人人过关和盲目乱批乱斗的方式,而是发动检举,号召坦白,再按照问题的性质、情节的轻重分类处理。聊城、堂邑两县的肃反工作,按照中央提出的"以事实为根据,以政策为准绳""既严肃又慎重"的原则和"提高警惕,肃清一切特务分子;防止偏差,不要冤枉一个好人"的方针,采取先易后难、先近后远、先现实后历史的工作路线。两县的肃反运动分五批,通过小组斗争、专案小组斗争和甄别定案三个阶段进行。1956 年 3 月堂邑县撤销后,归属聊城县的堂邑城关、梁水镇、斗虎屯和温集 4 个区的干部随同聊城县参加了运动。聊城县的肃反运动于 1959 年 7 月基本结束,达 4 年之久。

按照中央、省、地指示精神,肃反运动在聊城、堂邑两县展开。两县建立肃反机构①,配备训练了一定数量的骨干力量。1955 年 8 月,聊城县在全县开展了肃反运动,抽调常委 1 人、县委 4 人组成肃反工作领导小组,领导小组下设办公室,办公室人员 10 人。由于全县部门数量较多且分散,人员相对复杂,在全县划分了 8 个肃反单位,各个肃反单位由3～5人组成基层领导小组,下设办公室,统一在县委领导小组的指导下进行工作。运动开展后,召开了县、区、乡三级干部会、县直机关干部会议和积极分子的培训会,集中学习政治形势、肃反的方针政策以及开展对党和政府要"忠诚老实"的教育,在统一认识的基础上,摸清肃反对象的底数,掌握有关证据材料,发动群众开展斗争,促使嫌疑对象主动坦白,交代问题。两县按照系统分期分批地在机关、学校、企事业单位开

---

① 肃反机构主要有五人小组、专案小组、甄别小组。

展了肃反运动。

从 1955 年 9 月至 1957 年 4 月，全县在机关、工厂、学校 36 个单位、4553 名职工教员中分三批开展了肃反运动。1955 年 9 月，8 个区的 539 处学校开展了 877 人的第一批肃反运动，1956 年 2 月结束。1956 年 7 月开展了县、区工厂的 3539 名职工干部的第二批肃反运动。1957 年 2 月在堂邑、梁水镇、斗虎屯 3 个区 10 处高小完小 137 人进行了第三批肃反运动。运动采取了多谈少斗，在群众检举揭发和国家政策的感召下，大部分反革命分子迅速交代了问题，保障了肃反运动顺利开展。通过肃反，群众的政治觉悟得到了提高，党政、工厂、文化卫生系统等单位焕发了生机。在党政系统制定系列措施，如成立治安纪律委员会；建立人事、保密制度，堵塞反革命破坏的各种漏洞。在工厂，提高工人思想觉悟，制定安全制度，保证生产过程的安全，工人生产积极性大大提高，产量均超过季度、年度生产计划指标。

聊城县于 1958 年 2 月下旬召开各部门主要领导人会议，贯彻落实肃反运动精神。会后，各部门召开了党组、党支部及行政负责人系列会议，对后期的肃反工作进行研究和部署。系列会议之后，第四批肃反运动于 3 月初展开，聊城县共抽出骨干力量 218 人。3 月 5 日开始用 3 天的时间集中训练了 115 名干部，随后采取随抽调随训练的办法对剩余人员进行培训。在提高思想和明确做法之后，根据骨干力量和任务大小情况划成 17 个组，分到各区和各系统，进行摸底排队。为了及时掌握情况和交流经验，3 月 15 日召开了各组各系统负责人会议。会上，各组汇报了肃反工作进展情况，会议着重贯彻了地委肃反领导小组“关于加速肃反工作的意见”，部署了下一步工作。3 月 24 日，召开了 198 名骨干誓师大会，县委领导小组张性纯同志作了《关于进一步掀起工作“大跃进”，加速完成肃反工作》的报告。4 月 2 日，又召开了 197 名骨干参加的经验交流与评比会议。这两次会议的召开，大大鼓舞了同志们的革命干劲，通过交流经验提高了工作效率，与会同志纷纷向领导写了决心书，表示用革命干劲加速完成肃反工作。

1957 年 12 月，聊城县撤区建立 25 个乡镇。1958 年 9 月，撤乡建立 12 处人民公社。聊城县的第四批肃反运动在“整风、大鸣大放、反右派斗争”高潮中分三期进行。9 月 15 日，全部结束专案、定案及善后工作。根据“善始善终结束第四批，迅速进行第五批摸底、排队工作”指示，经县政法党组和肃反领导小组共同研究，组织 11 个摸底小组分赴各人民公社进行摸底工作，开始了第五批的准备工作。1958 年 12 月，聊城县改为聊城市。聊城市参加第五批肃反运动的共有 37 个单位，4015 名职工。第五批肃反运动分四期进行，从 1958 年 12 月 25 日开始到 1959 年 2 月 8 日结束。

第八章
社会主义建设道路的艰辛探索

1956年基本完成对生产资料私有制的社会主义改造后,党开始探索中国自己建设社会主义的道路。中共八大的召开,标志着这一探索取得初步成果。但这种探索也是艰辛曲折的,由于对社会主义这个新生事物缺乏全面的正确的认识,党的指导方针有过严重失误,造成了严重后果。之后,党做了纠正"左"倾错误的努力。十年中,社会主义建设虽遭到严重挫折,但仍取得了很大成就,初步建设了进行现代化建设的物质技术基础,培养了经济建设等方面的骨干,积累了党领导社会主义建设的重要经验。

全国人大三届一次会议提出将中国建成四个现代化的社会主义强国,但后来爆发了"文化大革命"。其间,县委带领全县人民为减小"文化大革命"的影响做出了积极的努力。拨乱反正后,聊城县消除了"左"倾错误思想影响,将工作重心转移到经济建设上来,认真执行"调整、改革、整顿、提高"的方针,制定切合实际的改革、开放政策,工农业生产出现前所未有的好形势。

第一节　社会主义建设的全面展开和在曲折中发展

1956年4月,毛泽东在中央政治局扩大会议上作了《论十大关系》的报告。前三条讲重工业和轻工业、农业的关系,沿海工业和内地工业的关系,经济建设和国防建设的关系。这实际上是思考不同于苏联的中国工业化的道路，苏联片面强调重工业忽视轻工业和农业，致使粮食产量长期达不到十月革命前的最高水平。第四、第五条讲国家、生产单位和生产者个人的关系，中央和地方的关系，同样吸取了苏联的教训，即苏联把什么东西都集中到中央，地方没有一点机动权，这涉及经济体制改革。后五条讲汉族和少数民族的关系、党和非党的关系、革命和反革命的关系、是非关系、中国和外国的关系，都是属于政治生活和思想文化生活中调动各种积极因素的问题。所有这些展现出党为寻找适合中国国情的社会主义道路做的多方面的探索，中国社会主义建设道路的基本思路逐步清晰。5 月 2 日，毛泽东向最高国务会议作了报告。报告主要讨论经济问题，从经济工作的各个方面来调动各种积极因素。以这个报告的精神为指导思想，起草了中共八大的政治报告。1956 年 9 月，中共召开了第八次全国代表大会，大会总结了党的七大以来的经验教训，提出社会主义改造已经取得决定性的胜利，无产阶级同资产阶级之间的矛盾已经基本解决，几千年来阶级剥削制度的历史已经基本结束，社会主义制度已经基本建立。国内的主要矛盾已经是人民对于建立先进的工业国的要求同落后的农业国的现实之间的矛盾，已经是人民对于经济文化快速发展的需要同当前经济文化不能满足人民需要的状况之间的矛盾。其实质是先进的社会主义制度同落后的社会生产力之间的矛盾。党和人民的主要任务，就是要集中力量来解决这个矛盾，把我国尽快地从落后的农业国变为先进的工业国。在此基础上，党的八大进一步确定了社会主义建设的战略目标，即尽可能迅速地实现国家工业化，有系统、有步骤地进行国民经济的技术改造，使中国具有强大的现代化的工业、现代化的农业、现代化的交通运输业和现代化的国防。党的八大实际上确定了中国社会主义现代化建设分“两步走”的构想：第一步，用三个五年计划的时间初步实现工业化；第二步，再用几十年的时间接近或赶上世界最发达的资本主义国家。

党的八大之后，山东省委于 10 月 9 日、11 日分别召开常委扩大会议和省级机关干部大会，省委第一书记舒同传达了党的八大的基本精神。10 月 16 日，省委发出传达、学习和宣传党的八大文件的指示，要求将大会文件和精神传达到每个干部和每个党员。11 月 7 日，聊城地委召开扩大会议，传达党的八大精神。11月25日，聊城县委召开县区乡社队全体干部大会，要求干部以自学为主，结合讨论，制订学习计划，保证学习时间。同时，组织县区报告员，针对党员干部的工作、思想情况普遍传达到每一个基层干部和农村每一个党员，传达内容重点说明大会的任务、意义、基本内容以及如何贯彻执行大会决议，号召全体党员学习大会谦虚民主、实事求是、群众路线、批评与自我批评的精神。

为使基层党员干部更深刻地理解中共八大精神，正确执行党的各项方针政策，搞好生产，县委将其列入党课，于12月13日至23日对农村地区党的骨干分子344人进行了集训。在此基础上，聊城县委团结带领全县干部群众满腔热忱地投入到社会主义的政治、经济建设中，社会主义建设事业全面展开。

农业合作化建设。1957年4月，中央作出增加社员自留地的规定，提出该自留地用来种植猪饲料或蔬菜，从而对解决社的肥料和人民的肉食供应、增加社员收入起到重大作用。7月，县委积极执行这一规定，在原来2万多亩的基础上增加了7万多亩，使自留地达到9万多亩，并指出农业税由社统一负担。各户根据自己的情况饲养牲畜，大力发动社员积肥，社与社员订立积肥合同，定期向社运送肥料，以提高农作物产量。

1957年12月县委作出决定，裁减会议、文件，组织各级干部搞试验田，组织青年干部分批轮流下乡参加农业劳动。规定县委委员、县直部门负责人、乡干部、社长、副社长均要有一定的劳动时间。同时，加强对农作物的管理，发展副业和畜牧业，开展增产节约和高额丰产竞赛运动，发展水利，推广新技术新农具。加强对粮食工作的领导，节约用粮，确保人民吃饱饭，安排好社员生活，解决社员的实际问题。

通过农业合作化建设，推动了生产的发展，在生产丰收的基础上，进行了合理分配，分配中兼顾国家、合作社和社员的利益，不仅完成了国家的征购任务，而且保证了80%以上的社员增加了收入，提高了人民生活水平，在一定程度上缓解了人民内部矛盾，密切了党群干群关系，党的基层组织得到改善和加强。

生产责任制的尝试。首先，推广田间管理个人负责制与土地义务监管制的经验，根据土地远近、耕作难易、地势高低等因素将土地、耕畜、农具固定到组，作物的常年耕作全部包到组。生产组再将农活进行分类排队，划清包作范围，明确规格、质量，合理确定劳动定额，计算承包工数。根据劳力半劳力照顾附属劳力适当搭配土地，固定耕作区或按工序包给临时作业组、包工到户到人、包工包产到户，增减工序按照定额增减工分，或随小段计划包工包作。民主制定奖惩制度和劳动纪律，建立技术组织，通过检查评比开展劳动竞赛，加强政治思想领导，确保按质按量完成生产任务。结合组包片户包块的田间管理个人负责制，推行土地义务监管制。规定除包工责任外，各户对所包的土地负有监管偷盗、自然灾害、成熟收割、小型治理等义务。激发起社员的积极性，更好地为生产服务，半月后在全县大部分地区推广。

其次，作出关于坚决推行耕畜分散喂养加强饲养管理的意见，按地亩把牲畜搭配妥当进行包工包养，合理作价，由队负盈亏，同时包工分、包草料、包积肥、包医疗费和零星开支，社允许队根据自己的情况增加、买卖牲畜，增减草料。牲畜固定到队后，又采取了两种包工包养形式：一是包到组集体喂养，一是包到户分散喂养。这两种形式都用“四包”“三定”①的办法包给饲养员喂养。对使用与饲养作了详细的规定，如固定专人使用，防止乱拉乱用，有利于养护；选拔优秀社员当饲养员，改进饲养方法；订立奖惩制度以保住膘积好肥多繁殖，每季进行评比选模。后又规定将牲畜固定到工作区、调动畜力、用青草代替干草解决社员割青草的问题、明确使喂责任等。这些都是聊城县实行生产责任制的尝试，社员的积极性得到充分发挥，促进了生产的发展。

手工业建设。社会主义改造完成后，手工业取得了一定成绩，但存在的问题也相当严重。特别是管理工作尤为薄弱，不少手工业社没有建立起生产管理、财务管理、民主管理等各项制度，严重阻碍了社员积极性的发挥和生产水平的提高。为此，县委对社员进行社会主义教育，提高思想觉悟，树立以社为家的思想，同时帮助社员解决实际困难。在

---

① “四包”即包工、包草料、包积肥、包膘，“三定”即固定使用员、固定地片、固定劳动定额。

此基础上，整顿、巩固、提高手工业生产组织。

首先，加强定额管理，做好定质、定量、定料、定时“四定”工作，建立健全生产责任制，做到事事有人管，提高责任心。其次，贯彻勤俭办社的方针，做好财务管理，建立严格的会计制度，并按月向社员公布账目，防止贪污浪费；加强管理工作，降低成本；加强财务保管工作，严格财务保管制度。再次，贯彻民主办社的方针，建立民主管理制度，充分发挥社员大会、监事会、理事会的作用，发扬民主，重大问题如重大产品试制、工资变更、社内基本建设、大批合同的签订、增加新社员等征求社员意见，严防干部包办及擅作决议的现象发生。最后，通过整社来建立健全党的组织，通过黑板报、快板等形式进行宣传，以生产队为单位建立党的支部或小组，加强党的领导，已建立的进行整顿。

县委私改领导小组针对手工业合作社（组）技术产品质量低，社员工资不合理，不能从消费者的需要出发，加之多以农副业为依托，产品原料受限制等问题，提出根据行业性质、技术高低、市场情况、产品销路、原料供应等调整手工业组织。通过整顿，使手工业社的政治、组织、制度等方面得以健全巩固，手工业生产得到发展，社员收入增加。

商业建设。1956 年 10 月中旬，县财贸部协助城关镇社、百货公司、木材公司、专卖公司 4 个单位试行党委集体领导下的分工负责制度。通过召开党员会、行政领导骨干会和全体职工会，层层发动，统一认识。而后按照“政治坚定、历史清楚、作风民主、有领导能力”的原则，慎重确定支部人选，经过民主讨论，选举建立支部，树立了党的领导核心，纠正了党政不分的现象，重大问题由支部讨论决定后支部委员分工进行贯彻，减少了事务忙乱的现象。在此基础上，通过总结支部工作，开展批评与自我批评，统一认识，整顿党的组织，健全各项制度，处理了党内问题，党的思想建设、组织建设得到巩固，党的战斗力得到提高，促进了生产的发展。

此后，对全县未整顿的 15 个企业单位（6 个公司、8 个区社、1 个肥料厂）采取重点试办、分批整顿的办法，防止书记包办，不能发挥经理的作用和不利于书记、经理的团结，特别是非党经理团结的问题，整顿了纺织、食品、五金公司。其他公司、区社组织党员干部学习了邓小平关于修改党章的报告和李雪峰关于“加强党对企业的领导，贯彻执行群众路线”的发言，提高了党员干部的政治觉悟。

1957年2月初，根据地委、专署调整商业机构和经营分工的规定，县委调整了商业机构。供销社人员部分划归商业系统、部分划归服务系统。小商贩按照新的经营分工，实行新的归口管理的原则，统一安排，制定方案，对人员、房屋的交接及交接过程中的核算、进货、销货地区范围、价格等问题作了规定，进行交接规划，使交接工作快而不乱，交接与业务两不误。

在聊城县委、县政府的领导下，在全县人民的共同努力下，第一个五年计划期间(1953～1957年)，聊城县的政治、经济建设都取得了一定成绩，社会主义改造的成果得到巩固。1952年国内生产总值3300万元(按当年价格计算，下同)，人均77元；1957年国内生产总值4400万元，人均94元。1952年工业总产值1000万元，1957年工业总产值2800万元，1957年比1952年增加180％。1952年白酒产量888吨，食用植物油540吨；1957年白酒产量2016吨，食用植物油1711吨。1952年发电量10千瓦时，1957年发电量126千瓦时。1952年职工人数0.44万人，1957年达到1.07万人；1952年职工年平均工资229元，1957年达到391元。1952年社会消费品零售总额1400万元，1957年社会消费品零售总额2500万元，1957年比1952年增加79％。1952年预算内地方财政收入300万元，支出100万元。1957年预算内地方财政收入900万元，支出200万元。1952年银行存款余额171万元，银行贷款余额451万元，城乡居民储蓄存款余额16万元；1957年银行存款余额512万元，银行贷款余额1754万元，城乡居民储蓄存款余额119万元。

第一个五年计划期间，聊城县实行优先发展重工业，相应发展轻工业的方针，轻工业发展较快。人民宅居条件随着经济的发展有所改善。

整风和反右派斗争。第一个五年计划取得的成就，为社会主义建设积累了宝贵的经验，也说明党的八大把集中力量发展社会生产力作为党和国家的主要任务是完全正确的。但正当人民积极建设社会主义的时候，1956年6月在波兰、10～11月在匈牙利发生了罢工、游行示威和骚乱事件。国际上气候突变，国内由于社会主义改造的迅速完成，加上经济建设中冒进的影响未能完全消除，一些新的社会矛盾突出，致使1956年秋冬在我国农村、工厂、学校发生了闹事的情况。同时在“百花齐放、百家争鸣”的方针提出后，一些知识分子对党和政府工作中的缺点以及干部作风上的问题提出批评。1957年4月27日，中共中央发出《关于整风运动的指示》，全国各级各单位开始整风。但在整风过程中，有极少数资产阶级右派分子乘机向党和社会主义制度进攻，反右派斗争开始。农村则进行了一次大规模的社会主义教育。

1958年1月6日至2月9日，聊城县召开四级干部会议，1703名干部参加。会议的目的主要是部署整风。根据部署，县直机关整风分四个阶段进行：一是大鸣大放大辩论阶段。二是反右派阶段。三是大整大改阶段。四是阅读文件，自我检查，批评反省，提高自己阶段。而后，对凡是没有参加整风的和整风问题解决不透彻的162名县区干部进行了整风补课。农村基层整风于1957年春节前在6个小乡试点，1958年5月农村基层整风普遍展开。整风共分两个阶段：一是鸣放整改阶段。二是辩论阶段。这在一定程度上纯洁了组织，使领导干部在思想作风和工作方法上有显著转变，提高了广大干部群众的社会主义觉悟和建设社会主义的热情。

社会主义教育（简称“社教”）分三步进行：第一步，先由领导启发提出主要问题进行鸣放，1957年秋收前着重以粮食问题为重点进行鸣放。第二步，归纳鸣放的问题，对界限不清、观点不正确的进行辩论。通过召开贫下中农会议，打下辩论的可靠基础。然后召开全体群众会，采用背靠背或面对面的说理斗争会，组织贫下中农发言，力争其他阶层发言，群众都参加辩论。

在对农村人员进行社教的同时，对农村手工业、私营工商业人员也分别进行了社教，提高他们的思想觉悟，树立办好社的信心。解决他们的困难和问题，帮助改进管理和生产，根据季节对他们提出课题，使他们有了明确的方向，决心更好地为农业生产服务。

“大跃进”运动。1958年5月，党的八大二次会议提出了“鼓足干劲，力争上游，多快好省地建设社会主义”的总路线。为贯彻总路线，全县各行各业出现了“大跃进”的现象。

“大跃进”运动的一个主要标志，就是片面追求工农业生产和建设的高速度，不断大幅度地修改和提高计划指标。农业方面，提出“以粮为纲”，要求五年、三年乃至一两年达到《十年纲要》规定的粮食产量指标。聊城县和其他地区一样，也在不断地修改粮食产量指标。为更好地完成跃进计划，大兴技术革命，全县5000余名乡社队的干部和30000余名青年技术员开展了创造高额试验田和大面积丰产田的活动。进行工具改革，推广地瓜切片机、拔棉柴器、动力磨、饲料粉碎机、铡草机、水车、风力机、打夯机等工具。在高指标的影响下，各地竞相搞“元帅升帐”“卫星上天”。

在农业提出“以粮为纲”的同时，工业提出了“以钢为纲”，掀起了大炼钢铁的群众运动。全县组织了工、农、兵、学、商各行各业98337人的钢铁大军，投入到这一运动中。

在农业不断提高计划指标的同时，工业指标也多次进行修改提高，各工厂企业迅速掀起工业生产高潮。一年多内新建扩建厂组达431处，其中市办的32处，社办的399处，职工达30000多人，从市到公社、管理区、生产队都有自己的工业。由生产铁锨、锄钩、水车等粗糙型农具到开始制造拖拉机、锅驼机、柴油机、发电机、电动机、各种车床等技术密集型机具。不仅市工业，而且有的公社工业也能制造车床、钢磨、粉碎机等。全县普遍建立轴承厂，使运输工具普遍轴承化。

1958年的工业总产值实际为3500万元，比1957年增长25%。事实证明，工业产值确实增长了。但是大办工业，严重浪费了资源，也冲击了农业生产，造成基本建设规模和职工队伍的膨胀，但也为聊城县以后工业的发展播下了种子。

人民公社化运动。在各地争先恐后建立人民公社的形势下，聊城县根据上级指示，于1958年9月5日将原来的26个乡镇308处农业社合并成立了12个人民公社。每社平均8528户，最大的社12349户，最小的社4775户。

人民公社一律采取军事编制，以公社为团，大队为营，生产队为连，下设若干战斗小组，组成一两千人的大兵团，实行大兵团作战，吃住在田。人民公社的建立，提高了集体主义思想。但是生产力远远不能达到与之相适应的水平，实行一平二调的办法，大大挫伤了社员的积极性。

1959年8月至1960年初，全党范围内开展了大规模的“反右倾”斗争，口号变为“反右倾，鼓干劲，掀起新的‘大跃进’高潮”，造成“大跃进”运动的继续。“反右倾”斗争打断了纠正“左”倾错误的积极进程，使“大跃进”和人民公社化运动中许多已经被指出、有待于纠正的错误再度出现。

第二节　对国民经济和社会政治关系的初步调整

由于“大跃进”、人民公社、“反右倾”，加之国际形势的不利影响，我国国民经济出现了严重困难。这种困难是新中国成立以来未曾有过的。中共中央决心通过调整恢复国民经济，纠正指导思想上“左”的偏差。为此，聊城市对国民经济和社会政治关系进行初步调整，扭转困难局面。

处理粮食紧张问题。面对严重缺粮的困难局面，聊城市要求各公社清理各级仓库，并规定下乡整社的干部不得单独设立食堂，口粮供应标准与群众一样；不得虚报冒领国家供应口粮，将国家供应粮向群众公布，不得克扣、多占、挪用；对任何人不得压低国家规定的口粮标准；严禁用粮食做投机生意；不准贪污、多占、挪用国家的救济款；机关、学校、工厂及城市居民的粮食供应要严格执行定量制度，核实人员，分等定量，严禁乱招人员，对过去多报冒领的要将指标退回，节约用粮，根据实际情况给予必要的压缩。动员外流劳力回乡；将主要劳力用于农业生产，将劳力固定到生产队。除国家按照规定调用的义务工外，任何部门一律不得随便调用，市委机关农忙时尽量少用或不用农村劳力，以利于生产。

1960年，聊城市将地委、专署拨给的自然灾害救济款15万元分发下去，扭转粮食紧张局面，并下达了《关于农村人民公社粮食管理办法(草案)》，指出要做好粮食的收获、分配、管理和使用，对收打入库，种子、饲料、储备粮的管理，食堂粮食管理，粮食加工，奖惩办法，组织领导等作了详细规定。提出按“一园四厂”(菜园、养猪厂、淀粉厂、面粉加工厂、酱菜厂)的要求,加强食堂管理。以食堂为中心大抓代食品,大种瓜菜,大力防治水肿病,对重点单位调剂大豆以加强营养。将非农业人口粮食标准统一下调,压缩非农业人口,控制农村人口流入城市,动员多余的城市人口下乡生产。挤出一切可以挤出的劳力和干部加强农业生产,减少城市非农业人口粮食销量,降低非农业牲畜饲料。揭发粮食管理方面的漏洞,建立健全粮食部门管理制度,严格执行粮食动支令,任何人和单位不得随便动用一斤粮食,对贪污盗窃国家和集体粮食的犯罪行为,依情节轻重予以处分。对面食加工行业进行整顿,规定熟食、糕点凭票供应,节约归己。做好农作物、农副产品和代食品原料的收种工作,贯彻粮菜并举的方针,大抓粮食、蔬菜、代食品的生产。做好粮食和生产救灾物资的调运,安排好人民生活。做好疾病医疗和卫生防疫工作,保护好耕畜、农具,维护社会稳定。通过调整,粮食紧张局面有所缓解,在一定程度上稳定了民心。

开展“三反”运动。1960 年 5 月 15 日中共中央发出《关于在农村开展“三反”运动的指示》,根据中央和省、地委的要求,聊城市开展了“三反”(反贪污、反浪费、反官僚主义)运动。首先,以党支部为核心,以党团员积极分子为骨干,建立贫农代表组织,通过召开小队长以上的干部会(吸收贫农社员代表参加)、以片(村)或大队为单位的党团员积极分子会、以生产队为单位的群众会,向群众讲清党的政策,发动群众进行摸底,确定依靠、团结、改造、斗争的对象,用摆事实,讲道理,以理服人的方法,组织干部群众进行鸣放,同贪污、浪费、官僚主义和违法乱纪行为作斗争。其次,从利于生产、服务生产的原则出发,在鸣放、批判深透的基础上边整边改,边破边立,使“三同”(同吃、同住、同劳动)、“四到田”(田间学、田间干、田间指挥、田间进行思想斗争)制度化、经常化;破贪污浪费之风,立廉洁奉公、勤俭办社之风,对贪污、挪用、多占的算账兑现;重大问题经党员代表大会或社员代表大会讨论通过。再次,以教育为主,惩办为辅,同一切错误思想和行为进行坚决的斗争,在运动中做好组织处理和组织建设工作。对于犯错误的人,根据情节和态度分别对待,尽可能团结教育大多数,挽救一切可以挽救的人。有错误缺点的立即改正，有贪污行为的交出赃款，轻的免予处分，重的减轻处分。严禁简单粗暴、强迫命令甚至违法乱纪行为的发生。严格财务制度，对弄虚作假造成损失的严肃处理。最后，全市学习吴桥县“二五制”的领导方法，即一周内两天开会学习，五天深入基层参加生产、指导生产。做到狠心下乡、深入工作，狠心学习，狠心减少会议。各级下乡干部扑下身子，当好指挥员、战斗员、饲养员、炊事员、技术员、宣传员、学习辅导员。

加强农业战线。1960 年 8 月，中央决定在保粮保钢的前提下，压缩基本建设战线，加强农业战线。聊城市制定了《关于贯彻执行中央十二项政策的试行草案》，规定：保证农业生产第一线有足够的劳动力，是保证粮食生产的中心，也是坚持三级所有制的基本环节。各机关、工厂、学校、企事业单位采取多项措施，坚决将一切可以压缩的劳动力充实到农业生产第一线，特别是粮食生产上。对于精简回乡生产的劳动力，帮助他们解决实际困难。对现有农村劳动力做好稳定巩固工作。城市、机关、部队、学校、工厂、企事业单位根据农时需要，主动组织人力、工具支援农业生产并作为一项经常的制度固定下来。精简非生产人员、压缩干部补贴工，生产队的正职固定到一个小队参加生产，领导生产。建立健全劳动制度和必要的劳动纪律，改进劳动管理，保证各项生产任务的完成。

纠正“五风”。1960 年 9 月，聊城市制定了干部转变作风的五项规定。规定要求，各级干部深入实际，全心全意为人民服务。为解除群众顾虑，市委提出：任何人不准打击报复，不戴帽子，不抓辫子，允许向上级控诉，对过去因抵抗“五风”被戴上“右倾”帽子的要摘掉并恢复名誉，对鸣放的正确意见接受、不正确的进行解释。上级机关和领导干部带头主动检查，同时充分发动群众，组织强有力的整风队伍帮助检查。以公社为单位召开小组长以上的干部和社员代表会议，通过鸣放，解决公社以上的平调问题，帮助公社一级整风。以生产大队为单位召开非地富反坏分子参加的社员大会或社员代表大会，贯彻十二项政策，解决队一级的平调问题，帮助队整风。运动采取“教育为主，惩办为辅”“惩前毖后，治病救人”的原则，进行了组织建设和组织处理工作。

1960年11月15日，中共中央发出《关于彻底纠正“五风”问题的指示》。聊城市开始重点纠正以“一平二调”为主要内容的“共产风”，带动其他四项歪风的纠正。规定：凡1958年公社成立以来市、市以上各机关和企事业单位向公社和生产队平调的、公社向生产队和生产小队平调的、各级单位向社员个人平调的一切财物必须彻底清理，坚决退回，谁平调的谁偿还，平调谁的退还给谁，并付给相应的租金或折旧费。确实无法退还原物的，应以相同数量质量的实物或作价补偿。无偿调用的劳力给予补偿。对因抵抗“五风”、反对坏人坏事而被戴上“右倾”帽子的，经群众评议、市委审查，摘掉帽子，撤销处分，恢复名誉和职务。清洗党内和干部队伍中的阶级异己分子、蜕化变质分子和其他坏分子，提拔积极分子，对各级粮食保管员、会计、饲养员、炊事员及其他要害部门人员换由积极分子担任。明确人民公社各级组织的管理权限，贯彻三级所有制，加强公社各级党组织的核心，健全民主生活，加强集体领导，纠正党社不分的偏向。通过纠正“五风”，广大干部的思想觉悟、工作水平和工作作风有所提高，党群干群关系更加密切。

开展生产救灾。聊城市地势低洼、易旱易涝，降雨多集中在7～9月，往往是春旱秋涝晚秋再旱。1961年春季大旱、夏季大涝，1962年夏多次降雨。面对自然灾害，聊城市开展了生产救灾运动。

1961年夏，聊城遭遇历年未有的特大涝灾，自6月28日至11月，降雨一二十次，仅大雨暴雨近10次，最大雨量达八九百毫米。秋季作物遭受毁灭性的涝灾，全市受灾面积达85万余亩，占耕地总面积的64%。有的村庄全部淹没，有的被水围困，房屋倒塌，农民生活困难。

1961年麦收后，全市共有困难户27130户，占总户数的25.9%；83463人，占总人数的20.4%。市委抓到小队，公社抓到户，驻队干部和大小队干部分户包干，包困难户的吃、住、穿、烧、钱、病、种七方面。同时派工作组驻困难队，根据困难户的情况，管理与组织他们力所能及的生产。

对物资上确有困难的户给予解决，解决不了的向上反映，市委先后组织661名干部对困难户常年失修的房子进行普查修理。组织231名医务人员巡回治疗，分片包户，对确实贫穷的免费治疗，10个公社麦收后免费治疗病人3066人。同时建立营养食堂178处、疗养院14处，安排病人治疗。

1961年9月5日建立了生产救灾指挥部，下设办公室。部分“口”建立了生活、粮煤代(代食品)调运、医疗、治安、城市生产救灾办公室。指挥部建立后，首先，抓统销发证到户和对老弱孤寡、五保户、饲养员、重病人的口粮补助，发放棉衣，治疗疾病。采用挤、借等方法安置灾民。其次，动员266个余粮队采用等价交换和支援救灾相结合的原则，采取低价支援、以工(物)换物、吃代食品还草、以工代赈等方法支援218个特重灾队。通过运煤、拾柴、由丰收区支援代食品等方法，灾队生活紧张状况有了缓和。最后，发动群众集中力量抢险排水，抢救受灾作物，做好农产品征购入库工作；大种秋菜、寻找野菜；抓代食品；抓饲草和种麦。为解决群众的烧柴问题，市委提出发展红荆条的意见，因其适应性强，碱、沙、高洼地均可种植，且抗灾、抗碱、抗虫，旱涝保收，既能改良土壤，又是副业生产(编筐)的原料，十里营大队在旱涝灾害下种植红荆条就获得了丰收。

1962年7月8日至8月18日，全市连续降雨9次，平均降雨461毫米，受灾作物达85万亩，占总耕地的61.5%。据10月底统计，全市有9250户困难户，群众缺衣少食，无地居住，26042人患有各种疾病，61人流落他乡。

据不完全统计，1961～1962年国家调入粮食3.2万吨、煤炭1.2万吨，发放救济款247万元、救济布90万尺、棉花250吨、医药救济费47万元。1961年9月29日，省委批转省银行关于酌情免收贫农合作基金的贷款，以减轻贫下中农的债务负担，鼓舞生产积极性。地委分配市支援农村人民公社的投资100多万元也用于支援灾区。菏泽地区帮助安置受灾群众5000人。另外，兄弟省市也捐款捐物进行支援。

经过各方面的共同努力，1961年全市粮食总产量3.6万吨，为1960年的44%；棉花总产量100吨(皮棉)，为1960年的3%。1962年全市粮食总产量6.1万吨，为1960年的75%；棉花总产量为725吨(皮棉)，是1961年的7.25倍；花生总产量为205吨，是1961年的1.95倍。灾区群众的口粮得到落实，体质得到恢复，病人减少，耕畜增加，物价稳定，群众生产积极性得到恢复。

整顿人民公社。根据党的八届六中全会要求整顿人民公社的决议，1959年2月聊城市召开扩大会议，提出以思想为纲，生产为中心，生活为条件，以市委第一书记为首的几百名干部下乡帮助整社。对群众普遍关心的算账问题，本着有利于生产、有利于团结、有利于生活和等价交换的原则，由书记、市长带领，组织算账委员会边开会、边算账、边兑现，将市调用公社的物资进行连夜清算并立即全部兑现。在市对公社算账完毕后，公社对管理区，管理区对生产大队，生产大队对生产队，生产队对社员，从上到下一算到底。

在算账兑现后，聊城市实行公社、生产大队、生产队三级管理，确定了314个基本核算单位。基本核算单位确定下来后，将权力下放，确定生产队的部分所有制，根据群众意见，原则上一律恢复原高级社下面的包工包产单位为现在的包工包产单位，明确包工包产单位的权限：规定公社和生产大队不得随意调动，必须抽调的须经生产队同意，过去抽调的应退回，毁坏的应给予赔偿；生产大队向生产队实行“三包”、超产奖励、减产处罚的办法；包工包产单位安排95%以上的土地种植大队布置的作物，3%～5%可机动使用；在完成大队布置的农副业生产任务后合法经营小型副业；生产队可利用零星土地增加收入；生产队全部收入的90%归社员，一部分作为生产队的公积金、公益金。同时，根据群众要求确定包工包产指标：1959年小麦以新包产单位组织收打时，以基本核算单位统一分配，公社和各核算单位之间不准乱调粮食；落实包产指标；实行超产奖励；统一口粮标准，每人每天保证1斤2两；留足种子完成征购任务。根据群众意愿，可回家也可在食堂就餐，供给制与工资制的制度不变，恢复自留地。

经过整顿，有508个队建立责任管理，实行定额考勤记工验收制度；768个队实现了小段计划，作出了生产规划；8个公社实行了“十定”（定人员、定报酬、定头数、定饲养、定膘肥、定积肥、定繁殖、定防疫、定费用、定奖惩）饲养管理；12个公社初步建立起收支核算制度。同时安排好社员口粮，整顿改进食堂工作，实行以人分等定量和饭票制度，节约归己，浪费从工资中扣除，尽力使饭菜多样化，切实安排好社员生活。

1962年七千人大会后，聊城市继续贯彻八字方针，做好调整工作。1962年11月，在侯营公社的杨庄、孙庄、十二里营三个不同类型的大队进行了整社试点。在此基础上，聊城市以大队为单位进行分类排队，对一般队采取全面教育提高、重点解决问题的办法加以整顿。对因“五风”、自然灾害造成的困难队从经济上进行扶持。对落后队市区社组织干部带领业务和支援农业生产的工作组下乡，重点帮助整顿提高。第一，他们挑选领导骨干，加强领导核心，整顿干部作风和基层组织。第二，检查“农业六十条”贯彻情况、集体所有制方面的遗留问题和一些急需解决的问题，解决有关政策的落实情况，找出落后的原因，抓住主要矛盾，尽一切可能帮助落后队和困难队解决生产上的实际困难。第三，建立民主办队、勤俭办队的制度，坚持低标准、瓜菜代的方针，管好冬菜，大种春菜；大搞副业生产和以工代赈工作；逐队逐户安排好社员生活，把有限的粮食真正用到最需要的困难队和困难户身上；从多方面解决群众烧柴问题；贯彻生产自救的方针，树立信心，提高生产和经营管理水平。区社还对生活是否安排落实，“四属”(军属、烈属、工人家属、干部家属)、五保户、困难户是否有缺口，救济粮款物的发放是否合理，有无贪污、浪费、多吃多占现象，党员干部包户制度是否得到执行，副业生产的活动和收入分配情况，计划用粮、节约用粮开展情况等定期检查。

经过整顿，生产取得一定成绩，人民公社集体经济更加巩固。1962年，市内生产总值3000万元，农业总产值1800万元，粮食总产量61060吨，棉花总产量725吨，花生总产205吨。农村社会总产值2170万元。

整顿市社工业。在整顿人民公社的同时，1959年1月聊城市按照“四为三就两主一自”①的方针，办好市社工业。在思想上加强社会主义共产主义教育，使他们认识到工业化的快速发展会促进农业的发展。在生活上关心照顾职工，解除他们的后顾之忧。在生产上继续贯彻“以钢为纲，全面跃进”的方针，发展钢铁、机械和交通运输；加强民主管理，

① “四为”指为农业服务、为群众生活服务、为大工业服务、为出口服务，“三就”指就地取材、就地加工、就地销售，“两主”指小型为主、土法为主，“一自”指自力更生。

贯彻执行党委领导下的厂长负责制；制订计划管理，实行“五定”（定设备、定工时、定产量、定质量、定原料）的管理方法；严格技术管理，降低生产成本，大搞技术革命；改善经营管理；做好财务管理，克服生产中的混乱现象。

随着公社农业体制的改变，公社工业也实行三级管理、三级核算、各计盈亏的办法：规模较大、服务范围较广、生产较固定、技术性较高的由公社举办，规模较小、为本大队服务为主、技术水平较低的由生产大队举办，直接服务于农业生产和人民生活、操作简单、季节性较强的由生产队举办；性质相近的行业采取联合办厂的组织形式，在经营管理方面实行“三统三包六定一奖”①，厂对小组实行“四定一奖”②；在劳动制度方面则根据生产计划调整劳动组织，因事设人，改进工具，提高劳动效率；在计划方面实行定额管理；在财务方面清理债权债务，建立健全资金登记和物资出入仓手续，每月进行盘点，核算成本；在工资福利方面，采用基本工资加奖励的办法。公社工业主要是搞小农具的制造和修理，把人力物力集中到这方面来，不再埋头大型机械和产品的试制；公社工业的产品按商品出售，不准强派，价格按市场价出售。

同时，聊城市规定：(1)各机关、工厂、学校、企事业单位采取措施，停一批不合理的厂矿、可以不办或缓办的项目、两三年内解决不了原料的企业；将部分重工业换为生产日用品的工业，将生产主机的企业转为生产零配件的企业；将“小土群”“小洋群”合并，一业多厂的也适当合并；精简职工，对1958年以后从农村吸收的新工人，没技术的动员回乡生产。(2)使停产半停产企业占用的资金得以利用，利于信贷收支平衡和各部门的协调发展。(3)对企业进行管理和整顿，树立质量第一的观念，发动职工讨论制定产品品种、质量、生产规模、生产方式、福利设施、工人文化程度等规划，通过调查研究改进，再试验再改进，进行训练巩固，建立健全责任制，改进工资奖励制度，实现“思想大发动，工作大检

---

① “三统”指公社、生产大队对直属厂实行统一计划、统一生产分配、统一价格，“三包”指包任务、包资金、包费用；“六定”指定人员、定产量、定质量、定时间、定工具、定利润；“一奖”指超额利润奖。

② “四定”指定工时、定原料、定数量、定质量，“一奖”指超额奖。

查，经验大总结，管理大改进”。(4)缩短文教事业规模，精简行政管理机构，减少职工和城镇人口，动员干部职工家属还乡，妥善安排回乡人员。缩短工业、基建等战线，减少煤炭、电力等燃料和动力的消耗，缓和煤电、运输紧张的状况，减少国家财政开支和货币投放，促进企业改善经营管理，加强经济核算，劳动生产率不断提高，成本不断降低，很多工厂扭亏为盈，积累了资金。工厂、手工业社的生产能力和技术水平进一步增强，提高了产品质量。企业规模趋向合理，进一步扩大了农业生产资料和日用工业品的生产，生产了农业所需的拖拉机、排灌机械配件、各种农具、马车、农药及大量日用品。交通方面，重点加强车辆、船只和公路维护工作，提高设备完好率，提高车船周转率，运输状况有了改善，运输能力有了提高，确保以粮、棉为中心的运输任务的完成，基本保证了城乡物资交流。基本建设方面重点提高房屋、道路、排水工程的质量，按时、按质、按量地完成维修和建设任务，有力地支援了工农业生产。

1962 年 2 月市委发出通知，指出企事业单位多余的职工中，凡 1958 年 1 月后来自农村的新职工，一律精简回乡参加农业生产。领导带头动员亲属回乡，做好精简人员的思想工作，并对精简人员的工资、粮食、户口、劳保福利、副食品和日用品供应等作了详细安排。据统计，仅 1962 年就精简国家职工 3686 人。国家职工的减少，一定程度上减少了粮食销量和资金开支，减轻了市场供应的压力。

恢复发展手工业。城乡人民日常的用具、农具 80％来自手工业，它与群众的生产生活密切相关。因此积极恢复发展手工业，对支援农业十分重要。1962 年 8 月，市委发出关于农村手工业和公社工业的意见，指出农村手工业由公社、市联社领导，农村个体手工业和副业由供销社领导。改变社办工业的体制，生产条件较好的单位可调为市联社领导下的手工业生产合作社(组)，集体参加市联社，单独核算，自负盈亏。其他组织为手工业供销生产社，统一领料交成品，分散或部分集中生产，从业人员既是手工业社员，又是农业社员。对产品灵活多变、流动性强的服务修理行业，允许个体经营，自负盈亏。对砖、瓦、土陶等用劳力多、季节性强的行业组织队队联营，共负盈亏。面粉加工业以核算单位为主兴办。配齐各交通要道、重点集镇手工业生产社领导下的农具、车辆修配网点。重点保留红炉、修配业，恢复传统产品和生产生活急需品生产，增加小农具、日用炊具、家具和小商品的品种和数量。

整顿商业。在对工业进行调整的同时，聊城市对商业也进行了调整。首先，开展以“三清”（清仓、清账、清人员）、“三定”（定点、定人、定制度）、“三收”（收农副产品、收土副产品、收废品）和“三好”（收好、管好、用好）为主要内容的竞赛运动，大力发展工农业、多种经济、副食品（主要是菜和肉）和手工业产品生产，增加商品供应量。合理调整商业网点，合理摆布商品。教育商业工作人员正确宣传、执行党的政策，消除群众紧张心理，缓解市场紧张，保证交换和分配的正常进行。其次，规定了国家计划征购和市场供应紧张的物资，对属国家统购统销的物资，严禁私人买卖贩运，由国家按政策进行购销，对市场紧缺物资尽量不买，如需购买要凭票、证供应。建立物价管委会，对工业商品进行核价，对商品利润的经营管理制度进行调整。做好小商品生产，整顿修补行业，改进组织管理和质量、稳定物价。给商贩换发营业证照，建立市场管理组织，树立为市场服务就是为广大群众服务的观念。最后，整顿财贸机构，规范财贸工作，控制信贷资金的投放，大力组织货币回笼入库。紧缩社会商品购买力，加强税收和企业利润收入。大力压缩行政开支和生产管理费，不准增加各行政机关人员的编制；非生产性基本建设一律停建、不建；发扬艰苦奋斗的优良传统，反对铺张浪费，不准用公款请客送礼；吸收社会闲散资金，大力开展储蓄，支援国家建设。

按照国家、集体、个人三者利益兼顾的原则，对各种农副产品分配采取了统购、派购、议购、换购和奖售等办法，合理确定收购任务和价格，保证了工业生产和城乡人民生活方面的基本需要。为促进副食品生产，贯彻自给性和商品性生产同时并举的方针，合理安排城乡人民消费，保证国家建设需要，对全市主要副食品实行按比例交售的办法，土副产品和手工业产品的种类和数量有所增长、质量有所提高，完成了国家农副产品的收购计划。对农民需要的工业品优先供应农村，通过奖售、换购等办法向国家交售农副产品多的生产队供应较多的工业品。供应农村的生产资料，如化肥、农药、双铧犁、耕畜、农具等大大增加。

生活资料的主要商品供应量多数增加，凭票供应的商品减少，敞开供应的商品增多。食盐、煤油、煤炭、火柴等基本上满足了群众的需要，小胶轮、自行车、力车内外胎、暖水瓶、搪瓷面盆、全胶鞋、闹钟、钢精锅等47种商品取消了票证，敞开供应。加强市场管理，取缔小商小贩的投机贩运，打击违反国家法令、破坏市场秩序的分子，无证商贩大大减少，弃农经商、弃工经商的情况基本扭转。通过国营商业、供销合作社、集市贸易三条渠道，基本上保证了城乡人民生产资料和生活必需品的供应。反对"商品走后门"和乱搞协作运动，加强财经纪律，财政预算执行情况良好，增加了财政收入，压缩了财政开支，收入超过支出，略有节余，购销两旺，库存增加。发放无息贷款帮助生产队解决耕畜、农具及农田水利建设问题。严格控制货币投放，加强货币回笼，使货币流通量恢复正常，稳定了市场物价。

做好清仓核资。清仓核资是国民经济调整工作的重要内容。1962年市委发出关于进一步开展全面彻底清仓核资和处理物资工作的意见，建立清仓核资领导小组和总办公室，下分五个口具体指导。首先在酱菜厂、百货公司、食品经理部搞了试点。其次在试点经验的基础上，对全民所有制单位及基层单位的全民所有制财产进行全面清理，清理固定资产、流动资金、各项基金及债权债务，并重新登记入账。还规定此期间对物资不准非法动用，对清仓核资工作中查出的贪污、盗窃和私分、隐瞒物资等违法乱纪行为进行严肃处理。通过清仓核资，揭发了多吃多占、投机倒把、贪污盗窃分子，摸清了家底，核实了资金。同时建立了制度，改善了经营管理。国家财产得到有效利用，物资潜力得到充分发挥。支援了农业、轻工业市场，保证了生产建设和人民生活的需要。组织了商品的合理分配供应，促进以提高产品质量、增加产品品种、提高劳动生产率、降低原材料消耗为主要内容的增产节约运动的开展，缓和了市场供应紧张的局面。

随着经济关系的调整，政治关系的调整也在进行。1962年4月下旬召开的全国统战会议，提出做好在政治运动中受到伤害的党外人士的甄别平反工作：对于在交心运动中受处分或被错划的右派分子，应一律平反；在"拔白旗""反右倾"中受到批判、处分或戴了帽子的，凡是批判错了或基本错了的都应该平反。凡是平反的,应该恢复原来的工作或者安排其他相当的职务,对他们的家属和子女不要歧视。对中上层党外人士必须逐个甄别,逐个处理。根据中央关于改造右派分子的指示,聊城市做好摘帽右派的工作分配、安置处理,对生活困难的给予合理照顾。这对消除隔阂,增强团结,密切党群干群关系,调动群众的生产积极性,总结党在政治生活方面的教训,健全民主生活,恢复党的优良传统起到一定的促进作用。

第三节 20世纪60年代初期的建设成就

聊城县在1961～1962年遭遇了历史上罕有的涝灾:1961年成灾面积85万亩,其中绝收面积占91%;1962年成灾面积78万亩,其中绝收面积占44%,全县有24万人缺粮吃。在党的领导下,全县人民坚定不移依靠集体开展生产自救、互助互济,辅以国家扶持,取得了生产救灾运动的胜利。实行"种""采""援""副""助""安""治":种——组织群众与土地作斗争,淹了早秋种晚秋,淹了晚秋种萝卜、蔬菜,秋季淹了就种小麦,这样几淹几种,坚持到底,结果丢了粮食收回了萝卜、蔬菜,种上了小麦缩短了灾期,这是生产度荒自力更生的一条根本出路。采——组织群众采集一切代食品,拾柴拾草,向自然界要吃的、烧的、喂的。援——国家和兄弟地区给了我们巨大的支援。副——依靠集体组织起来,大搞副业,增加收入。助——开展群众性的互助互济,发动丰收社队慰问灾区,为灾区安置灾民、寄养牲口、支援代食品,借给种子、口粮等,这种高尚的阶级友爱精神是社会主义巨大优越性的体现。安——全面安排社员生活,本着"先吃自己的,后吃国家的"原则和"低标准,瓜菜代"的方针,重点使用统销粮,逐队逐户安排社员口粮,适当补助和照顾病人、五保户和其他困难户。对穿、烧、住等方面的困难户,集体和国家都进行了安排和解决,保证灾民穿上棉衣,住上房子。治——为灾民防治疾病,充分发挥各级医疗组织和城乡医务人员的作用,保证生产的正常进行。

经过调整,1962年农村劳动力已达到18.4万人,比1960年增加

1500 人，身体状况已基本恢复正常；耕地面积恢复到 142 万亩，比 1960 年增加 3 万亩，由于引黄灌溉引起的土地盐碱化开始好转，不少生产队已着手改造老碱地；大牲畜普遍增膘复壮并开始回升，全县有大牲口 21276 头，比 1960 年差 6000 头；毛猪已达到 21000 头，与 1960 年大体相等，比 1961 年增加 1 万多头；羊比 1960 年增加了 1/3；肥料也相应增加了；主要农具和小农具大量增加，基本上满足了生产的需要；全县农村有各种胶轮车 14447 辆，基本上实现了运输胶轮化；全县已有 71 台拖拉机，机耕面积占总耕地面积的 16%；抗旱排涝的能力有所增强。

工业战线上，为农业直接服务的工厂、手工业社的生产能力和技术力量进一步加强。增加了日用工业品的生产，加强了为生活服务的修配行业，有力地支援了市场。通过技术改进，产品的质量有了很大提高。加强了经济核算，提高了劳动效率，降低了生产成本。

在财贸方面，贯彻执行了“发展生产，保障供给”的方针，通过国营商业、供销合作社、集市贸易三条渠道，基本上保证了城乡人民生产资料和生活必需品的供应，完成了国家农副产品的收购计划，活跃了农村经济，有力地支援了农业生产和生产救灾。生活资料除了穿的以外，多数日用工业品的供应都有所增加，煤油、火柴、食盐、煤炭等主要生活必需品的供应基本上满足了城乡人民的需要。在农副产品的采购上，贯彻了国家、集体、个人三者兼顾的原则，反复对农民进行爱国主义教育，按照政策积极完成了国家分配的任务。猪、羊、禽、蛋等也都完成了国家收购计划。在财政金融工作方面，由于贯彻执行了中央关于加强财政金融集中统一管理的决定，增加了财政收入，压缩了财政开支，严格控制了货币投放，使货币流通量恢复正常，稳定了市场物价。

在文教卫生工作方面，贯彻了“教育为无产阶级政治服务、与劳动生产相结合”的方针，通过调整，缩短了战线，提高了质量。建立工作秩序和完善教学条件，扭转了混乱现象，完成了国家规定的教学计划，教师认真教学，学生刻苦学习的风气逐步树立起来。党对知识分子的政策得到进一步贯彻，知识分子的政治觉悟和工作积极性有了很大提高。卫生工作贯彻了以“预防为主”的方针，围绕生产救灾开展了群众性的防病、治病运动，控制了各种疾病的发生和流行，保证了人民身体健康，支援了生产。

1962 年工业总产值 2200 万元，职工 1.6 万人，年平均工资 470 元，全社会固定资产投资额 100 万元，社会消费品零售总额 3000 万元，预算内地方财政收入 1100 万元，支出 400 万元。银行存款余额 1039 万元，银行贷款余额 5368 万元，城乡居民储蓄存款余额 134 万元。白酒 944 吨，食用植物油 246 吨，发电量 446 万千瓦时。公路客运量 58 万人，货运量15 吨。市内电话 511 部，农村用户电话 148 部。

经过调整，聊城市工农业生产得到恢复和发展，市场供应改善，财政收支平衡，物价稳定，市场繁荣，社会主义建设取得了一定成就。至 1965 年，全县粮食总产 105882 吨，单产 69.08 公斤；棉花总产 6420 吨，单产 20.3 公斤；花生总产 535 吨，单产 48.6 公斤。国内生产总值 5400 万元，人均 108 元。农业总产值 3900 万元，农村社会总产值 4517 万元。工业总产值 3400 万元，职工人数 1.77 万人，职工年平均工资 558 元。全社会固定资产投资总额 300 万元，社会消费品零售总额 3000 万元，预算内地方财政收入 700 万元，支出 500 万元。银行存款余额 1367 万元，银行贷款余额 3250 万元，城乡居民储蓄存款余额 176 万元。白酒 753 吨，食用植物油 1928 吨，发电量 687 万千瓦时。公路客运量 80 万人，货运量 51 万吨。市内电话 512 部，农村电话用户 163 部。普遍中学 8 所，在校生 0.44 万人；小学 1963 所，在校生 3.12 万人。卫生机构 126 个，卫生技术人员 908 人，床位 916 张。

1956～1966 年是中国共产党领导全国人民进行社会主义建设道路的艰辛探索时期，其中充满了曲折，但仍取得了一定成绩。正如《关于建国以来党的若干历史问题的决议》所说的："我们现在赖以进行现代化建设的物质技术基础，很大一部分是这个期间建设起来的；全国经济文化建设等方面的骨干力量和他们的工作经验，大部分也是在这个期间培养和积累起来的。这是这个期间党的工作的主导方面。"第一个五年计划期间（1953～1957 年）成绩显著；第二个五年计划期间（1958～1962 年）由于"大跃进"带来一系列的经济困难，加上 1959～1961 年连续三年严重自然灾害的影响，1961 年聊城市国民经济处于最低点，因此 1963～1965 年的调整具有恢复性质，与第一个五年计划期间并不完全可比。即使如此,农业主要产品中,1957 年粮食总产 112525 吨,棉花总产 4460 吨,花生总产 1710 吨;1965 年粮食总产 105882 吨,棉花总产 6420 吨,花生总产 535 吨。工业主要产品中,1957 年白酒 2016 吨,食用植物油 1711 吨,发电量 126 万千瓦时;1965 年白酒 753 吨,食用植物油 1928 吨,发电量 687 万千瓦时。1957 年工农业总产值 6600 万元,其中农业总产值 3800 万元,工业总产值 2800 万元;1965 年的工农业总产值达到 7300 万元,其中农业总产值 3900 万元,工业总产值 3400 万元。这说明这段时间增长率降低,但有些方面比 1957 年有所提高。

第四节　社会主义教育运动和“五反”运动的开展

1962 年 9 月党的八届十中全会开展了对所谓“黑暗风”“单干风”“翻案风”的批判,指出要进行阶级斗争,进行社会主义教育,在农村以“四清”(清账目、清仓库、清财物、清工分)为主,在城市以“五反”(反行贿、反偷税漏税、反盗骗国家财产、反偷工减料、反盗窃国家经济情报)为主。社会主义教育的十六字方针是“说服教育、洗手洗澡、轻装上阵、团结对敌”,要求团结 95%以上的群众和 95%以上的干部,以阶级斗争为纲,包括五个要点:阶级斗争、社会主义教育、组织贫下中农阶级队伍、“四清”、干部参加集体劳动。1964 年底以后,城乡的社会主义教育一律称“四清”(清政治、清经济、清组织、清思想),取消“五反”的名称,运动的重点是整“党内走资本主义道路的当权派”,成为后来“文化大革命”的主要口号,至 1966 年“文化大革命”时“四清”运动结束。

为贯彻落实党的八届十中全会精神,1962 年 12 月聊城市召开会议,提出对“五风”的破坏及对困难看得过大,对人民公社集体经济的优越性认识不够,助长了“黑暗风”。会议将 1962 年春夏聊城市出现的借地、分地、包产到户、扩大自留地、开小片荒等现象指责为“资本主义倾向(尾巴)”“单干风”。会议认为,分地相当于承认土地私有,使农村所有制退到合作化以前的格局。针对生产队出租集体耕地,个人或几户经营大宗副业,分掉折价入社的树木、耕畜等,有的趁机退社,抗交征购,侵占集体耕地,放高利贷,出租牲畜,租地雇工,有的在劳动分配、自由市场、思想上不关心甚至破坏集体经济，有的买卖宅基、土地等。

会议要求通过分析原因，划清地富反坏分子的破坏与富裕农民资本主义自发倾向的界限，投机奸商、高利贷者、雇工剥削与社员搞的家庭副业、手工业、为生产自救搞的短途运输、小面食业的界限，富裕中农篡夺领导权和未篡夺的界限，工作中的缺点错误和中央政策的界限。

会议讨论了农业决定，明确了党在农业方面的方针政策，即以农业为基础、工业为主导，农业放在首位。对各队普遍存在的问题，发动社员民主讨论决定，严防干部粗暴作风的发生。要求正确处理国家支援、工业支援、兄弟地区支援三者间的关系，讨论了1963年生产计划，并制定了措施。同时，要求建立健全党的组织，整顿干部作风，加强支部工作；改进经营管理，巩固集体经济，发展农业生产。

实际上，包产到户是一种农业生产责任制，原则上坚持了主要生产资料集体所有，突破了“农业六十条”确定的以生产队为基本核算单位的规定，是集体经济的一种经营方式和经营层次。包产到户和分地搞活了农村经济，有利于发展农业生产和改善农民生活，得到了群众拥护。据统计，1397个生产队（占生产队总数的34%）共包产集体耕地79574亩（占总耕地的5.5%）。

社会主义教育运动。1963年3月，聊城县的社会主义教育初步开展。因麦收，社会主义教育工作暂停，麦收后地委、县委在堂邑区进行了试点。1963年10月，堂邑区召开四级干部会议，会议以小组为单位原原本本地学习了“前十条”①，结合本区阶级斗争的事例，进行回忆对比、忆苦思甜，讲村史、家史、血泪史等，揭开了阶级斗争的盖子。会议树立了回忆诉苦、查上当放包袱、退赔、好干部、同阶级敌人斗争的贫农组织（代表）、标兵等各种典型。在他们的带动下，动员全区大小队干部自觉查上当放包袱，洗手洗澡，落实退赔计划。

针对种种思想顾虑，会议号召各级干部自觉放下包袱，指出揭露问题从严，思想检查从严，经济退赔从严，组织处理从宽。过去从宽，今后

---

① “前十条”即1963年5月中共中央下发的《关于目前农村工作中若干问题的决定（草案）》。

从严。坦白从宽，抗拒从严。只要彻底交代，坚决退赔，洗手不干，不论贪污多少，一律不戴贪污分子的帽子，不吃官司，不开斗争会，并且可以继续工作。坚决反对并彻底取缔投机倒把，划清投机倒把与正常集市贸易、正当副业、合法商贩的界限，根据具体情况，原则上该补税的补税，该罚款的罚款。明确指出贪污盗窃、多吃多占、铺张浪费是错误的，坚决反对无偿占有别人的劳动果实。贪污盗窃必须彻底退赔；多吃多占原则上退赔，但要划清与铺张浪费的界限。退赔计划要实事求是，经济退赔折价要合理，侵占谁的退赔给谁。会议印发了划清若干问题具体界限的材料。

民主处理包袱。对政治问题，强调检讨改正，同阶级敌人一刀两断；对打击贫下中农的，当面检讨，登门道歉，直至取得谅解。

四级干部会议后，堂邑区的社会主义教育运动普遍展开。大体分为五个阶段：调查研究，扎根串联，初步教育，初步组织阶级队伍；开展社会主义教育，进行“四清”，解决干部参加劳动问题；开展对敌斗争，处理敌我矛盾；以经营管理为重点，贯彻“农业六十条”，组织生产高潮；进行党员登记和组织建设，建立经常性的政治工作制度。

1963 年 11 月，聊城县召开了四级干部会议，第一批社会主义教育运动展开。会议通过回忆对比，唤起阶级觉悟，揭开阶级斗争的盖子，领导层层带头洗澡放包袱。对包袱进行了民主处理，得到群众谅解。在生产斗争方面，会议总结了 1963 年的经验。针对各类不同地区的特点，选取典型，开展学经验、比条件、查思想、找差距、挖潜力、想措施、订计划的热潮，制订了 1964 年农业生产计划。为将计划落到实处，开展了“五比”（比干劲、比产量、比措施、比贡献、比收入）、“四带头”（带头参加劳动、带头搞科学实验、带头维护集体、带头勤俭节约）竞赛。

会议提出，在科学实验方面实行干部、技术员、老农三结合，先重点实验，然后大片示范，再用全面推广的办法积极推行农业新技术。如侯营区何庄大队研制出“一六〇五”剧毒农药防治地下病虫害的新技术。西舒大队组织干部、技术员、老农 20 多人，选育良种，按照一定的播种规格，采用各种新技术措施，搞科学实验田，1963 年粮食单产 338 斤，籽棉单产 157 斤。县委《1964 年农业科学实验规划》提出，1964 年以提高单位面积产量为中心，以粮、棉为重点，以农业“八字宪法”（水、肥、土、种、密、保、管、工）为具体内容，以旱、涝、碱、虫害为主攻方向，以改造利用涝洼地，打井灌溉，改良土壤，广开肥源，提高肥效，繁殖、推广优良品种，防治主要农作物病虫害，逐步改进耕作栽培技术，繁殖大牲畜，固沙造林和坑塘养殖等普遍性、关键性的农业基建项目为重点进行科学实验。

第一批社会主义教育运动是在县初步进行社会主义教育和地、县委在堂邑区初步试点的基础上，由省、地、县社会主义教育工作队帮助，于1963年11月在侯营、朱老庄两个区进行的。运动大体分为五个阶段：

第一，召开区的四级干部会议，学习两个“十条”①，进行社会主义、国际主义和阶级斗争教育，领会好运动的意义、方针、内容、要点。搞好调查研究，了解农村基层组织、阶级和阶级斗争、阶级队伍组织、干部洗澡和“四清”、干部参加集体劳动、农村思想动态等问题。召开村的党员会、干部会、社员会、地富反坏训话会，原原本本宣读两个“十条”。第二，通过回忆对比唤起阶级觉悟，揭开阶级斗争的盖子。发动贫下中农建立阶级队伍。建立“四清”班子进行“四清”。领导带头洗手洗澡，查上当放包袱。干部带头洗澡与“四清”结合，“四清”班子与发动群众提问题结合，洗澡与退赔结合，退赔要合情合理，实事求是，达到本人、群众、领导都满意。第三，学习对敌斗争的指示精神，区分敌我矛盾和人民内部矛盾两类性质不同的矛盾，发动群众进行对敌斗争，对有破坏活动的地富反坏分子和投机倒把、贪污盗窃分子依法进行处理。第四，贯彻“农业六十条”，开展生产竞赛，组织生产高潮，巩固集体经济。第五，改选公社、大队和生产队的干部，改选贫下中农委员会，整顿党、团、民兵和其他组织，建立健全干部参加集体劳动的制度和各组织的工作制度。

首先，聊城县除堂邑、侯营、朱老庄3个区外，面上9个区用3天的

---

① 两个“十条”即“前十条”和“后十条”。“后十条”指1963年9月中共中央制定的《关于农村社会主义教育运动中一些具体政策的规定（草案）》。

时间原原本本讲解了两个“十条”，使基层干部对运动的意义、方针、政策有了认识，并进行了学习讨论。在学习讨论的过程中，各区组织了回忆诉苦和揭阶级斗争盖子的高潮。其次，各区委和公社党委先洗手洗澡，带头放包袱。为解除顾虑，各区以公社为单位分别召开干部、贫农代表会议，明确以下几条政策：坚决依靠贫下中农，本队重大问题须经贫下中农代表会议讨论决定；对 1963 年 4 月各区召开的扩大干部会议和这次会议上放出的包袱，在本队正式开展运动前主动交代退赔的一般不予处分，错误严重的从轻处理；对 1963 年 4 月各区召开的扩大干部会议中因犯一般错误被停职落选的干部，只要认真检讨、积极退赔，经群众同意仍可安排工作；凡过去在政治上犯的错误经过痛心检讨、保证不犯的，一般可免予处分；1963 年的分配做到“四清”，向群众公布账目，坚决执行“后十条”规定的“七个不准”[①]，违者从严处理；干部必须参加集体生产劳动，家属和群众同样劳动；加强对四类分子的监督和管理，严防各种破坏活动。最后，各区用五六天的时间讨论了生产斗争和科学实验问题。揭开了生产斗争的盖子：领导思想落后，缺乏革命干劲；缺乏改造自然的雄心和勤俭创业的思想；缺乏集体主义思想。以“农业六十条”为标准，揭开财务、生产、劳动、牲畜、种植等经营管理上的盖子，查找原因，研究改进措施。组织生产高潮，巩固集体经济。

会后，社会主义教育运动全面展开。为促进基层干部彻底放下包袱，组织了县、区、社三级干部在对材料进行查证落实的基础上退赔兑现，能一次兑现的就一次兑现，不能一次兑现的就分期兑现。首先是县级，其次是区、社两级进行兑现，县级兑现带动了区、社两级兑现。通过兑现密切了党群干群关系。

针对县、区、社三级干部在生产斗争方面存在的问题进行讨论，通过层层检查、互相揭发，摆事实、找差距、挖根源，一致认为各级干部特别是县、区、社领导干部有脱离群众、脱离实际的官僚主义作风和骄傲自满、故步自封的右倾保守思想。生产斗争方面增产关键抓得不力，缺

---

① “七个不准”即不准多吃多占，不准铺张浪费，不准挪用公款，不准贪污盗窃，不准投机倒把，不准打骂群众，不准违法乱纪。

乏自力更生的精神，不深入只开会，图安逸讲排场，缺乏调查研究，推广经验不从实际出发，不做工作讲求玩乐，缺乏改造自然的雄心、决心和认识。基层领导在生产斗争方面的问题更严重，主要表现为没有勤俭创业的事业心、不顾集体带头单干、劳动没计划、无积肥措施、困难上交、自己不劳动，这些都挫伤了社员的劳动积极性。为此，县委强调贯彻党在农村的阶级路线，依靠贫下中农，一切权力归贫协，明确贫协是群众组织，支部领导贫协不要发号施令；对“四不清”现象要坚决退赔；退赔不仅是经济问题，也是政治问题。对彻底交代、坚决退赔、不再重犯、积极工作的干部可免予处分。对打击贫下中农的3起典型案件做了严肃处理，得到干部和全体贫下中农的积极拥护。

全县的社会主义教育运动对于整顿干部作风，解决集体经济管理方面的问题，起到一定作用。但由于指导思想上“以阶级斗争为纲”使国内政治空气紧张，不少干部和群众受到打击，调整城乡经济的政策未能认真执行。

增产节约和“五反”。1963年3月，中共中央作出“五反”①的指示。4月，聊城县成立了增产节约和“五反”领导小组，分别抓增产节约和“五反”。第一，他们组织全体党员干部集中学习两个“十条”，组织非党干部学习八届十中全会公报、干部参加劳动、密切干群关系等相关课题，在领会文件的精神实质、提高认识的基础上，联系实际写心得体会。第二，培养阶级教育的典型，组织老革命干部、老红军、老工人讲革命斗争史、家史等，激发阶级感情，把本单位、本系统的阶级斗争揭露出来。第三，领导干部在党委或支部内彻底检讨交代自己的问题，查上当、放包袱、民主处理包袱。县委书记孔雨亭带头进行批评与自我批评。对因提意见而受到打击报复的严肃处理，对问题较大的领导干部，处理到群众满意为止。第四，精简机构，克服“五多”（检查多、表格多、文件多、会议多、材料多）现象，解决领导干部蹲点的问题。

针对企业在生产或流通过程中存在的严重浪费国家资财的现象，

---

① “五反”即反对贪污盗窃、反对投机倒把、反对铺张浪费、反对分散主义、反对官僚主义。

聊城县首先进行社会主义教育，树立爱国家、爱集体、学雷锋、争先进的思想。其次，围绕生产建设和经营管理，开展反浪费的大鸣大放运动，将增产节约和加强企业管理相结合。再次，针对鸣放出的问题，以岗位责任制为中心，开展群众性的整改高潮。最后，坚持工商协作，以支援农业生产和市场的生产经营，作为深入开展增产节约运动和整改的标准。制订逐月的增产节约计划和措施，并落实到组、店、人，掀起比、学、赶、帮，开展争做“五好企业”[①]和“五好工人”[②]活动。增产节约和“五反”运动的开展，达到了扭亏为盈、提高工效的目的，干部参加劳动经常化制度化。

商业部门开展的增产节约和“五反”运动，树立了领导核心，树立了全局观念，端正了干部职工服务生产、服务消费、巩固和发展集体经济、巩固工农联盟的思想，形成了勤俭办企业的良好氛围，争先进、学先进的风气初步形成，各商业部门均完成或超额完成计划指标。同时建立健全了各项制度，促进了商业的健康发展。

第五节　“文化大革命”时期的曲折发展

1966 年，正当国民经济的调整基本完成，国家开始执行第三个五年计划的时候，“文化大革命”爆发了。

面对全县混乱局面，聊城县委和多数公社的领导同志仍然坚持工作。县委千方百计召开公社、县直部门、单位负责人会议，要求各级领导干部正确对待群众，大胆领导群众运动，敢于抓经济工作。县委对违反“农业六十条”有关政策问题提出指示意见：一律不准随便合并生产队，已经合并的，要立即恢复生产队建制；社员的自留地，一定要按照“农业六十条”政策规定执行，已收归集体的，要重新分给社员，保证长期不变；严格控制占用好耕地兴建集体和个人建设；社、队副业生产都

---

① “五好企业”指政治工作好、完成计划好、企业管理好、生活管理好、干部作风好的企业。

② “五好工人”指政治思想好、完成任务好、遵守纪律好、经常学习好、团结互助好的工人。

必须节约劳力，不准过多占用，更不准再出现平调现象。10月，县委召开了各区委书记和有关部门负责人参加的会议。要求集中力量，突出重点，适时种足种好小麦，掀起以冬建、冬翻、冬灌为中心的生产运动高潮。这年全县战胜了特大旱灾，农业取得了好收成。

为支援内地建设，聊城县委、县人委积极协助配合国家做好内迁到本县境内企业的安置工作。9月份，青岛内燃机厂将部分人员、设备搬来聊城建立分厂，定名为“青岛内燃机厂聊城分厂”，后改名为“聊城内燃机厂”，主要生产“鲁西”牌12马力柴油机；同时，烟台钟表厂军工车间迁到聊城，后改名为“聊城手表厂”，生产“泰山”牌手表；10月份，青岛车辆厂迁来部分设备筹建了“青岛车辆厂聊城分厂”，后定名为“聊城运输机械厂”，主要生产人力地排车；青岛电机厂也来聊城建立分厂，后改名为“聊城电机厂”；1966年，山东省卫生厅下属新华医疗器械厂在聊城筹建医疗器械厂，定名为“山东医疗器械厂”。在筹建这些企业的过程中，聊城县委、县人委在政治环境极为困难的情况下，对搬迁企业的用地、科技人员及家属的生活安置等方面提供了最大限度的服务和便利。这批工厂企业的建立，为聊城地区特别是聊城县的经济建设增添了活力，成为全县乃至全地区的骨干企业，促进了工农业的发展。

“农业学大寨。”1968年12月，县革委要求以区、社、大队为单位，分期分批到大寨参观学习。通过学习，全县抓了如下几方面的工作：一是大力宣传学习大寨人爱国家、爱集体、艰苦奋斗的革命精神，提倡工作不讲条件、劳动不计报酬的共产主义风格。具体在劳动管理上推行“大寨工分”，废除小包工，劳动定额可有可无。二是在收益分配上，强调为国家多作贡献，强调集体积累。三是自留地归队管理、经营，以解决公私农活的矛盾。与此同时，开展“斗私批修”。“斗私批修”涉及方方面面，被列入了“革命大批判”的范围，包括农民干活讲条件、劳动讲报酬、对推行“大寨工分”有抵触、工分挂帅、干集体活不出力、自留地里下功夫、家庭饲养不服从限禁、从事小商业活动等。

在开展的“农业学大寨”活动中，也涌现了一批先进单位和个人，西王公社西王大队和堂邑公社宁庄大队就是其中的代表。西王和宁庄都是土地瘠薄、十年九灾的穷村子，虽然地少、人少、条件差，但这两个大队的贫下中农自力更生、战天斗地、改造沙碱，粮食棉花产量逐年上升，对国家作出了贡献。

西王大队1965年粮食亩产221斤、棉花62斤，1969年粮食亩产达到752斤、棉花166斤，5年向国家贡献粮食12万斤、棉花15.24万斤。村支部书记张玉玺于1970年出席了省“农业学大寨”积极分子代表大会，被授予“农业学大寨”积极分子。

宁庄大队1965年粮食亩产460斤、棉花30斤，1968年粮食亩产达到585斤、棉花177斤，每人平均每年向国家贡献皮棉11斤。宁庄村地处堂邑东北，有常庄和宁庄两个自然村，该村是沙土地，适于种植棉花，但过去种的紫棉花产量低，绒毛短，也没有喷雾器防治病虫害。为了攻克技术难题，提高棉花的质量和产量，做到科学种棉，村支书宁兆恒决定请在外教学的弟弟宁兆风(后任本村党支部副书记)回家，带领支部一班人及党团员到外地参观学习，回来后刻苦钻研种棉技术。为了培育优良品种，他们白天下地劳动，晚上开会研究。功夫不负有心人，终于在宁兆风等人的摸索创造下，他们在本村建立了棉花试验田，没有地膜，他们就在试验田周围围起了一圈玉米秸秆，以保证温度。同时，从大田中选出植株粗壮、结铃性强的单株培育，进行单株、株行、株系三圃试验，搞营养钵，搞提纯复壮试验，集中育苗，结果使棉花提前半个月成熟，减少了霜后花，提高了产量、质量。全村300多亩棉花地成为棉花基地，所产棉种调往各地，全村成年男女劳力都能在棉花技术上进行指导，曾向汶上、东阿、阳谷派出20多名技术人员指导外地的棉花生产，为农业增产和农民增收作出了突出贡献。在没有喷雾器的情况下，为了防治蚜虫，他们就土法上马，用酒瓶子绑上麻，缓释滴药。在全村群众的努力下，在村里不断总结棉花种植经验、重视密植的情况下，加之后来聊城县派来了技术指导员，帮助解决肥料的问题，使棉花连年大丰收，宁庄村成为全省粮棉生产先进单位，受到省、地、县各级领导的赞誉。原聊城地委书记牟玉田曾说，宁庄村是鲁西北棉花的一面旗帜，在山东省也是比较先进的，是“棉区大寨”。

因工作出色，1965年宁兆恒被中共山东省委、省政府授予“山东省劳动模范”称号，时任山东省委书记白如冰、苏毅然，时任济南军区司令员杨得志都曾到过宁庄村，慰问宁兆恒。1966 年，宁兆恒被国务院授予“全国劳动模范”称号，到北京参加国庆观礼，受到毛泽东主席和周恩来总理的接见，周总理与他亲切握手，感谢他为农村建设作出的突出贡献。

1969 年 4 月，中国共产党第九次全国代表大会在北京召开，大会提出了“狠抓革命，猛促生产，完成和超额完成发展国民经济的计划”。县革委多次召开会议，学习研究促进国民经济发展的措施。坚持按劳分配的原则，反对平均主义。不得无偿调用生产队的劳力、生产资料和其他物资，不得加重社员负担。在劳动计酬上，打破“4 晌 8 分”“5 晌 10 分”的死分死记现象，按照社员劳动的数量和质量付给合理的报酬，不论男女老少，不论干部和社员，一律同工同酬。大力提倡底分活评、定额管理与评工记分相结合，大寨式的标准工分，自报公议记工法三种劳动计酬办法。按照“三级所有，队为基础”的核算规定，大部分大队推行了底分活评的记分方法，少数大队实行定额包工与底分活评相结合和大寨式记工法，严格区分定额包工、生产责任制同包产到户的界限。划清按劳取酬、多劳多得与“工分挂帅”的界限，鼓励适当的奖励和开展正当的家庭副业。正确处理国家征购、集体积累与社员分配之间的关系，保证国家、集体、个人三方面的利益。

在公共积累上，规定人民公社在生产发展的基础上，逐步增加积累，但不能积累过多。针对有些大队分配过低的问题，认真贯彻“要尽可能使农民能够在正常年景下，从增加生产中逐步增加个人收入”的指示，对生产发展较快、收入水平提高的社队，社员讨论通过后，适当提高公共积累的比例。公积金的扣留控制在可分配总收入的 3%～5%，少数收入水平高的队适当多留。社员分配部分控制在总收入的 55%～60%。大型农机具的折旧费在分配时扣留出来，方法是按固定财产每年提取 6%～8%，并专项储存折旧费，以备购置新的农机具。继续实行基本口粮和按劳动工分分配口粮的办法，一般采用“人七劳三”的分配方法。

在抓好分配政策兑现的同时，结合实际情况，认真抓好以下政策的落实。一是体制政策。认真执行“三级所有，队为基础”的基本核算政策。二是养猪积肥政策。认真贯彻“队繁队养”“自繁自养”的方针，积极发展集体养猪，每个生产队喂养 3～5 头母猪。鼓励社员养猪，1973

年养猪15万头,每户平均一头半。按照“斤猪斤粮”的办法分给饲料和适当数量的粗饲料。对社员养猪积的肥料,按质论价,给予合理报酬。积极繁育推广优良品种,严禁宰杀母猪。帮助生产队大力汇集青、干饲料,队队建起饲料棚,帮助生产队搞好防疫工作。在抓好养猪事业的同时,积极发展大牲畜和养羊养鸡养兔等副业生产。三是林木政策。严格按照有关规定,不准擅自毁树种田、搞副业、放牛羊;社员在房前屋后或者是生产队指定的其他地方栽的树,实行谁栽谁有的政策,不允许以任何借口没收社员的树木;已经实行的林木确权发证,不得随意宣布无效。四是有关副业政策和节约耕地政策。在搞好粮食生产的前提下,积极地、有计划地发展多种经营。不能把政策允许的多种经营当作资本主义倾向来批判。由生产队统一组织的“三匠”(铁匠、木匠、瓦匠)和其他串乡经营的小手工业者获得的收入归集体,生产队给予合理记工和补贴。鼓励社员利用业余时间发展家庭副业。坚持少花钱多办事的原则,反对铺张浪费,严格按规章制度办事,厉行节约,紧缩开支。优待和照顾好“四属”、五保户和困难户。搞好大队经营收入的分配管理,提高社员生活水平。农村各项经济政策的落实,调动了农民发展生产的积极性。

各公社大搞农田水利建设,全县生产大队904个,生产队3893个,截至1972年,共打机井857眼,实现了每小队一眼机井的计划。对新井进行了合理布置,深、中、浅结合,加强了管理维修,充分发挥其效益,积极发展浇灌,搞好配套工程和坑塘改造蓄水工作,把井灌、河灌结合起来。做好改碱工程,按照浅水压、深沟排、三淋盐的方法,排灌路线结合,做到沟沟畅通。大搞深翻改土、平整土地,大造土杂肥等。实行科学种田,全县普遍建立健全生产小队“三结合”的科研小组,种好种子田、实验田、丰产田,出现了不少先进单位,如道口铺公社的苏楼大队实验田培育的玉米优良品种——“聊三1号”“聊三2号”,亩产超过千斤,不但为全县提供了优良品种,而且对提高周边地区粮食产量起到了促进作用。在严重旱涝灾害的情况下,1971年聊城县棉花产量达到1630万斤,比1965年增长27%;粮食产量达到2.9亿斤,比1965年增长13%。

大力开展植树造林,1970年全县造林7000亩,春季完成5000亩,育苗 1.5 万亩，四旁植树 500 万株，栽植条林 1200 万墩。河道绿化后树木分配采取沿河公社分段自种自管，收入由国家和集体按比例分配的方法。1971 年，聊城县革委生产指挥部《关于调整农业税负担和核实土地的通知》指出，农业税继续执行增产不增税的政策，在税收总额不变的原则下，对本地区负担畸轻畸重的作出必要的调整。通过调整，使农业负担达到平衡。聊城县革委还解决了于集公社东西太平等队沉沙池占地问题，社员交口称赞。

工业企业。在毛泽东主席提出的"农业的根本出路在于机械化"①这一科学论断的指引下，聊城县农业机械化水平有了很大提高，农业机械制造和修配力量得到加强。至 1972 年底，全县共有内燃机 3631 台，高压线路 292 公里，低压线路 479 公里，机井电机 1461 台，水泵 3703 台，扬水站 105 处，拖拉机 106 台，另有粉碎机、磨石机、碾米机共 2532 台。

全县三级修造网得到迅速发展，截至 1973 年，全县 19 个公社有 29 个农机修造厂，基本配齐铅、锤、翻砂、电焊、气焊等设备，大队建起修配组 94 个，基本上达到了"小修不出队，中修不出社，大修不出县"的要求。1973 年 1 月，县农机电力局、工业局组织了支农领导小组，抓住冬闲有利时机，由县委分管领导带队，选调 20 名干部带领县社 228 名技术工人，深入到田间、河边、机房，采取队队改、台台查的办法，对全部农业机械进了检修。聊城县通用机械厂在完成空气锤任务的前提下，积极承担了大面积粉碎机的生产任务。闫寺铁厂把 3.5 马力汽油机改为柴油机，降低了成本。斗虎屯任堂大队司机张文武开的 2105 型柴油机 11 年来仅外修一次，机器状态良好。张炉集公社某大队的 185 型柴油机正常使用达 4 年之久，仅换过一次活塞环。三级修配网，在农业生产中发挥了重大作用。

在工业交通战线上，县革委对一些搞派性的企业基层领导班子进行了调整充实。在此基础上，广大职工以大庆为榜样，高举"鞍钢宪法"

---

① 《毛泽东文集》第 8 卷，人民出版社 1999 年版，第 49 页。

旗帜，积极发展以“五小”[①]为主要内容的地方工业。启用一些“文化大革命”中被废弃的企业管理制度，如产品检验制度、上下班交接制度、操作制度和岗位责任制等，开展了以提高产品质量为重点的增产节约运动，使产品产量不断提高，原料消耗不断下降，新技术、新工艺、新产品不断涌现，支农产品大量增加。

县中小企业在开展技术创新的同时，注重保护和改善环境，减少城乡污染。聊城制砖厂一年消化工业废渣1万吨，烧砖3000万块，节约煤炭2000多吨，少占良田20余亩。城关镇公社利民大队本着勤俭办社的方针，大胆试验，反复试验，先后采取热压冷压操作工序，两年就给国家加工铁块2250吨。聊城县造纸厂为了节约煤炭，减少对空气的污染，给烟灶安装了接地的除尘设施，每天回收煤粉两吨左右。聊城县皮革厂为了解决废水污染良田，改革了酶法制革的工艺规程，初见成效。聊城县电机厂电镀车间的废水，含铬212毫克，经过处理，使铬含量符合国家标准。聊城县酒厂、肉食加工厂、东风池几处的废水、污水也都进行了有效处理。

建立农村合作医疗。根据毛泽东主席“把医疗卫生工作的重点放到农村去”[②]的指示，县革委把建立和推广农村合作医疗确定为全县农村卫生工作的重点。1971年6月，县革委召开农村卫生革命座谈会。会议认为全县农村卫生革命的主要方向是“大力培养‘赤脚医生’，推行合作医疗制度，建立农村医疗卫生网”，逐步做到“小病不出大队，大病不出公社，疑难病症不出县”。是年，全县建起大队合作医疗室718处，占生产大队总数的79.42%，“赤脚医生”队伍发展到1077人，平均每个医疗室1.5人。农村看病难的问题得到缓解，基本上达到村村有医有药。县革委要求县直医疗单位除负责培训“赤脚医生”外，还引导和鼓励“赤脚医生”边生产边学习、互教互学。“赤脚医生”的主要工作为服务社员防病治病，开展计划生育，普及新法接生，进行种植、采、酿、制造药材等。

---

① “五小”指小化肥、小农药、小水泥、小农机、小水电。

② 《建国以来毛泽东文稿》第11册，中央文献出版社1996年版，第387页。

为了进一步推广和办好农村合作医疗，1971 年 9 月，将 64 个公社卫生院的 222 人下放到大队当“赤脚医生”，并合理解决其报酬。基层卫生组织虽几经撤并，但仍有较大发展，各公社卫生院相继建立，设备几度更新，技术不断提高，常见病、多发病均可医治。全县农村合作医疗和“赤脚医生”制度的发展和逐步改进，直接推动了农村各项卫生事业的发展，为缓解当时农村缺医少药的局面提供了方便。

经过近两年的调整，聊城县的国民经济发展势头良好。1972 年，虽然全县受灾面积达 255 平方公里，但全县粮食单产依然达到 274 斤、总产达到 17034.58 万斤，单产和总产分别比 1971 年增加 19 斤和 754.58 万斤。棉花单产皮棉 43 斤、总产 10.05 万担，单产和总产与 1971 年基本持平。多种经营、副业生产有了较大发展。1972 年，全县全年农村人均收益分配 42 元，比 1970 年增加 11 元。工业生产也有了较大发展。全县完成工业总产值 3014.55 万元，比 1971 年增加 222.98 万元，比 1970 年增加 564.85 万元。1973 年全县工农业总产值 30853 万元，比 1971 年增长 29.8%，其中工业总产值 13301 万元，比 1971 年增长 52.9%。全县的 41 万多亩棉花，1973 年亩产皮棉 38.5 公斤，比 1971 年增长了 54%。1973 年，全县财政收入 4503 万元，比 1971 年增长了 11%。1973 年全县农村人均收入 102 元，比 1971 年增长了 15.9%。

整顿工农业。从 1975 年 7 月开始，邓小平主持中央的日常工作。在毛泽东的支持下，整顿工作全面展开。整风的同时突出抓了党组织整顿这个中心环节，对“软、散、懒”的领导班子进行整顿。对各级领导班子进行合理调整，实行老、中、青三结合的原则，选拔了一批中青年干部，调整充实到各级领导班子。落实党的干部政策，对清理阶级队伍、“一打三反”①、整党建党中的遗留问题，按照有关政策认真复核和纠正，并积极落实到人，维护安定团结的良好局面。

1975 年 9 月 15 日至 10 月 19 日，国务院先后在山西省昔阳县和北京市召开了全国“农业学大寨”会议。会议要求到 1980 年全国 1/3 以上

---

① “一打三反”指“文化大革命”期间开展的打击现行反革命活动，反对贪污盗窃、投机倒把、铺张浪费的政治运动。

的县建成大寨县，基本实现农业机械化。聊城县委代理书记杜传钧参加了会议。回聊城后，立即在全县层层召开会议，传达中央会议精神。杜传钧代表县委作了题为《紧张地动员起来，为在五年内建成大寨县而奋斗》的报告，要求扎扎实实做好工作。第一，立即掀起大学习、大宣传、大落实全国“农业学大寨”会议精神的热潮；第二，深入进行党的基本路线教育；第三，搞好县委整风，解决县委革命化的问题；第四，坚持总路线，大搞农田基本建设；第五，抽调干部深入基层，加强农业第一线；第六，牢固树立以农业为基础的思想，把各行各业、各部门的工作切实纳入建成大寨县的轨道，各个方面的力量都组织到运动中来。会后全县抽调数百名干部组成“农业学大寨”工作队，帮助社、队进行整顿，开展教育，大搞农田基本建设，开展“大养猪”活动，指出猪多肥多、肥多粮多。要求各机关、工厂、学校和农村大队、生产队都要保证一人一猪。县委大搞试点，组织参观，从而在全县掀起了建大圈、建好圈、多建圈、多养猪的热潮，形成了猪倌进城、夹道欢迎、披红戴花、养猪光荣的局面。加之按照国家规定发给奖售物资，生产队实行斤猪斤粮及现金奖励等政策，从而有力地调动了干部群众养猪的积极性，全县猪饲养量由7万多头发展到30多万头，存养量27万头。

在全县掀起的养猪高潮中，大张公社糖坊村党支部副书记、妇女主任李兰芳在党支部的大力支持下，冲破旧的传统观念，组织了九姑娘专业小组，她们吃住在猪场，三年为集体养猪800多头，为群众提供仔猪300多头，向国家贡献肥猪300多头，为集体积肥10万多斤，建成地、县养猪先进单位。李兰芳因此参加了地区养猪先进单位报告团，分别在11个县作了经验介绍，荣获省青年积极分子代表大会证章一枚，1978年出席了中国共产主义青年团第十次全国代表大会，为全县赢得了荣誉。

在整顿农业的同时，根据邓小平提出的“必须建立一个坚强的领导班子，必须坚决同派性作斗争，必须认真落实政策，必须建立必要的规章制度”①的指示，聊城县委在全县工交系统开展了“走大庆道路，学铁人精神”的群众活动。县委要求工业企业开展“工业学大庆”活动，以

---

① 参见《邓小平文选》第2卷，人民出版社1994年版，第8～11页。

“铁人”王进喜为榜样，对照自己找差距，提出具体的奋斗目标，制定切实可行的措施，开展帮学活动，大干快上，争取超额完成任务。

聊城县委、县革委召开“工业学大庆”会议，全县工业、交通、农机、商业、粮食、供销等部门负责人，县直属工交企业党支部成员和部分车间班组负责人，公社分管工业生产的负责人，以及县直机关和企事业单位部分干部职工3000余人参加了会议。会议要求，必须建立健全规章制度，严肃组织纪律性，切实整顿和克服规章制度不健全、管理混乱、纪律松弛、骄傲自满、重数量轻质量等问题，要求各单位大搞技术革命和技术革新，挖掘生产潜力，多快好省地发展工业生产，全面完成和超额完成工业产值年度计划。财贸战线要转变观念，为工农业生产提供良好服务，加快资金周转，把有限的资金用到工农业急需上，切实搞好生产资料和生活资料的供应。交通、文教、卫生等单位，积极从人力、物力等方面大力支援工农业生产，确保年度计划的实现。

经过整顿，全县的形势日趋好转，1975年全县国内生产总值达到1.23亿元，工农业总产值2.17亿元，其中农业总产值0.89亿元，工业总产值1.28亿元。

“文化大革命”期间，全县的国民经济发展受到较大的干扰破坏，但全县依然尽最大努力进行生产，成立了增产节约领导小组，降低煤、电和原材料的消耗，狠抓产品质量、降低废品，清仓查库、变死物为活物，抓加工改制、修旧利废和节约代用。全县以调整工业布局为重点，加大轻纺、电子工业投资的比例，组建新的经济联合体，选拔一批科技人员充实到各级领导岗位。围绕产品升级问题，制定了包括技术管理、产品设计、生产工艺、设备管理和维修、理化计量、质量管理、文明生产等检查验收标准。1976年，撤销农机电管理办公室，建立县机械电力工业局，下辖农机修造厂、拖内配件厂、轴承厂、电厂、供电公司、通用机械厂、标准件厂、阀门厂、粉末冶金厂、弹簧厂10个企业。在乡镇工业不断壮大的基础上，当年成立了社队企业局筹建小组，筹建社队企业。1977年5月，正式成立聊城县公社工业局，管理乡镇工业。

第九章
在徘徊中前进,为实现伟大历史转折创造条件

从粉碎“四人帮”反党集团到党的十一届三中全会召开的两年多时间内,聊城县委带领广大党员干部群众,进行了深入的揭、批、查“四人帮”运动,清查与其有牵连的人和事,摧毁其帮派体系。深入开展关于真理标准问题的大讨论,端正党的思想路线。平反纠正冤假错案,解决历史遗留问题。以上措施为各项工作的顺利开展奠定了良好的基础。

第一节　揭、批、查“四人帮”与开展“双打”

揭、批、查“四人帮”运动。1976年12月,党中央决定,在全国范围内开展揭、批、查“四人帮”运动,揭发、批判、清查“四人帮”的罪行及与“四人帮”有牵连的人和事。根据中央指示精神和省、地委的部署,聊城县委领导人民群众,开展了揭、批、查“四人帮”运动。运动分三个阶段进行:

第一阶段是从1976年10月到1977年3月,主要是揭发、批判“四人帮”反革命集团阴谋篡党夺权的罪行,清查其在聊城县的帮派体系。1976年10月,中共中央〔1976〕15号、16号文件传达以后,聊城县群众集会游行,各级党组织带领广大党员、干部和群众认真学习讨论,各单位召开声讨、揭发批判会,揭发、批判、清算“四人帮”反革命集团的罪行。12月10日,中共中央将《王洪文、张春桥、江青、姚文元反党集团罪证(材料之一)》下发全党和全国人民。全县迅速掀起了揭发和批判“四

人帮”篡党夺权和祸国殃民反革命罪行的浪潮。在全县点名批判了跟随“四人帮”干了大量坏事的部分干部，打击了邪气，伸张了正气，干部群众人心大快，扬眉吐气。

第二阶段是从1977年3月至9月，肃清其流毒和影响。1977年3月6日，中共中央下发了《王洪文、张春桥、江青、姚文元反党集团罪证（材料之二）》。1977年5月5日至12日，全县召开了县、社党委书记会议，参加会议的还有地直各部委、办、局和省、地“农业学大寨”工作团的负责人，共200余人。会议联系实际，揭批“四人帮”和总结转变领导作风、开展社会主义劳动竞赛等方面的经验。会议对前段揭批“四人帮”的情况进行了分析，介绍了聊城县北杨集公社等单位敢于发动群众、敢于联系实际揭发批判的情况。

第三阶段是从1977年9月至1978年12月，批判“四人帮”反革命集团的政治纲领、谬论和极左路线。1977年9月23日，中共中央下发《王洪文、张春桥、江青、姚文元反党集团罪证（材料之三）》，系统批判了“四人帮”炮制的“老干部是民主派，民主派就是走资派”的反革命政治纲领。11月29日，聊城召开了地、县揭批“四人帮”反革命罪行大会，全区、各县、社设了分会场。地、县、社各个部、委、办、局的一、二把手都亲自传达宣讲文件，带头揭发批判。地、县、社三级共培训骨干17000多人。全面展开对《王洪文、张春桥、江青、姚文元反党集团罪证（材料之三）》的宣讲工作，保证党的路线、方针、政策贯彻执行。

经过揭批“四人帮”及其党羽的罪行运动，全县人民群众的思想政治觉悟和辨别是非的能力大大提高，对当时统一思想、稳定局势起了重要作用，也为以后全县全面拨乱反正奠定了思想基础。

开展“双打”斗争。1977年，省委要求全省各地“要放手发动群众，打一场打击阶级敌人破坏活动、打击资本主义势力的人民战争”。9月13日，聊城县委召开常委会，传达学习省委50号文件。随后召开公社书记会和广播大会，动员学习文件。

1977年9月下旬，聊城县成立“双打”办公室，组织了专门班子进行排查摸底，搞试点。11月作了全面开展“双打”斗争的部署。1978年上半年以揭批“四人帮”斗争为纲，集中力量、全党动员、城乡结合，大打人民战争。在各级党委的领导下，很快掀起了群众性大检举、大揭发、大批判的高潮。主要做法是：(1)党委重视，加强领导，各级党委加强对"双打"斗争的领导，抓领导班子的"三落实"。第一，思想落实。反复组织领导成员学习有关文件，提高对搞好"双打"斗争重要意义的认识。第二，组织落实。一把手亲自抓，分管书记靠上抓，组织办事机构 1085 个，领导成员 4341 名，办事人员 5210 名。第三，任务落实。凡是有"双打"对象的单位，都有领导靠，有班子抓，后期突出抓了材料的核实和定案处理。(2)放手发动群众和组织骨干力量相结合。在运动初期，采用多种形式，向群众大讲开展"双打"斗争的重要意义和政策，明确目的要求，在普遍发动的基础上，培训骨干 5200 名。对列入"双打"的 67 名重点对象，根据群众揭发的材料进行了内查外调，该肯定的肯定，该否定的否定，都取得了证据。(3)狠抓定案处理。在定案处理中坚持"三敢"：第一，敢于听取被审查人的申诉。对来信来访提出的问题，组织有关部门进行复查核对，错的予以纠正。第二，敢于去掉水分。对原定的"双打"对象进行全面排查。第三，敢于肯定。对于需要定案处理的 144 人，坚持原则，实事求是，逐个做出结论，进行了处理。(4)认真贯彻执行党的政策。在开展"双打"斗争中，始终注意严格区分和正确处理两类不同性质的矛盾，重证据，重调查研究，严禁逼供信，抗拒从严，坦白从宽，批判从严，组织处理从宽，坚持晚处理、冷处理，经济上退赔也做到了合情合理。

第二节　国民经济与社会各项事业的初步恢复和发展

随着全国形势好转，县委对领导班子进行了充实调整，实现了"老、中、青"三结合的局面。同时，全县深入开展了"农业学大寨，工业学大庆"的群众运动，各行各业发生了很大变化，取得了显著成绩，全县抓纲治国初见成效。

农业方面。特别是农业生产，战胜了旱、涝、风、雹、虫、草等多种自然灾害，粮棉产量都创造了历史新水平。如西王、宁庄两个大队，棉花单产达到 200 斤以上，出现了一批新的粮棉产量上"纲要"(粮食亩产

400 斤)、过“黄河”(粮食亩产 500 斤)、跨“长江”(粮食亩产 800 斤)的先进典型。如许营公社许营大队,斗河碱、战旱涝,粮棉生产双跃进,粮食单产达 800 斤以上,亩产皮棉达 170 斤。

1973 年 7 月 22 日,沙镇、郑家、张炉集几个公社遭受雹灾,耕地面积 55120 亩,成灾面积达 45142 亩。冰雹之后,又降暴雨,雨量达 100 毫米。县委集中一切人力,及时进行扶苗、培土、中耕返肥,迅速战胜灾害,夺回损失。

党中央提出,到 1980 年,全国三分之一以上的县要建成大寨县,其他县也都建成更多的大寨式的社队。根据这个要求,全县要在 1978 年建成大寨县,此后每年全县都要建成一批大寨式的社队。全县 19 处公社、904 个大队,要求 1976 年建成 3 个大寨社,20%的大队成为学大寨的先进单位;1977 年建成 7 个大寨社,50%的大队跃进学大寨的先进行列;1978 年全县大寨式的社、队要达到 80%左右。建设大寨县的 6 条标准,也是建设大寨式社队的标准。各级都要根据 6 条标准,按照县委的要求,充分发动群众,定出当年的规划和 3 年、5 年的奋斗目标。规划的实施情况,每季向县委作一次汇报,年中进行交流,年底检查评比。每建成一个学大寨的先进社队,都要由县委认真考核验收。建设大寨县,县委是关键。县委 11 名常委,除留 2 名在机关抓面上的工作外,其余 9 名全部深入基层,没有要事不回机关,蹲好一个点,带好一个社,坚持参加集体生产劳动,做能文能武的庄稼汉、“农业学大寨”的带头人。县委委员每年要轮流到后进大村队当一个月的社员,做到同群众一起流大汗,一起拼命干,保证劳动 100 天。同时,公社干部要保证劳动 200 天,大队干部劳动 300 天。要精简会议,保证干部有更多的时间深入下去,参加劳动,调查研究,解决问题,做好工作。

1977 年是发展国民经济第五个五年计划的重要一年,也是苦战 3 年把聊城建成大寨县的关键一年,小麦生产在粮食生产中占有极重要的地位,把小麦生产搞上去,不仅有利于加速把全县建成大寨县,保证全年粮食生产计划实现,而且对于巩固和加强无产阶级专政具有重大的意义。聊城县委于 1977 年 2 月制定了《聊城县 1977～1980 年农业发展规划》。1977 年计划种植小麦面积 60 万亩,单产突破 400 斤,比去年每亩增加150斤。全县79万亩粮田，1977年亩产要达到500斤、争取600斤，1980年达到800斤。27万亩棉花，1977年亩产要达到80斤、争取100斤，1980年达到120斤。各社队粮食亩产要在1976年的基础上，每年增产100斤以上，棉花要在1975年的基础上每年增产15斤以上，其他农作物也要努力提高产量。1977年增打机井1500眼、配套2000眼，1980年达到100亩地1眼井。沿马颊河、徒骇河两岸，增设扬水站，努力扩大灌溉面积。进一步搞好大面积的小麦丰产方。县委建立了包括朱老庄、城镇、西王、道口铺、闫寺、堂邑六个公社共17万亩的大方，其他各社都建1万亩的大方，总计30万亩，单产均要达到500斤以上。全县要消灭单产300斤以下的公社，努力创造出更多的单位跨"长江"，超千斤的生产大队和生产队，实行水、田、路、林、电统一规划，旱涝碱沙综合治理。到1977年，全县有桑田8780亩。植桑生产的发展，带动了养蚕业的发展。

3月，县委组织了5000多劳力进行了大面积的切块划方，并修筑了初级公路9条，形成农业生产大方格局。9月18日，县委建立了多种经营领导小组，要求全县切实贯彻执行好"以粮为纲，全面发展"的方针，迅速改变经济贫困状况，促进粮棉产量大上快上，加快建设"大寨县"的步伐。1977年10月中旬，县委成立了农田基本建设总指挥部，由县委副书记贺桂道任总指挥，副总指挥5人，成员13人。下设20人办公室，同时，全县规划了5个农田基本建设会战区（聊东、聊西、聊西南、聊阳公路沿线和孙堂灌区）指挥部，掀起了大搞农田基本建设的群众运动。措施是搞好小麦越冬，玉米、地瓜抓科学种田，棉花抓旱灾，全县修路200多条，麦田管理追肥34万多亩，植土18.79万亩，冬耕26万余亩，养猪31.5万头，收购5.87万头。全县在切块划方的基础上，大搞了修渠林网化工程，面积达80万亩，年底统计旱涝保收、稳产高产田达43.63万亩，全县每个农业人口占有0.7亩。

聊城县地处平原地带，植棉历史较长，古时即有"山东六府皆植棉，东昌尤多"的记载。但是在新中国成立后，棉花产业尚未形成规模。党的十一届三中全会后，人们认识到棉花对振兴聊城经济、增加农民收入的重大作用，逐渐从"以粮为纲"的框框里解放出来。聊城地委召开全区三级干部会议，首次向全区提出了“粮棉一起抓，重点抓棉花”的发展战略。在实现全党工作着重点转移的第一年里，为迅速把棉花生产搞上去，聊城地委提出了发展棉花生产的“五定一奖”[①]责任制。根据省、地委指示精神，县委要求各公社、管区粮棉一起抓，重点抓棉花。1977年6月26日，县委发出学习许营公社棉花生产经验的通知。许营公社棉花生产形势很好，关键在于奋力抗旱，实现4月份齐苗之后，又战胜了5月份暴风雨的袭击以及低温、病虫等自然灾害，1.2万亩棉花终于保住了面积，保住了全苗。全县以革命加拼命的精神，奋战7～9月三个月，扩大耕种面积[②]，掀起棉花中后期管理的热潮，改进耕种技术，夺取了棉花生产大丰收。从1976年到1980年，棉田面积扩大到34.7万亩，平均亩产达到了皮棉64公斤，总产达到2219.5万斤。棉花单产年均递增5.1％，总产年均递增9.3％，分别高于山东省同类县市的4.6％和6.2％，被列为山东省和全国棉花重点生产基地。棉花产量的提高，增加了农民的经济收入，改善了农民的生活状况。

1978年2月15日，聊城县委作出干部参加集体生产劳动的决定，要求加强干部队伍的革命化建设，加速建成大寨县的步伐，县委要求：(1)各级党组织要认真组织广大干部学习毛主席“关于干部参加集体生产劳动”的指示，充分认识其重大意义，明确通过参加集体生产劳动，密切联系群众、克服官僚主义、防止修正主义和教条主义的目的。(2)县委常委和县革委各委、办、局负责人，除按规定参加集体生产劳动外，要蹲点包队。(3)建立旬初劳动日制。每旬初三天为干部劳动日，农村干部要实行基本劳动日制和固定补贴；社、队干部要保证实现劳动200天和300天。

1978年2月，县委召开了“农业学大寨”经验交流会，2200多名代表参加了大会，表彰了模范干部136人、先进工作者586人、先进单位129个。全县从发展农村生产力出发，对管理体制等政策实行了重大改革。建立了各种形式的农业生产责任制，恢复和扩大了农村合作组织的经

① “五定一奖”指定人员、定面积、定产量、定措施、定报酬，超产奖励。

② 1965年至1979年，聊城县每年平均植棉28.3万亩，占耕地面积的20.9％。

营自主权，因地制宜地调整了种植业结构，提出了“粮棉一起抓，重点抓棉花”的指导思想，较大幅度地提高了农副产品的收购价格，逐步增加了对农业的投入，积极疏通了农村商品流通渠道，鼓励和扶持农民经营家庭副业，允许一部分人先富起来。制定了落实农村经济政策的措施，农村干部实行定工劳动，定工补助；社员群众实行基本工、基本地；实行劳动定额管理，评工记分；坚持财务公开，实行民主理财。

根据党中央“要把农田基本建设当作一项伟大的社会主义事业来办”的指示精神，全县召开了“普及大寨县”工作会议，规模近2000人，会场设在新华剧院。正月初四集合，会上，各公社汇报了工作，奖励于集公社50马力拖拉机一台。会后，抓好重点会战项目，大搞肥料，平地改土，机井建设，开挖沟渠，努力改造盐碱地，植树造林。搞了105万亩环村林，各生产队育树苗。1978年8月，聊城县被评为“全国平原绿化先进县”。农业部在聊城召开6省市大地园林化现场会议，林业部部长罗玉川主持会议，省委书记、省长都参加会议，各省、地、县(市)400多人参加。农田基本建设取得了显著成绩。1978年全县有机井8549眼，主要排涝沟渠270条，建筑物2800座，有效灌溉面积95万亩(占耕地面积的77%)，除涝面积36万亩，改造碱地30.9万亩，初步建成高产稳产田45万亩，基本实现了道路林网化，农业生产条件的改变，大大提高了抗灾能力，使全县粮食生产连续三年超纲要。在严重干旱的情况下，全县粮食单产280公斤，总产量达20.14万吨，超过1973年，总产再创历史最高水平。棉花单产23公斤，总产达6165公斤。

1978年广大社员群众以大寨为榜样，以“愚公移山，改造中国”的革命精神，水田林路村统一规划，薄、碱、旱、涝综合治理，大搞农田基本建设，抗灾能力大大加强。与1965年相比，机井发展到9000眼，增长31.9倍；农田有效灌溉面积增加到100万亩，增长3.9倍。旱涝保收的高产稳产田达到46万亩，增长9倍。农业机械化水平有了较大提高，有农用动力机械13.9万马力，增长33倍，平均每个大队由4.4马力提高到157马力。1978年植树人均107棵，基本实现了大地林网化。猪羊存养量达到31.8万头，增长2倍。社队工业有了很大发展，多种经营总产值达到4125万元，增长2倍。

工业生产及其他方面。1976 年 10 月后，全国的“工业学大庆”运动进入一个新的阶段，运动的重点转为创办大庆式企业。1976 年 12 月，国务院召开全国“工业学大庆”会议筹备会议，宣布了动员全党、全国工人阶级，在深入揭发批判“四人帮”的基础上掀起“工业学大庆”运动的高潮，进一步发展革命和生产的大好形势。

1977 年 1 月 20 日至 2 月 2 日，山东省委召开全省“工业学大庆”先进代表会议。会议学习了中共中央《关于召开全国工业学大庆会议》的通知，总结交流了全省开展“工业学大庆”、普及大庆式企业的经验，要求全省广大党员、干部、工人和职工家属充分动员起来，掀起“工业学大庆”运动的高潮。省委公布了建成大庆式企业的六条标准，制定了“工业学大庆”、建设大庆式企业的规划。提出要加快工业发展，必须狠抓企业整顿，要求 1977 年首先把关系国民经济全局的重点企业领导班子整顿好。各个企业要以大庆为榜样，广泛开展劳动竞赛，掀起增产节约的新高潮。要求在第五个五年计划期间，按评比的大庆式企业的六条标准，把全国 1/3 的企业建成大庆式企业。1977 年 3 月中旬，县委召开“工业学大庆”先进代表会，根据中央〔1977〕1 号文件和省“工业学大庆”先进代表会议精神，县委要求全县进一步掀起“工业学大庆”高潮，普及大庆式企业。会上，县委首先作了动员报告，并表彰了先进，要求把“工业学大庆”的群众运动推向一个新的阶段，为普及大庆式企业而奋斗。5 月 1 日，为隆重庆祝粉碎“四人帮”后第一个劳动人民的节日，由地、县委的有关单位负责人联合组成五一劳动节庆祝活动办公室，在地、县委的直接领导下，组织各项具体活动。到处装饰一新，彩旗飘扬，标语鲜明，各单位业余宣传队走上街头载歌载舞，晚上，庆祝活动达到高潮。各文艺团体、业余宣传队在光岳楼东、新华剧院、职工俱乐部、闸口东、聊城宾馆东侧、百货大楼路口、地区医院路口、地委招待所等地点表演了文艺节目，开展了体育、武术表演等活动。

1977 年 5 月 24 日，省委召开传达贯彻全国“工业学大庆”会议精神有线广播大会，号召在全省范围内立即掀起一个大学习、大宣传、大落实会议精神的热潮，把普及“大庆式企业”群众运动推向新高潮。要求工业战线的广大干部和群众要把大庆工人提出的“大干社会主义有理，大干社会主义有功，大干社会主义光荣”的战斗口号化作实际行动。5月25日，县委召开了历时5天、3200余人参加的全县各级干部大干快上会议。会上，县委书记杜传钧作了题为《加强干部队伍的革命化建设，掀起“抓纲治国”，大干快上新高潮》的报告。要求高举毛主席的伟大旗帜，坚持党的基本路线，深揭狠批“四人帮”反党、反社会主义的罪行，打退资产阶级思想对干部队伍的侵蚀，振奋精神，鼓起干劲，迎接国民经济的新跃进。大会表彰、奖励了720名模范干部和先进工作者，处理了吃、捞、乱社会主义的19名坏典型，开展了社与社的社会主义劳动竞赛。6月16日，县委召开全县“工业学大庆”会议，历时7天，会上有3000多名职工受到表彰和奖励。县委根据全国“工业学大庆”会议精神，讲了全县工业发展的具体意见，要求全县广大干部职工和各级党组织抓住关键，落实措施，超额完成全年工业生产任务。全县规划1977年要有23个财贸单位建成“双大”(大庆大寨式)企业，各级部门都要作出自己的规划，制定切实可行的措施，插标布点，开展竞赛。在这个热潮中，临清县委向我们提出了开展友谊竞赛的倡议，双方互相学习，互相促进，结为对子，开展革命竞赛。县委及时进行了认真讨论和研究，决心拼命跑步学大庆，下定决心赶临清。革命竞赛活动促进了工业和交通运输事业的发展。“工业学大庆”运动中狠抓企业整顿，取得了显著效果。县化肥厂要在现有5000吨的基础上，改造挖潜，充实达到7000吨，在此基础上，争取省、地支持扩建万吨的设计能力。年产万吨的硫酸厂要尽快建成投产，并抓好新建年产2.5万吨的磷肥厂，新建汽车修配厂，由交通局车辆修配厂、农修厂、弹簧厂为主，配备修制汽车力量，负责社会车辆修理，并试制农用汽车50辆，抓好195小拖拉机和剪板机的生产。新建八甲刘变电站一处。抓好轻工产品的生产，重点抓好蜜糖、毛、制药、饮料等新产品。1977年工业产值比1976年提高25%，增加了30种新产品。搞好支农产品，扩大磷肥生产，狠抓农机生产，有计划地增加一些新产品，努力完成经济指标。

1977年6月24日，县委召开全县宣传、文教、卫生干部职工大会，会议7天，3850人到会。会议学习了党章有关章节和山西省昔阳县整风的做法，表彰奖励了1300名模范职工和先进工作者，批判处理了22

名违法乱纪分子。为继承和发扬革命优良传统，与会人员还去堂邑烈士祠进行了瞻仰。同时以革命先烈为榜样，开展了革命的对口、对手竞争活动。7月4日，县委召开全县财贸系统干部职工大会，会议历时6天，1700多人到会。会议把“双学”（“工业学大庆”“农业学大寨”）运动推向了新高潮，表彰奖励了651名模范职工和先进工作者，批判了吃、捞、乱社会主义的歪风邪气，进一步部署了“双学”工作。

1978年9月，全县开展第一个“工业质量月”活动。10月，“石横—聊城—冠县”110千伏输变电工程开工建设，于1981年竣工。线路总长154.5公里，变电容量5.15万千伏安。该工程进一步解决了聊城县工农业用电问题，促进了农业生产的发展。1976年白酒产量达3500吨，所产“聊城大曲”酒驰名省内外。聊城县酒厂被评为1978年度大庆式企业。1978年工业的发展速度进一步加快。1978年工业总产值达到11376万元，为1965年的4倍。主要产品产量与1965年相比，都有较大幅度增长。工业、交通、基建企业由54个增加到91个，职工队伍由2511人增加到14000多人。

财贸战线形势也是好的。与1965年相比，1978年社会商品零售额增加到2.6倍，财政收入增长1.64倍。科技事业有了新发展，农业四级科技网不断扩大，科学种田水平有了明显提高。培育、推广优良品种和改革耕作制度取得明显效果。工厂企业的技术革新不断取得新成果，新技术、新工艺、新产品不断涌现。城乡人民的生活得到改善，社员口粮普遍提高，1978年60%的职工增加了工资。文教卫生事业发展较快。1978年全县有中小学1121所，在校学生77000人。文艺队伍不断发展壮大，群众性的文化活动蓬勃开展，社社有了电影队。县社医院由1965年的15处增加到1978年的22处，床位由110张增加到670张。农村缺医少药情况有了很大改变。计划生育工作取得显著成绩。人口自然增长率由1965年的22.6‰降低到10.26‰。宣传广播事业有了很大发展。全县建成了有线广播网，图书发行量大大增加。

第三节 政治生活正常秩序的恢复和初步开展拨乱反正

各种组织的恢复。在落实干部政策的同时，被砸烂的政法组织先后恢复。1973 年 5 月，遵照上级指示，聊城县公安机关军事管制小组从本月撤销，担任“三支两军”①的人员，除少数留地方工作外，其余陆续调回部队。

县公安局和县人民法院恢复了职能作用，开始对外办公。7 月，县委决定撤销聊城县革命委员会毛泽东思想学习班，恢复中共聊城县委党校。截至 1973 年 12 月底，县级党政机关设立局(办公室、院、行)16 个：物资局、交通局、工业局、手工业管理局、水利局、农林局、卫生局、计划生育办公室、公安局、人民法院、知识青年上山下乡办公室、商业局、粮食局、教育局、财政税务局。

在党政机构恢复正常活动的同时，工青妇群众团体也开始恢复活动。“文化大革命”开始后，县总工会被群众组织夺权，被迫停止一切活动。1967 年冬至 1968 年，县总工会被在派性斗争中建立起来的县工人代表大会(简称“工代会”)所取代，工会组织处于停顿状态。1970 年 2 月，根据中共中央、省、地委关于整顿健全各级地方工会组织的通知精神，中共聊城县委决定恢复县总工会。4 月 20 日至 27 日县总工会第七次代表大会召开，代表共计 363 人，选举产生了县总工会第七届委员会。但这次工会整顿恢复并没有从根本上纠正“左”倾思想造成的影响，仍无法正常开展工作。

共青团组织机构得到恢复发展。自 1966 年底，全县各级共青团组织都处于瘫痪状态，团县委领导有的被抽走搞政治运动，有的下放劳动，有的改行，团队机构和办公场所逐渐被其他单位使用。1968 年团县委归口县革委政工组下设的组织组管理。1970 年下半年，根据中共中央《关于整团建团的通知》，全县先后建立各公社、企事业单位共青团委员会。1973 年 3 月 23 日至 25 日，共青团聊城县第五次代表大会召开，

---

① “三支两军”指“文化大革命”期间人民解放军支左、支工、支农、军管、军训。

与会代表803人，其中女团员代表占40%，58名红卫兵列席了会议。团代会后，县委加强了对共青团组织的领导，着重抓好青年工作，培养青年干部，要求团员积极投入到“工业学大庆”“农业学大寨”运动中，农村青年突击队、铁姑娘队和厂矿单位的支农小分队在生产和建设中发挥了积极作用。自此，全县各级团组织基本上得到了恢复，逐步走上正常化轨道。

妇女组织机构得到恢复。“文化大革命”开始后，县妇联机构瘫痪。1967年聊城县委被夺权，县妇联解散，妇女工作归县革委群众组负责。自1968年起，县妇联机关干部均进县“斗、批、改干校”学习，后又被下放到农村进行劳动锻炼。1971年5月，县革委召开了169人参加的全县妇女工作会议。会议传达了中共中央〔1971〕3号文件和全省妇女工作会议精神，交流了16位妇女干部的先进经验，部署了妇女工作的开展。随后，各公社（镇）的妇联组织相应恢复起来。各级领导班子的调整和群团组织的恢复，对于稳定聊城局势和各项事业的建设，起到非常重要的作用。

平反冤假错案。聊城县从1976年12月开始，开展了清查与“四人帮”篡党夺权阴谋活动有牵连的人和事的工作。到1979年5月29日，清查工作基本结束。对由于受错误路线影响而被错清查的47名同志，进行了纠正和平反。对于犯错误的同志，甚至是犯了严重政治错误的同志，强调多做思想转化工作，严肃批评他们的错误。同时，对他们讲形势、讲政策、讲前途，启发他们检查交代问题，总结历史教训。

中共中央〔1978〕55号文件（简称“中央55号文件”）下达后，聊城县改正错划右派工作相继展开。各级党组织都把学习、贯彻中央55号文件，搞好改正和安置工作，当作一件大事来抓，认真解放思想，狠抓调查研究，积极认真地展开改正工作。县委建立了贯彻落实中央55号文件领导小组，建立了由有关部门组成的办公室，各单位组成了5～8人的专门班子，做到了分管书记亲自抓，分管常委靠上抓，专门班子具体抓，发动群众大家抓。对明显错划的进行改正；对复杂的案件，抓住定性的问题进行调查研究；对可划可不划的，凡是在立场上是反党反社会主义的，就改正；对个别人的恶毒言论和有意攻击，坚决不予改正。至1979年6月，右派错划改正和安置工作结束。错案改正后，在适当范围内向群众公布，对亲属受到牵连的，将改正结论通知其亲属所在的党组织，消除影响。鼓励他们以大局为重，团结起来向前看。对他们的意见和要求，凡是能办到的，积极予以解决，并对他们的工作和生活做了妥善安排。截至 1987 年 6 月底，错划右派 219 人已全部改正，按右派问题处理的 3 人也已进行了复议纠正，为 34 户 115 名受株连家属子女办理了“农转非”户口。

1978 年 7 月，聊城县委认真进行了冤假错案的复查处理工作。首先，通过查阅案件、受理申诉、接待来访、座谈回忆等办法，把底子摸清。其次，认真调查核实材料，对证据材料进行鉴别，得出正确的结论。最后，进行平反处理。全错的全平，部分错的部分平，不错的不平；对原处理正确的，做好思想工作，驳回申诉；对无理纠缠的，进行教育，教育不听的，进行批评并拿到党组织中去辩论。平反纠正后，主管部门配合有关单位认真做好善后工作，切实解决当事人在政治、经济、工作、生活方面的实际问题。根据中央和省、地委指示，1978 年 12 月 6 日，聊城县委研究作出了《关于抓紧复查处理冤假错案的意见》，要求以“实践是检验真理的唯一标准”，按照党的政策，实事求是平反好冤假错案。各级党委、各部门党组织，都要遵照“思想再解放一点，胆子再大一点，办法再多一点”的要求，对前段复查处理的冤假错案进行检查，研究制定切实有效的措施。冤假错案平反后，征求本人意见，鼓励他们以大局为重，不计个人恩怨，积极向前看，妥善做好安置和各项善后工作，对家属子女、亲友受到株连的都由县委发函，将平反结论通知家属子女和所在单位党组，清除影响。

冤假错案的平反，解除了多年来禁锢全县人民的思想枷锁，有利于巩固发展团结的大好形势。通过改正和安置工作，广大干部群众一致反映，多年的问题解决了，党的政策落实了，实事求是的优良传统和作风得到恢复和发扬。这大大提高了党在人民群众中的威望，调动了各方面的积极性，促进了工农业生产的发展和各项工作的顺利进行。

开展整党整风运动。1977 年 10 月 5 日，聊城地委确定，全区的整党整风运动分三批进行。第一批，重点是县以上党政领导机关（包括地、县、部、委、办、局）进驻“工业学大庆”“农业学大寨”工作队的单位和揭批“四人帮”搞得好、领导班子坚强、能依靠自己的力量搞好整党整风的地、县的工厂、企事业先进单位。第二批，重点是公社（包括社直部门）和地、县工厂企事业单位。临清、聊城两县的工厂企事业单位较多，也可以放在第三批搞一部分。第三批，重点是农村生产大队。

县委于1978年4月28日至29日，召开整党整风汇报会。参加会议的有公社和相关局的负责同志、工作队和部分整党单位的负责人，共120多人。会议汇报了前段整党整风运动的情况，交流了经验，讨论了进一步搞好整党整风的意见。整党整风要保证质量，高标准、严要求，做到进行一步，检查验收一步，对工作队弱的调整力量，对没有工作队的巡回指导。整党整风运动结束时，按照县委规定的七条标准进行验收，结束一个验收一个，达不到标准的要重整。前段整党整风运动的初步成绩，主要如下：

第一，狠抓揭批“四人帮”斗争这个纲，提高了党员的思想觉悟，党的集中统一领导有所加强。整党整风一经展开，大量事实证明，“四人帮”推行的错误路线造成的内伤相当严重。在整党整风中，许多单位经过深入揭批“四人帮”，亮思想，找根源，总结经验教训，分清了路线是非，发挥了党员的先锋模范作用，加强了党的集中统一领导。

第二，打击了阶级敌人的破坏活动，批判了资本主义势力，端正了社会主义方向。整党整风中，有些单位开展了“三查三看”活动，即查阶级敌人的破坏活动，看支部是不是抓了阶级斗争这个纲；查资本主义势力的表现，看支部是不是为其开了“绿灯”；查资本主义倾向的严重性，看支部的方向路线是不是端正。

第三，干部转变了作风。在整党整风中，通过学党章、忆党史、讲传统、查作风，认识到作风不正就思想变，作风不正就离群众远。许多党员认识了危害，主动纠正不正之风，得到了广大群众的拥护。

第四，增强了党性观念，促进了革命团结。整党整风，深入揭批“四人帮”分裂党、瓦解党的罪行，提高了党性观念，促进了团结。

第五，促进了经营管理，进一步落实了党的政策。开展整党整风的单位，较普遍地整顿了经营管理，制定了规章制度。北杨集公社柯针寨大队规定了“两个基本”（每人每年的基本劳动日、基本积肥任务）和“四小”(小段计划、小段包工、小段定额、小段评比验收)制度。郑家公社制定了经营管理试行草案18条，大孟大队建立了以贫下中农为主体的民主理财小组，得到了群众的拥护。

第六，通过整党整风，对党员进行了马克思主义教育。这次运动使党员提高了维护党的集中统一领导的自觉性，懂得了怎样做才算一个名副其实的党员，提高了做一个名副其实的共产党员的思想觉悟。

区别工商业者工作。1980年1月，为把一大批小商小贩、小手工业者以及其他劳动者从原资产阶级、原工商业者中区别出来，明确他们的劳动者成分，调动他们的积极性，促进“四化”建设，县委做了区别工作。后又提出，在1956～1960年参加公私合营或在国营的，有投资的、有定息的，做管理工作并担任一定领导职务的，对符合以上条件的28人，办理了恢复干部身份手续。落实原工商业者政策工作于1987年6月底圆满结束。

科教文卫方面，初步开展拨乱反正。1977年10月，国务院批转了教育部《关于1977年高等学校招生工作的意见》，中断11年之久的高考制度逐渐恢复。大专和中专等学校废除推荐选拔招生制，恢复了考试录取新生的制度。当年全县被录取生中，1966年和1967年的高中毕业生占了很大比重。1978年，全县初级中学改为三年制，并实行高考全国统一命题择优录取的办法，全县中小学一年级开始执行《全日制十年制中小学教育计划试行草案》，使用全国统编教材。聊城一中、二中、三中和实验小学确定为地区重点中、小学，并建立了中、小学12所。在教育工作方面，具体做到以下几点：一是提高认识，加强党对教育工作的领导；二是广泛发动群众，改造学校面貌；三是积极支持学校开展勤工俭学；四是教育干部群众关心爱护学校；五是调动教职员工的社会主义积极性；六是三种教育一起抓，全面发展农村教育；七是普及小学教育为重点，切实办好农村教育。

1977年9月，省委召开向科学技术现代化进军动员大会，号召全省广大群众、科技工作者和党员立即掀起学习、宣传、落实《中共中央关于召开全国科学大会的通知》的高潮，创造优异成绩迎接全国科学大会的召开。10月，省委召开全省科技工作会议，会议根据中央关于科技工作的指示精神，搞好整顿工作，迅速恢复调整充实各级科学技术委员会，除整顿现有科研机构外，应尽快恢复和新建一些必要的科研机构，抓紧落实党的知识分子政策，抓紧制定出山东3年、8年、23年的科技发展规划与设想。科学技术人员是"四化"建设的重要力量，是党和国家的宝贵财富，加强对科技人员的培养、考核、晋升和管理，建立一支又红又专的科技队伍，是一项重要任务。1978年3月，全国科学大会召开，邓小平在会上阐述了"科学技术是生产力"的马克思主义观点，强调指出为社会主义服务的脑力劳动者是劳动人民的一部分，扭转了多年来对知识分子的"左"的政策，知识分子重新受到尊重。1978年7月，聊城县召开科学技术大会，奖励有功科研人员。

1979年5月11日，聊城县建立了科学技术委员会，随后又建立了科学技术协会。到1979年，全县有科技人员1300多名，他们在党的领导下刻苦钻研技术，全心全意为社会主义建设服务，取得了很大成绩。多年来，由于"四人帮"的干扰破坏，科技人员的考核晋升工作无法进行，使他们现有的技术职称远远不能反映他们的技术水平，严重挫伤了科技人员的积极性。为落实党的知识分子政策，提高他们的政治、经济待遇和社会地位，科技人员的职称考核制度逐渐恢复。

1970～1976年聊城全区人口自然增长率由22.69‰下降到12.61‰，聊城县许营、阳谷县闫楼、茌平县肖庄等15个公社下降到9‰以下，分别提前4～5年实现了国务院提出的"五五"人口发展计划指标，并出现了一批生育无三胎的大队。1977年，聊城县委按照山东省《关于计划生育工作若干问题的试行规定》制定了《聊城县关于计划生育工作的试行规定》，规定要求：已婚夫妇要积极实行计划生育，按照"晚、稀、少"(晚婚、间隔生育、少生育)的原则，严格要求一对夫妇只生育两个孩子，积极落实节育措施。是年，全县出生率下降到19.29‰。到1979年8月，全县开始推行"一对夫妇只生一个孩子"的政策，对实行一胎者进行奖励，并发放独生子女证。这一时期，在卫生工作方面贯彻毛泽东主席"把医疗卫生工作的重点放到农村去"的指示，农村缺医少药的状况有所改观；建立了聊城电视转播台，开始转播中央和省电视台的节目；聊城地区体育场在聊城县城区建成，共占地35000平方米。

关于真理标准问题的讨论。1978 年 5 月 11 日，《光明日报》刊登了特约评论员文章《实践是检验真理的唯一标准》。文章发表后，引起了社会的广泛关注，并逐渐形成了讨论热潮。1979 年 9 月，县委按照地委的部署，开始在全县范围内进行真理标准问题讨论的补课，以两个月的时间继续讨论"实践是检验真理的唯一标准"，并要求各级以"实践是检验真理的唯一标准"的理论为武器，针对"两个凡是"的错误思潮进行一场大讨论。县委办起了学习班，坚持半日学习和业余学习的制度。同时，县委党校举办了训练班，县广播站举办了专题讲座，各高校、中学也把真理标准问题列为政治课的重要内容。

通过讨论，全县广大干部群众对过去缺乏实践标准的思想根源进行了深刻反思，充分认识到牢固树立实践标准的观点的重要性，决心摆脱教条主义、本本主义的束缚，做到"不唯上、不唯书"，克服认识上的"一点论"，一切从实际出发，理论联系实际，实事求是，在实践中检验真理和发展真理。同时也认识到盲目崇拜不等于高举毛泽东思想旗帜，"两个凡是"并不是对待革命理论的正确态度，也不是真正高举毛泽东思想的伟大旗帜。只有把马列主义、毛泽东思想的普遍真理同中国当代的实践结合起来，不断研究新情况，解决新问题，在实践中丰富和发展马列主义、毛泽东思想，才算得上是真高举。讨论和补课使聊城广大党员、干部、群众认识到了贫穷不是社会主义，社会主义必须大力发展社会主义生产力，实现全体人民的共同富裕，从而划清了真假社会主义的界限；充分认识和理解了"实践是检验真理的唯一标准"的科学性，逐步树立了实事求是的思想路线，为确立新时期的工作重心奠定了坚实的思想基础。

关于真理标准问题的讨论推动了各条战线的拨乱反正。人们开始摆脱错误思想的束缚，实事求是地处理拨乱反正中遇到的问题。组织部门放手平反冤假错案，提出不管是什么情况下定的，不管是什么人批的，该平反的都要平反；一些工业部门坚决贯彻按劳分配的原则，恢复了一些过去曾遭批判的行之有效的做法；农村工作中，一些领导人从实际出发，大胆对农村政策进行调整，在一定范围内纠正多年来农村工作中一些"左"的做法。

第三编
改革开放和社会主义现代化建设的新时期

（1978 年 12 月至 2019 年 12 月）

第十章
贯彻党的十一届三中全会精神，走向伟大历史转折

1978年12月，党的十一届三中全会召开。会上邓小平作了题为《解放思想，实事求是，团结一致向前看》的重要讲话。讲话指出，只有思想解放了，我们才能解决过去遗留的问题，解决新出现的一系列问题。全会回顾了新中国成立以来经济建设的经验教训，决定适应国内外形势的发展变化，必须及时地、果断地结束全国范围的大规模揭批林彪、“四人帮”的群众运动。全会决定从1979年1月起，把全党的工作重点转移到社会主义现代化建设上来。

全会决定，集中精力首先抓农业。强调为了调动几亿农民的社会主义积极性，必须在经济上充分关心他们的物质利益，在政治上切实保障他们的民主权利。全会通过了《中共中央关于加快农业发展若干问题的决定（草案）》，明确提出恢复和扩大社队的自主权，解决多种经营的方针问题；允许实行各种形式的联产计酬责任制；恢复自留地、家庭副业，开放集市贸易，对个体经济予以扶助。另外，还决定对粮食、棉花、油料等农副产品价格逐步作相应的提高。这些方针和措施产生了巨大的成效，改变了农村的生产格局，使原来停滞不前的农业经济，变得欣欣向荣、蓬勃发展了。改革开放的序幕由此拉开。

1979年2月7日，县委召开了全县四级干部大会，贯彻党的十一届三中全会精神，历时15天，2万多人参会。通过召开会议，进一步提高了对党的着重点转移的重要性和迫切性的认识，提高了执行党的政策和巩固发展安定团结的大好形势的自觉性，进一步坚定了尽快把农业

生产搞上去的信心和决心。

党的十一届三中全会提出把全党的工作重点和全国人民的注意力转移到社会主义现代化建设上来。党的十二大报告指出，在建设高度物质文明的同时，一定要努力建设高度的社会主义精神文明。党的十二届三中全会通过《中共中央关于经济体制改革的决定》，把经济体制改革的重点从农村转移到城市，是中国从社会主义计划经济向社会主义市场经济转变历史进程中的一个重要的里程碑。

第一节　生产承包责任制的实行和农业种植结构的调整

根据中共中央精神，结合聊城县的实际情况，聊城县于 1979 年 1 月召开了第七届人民代表大会，县革委作了工作报告，对 1967 年以来的工作进行了全面总结，提出要实现新时期工作重点的转移。坚持实事求是的原则，一切从有利于实现四个现代化出发，用高度的革命敏感和彻底的革命精神，接受新事物，研究新问题。要适应这个转移，必须重新学习。四个现代化，是一场根本改变我国经济和技术落后面貌的伟大革命。重新学习，最根本的是学马列主义、毛泽东思想，把它运用到四个现代化的具体实践中去；学经济，掌握经济的客观规律；学科学，掌握现代化建设的自然规律；学习管理，学会用经济组织和经济手段管理经济。要适应这个转移，必须健全民主集中制，充分发扬民主，才能解放思想，开动机器，制定正确的方针政策；才能广开才路，发现大批能干的人才；才能正确总结经验；才能最大限度地调动群众的积极性，群策群力；必须搞好安定团结，不利于团结的话不说，不利于团结的事不做，顾大局，向前看，努力发展安定团结的大好形势。

会后，县委广泛开展真理标准问题的讨论，解放思想，端正发展农业的政治思想路线，最大限度地调动社员群众的积极性，层层制定落实农村全面建设规划。全县人民把工作重点转移到经济建设上来，以时不我待的精神状态投入到改革开放的大潮中，改变落后的面貌。实行农业生产承包责任制，抓粮、棉和蔬菜，发展多种经营，有力地促进了农业生产的发展。压缩基本建设，稳定物价，增加财政收入，压缩各项财政支出，安排好劳动就业，关停并转无原料无销路又亏损的工业。

农田基本建设。土地是农民的命根子。1979年10月，县委发布农田基本建设意见，指出以治水改土为中心，以建设旱涝保收、高产稳产田为主攻方向，以西新河为界，东治碱、西治旱，实行水、田、林、路、村统一规划，旱、涝、碱、沙、薄综合治理，为农业生产创造条件。1979年11月，为搞好位山灌区清淤工程，确保农田水利灌溉，成立了县位山引黄灌区清淤施工团。按质按量如期完成了引黄、沉沙池和三干渠的清淤工程，并接长6条分干，清理沟渠324条，完成土方485万方，维修和配套建筑物855座，改善灌溉面积22.8万亩，从而保证了全县的农田水利灌溉，促进了农业生产的发展。

1987年以后，提出了“统一规划、分期实施、引调结合、井河并举、旱涝兼治、配套建设”的治水方针，大打治水总体战。先后投资8400多万元，动土2036万方，完成了骨干水利工程754个。采取市、乡(镇)两级政府多层次负担、多渠道集资的办法，先后筹集资金752万元，组织实施了西南、西北8乡镇的引黄调水工程，新建7处大型扬水站，扩大和改善灌溉面积2.667万公顷，基本上解决了高亢区的用水问题。同时开挖了小扈河灌区调水配套工程，疏浚周公河、西新河和新水河三大排水河道，提高了防汛排涝能力。新打和修复机井3355多眼，农田有效灌溉面积达90%以上。

1991年全市共投资2441万元，投工2930万个，新挖和清理河道沟渠660条次，总长1656华里，新打和修复配套机井1250眼，完成了周公、新水、西新三条市属河道的清淤任务，解决了7个乡镇和城区的排涝问题。

科学种田。农业生产水平要提高 一靠政策，二靠科学。实行责任制后，学科学、创高产成为广大群众的强烈愿望。县委适时抓科学技术知识的普及利用，提高干部群众的科学种田水平。县委常委、革委副主任抓科技普及工作，抓技术队伍的建设，组织全民搞大训练，大办技术夜校，让人人都有机会学科学、学技术。通过办培训班、技术讲座、专业会议等形式，大力传授科技知识。1980年共举办各种技术报告会90多场，听从达40万人次，其中县、社、队干部1500人次；组织有关科技部门编印了农业科技教材，发动生产队大办科技夜校。

同时，普及优良品种，搞好良种的调剂、良种的培育、种子的更新和提纯复壮。建立四级农科网，大小队建立健全农业科技站或科技组，配备试验基地和技术员。此外，还组织有关科技人员成立棉花和粮食生产顾问团，每当开展重大生产时，都事先征求他们的意见，让他们为各级领导当好参谋。

为充分发挥科技人员的作用，1981 年又对农民技术员进行考核定级并发证，分管农业的县、社、管区干部，每年进行一次有关项目的技术考试。搞好技术参政，生产队配技术大队长、技术小队长。认真落实知识分子政策，为部分科技人员套改和明确了技术职称。在科技人员中搞好纳新提干工作，对农业科技人员政治上关心，生活上关怀。这些工作对于促进农业生产，特别是夺取棉花丰收，起了重大作用。

恢复健全科研组织，建立公社科普协会，鼓励发展科技户，壮大农民技术员队伍。1982 年，在农作物栽培和畜牧饲养等方面引进、实验和示范了十多个新品种，推广了十多项新技术。各级采取办培训班、广播讲座、现场指导、举行巡回报告、印发科技资料等形式，向广大干部群众传授、普及科技知识，大抓科技新成果的推广应用。组织 148 名科学技术人员下乡开展对棉花、畜禽、养鱼、育苗、果树管理 5 个项目的技术承包，获得可喜成果。1982 年，《棉花苗期蚜虫综合防治技术措施效果考察报告》一文被列为北方棉区病虫害综合防治技术座谈会资料。

1985 年，全市已成立了农学会、畜牧学会、工业学会、建筑学会、水产学会，并且已有 19 个乡镇明确专人分管科协工作；引进了外地一些新产品、新项目；向农民及专业户普及科学技术知识。在城乡形成了密集的科研网络，拥有 5392 人的科技队伍，完成一批工业新产品开发、老产品革新改造，农业技术试验及新技术的推广应用等项目，获得地区级科技成果 29 项、省级科技成果 8 项。

1990 年，全市耕地复种指数达 209%；推广农业科技成果 17 项，推广优良品种 32 个，麦棉、菜棉间作等高效益立体种植面积有较大突破。农业高产技术开发成效显著，全市“4 万亩吨粮田开发”单产达 1079.2 公斤，“10 万亩夏玉米高产栽培技术开发”单产达 576.9 公斤，分别比开发前增长 79%和 89%。1990 年，被行署推荐为全省“农业科技推广年先进市”。群众性学科学、用科学活动方兴未艾，实现了农业生产连年丰收。1991 年，“4 万亩吨粮田开发”“10 万亩夏玉米高产栽培技术开发”“夏玉米高产攻关试验”“鲁西平原区域种植模式”四项研究课题经省专家组鉴定，均达到国内同类研究的先进水平。

实行生产承包责任制。早在 1972 年，聊城县许营公社民王屯大队就出现了生产责任制。当时，队内 8 位姑娘自告奋勇包管 28 亩棉田，连年取得亩产皮棉 200 多斤的好收成，受到各级领导的重视。随后，各村纷纷学习民王屯大队生产责任制。但是，当时只把植棉组作为创高产的示范组来看待，没有也不可能实行联系产量的责任制。

1979 年 9 月，党的十一届四中全会修改了《中共中央关于加快农业发展若干问题的决定》，取消了“不准包产到户”的规定，将包产到户限定在“某些副业生产的特殊需要和边远山区、交通不便的单家独户”。10 月，中共山东省委也修改公布了《关于落实农村经济政策若干问题的规定》，倡导实行“几定一奖”，联产计酬。1979 年秋，聊城县积极试办和推广农业生产承包责任制，及时总结推广了梁水镇公社田园、任老九等大队推行农业联产承包的“五定一奖”（定人员、定面积、定产量、定措施、定报酬，超产奖励）生产责任制。1979 年，全县农村开始推行农业生产责任制，开始了农村经济的第一步改革，大大调动了广大社员群众的生产积极性，粮食单产达到 280 公斤，总产 197.225 吨；棉花单产达到 27 公斤，总产达 7340 吨。粮棉生产均创造了历史最高水平。农村改革初见了成效。

1980 年 3 月，聊城县发出《关于农村经济政策若干问题的规定》，提出粮棉生产普遍实行“五定一奖”责任制，联产到组，分户计酬；林业生产，贯彻落实“谁造谁有”的政策，维护国家、集体和个人的林木所有权；对集体大牲畜猪、羊等实行专业组、专业户、专业人饲养管理的方法，进行奖惩；工副业生产，大力推广“单位核算、利润包干”的办法，普遍实行责任制；社员不准随意侵占集体耕地；社队干部的奖惩，实行经济考核制度。

在粮食生产上，聊城县多数队采取了“三定”“两提留”的口粮田办法，即按每户（五保户除外）人口定土地数量、定产量、定口粮（定产的大部分顶口粮），超产归己，生产队根据集体需要，向承包户提定产部分一定数量的粮食和饲草。棉花生产主要采取“五定一奖”责任到劳（或人劳结合）。实行这两种责任制形式的队占全县生产队总数的70%以上。这样，既可以稳定生产队的经济主体地位，发挥集体经济的优越性，又把生产责任具体落实到每个劳力身上。使生产经营的好坏同个人经济收入的多少紧密联系起来，充分调动社员的积极性；有利于保证粮仓自给，有利于集中力量抓经济作物，把棉花生产搞上去，使社员尽快富起来。聊城县在粮棉生产领域建立责任制的同时，也建立起了多种经营生产责任制。

1980年9月，中共中央下达《〈关于进一步加强和完善农业生产责任制的几个问题〉的通知》，明确支持包产到户和包干到户（又叫“大包干”），并保证在较长时期内保持稳定。聊城县也出现了包产到户和包干到户。1980年底，全县实行联产承包责任制的增至8300户，实行包干到户的增至127300户，出现了大批千元户和少数万元户。

1981年2月，为解除社员顾虑，充分调动他们投资、投肥、投工的积极性，县里宣布社员承包的责任地块5年不变，包给社员经营的三荒地10年不变，自留地长期不变，并用合同的形式固定下来。此后，广大农民的生活水平有了很大提高，出现了各种类型的专业户。1981年县委组织工作组在西王公社端庄大队、梁水镇公社任老九大队进行“大包干”试点，至1982年底，“大包干”在全县农村普遍推开。

1982年生产责任制基本稳定下来，全县3673个生产队中，粮食生产上实行包干到户和包产到户的占95.6%，联产到劳的占3.5%，专业承包、“四小”管理（小段计划、小段包工、小组作业、小段检查验收）的有34个生产队；3645个植棉队中，实行包干到户和包产到户的占92.5%，联产到劳的占7.2%，专业承包、“四小”管理的有8个生产队。在全县90%左右实行“双包”（包干到户和包产到户）责任制的队中，大多数做到“五定”（定地块、定投资、定产量、定包购基数、定提留）、“四统一”[统一种植计划、统一耕种、统一抗灾（抗旱、排涝、治虫）、统一农田基本建设]。班子弱、条件差的队，做到“三定”（定地块、定包购基数、定提留）、

“三统一”[统一种植计划、统一抗灾(抗旱、排涝、治虫)、统一农田基本建设]。广大干部群众热烈称颂责任制说:“责任制是个宝,治穷致富离不了,哪里落实哪里好。”“责任制连人心,一年挺直腰,两年大翻身,三年拔穷根。”

1983 年 2 月,县委召开三级干部会议,对农业发展目标、完善农业生产责任制、改革人民公社体制等问题广泛征求意见,制订措施。到 1983 年,全县 14.02 万户农户中,实行联产承包责任制的有 800 户,占总农户的 0.57%;实行包干到户的有 13.7 万户,占总农户的 97.7%。承包责任制的实行,对商品生产发展有较大的促进作用。

1984 年,全市完善农业生产责任制,正确处理统、分、包的关系。不管什么事业,凡是社员能办好的就放手让社员办,联户能办好的就由联户办,社员、联户办不了的,再由集体统一办,并认真办好。完善土地承包制,将土地承包期由原来的 3～5 年或 1～2 年延长到 15 年以上,按人均分地,颁发土地使用证。全县有 25%的农户发展为专业户、重点户,各种经济联合体达到 1700 多个。从事多种经营生产的劳力为 8.2 万人,占农村劳力总数的 39.4%,人均纯收入超千元的户数发展到 1700 户。

1986 年以后,本着大稳定、小调整人原则,3～5 年调整一次承包田,对人口增加的户增加承包田,人口减少的户减少承包田。1988 年聊城市进一步稳定和完善土地承包制,调整过于零散地块,全市对 734 个行政村进行了土地调整,占总村数的 83 %,共调整土地 67.5 万亩,占总耕地的 53%,占需调面积的 75.8 %,较好地解决了土地零散、不宜耕作的问题。市、乡、村三级都建立了土地管理制度和合同管理制度,通过合同把国家计划、集体生产任务和产品分配办法落实到承包户。有 798 个村签订了土地承包合同,签订合同 12.1 万份,占应签份数的 83%,承包土地 95.8 万亩,占总耕地面积的 79.4%。建立起合同管理小组,理顺了土地承包关系,明确了集体和个人的权利和义务。按照《山东省农村合作经济组织会计制度》的要求,在全市推行省内通用的记账法,各乡镇办事处都建立审计站,对本乡镇范围内的各村财务收入情况进行审计,对农业承包合同的合法性、合理性以及有效性进行审计。1991 年 3

月，全市绝大多数乡镇、村庄普遍完善了承包合同。

实行土地联产承包责任制后，一家一户的经营形式在农机、水利、农业科学普及等方面受到一定限制，制约了农业生产的发展。1988年以前，部分农户开始独户或联户购置农业耕种机械、排灌机械，除自用外，对其他农户进行有偿服务。1988年后，市、乡（镇）政府及农业部门不断总结群众经验，建立各级各类服务组织等。通过完善双层经营、稳定家庭承包、强化乡村两级服务为重点，建立统一买卖、统一机耕、灌排、治虫、提供技术信息等各级服务组织，如技术、种子、植保、水利、农机、饲料等公司。加强统一服务的功能，解决了一家一户办不了、办不好的事情。

农业种植结构的调整。党的十一届三中全会以后，聊城县根据“农林牧副渔同时并举”和“以粮为纲，全面发展，因地制宜，适当集中”的方针，逐步调整农村经济结构。

第一，粮棉一齐抓，重点抓棉花。棉花是关系国计民生的重要战略物资，聊城县是全省重点产棉县之一，棉花是全县最大的资源优势，是城乡经济的支柱，也是广大农民增收致富的重要门路。搞好棉花生产，是打好农业翻身仗的突破口。对于壮大集体经济，增加棉农收入，调动广大群众搞好棉花生产，促进农业的全面发展，支援“四化”建设，具有重大的政治意义和经济意义。县委认真总结了过去重粮轻棉、忽视多种经营的教训，坚定贯彻“以棉为主，兼顾粮食及其他”的方针、狠抓农业内部比例关系的调整。大力发展棉花生产，通过确保面积，增加投入，依靠科技，实行生产承包责任制，提高产量，促进棉花生产的发展。

1979年4月，根据上级指示，为充分发挥棉花生产的优势，经县委研究，提出了大抓棉花生产上“纲”的意见。要求各级党组织切实做到粮棉一齐抓，重点抓棉花，计划全年完成27万亩棉花种值、总产162000担的任务。结果除因雹灾绝产外，仍保证了种植面积，获得了单产27公斤的好收成，比1978年的单产增加了4公斤。全县仅棉花一项收入20493万元，平均每人38元；奖售化肥950万公斤，返还棉饼485万公斤；社员每人收入比上年增收15元。

和粮食生产一样，棉花生产主要是普遍推行定产到组、责任到人、落实联系产量计算报酬(简称“联产计酬”)的“五定一奖”责任制。聊城县充分利用土地资源,积极鼓励社员在自留地上种棉花,大力提倡各级农场、林场和有条件的机关、学校种棉花,积极扶持困难大的队种好棉花。在保证棉田面积的情况下,狠抓增产措施,搞好棉田基本建设,大抓水肥土。普及“鲁棉一号”,传授棉花种植技术,提高科学种田水平。抓好田间管理,抓好病虫害防治。克服“重种轻收”的思想,合理安排劳力,确保棉花适时摘拾。根据棉花生长的关键环节,及时组织检查评比,提高社员种棉的热情。全县作出规定,凡是棉花总产和贡献达不到规定指标的,粮食产量再高,也不能被评为先进单位。对棉花搞得好的单位进行奖励,实现政策的及时兑现。做好棉花的收购和加工工作,将棉花的收购、加工和政策兑现列入各级党委的重要议事日程,切实把这项工作抓紧抓好。棉花是统购统销物资,要教育干部社员把棉花积极交售给国家,杜绝棉花流失。工商管理部门要加强市场管理,严禁棉花、土纱、土布上市,坚决打击投机倒把活动。农业生产方面的资金投入、物资分配,都要优先考虑棉花生产。

1980 年,为搞好棉花种植和苗期病虫害的防治,确保棉花丰收,县委特邀国家农牧渔业部植保站高级农艺师王德秀来聊城县帮助和指导工作,拟定了“以农业防治为基础,科学使用化学农药,保护利用自然天敌”的综合防治措施。全县 35 万亩棉田全面开展了棉蚜综合防治,第一次大面积控制了苗期蚜虫危害,全县棉花丰产丰收,受到了省委的表扬。省委将聊城县棉花苗期病虫害的综合防治办法向全省进行了推广。

1980 年 4 月,县委、县革委对玉米生产提出“粮、棉间作”,仅一项增收玉米 100 多万公斤,保证了玉米生产一季上“纲要”(亩产 400 斤)任务的完成。

1981 年 3 月,根据外地棉花种植经验,为进一步挖掘棉花增产潜力,促进碱地、红淤地棉花优质高产,各公社、大队、生产队坚决落实好棉花营养钵育苗移栽这一增产措施。1982 年,全县棉花生产获全省第一位,单产 60 公斤,总产达 33110 吨。

1984 年 10 月,聊城市植保站所著的《棉花害虫综合防治技术研究》

获省农业厅技术改进一等奖;11 月,获国家农牧渔业部技术改进二等奖。1985 年聊城市入选全国第一批优质棉生产基地。

1989 年 3 月,聊城市制定了鼓励棉花生产的奖惩决定。对完成市里分配棉花定购任务乡镇的党委书记、乡镇长、分管棉花工作的副乡镇长等进行奖励。为提高棉花产量,1990 年,聊城市建立健全棉花良种繁育基地。1990 年 9 月,时任中共中央政治局委员、国务院副总理田纪云察看了许营乡周刘村的大垄套棉花长势。许营乡麦、棉大垄套种植始于 1973 年,经过 10 年的积极探索,1982 年总结出一套比较完整的经验,1983 年开始在全乡推广。由于这种耕作方法预留空间大,光照、通风俱佳,两两相套,相得益彰,所以每年在同一块土地上呈现出“夏收一片‘金’,秋收一片‘银’”的景象。这种耕作制度的推广,使许营乡的小麦、棉花年年取得大丰收,成为远近闻名的“麦棉套种”的典型。不仅国内许多省部委和有关专家前来考察,而且还吸引了朝鲜、美国、加拿大、法国、澳大利亚、秘鲁等国的专家参观指导。

第二,发展多种经营。生产责任制的实行,突破了对家庭副业的种种限制,社员敢想富敢致富了,农村经济开始变活;专业户、专业人,重点户、联户经营等一些新的经营形式大量涌现,发展多种经营走出了一条新路子。1979 年 10 月,聊城县决定把大力发展多种经营和社、队企业当成改变整个农业生产落后面貌的关键措施来抓,选拔有工作能力、有干劲、有创业精神的同志,充实加强到多种经营的办事机构。县委明确这项工作由县委副书记分管,县革委副主任具体抓落实,各公社也由专人负责。同时,县委多种经营办公室配备了 15 名工作人员,各公社配备了 2 名专职干部、3～5 名兼职干部,以利于多种经营工作的开展。

根据“远抓树,近抓棉,多种经营抓现钱”的指导思想,聊城县的多种经营主要包括以林业为主的种植业、以畜牧业为主的养殖业、以农副产品为原料的加工业、水产生产等。畜牧业是聊城县的一大优势,把畜牧业搞上去,能够促进农业的发展,扩大商品经济,增加社员收入,充分利用自然资源,容纳更多的剩余劳动力,为发展工、副业提供原料,改变人民群众的食物构成。1981 年 6 月,聊城县努力发展大牲畜;“大养其猪”;积极鼓励社员养羊、养兔:大牲畜和猪、羊饲料地分配后,当年不养的，按生产队平均产量扣回归队或顶口粮；长期不养的，生产队有权收回另行分配；奖励为畜牧业生产做出显著成绩的干部和畜牧配种、兽医等人员。

聊城县提倡干部职工带职带薪回乡发展专业户、联合体，大搞多种经营。广大干部职工积响应，为农村经济改革贡献力量。1983 年，全市从事多种经营的劳力 7.5 万多人，占劳力总数的 35.9%；从事个体商业的农户 6970 多户，比去年增加 25%。出现了从事种、养、加工、饮食服务等项目的专业户、重点户 3.39 万户，占农户总数的 25.3%。有些专业户已经发展成为家庭工厂式的集约经营。在“两户”的带动下，出现了各种形式的经济联合体 1026 个，从事一两项专业生产为主的专业村 33 个。“两户一联”和专业村的出现，有力地促进农业走向专业化、商品化，生产由自给半自给向社会化商品生产转化。而后，又从农林牧副渔业逐步扩展到农副产品加工、商业、运输业、建筑业、服务业等各个经济领域。

1985 年，国家取消了农产品派购制度，作为全市农村经济重要支柱的棉花生产，按照国家计划调减了 1/4 任务，压缩了近 1/3 的面积。市政府及时调整了农村经济结构，确定了“以改革为动力，以提高经济效益为前提，继续发挥种植业的优势，突出畜牧业，大上林果业，狠抓水产，促进加工业”的指导思想。同时，农产品派购统购制度的取消为农村发展商品生产创造了有利条件，深入进行了“立体田”和庭院经济的技术开发，走农工商一体化的路子。1986 年全市建立了 13 个养殖业基地、5 个蔬菜商品生产基地，有 5400 多个各类专业户、100 多个专业村。1986 年完成农业产值3.08亿元。1987 年 3 月，市委、市政府投资近万元，在古楼办事处三里铺村建成了全省最大的养孵配套的“滨白 42”现代化鸡场一处，鸡场占地 2 万多平方米，引进“滨白 42”祖代、父母代种蛋 4 万枚，笼内存养 1.2 万只种鸡。

1987～1990 年，进一步调整农村产业结构，确定了“稳增粮棉、猛攻菜园、突破工业、带动全盘”的指导思想。在稳增粮棉的基础上，重点抓了蔬菜、林果和以畜牧业为主的庭院经济，增加了农民收入，促进了农村经济向良性循环轨道发展。1990 年，全市多种经营总收入达到 5.35

亿元,比上年增长8.3%。

第三,发展蔬菜生产。1988年4月,全国15省、市淡季蔬菜生产交流会在聊城市召开,参加这次交流会的有华东6省1市和北京、天津、湖南、湖北等省市的24个单位以及山东省的25个单位。国家商业部副食品局、山东省商业厅负责同志参加了会议。会议主要为沟通蔬菜生产信息,调剂市场余缺,签订8~9月份的产销合同,与会人员参观考察了聊城市的蔬菜生产情况。1988年,全市蔬菜面积扩大到15万亩,总产达8亿多斤,远销北京、南京、上海、天津、杭州等地,聊城市成为在全国有知名度的蔬菜生产基地。

1989年3月,国务院商业部蔬菜局局长唐仲增一行7人来聊城市进行考察,他们认为聊城市的蔬菜生产条件优越,前景广阔,起点高,步子快,效益明显。经过座谈,北京市蔬菜公司和聊城市蔬菜公司达成建立"联合公司"的协议。4月,北京市蔬菜公司向聊城市投资建设"菜篮子工程",所投资金分别用于:(1)投资140万元建立北京聊城联营蔬菜公司;(2)投资240万元在聊城市西郊修建两座恒温库;(3)支援菜农平价化肥1700吨。

1983年,全县农民储蓄过亿元,全省第一是威海市(县级),第二是聊城县。1985年是"六五"计划的最后一年,由于调减了棉花种植面积,加上遇到严重的自然灾害,影响了农业总产值和农民的收入。1985年农业总产值计划79944万元,实际完成79479万元,占计划的99.4%,比1984年增长6%。1985年全市农业总产值25572万元,完成计划的77.5%;实际棉花总产2.33万吨,完成计划的66.4%。尽管受自然灾害的影响,粮食生产仍取得好收成,总产25.73万吨,完成计划的114%;小麦总产17.51万吨,完成计划的116.7%;玉米总产6.13万吨,完成计划的116.8%;花生总产0.94万吨,完成计划的156.5%。大牲畜存栏达6.29万头,完成计划的121%;养兔10.3万只,完成计划的147%;水产品总量达到1114吨,完成计划的91%。

1990年是"七五"计划的最后一年,是继续贯彻治理整顿、深化改革方针取得明显成效的一年,农业总产值达到38940万元,比"七五"计划确定的35000万元的目标提高11.3%,"七五"期间平均每年增长8.7%;

粮食总产达 40.55 万吨，完成计划的 112.6%；棉花总产达 3.11 万吨，完成计划的 87.7%；花生总产达 8872 吨，完成计划的 197. 2%；水产品产量达 3026 吨，完成计划的 112.1%；果品总产量达 1.75 万吨，完成计划的 145.8%；大牲畜年末存栏达到 11.46 万头，完成计划的 103.7%；生猪年末存栏 10.44 万头，完成计划的 100%，当年出栏 9.01 万头，完成计划的 147.5%；羊年末存栏 23.03 万只，完成计划的 101.9%；蛋类总产量达 1.39 万吨，完成计划的128.3%；肉类总产量达 1.15 万吨，完成计划的 122.6%；绵羊毛产量达 605.4 吨，完成计划的 114.2%；农民人均纯收入 711 元，比上年提高 23.4 元。

1991 年 5 月，聊城市提出加快农业机械化发展步伐。全市推广了 20 项农业适用技术和 30 个优良品种，推广棉麦、棉蒜间作套种 40 多万亩，推广高效立体种植面积 6 万多亩，提高了土地的复种指数和土地产出率，亩收入分别高达 2000 元、3000 元。1991 年全市投资 683 万元，新建和扩建了 6 处农产品批发市场和商场。市、乡两级建立各种服务组织 380 多个，用于服务的资金达 460 多万元，活跃了城乡经济，扩大了农产品流通。先后投资 2000 多万元，完成了 246 个无电村的通电任务，是鲁西第一个实现村村通电的县市。1991 年农业总产值 7.71 亿元，比 1990 年增长 2.3%。农村发生巨大变化，农业连年丰收，农村经济开始兴旺繁荣，社员生活显著改善。

第二节 打破铁饭碗，工商业生产焕发生机

转换经营机制。工业企业以提高经济效益为中心，进一步完善简政放权，转换经营机制。这是搞好城市改革、增强企业活力的中心环节。

1979 年根据中央和省的规定，县办工业企业实行利润留成办法：盈利企业的利润 50%交国库，50%留县财政；亏损企业的亏损 80%由国库弥补，20%由县财政自负。这一定程度上激发了干部职工的生产积极性。1979 年 7 月，聊城县酒厂被命名为大庆式企业。1979 年 9 月，在国务院的统一部署下，县属企业开展大打产品质量仗的“质量月”活动，推

行贯穿生产全过程的“全面质量管理”制度。从原料进厂到产品出厂，处处设卡，层层把关，提高了全员质量意识。聊城手表厂检查科在各车间设立检查员，负责成品、半成品、产品零部件转入转出的检查，实行厂和车间两级管理，提高了产品质量。聊城县塑料厂生产的1500毫米电风扇，在山东省首次电扇质量评比中，被评为第一名。

1979年4月，中共中央工作会议上提出了对国民经济实行“调整、改革、整顿、提高”的方针。县革委以提高经济效益为中心，强化完善推销机构，注重市场调查分析，根据市场需要安排生产，逐步练就应变市场的本领。在经营管理上，本着一手抓生产、一手抓经营，以需定产、以产定销、产销结合的指导思想，建立信息传递制度，加强市场调查和预测，力求产品适销对路。对产品实行“三包”制度，以“质量第一，信誉至上”“以质量求生存，以品种求发展”作为办好工厂、振兴企业的宗旨。1980年6月，聊城县《关于发展工业生产若干政策问题的规定》指出：国营企业，实行利润超收分成；集体企业，实行自负盈亏；公社企业，实行上缴所得税后的纯利润25%交公社，其余部分作为企业发展生产基金、集体福利基金和奖励基金。职工工资和奖励，要体现按劳分配的原则，反对吃“大锅饭”。

聊城县首先对县属6个企业实行关停并转，将聊城钢厂、通用机械厂关闭，聊城刀具厂、机床厂、机械设备厂、绘图仪器厂停产或转产。其次，发展了粗纺毛呢、提花毛毯、手表带、手动葫芦、皮革、皮鞋等轻纺产品的生产。最后，企业的技术改造取得明显效果。在调整的基础上，加强企业管理，认真整顿财经纪律。制定合理、稳定、全面的定额，建立考核制度等；加强经济核算，严格财经制度和财务开支；加强民主管理，增强了企业员工的主人翁责任感。堵塞减收增支漏洞。厉行节约，大力紧缩开支。

对年收入10万元以上的盈利企业，实行利润包干，超收四六分成（财政得六，企业得四）；对年收入10万元以下的微利企业，实行利润包干，超收部分全部留给企业；对亏损企业，实行亏损包干，超亏不补，减亏全部留用。不论盈利和微利企业，如完不成包干任务，执行同奖同罚，减收部分四六分担（财政分担六，企业分担四）。

1980年7月，全县部分工厂开始实行计件工资，大大调动了工人的生产积极性，经济效益明显提高。

1981年，县革委在农村改革取得成功经验以后，开始对企业进行改革，在企业内部推行经济责任制。改评奖为算奖，实行考核指标化。9月，聊城酒厂率先推行经济责任制，上至书记、厂长，下到科室、车间、班组明确职责范围。本着兼顾国家、企业、职工三者之间的关系，按照“按劳取酬”的政策，五个车间实行了“利润包干，半浮动工资的岗位经济责任制”。科室行政管理人员按照指标和工作职责范围，实行“浮动计分、定值算奖”制度，每月进行一次考核，解决了工资、奖励分配的平均主义，打破了“铁饭碗”。各工种、岗位按照经济责任制和工资挂钩，按月进行严格考核和奖惩，达到了奖勤罚懒，责、权、利密切结合。经过整顿，工业布局趋于合理。企业也由过去的单纯生产型向生产经营型转变，普遍开发新产品，提高了经济效益。1981年全部工业企业总产值32363万元，其中乡(镇)以上工业企业总产值27520万元，轻工业20398万元，重工业7122万元，全民所有制企业19744万元，集体所有制企业7776万元，乡镇办企业1934万元，村及村以下工业产值4843万元。

1981年，聊城县起重机械厂生产的手拉葫芦第一次由中国机械进出口公司分公司出口500台。1981年聊城县造纸厂生产的单面胶印刷纸获省优质产品称号。1982年，聊城县量具厂生产的镀锌游标卡尺向美国、瑞士、波兰等国家出口7890支，产值合人民币21万元。

1982年，全县普遍开展企业整顿工作。一轻工业系统首先以酒厂为试点，按照省一轻厅的要求全面进行整顿。经山东省人民政府验收，向酒厂颁发了企业整顿合格证书。酒厂产量达3102吨，利润68.69万元，向国家交纳税金90.8万元，超额完成计划。在试点成功的基础上，全县工业系统企业整顿全面展开，促进了工业生产的持续发展。1982年根据中央统一部署，经中共聊城县委研究决定，由县工商行政管理部门对全县工业企业进行普查、登记和发放营业证。同时，为提高工业企业三级以下职工的文化和技术水平，由县劳动局和有关工业企业行政部门对1968～1980年初、高中毕业和未经专业技术培训者，进行了文化和技术补课，1985年补课结束。

围绕生产经营的总目标，聊城县把各项指标逐项分解，整顿和完善各种形式的经济责任制，层层落实，严格考核，奖惩分明；从经委到局到企业，实行利润包干、超奖减罚，实行从企业到车间二级核算或从企业到车间到班组三级核算，建立科室技术、管理人员岗位责任制，把责、权、利紧密结合起来。1983 年 4 月，全县工业系统的 49 个县属企业全部实行了经济承包制；151 个公社和城镇街道企业实行经济承包的 111 个，占 74%；商粮供系统的 107 个企业实行经济承包的 75 个，占 70%；农林水系统的 89 个企事业单位实行经济承包的 68 个，占 76%。这些单位的经营承包责任制，采取的主要形式有利润大包干、利润定额、超利润分成、自负盈亏、政策性盈亏补贴包干、按件计酬、浮动工资、利润定额、超额分成，或个人承包、自主经营、离厂离店经营，增强了企业活力。

1983 年 6 月，全县国营企业开始实行第一步利改税办法，从 1 月 1 日开始统算，所有国营企业按实现利润的 55%上交所得税。

1984 年，随着机构改革和经济改革的不断深化，聊城市对企业进行简政放权，聊城棉纺织厂和聊城化工机械厂率先落实厂长负责制[①]，实行所有权与经营权分离，把经营权真正交给企业，使企业有生产计划权、产品销售权、定价权、资金使用权、工资资金分配权等自主权。对国营小型企业进一步放宽政策，对集体企业层层实行经济承包责任制和企业内部的浮动工资制，减少新办企业的税收。在干部任免、职工调配、税收分成、工商登记、产品销售、新产品开发、内部分配形式等方面进一步为企业“松绑”。1985 年 1 月，全市新招工人开始实行劳动合同制，并试行职工工资总额随企业上交利润增减比例的办法。1985 年 4 月，聊城市榨油厂生产的小磨香油等产品在全省粮食系统食品工业评比中，获得全省质量第一名，受到省政府的表扬。

---

① 厂长负责制即厂长对企业的生产经营实行集中领导和统一指挥，厂长具有决策权、指挥权和“组阁权”。党组织主要是对企业的生产经营和各项工作起保证和监督作用，对包括厂长在内的党员实行考核监督，督促党员在各项工作中发挥模范先锋作用。职代会主要是通过制定厂规厂纪对企业实行“法制”。厂长同公司、车间同厂长、班组同车间，层层搞好经济承包，扩大企业自主权。

1985 年 8 月，驻地直 17 个工业企业下放聊城市。1985 年，聊城市全部工业企业共有 289 家，其中全民所有制工业增至 74 家，集体工业增至 215 家，建成了机械、纺织、化工、建材、食品、煤炭等门类比较齐全的工业体系。1985 年 12 月，聊城市衡器厂研制成功 30 吨全自动敏传感式地中衡，属国内首创。

1986 年，企业实行多种形式的生产经营责任制，逐步改变“大锅饭”的生产经营方式。有 40 多个企业推行了厂长任期目标责任制，制定企业干部任期内政绩和考核依据，首先在重点企业进行试点，取得经验后，在面上进行推广。主管部门组织专门力量督促、指导、审定指标，本着积极可靠，留有余地的精神，与企业签订了合同。同时，深入搞好企业内部的配套改革，对企业内部的组织机构进行必要调整，实行分级分权管理，促进责、权、利的结合和统一。全市企业开始试行全额计件、单位产品工资含量包干、企业管理人员联利联责浮动工资、车间承包、岗位工资等新的工资制度。各企业按照“三定三奖”(定产量、定消耗、定费用，实行超产奖、消耗费用节约奖和利润奖)的办法，独立核算、单件核算、工资上不封顶下不保底。至年底，实行计件工资的企业有 16 家，实行单位产品工资含量包干的企业有 9 家，生产一线工人工资实行全部浮动的有 31 家，部分工资与奖金捆在一起浮动的有 12 家。

聊城市开展了以提高经济效益为中心，以提高产品质量、增加品种、降低消耗、降低成本为目的的技术进步活动。全市有 1/3 的单位成立了科研机构和技术攻关小组；对青年工人普遍进行了技术培训和文化考核；走出去请进来，有力地推进了工业技术进步。1986 年已同全国 15 个省市 27 所大专院校和科研单位建立了协作关系，共签订经济协作合同 209 项，协进物资总额 4306 万元，协出物资总额 450 多万元，引进技术 200 多项，引进和聘请技术人才 350 多人，代培技术人员 120 多人。硫酸厂、造纸厂等一度濒临倒闭的企业，通过技术改造，扭亏增盈，增强了市场竞争力。

1987 年，以开展“双增双节”活动为主线，组织工业生产。通过活动的开展，使适销对路的产品质量大幅度增长，市重点考核的 30 种主要产品中有 21 种增产 30%以上。物质消耗明显下降，在原材料和能源持续涨价的情况下,可比产品成本比上年下降1.3%。在巩固已有改革成果的基础上,大面积推行承包经营。有条件实行承包的70个工业企业中,有61个签订了承包合同,实行定额上交、“一包两挂”、资产承包、超收分成、亏损包干、利税包干等多种形式的承包经营责任制,严格实行厂长任期终结、调离审计制。厂长负责制与任期目标责任制、终结审计制三位一体,同步实施,促进企业领导体制的配套改革。全市党政机关和事业单位开始实行目标管理岗位责任制,就确立目标责任制的程序、方法、考核制度、计分方法、奖励制度作了明确规定。责任制的实施,促进了全市各项工作的开展。1987年,全市有手表厂、活塞环厂、第一食品厂、化工厂等26家企业提前两个月完成了全年计划。横向经济联合在广度和深度上都有新进展。在巩固和开拓其他协作渠道的同时,与威海市结成协作对子,不仅落实了13个项目,而且引进了体制改革、技术改造和城乡工业一体化的宝贵经验。

1988年8月,中共聊城市委转发地委《关于切实解决困扰企业问题的几点意见》的通知,帮助企业解决困难。围绕增强企业活力、提高经济效益这个中心环节,狠抓了以企业改革为重点的承包工作。因厂制宜落实经济承包责任制,全面推行厂长任期目标责任制。通过深化企业改革,工业生产克服了资金紧缺、能源不足、原材料价格上涨等方面的困难,取得了显著成绩。对经营性亏损或微利的国营企业,进行租赁经营或承包经营的试点;对科室、车间及班组实行定标定员招标承包;提高浮动工资比例,扩大计件工资范围;实行新的劳动组合,在定岗定员的基础上,对科室进行精简调整,实行择优搭配,减少非生产人员。1988年,全市162个各类企业,有157个实行了承包责任制,占总数的97%。市属69个工业企业全部实行了经营承包,商业、供销、粮食、外贸等系统所属企业也积极推行以承包为主要内容的责任制。全市预算内国营企业实现利润2687万元,比1987年增长68.8%。

1989年,聊城市结合治理整顿,继续做好企业兼并、股份制、全员风险抵押等试点工作,完善劳动用工制度和劳动工资制度,积极引入竞争机制和风险机制,挖掘企业潜力,向管理要速度、要效益,把企业改革不断引向深入。强化销售,搞活经营,以市场为导向,以提高经济效益为目的，狠抓产品结构的调整。开展“抓管理、上等级、全面提高企业素质”的活动。围绕“三上两降一提高”（上档次、上水平、上质量，降低消耗、降低成本，提高经济效益），因厂制宜地推广“满负荷”工作法、规范化工作法、三大民主工作法、成本控制法、厂内银行等先进的管理办法，强化企业管理各项基础工作。建立健全定额、计量、标准化、原始记录、台账、统计等项规章制度。加强消耗定额管理，搞好清仓利库，提高能源、原材料、设备利用率。推行厂长（经理）任期目标责任制，根据企业规模和企业经营情况，确定企业领导岗位以及任期经营目标。建立一系列任期考核制度，对经营业绩好、贡献突出的厂长（经理）进行表彰奖励。开展“双增双节”和企业升级达标活动。拖拉机厂、手表厂和油泵油嘴厂先后通过了国家二级企业的检查验收，国棉厂、活塞环厂、化工厂和闫寺油厂达到省级先进企业标准。

1990 年，聊城市继续深化企业改革，推进企业联合或兼并，坚决制止向企业乱摊派、乱收费、乱罚款，帮助劣势企业尽快走出困境，重点发展机械配件、化肥、化工、电子、仪表、棉毛纺织、食品、拖拉机、纸类、皮革等产品。主要采取“两包一挂”（一包实现利润，二包技术进步，实行工效挂钩）的形式，根据企业的实际情况，完善承包指标体系。合理确定承包基数，择优选聘经营者，加强干部管理，加强对《承包经营责任书》的管理，合理确定经营者的收入，改善考核奖惩办法，健全风险机制和企业负亏机制，强化企业自我约束机制，加强领导，搞好对承包企业的服务和监控。开展了以“双增双节”（增产节约、增收节支）为主要内容的“十比十赛创十杯”的社会主义劳动竞赛活动，激励和调动了全市广大干部职工的劳动积极性和比学赶超的热情。

1991 年，全市深入开展了企业划型、企业考评及奖励、企业内部分配制度等一系列政策性法规。开展了“质量、品种、效益年”活动，开发新产品 45 种，其中 3 种产品填补国内空白，9 种产品填补省内或地区内空白，13 种产品分别获部优、省优和厅优称号，并集中力量抓新上项目和工业小区开发。市工业基本建设和技改项目共立项 73 个，投资额 1.52 亿元，落实资金 6300 万元，29 个技改项目和 16 个基建项目竣工投产。开发了占地 680 亩的新区工业小区，为调整城区工业布局，扩大企业规模，增强工业发展后劲，创造了必要的条件。1991 年 4 月，鼓励企业大力推进技术进步，不断增强发展后劲，鼓励引进外资，发展外向型经济，强化销售，搞活流通。积极稳妥地试办股份制企业，调动各类人才的积极性，对作出突出贡献的企业领导干部和职工进行奖励。强化服务，改善外部环境。1991 年工业总产值 14.1 亿元，比上年增长 15%。

1992 年 7 月，市委、市政府深化企业改革，转换经营机制，建立起干部能上能下，职工能进能出，工资能升能降，经营面向市场的企业新机制，让企业真正成为自主经营、自负盈亏、自我发展、自我约束的社会主义商品生产者和经营者。各级党政部门和企业主管部门切实转变管理职能，为转换企业经营机制创造良好的外部环境。

郑家镇轴承保持架的发展。19 世纪 60 年代，郭子祥村农民郭连海、郭连明、郭殿锋率先把铁丝绕到圆柱形的物体上面，剪开形成圆环，再用锤子把铁丝环砸平——这就是郑家最早的轴承保持架。新中国成立后，在实行计划经济体制、大搞“割资本主义尾巴”的时期，村中几位农民只能利用晚上在地窖里加工。后来各个小公社陆续成立起集体性质的农机配件厂，但当时专门从事机械加工的人非常少。1971 年郑家撤区建社。郑家公社农机配件厂主要生产轴承保持架以及其他农机配件、铆钉。农机配件厂拥有一部分手动捣子机和小冲床，加工出的轴承保持架均为小型号。1975 年，郑家公社机械配件厂成立，该厂是以郑家运输队和建筑队为基础建立的，以生产轴承保持架为主。1975～1978 年，郑家先后建立了郑家扬水站集体企业、郑家大队村办企业、苇园大队村办企业、郑家村第四生产队队办企业、后景屯村办企业、张楼大队村办企业，其生产的主要产品均为轴承保持架。1978 年郑家辖区内的几家村办企业和队办企业陆续倒闭，最后只剩下郑家公社农机配件厂、郑家公社机械配件厂两家集体企业。

改革开放的春风给郑家镇的机械加工带来了前所未有的鼓励和支持。1980 年 3 月颁发的《中共聊城县委关于农村经济政策若干问题的规定》中提出：“只要不影响集体生产，不搞雇工剥削，不搞投机倒把，各项家庭付（副）业都要放手让社员去搞。”个体劳动者是我国社会主义的劳动者，他们同国营、集体企业职工一样，都是建设社会主义所必需的，都是光荣的。在政策逐步放宽的情况下，随着农村家庭联产承包制的实施，郑家劳动力开始解放出来。到1980年，郑家辖区内生产轴承保持架的集体企业、村办企业和加工业户发展到30多家。

1981年9月颁发的《中共聊城县委关于对工业企业经济政策的若干规定》对工业企业继续实行利润留成办法和正确实行奖励制度问题的政策进一步放宽。1981年10月颁发的《中共中央、国务院关于广开门路，搞活经济，解决城镇就业问题的若干决定》提到，对个体工商户，应该允许经营者请2个以内的帮手；有特殊技艺的可以带5个以内的学徒。对于个人劳动者的税收，要规定合理的税率。只要不从事违法活动，就不要从收入水平上卡他们。个人劳动者可以在所在城镇成立个体劳动者协会或联合会，接受工商行政管理部门或当地人民政府指定的部门指导。

1984年8月，郑家撤社设乡。1986年5月，聊城市多种经营乡镇企业局《关于开展城乡横向经济联合的报告》指出，“根据我市乡镇企业的现状，可以通过六种形式来发展我市横向经济联合”，其中，拟定聊城市轴承厂与郑家乡挂钩，实行以厂带乡。“大企业对挂钩乡镇的乡镇企业要通过调查研究，有目的地进行生产经营、技术改造、开发产品等方面的综合服务，不断提高乡镇企业的应变能力。城市大企业可以扩散的产品及零部件的加工，要优先扩散到挂钩乡镇的企业加工生产，不断扩大乡镇企业的生产经营门路，开拓新的产品市场，为更广阔地开展横向经济联合，打下充实的物质基础。乡镇对与之挂钩的城市大企业，在工作条件和企业福利等方面提供便利。”除此之外，还为乡镇企业培训、代训专业技术和经营管理人才，组织城乡科技人才下乡，为行业发展提供智力支持。全乡的轴承保持架生产加工厂日趋增多。但因销路不好，1985年初郑家乡原有的50多个生产轴承保持架的小厂逐渐衰落、陆续倒闭。针对这一情况，郑家乡党委、政府派出专门人员，会同聊城市多种经营乡镇企业局，积极进行市场调查，广泛收集信息。他们了解到乌鲁木齐、兰州和银川等地轴承保持架产品紧缺，便及时前去签订销售合同。由于销路畅通，在很短的时间内，过去倒闭的小厂很快恢复了生产，并且在原有的基础上又发展了20多个企业，机器设备也新添了将近一倍。

1986～1988年，聊城地区、聊城市举办乡镇企业经济管理职业中专班进行培训，对作出重大贡献的乡镇企业厂长及科技人员办理“农转非”，鼓励科技人员支援乡镇企业，刺激了乡镇企业的发展。同时，产品已经逐渐得到了市场认可，市场缺口较大，利润率较高。至1988年，郑家辖区大大小小的轴承保持架加工厂达到了100多家，部分企业有了一定的实力。

1989年，受国际国内政治和经济形势的影响，郑家的乡镇企业再一次面临产品滞销的困境。短短一两年，郑家乡80%的轴承保持架生产厂家倒闭，只有几家集体企业幸存下来。为让保存下来的集体企业重振旗鼓，郑家乡党委、政府、经委积极协调聊城地区建行，克服了重重困难，利用贷款方式为本辖区的3个轴承保持架企业争取到了40万元的发展资金，为企业的生存和发展提供了关键性的资金基础。

1991年春，郑家乡在乡驻地朝阳路建起了占地70亩的乡工业园，这是全镇第一个工业园区，拉开了郑家轴承保持架产业发展壮大的序幕。有7家生产企业进驻该工业园，他们分别是聊城市农机厂、聊城市轴承保持架总厂、聊城市保持架一厂、聊城市保持架二厂、聊城市模具厂、聊城市机械配件厂和聊城市棉绒厂。当时这7家集体企业虽然规模小，但利润高，比如当年聊城市机械配件厂实现销售额21万元，利润高达16万元，促进了企业的发展和人才的聚集，7家集体企业成为培育人才技术的“孵化器”。集体企业带动了一批新人，培养了100多名业务员，专门为企业产品销售“保驾护航”。这100多名业务员走南闯北，把郑家乡集体企业所生产的轴承保持架销售到大江南北、全国各地。在做好产品销售的同时，郑家乡党委、政府、经委通过协调，从哈尔滨轴承厂聘请了4名专业工程师，专门为研发制作轴承保持架进行技术指导。1991年12月26日，聊城地区第一家乡镇汽车站——聊城市郑家汽车站投入使用。更有竞争力的产品、更快捷的交通使郑家镇在轴承保持架领域声名在外。

帮办乡村企业。1983年春，堂邑公社刘庄村村委会主任刘耀提出：“种地只能解决温饱问题，不能致富。我们为何不办个企业?”刘耀超前的思路让很多村民感到“新鲜”。当时，刘庄村和周边村有种大蒜的习惯，周围还有大面积的苹果园。但苹果和蒜薹在收获季节卖不上价，加上交通不便，往往积压严重。“要是能建上一座恒温库，进行冷储，巧打‘季节差’，效益肯定错不了。”刘耀说。就这样，刘庄村开始了聊城农民发展农业产业化的最初尝试。1984 年初秋，刘庄村开始了建设恒温库的起步工作。可是，建设一座容量 1000 吨的恒温库需要资金 100 万元，这是一个巨大的数字。特别是到了 1985 年 3 月，国家信贷政策发生变化，银根紧缩让资金筹集难上加难。刘庄村发动群众集资入股，3000 元一股，通过职工带资入厂、申请扶持等方法，千方百计筹集资金。1986 年 5 月初，一座 1000 吨容量的恒温库终于建起来了！艰苦创业与勇于创新，结出丰硕的经济之果。储藏蒜薹和苹果为主的恒温库当年即盈利 8 万元，第二年盈利 30 多万元，第三年盈利 77 万元。1987 年，每户分红 1000 元，1988 年每户分红 5000 元……兴办村企首战告捷，极大地鼓舞了刘庄人的创业热情。1988 年 12 月，村里决定再建一个企业，3 天就集资 68 万元。1990 年，新上了面粉厂；1992 年，建起了玛钢厂和第二座恒温库……村办企业在刘庄雨后春笋般地涌现，村里的经济收入连年攀升。刘庄被称为“鲁西第一村”。

1984 年 9 月，聊城市坚持乡镇企业的所有制长期不变，指出除了不能办卷烟厂、小炼油厂以及生产爆破器材[①]以外，其他项目都可以生产经营。根据市场需要，适宜干什么就干什么，能够干什么就干什么；搞好调查研究，鼓励农民向集体企业投资入股。

在“全面振兴聊城经济，重点突破乡村企业”工作方针的指导下，1986 年，市政府认真贯彻了“积极扶持，合理规划，正确引导，加强管理”的方针，以户办、联户办为主的各类乡镇企业迅速发展，形成了初具规模的拳头产品和小企业群体。重点发展了饲料加工、食品加工、棉花产品加工和建材工业。全市形成了以发挥优势项目为主，以发展短、平、快项目为主的大办乡村企业的热潮，并涌现出一大批不同类型的好典型。

---

① 此类产品均为定点生产，须经省批准。

1987年，市直部门和单位帮乡村工业实行责任制，从市直120个单位和企业抽调300名人员下乡进厂，帮助乡镇企业上项目、上技术、上质量，促进乡村工业的发展，乡镇企业达9768处，初步形成了十几个区域性的乡村企业群体。开展城乡一体化活动，扩大城市工业的辐射能力，促进了城乡结合、厂乡挂钩，加快了乡村工业的发展步伐，涌现出一批新型的农民企业家。

为调动党政部门、事业单位兴办企业的积极性，1988年4月，中共聊城市委、聊城市人民政府提出党政部门、事业单位兴办企业的试行规定，指出市直党政部门、事业单位，在做好本职工作的同时，可根据各自的情况，抽调人员，积极兴办以工业企业为重点的各类企业。允许党政部门、事业单位的干部职工停薪留职或带薪留职自办或去乡镇、农村承包兴办企业。各乡镇办事处机关和直属单位，可以兴办各类企业和各种实体性的公司。对在兴办企业中做出显著成绩的部门、单位负责人和干部职工，在精神和物资上给予奖励。

按照"重点突破，突破重点"的原则，通过抓投入，抓管理，大搞城乡一体化，乡镇企业出现了发展速度快、经济效益高的好势头。1988年，全市初步形成了以农副产品加工、畜产品加工、食品加工、蔬菜贮存加工、纺织品加工等为主体的门类比较齐全、结构日趋合理的乡村企业格局。1990年，在乡镇企业遇到严重困难的情况下，市政府采取正确引导、狠抓管理、调整结构、巩固提高等措施，企业管理水平不断提高，有2处企业荣膺省级先进企业，有4处企业荣膺地级先进企业，有10处企业进入市级先进行列。在抓管理上等级的同时，完成技术改造项目33项，技术开发项目3项，开发新产品14项，总投资500万元。乡镇企业中的出口企业由上年的9家增加到14家，出口交货值达到2356万元，比上年增长29％。

1991年把乡镇企业当作重点来抓。明确发展思路和工作方针，强化领导和调度，开展城乡工业一体化工作，组织53个市直部门、18个市直工业企业帮包乡镇企业。5月，聊城市严格考核，鼓励企业实现规模经营，奖励企业领导骨干；积极扶持、努力增强企业后劲；吸引、鼓励专业技术人员到乡镇企业工作，壮大乡镇科技队伍；强化销售，搞活流通，鼓励引进外资，发展外向型经济，对作出突出贡献的企业领导干部和职工进行奖励。1991年6月，聊城市以现有企业为基础，以乡、村办工业企业为骨干，以城市工业、科研单位、大专院校为依托，大力推进横向经济联合，以国际国内两个市场为导向，发挥当地优势，重点发展乡办、村办集体经济，带动户办、联户办企业的发展。1991年乡镇企业总产值8.4亿元，比上年增长18.4%。

1992年2月，聊城市发展和健全农村社会化服务体系，组织下派奔小康包村工作队到农村去，推进机构改革，加快机关职能转变。1992年6月，鼓励党政机关干部到乡村企业工作，鼓励党政机关和行政事业单位兴办经济实体和服务实体。

商业体制机制改革。1981年，全县对三类农产品实行议购议销。实行农业生产责任制以后，劳动力剩余问题越来越突出，农民对物质生活和精神生活的要求越来越高。为此，县委鼓励能工巧匠等各展所长，经营编织、酿造、锻造、包装、皮毛加工等手工业，饮食、理发、修理、缝纫、茶馆等服务业，以及建房、制作家具等行业，拾遗补阙，活跃经济，满足农民多方面的需求，商品贸易有了繁荣的气象。同时，财贸战线下大力抓好财政的增收节支，努力完成财政收入计划，搞好各种生产资料和群众生活用品的供应，当好工农业生产的后勤。抓住农闲有利时机，抓好农村日用工业品、建筑材料和中小型农机具的生产。加强企业管理，提高产品质量，自负盈亏。

聊城市搞活商品流通，推行经理负责制，进一步扩大企业自主权，加快小型商业企业改、转、租的步伐，完善经济承包责任制。积极发展集体和个体商业户，允许农民个人或合伙进行长期贩运，打通工业品下乡和农副产品进城的渠道。基层供销社、集体个体商业户和生产者，都可以进城开设商业网点，经销农副产品。建设为发展商品生产服务的各种设施，如仓库、冷库、粮库、果菜库、商业网点以及棉花收购、加工站等，活跃了城乡市场。1983年，全市有20多处社队企业和430多户农户，打破城乡界限，进城进镇开设家具、农具、服装、修理、饮食等各种门市部500多处，有210户农民办起经销粮食、木料、土杂产品等项目的联合体68个；利用拖拉机、汽车从事运输的专业户发展到3180户；个体商业发展到6970多户。适应商品生产发展的需要，搞好产前产中产后的各项服务。先后办起良种、植保、技术、供销等专业服务公司，建立各种专业服务队，发展各种专业服务户。集市贸易更加活跃，全市有集市36处，上市品种达1320种，集市贸易成交额4775万元。国营商业购销开始变活，城乡储蓄大幅度增加。

随着家庭联产承包责任制的落实，化肥需求量增大，1983年以后，化肥经营渠道增多，但仍供不应求。供销社采取计划外采购的办法补救。1983年2月，聊城县供销社进行体制改革试点工作：努力扩大经营范围和服务领域；改独家经营为联营；改国营商业为合作社商业；改县社一身一任为一身二任，建立县联社；改铁饭碗为按劳分配；改按行政区划建社为按经济中心建社；改革税利制度和人事制度；改变经营方式和经营作风。至1984年9月，在试点工作的基础上，全县供销系统一律恢复了合作商业性质。10月，成立了县供销合作社联合社党委会。

1985年，随着家庭联产承包责任制的完善，实行“粮食合同定购”办法：从1985年4月1日①起，把属于统购统销的国家指令性计划商品——粮食、油料，改为指导性计划商品，取消粮食统购，改为合同定购②。至此，结束了长达32年的粮油统购制度，实现了粮食收购的重大改革。

1986年，个体商业发展迅速，个体商业零售额达7152万元。全市国有商业企业有百货大楼、百货公司、食品公司、蔬菜公司、饮食服务公司、副食品公司6家，商业网点66个，营业面积48000平方米，共有职工2377名。集体商业企业归商业局所属的商业综合公司管理，有土产杂品总店、百货总店、副食品总店、饮食服务总店、齐鲁百货楼、理发总店、副食品加工厂、东昌商店8家，51个网点，591名职工。

随着经济体制改革的不断深入，商业流通由单一的国营(集体)商业流通渠道向多种流通渠道方向发展，市场出现了多种经济成分相互

---

① 全国统一规定的粮食年度是从当年的4月1日起至次年的3月31日止。

② 合同定购即国家通过合同形式所进行的定量收购，是国营商业根据国家计划同生产单位协商一致达成协议而进行的粮食商品交换。

竞争的局面。市商业局建立了蔬菜调运批发部，1987年共调运蔬菜800多万斤。市供销社建立了生产资料、农副产品、地方工业品公司等六大流通服务组织，市乡镇企业局建立了蔬菜运销公司、农工商工业公司、畜产品贸易公司，为乡镇企业更好地发展创造了条件。到1987年底，全市已有近20个小型商业企业推行个人租赁、合伙租赁、集体租赁和企业间租赁经营。有6家商业企业实行基数承包、资产上缴利润承包、目标利润承包、亏损承包等形式经营。供销社改“公办”为“民办”，进行“内改外联”，到年底，全市供销系统大部分门店实行了不同形式的经济责任制。市联社将人、财、物和产、供、销等权力真正下放给基层社及其他核算单位。基层社充分放权，使各门市部实现独立核算、自负盈亏和自主经营。

企业根据需要对各级经营人员公开招聘，择优录用。在分配制度上，打破了单一的档案工资制度，将工资、奖金与企业的效益紧密挂钩，实行“一包两定”“一包三定”等联销联利计酬办法。1988年，商业局对下属各企业普遍推行承包经营，对企业经理实行招标聘任制，并在企业中推行全员抵押承包制度。流通领域企业引进竞争机制和风险机制，深化改革，进一步加强管理工作，促进了流通秩序的好转。城乡市场逐渐繁荣，呈现购销两旺态势，企业经济效益显著提高。商业系统利润总额第一次突破了100万元大关，达到171万元，比上年增长115%；供销系统实现利润592万元，比上年增长32%。1990年以后，打破隶属关系界限，采取联合、兼并和重组等形式，盘活存量资产。加快集贸市场建设，在城区新建两处蔬菜批发市场和一处服装批发市场，在道口铺乡建一处蔬菜批发市场。开展了声势浩大的“扫假清劣”活动。整顿了石油、煤炭、烟草、食盐、生产资料和书刊音像六大专业市场，加强了市场管理和建设，收到了“建一处市场，带一门产业，活一片经济，富一方群众”的显著效果。商贸战线立足“发展生产，方便生活，繁荣经济”的指导思想，积极开展“质量、品种、效益年”活动，城乡市场繁荣活跃，购销两旺。1992年，采取“国家、集体、个体一起上，多渠道筹集资金”的方针，全市共投资6688万元，新建、扩建、改造较大规模综合市场和专业批发市场17处；推行“改、转、租”和承包责任制的经营方式，实行抽本经营。

1985年是“六五”计划的最后一年，1985年全市工业总产值46606万元，完成计划42650万元的109.3%；市属工业产值42086万元，完成计划39984万元的105.3%；市属纯工业产值29560万元，完成计划28994万元的102.0%；全民所有制工业企业全员劳动生产率为11359元/人，完成计划11150元/人的101.9%；乡镇办工业产值完成2116万元，完成计划2400万元的88.2%。1985年聊城市手表厂生产的单鲸牌104、108船用时钟和油泵厂生产的亚字牌95系列喷油器总成，被评为部优质产品；电机厂生产的五岳牌QD12直流起动机被评为省优质产品；酒厂生产的鲁酒，获省新产品二等奖。全年社会商品零售总额完成28980万元，完成计划的108.4%；出口商品实际收购总值778.8万元，完成计划的129.8%。城乡居民储蓄存款余额达到17073万元，比上年增加628万元，增长3.8%。

1990年是“七五”计划的最后一年，是继续贯彻治理整顿、深化改革取得明显成效的一年，按新口径计算，全部工业总产值达到111064万元，完成计划的102%。按老口径计算，乡镇及其以上工业总产值达到79031万元，完成计划的101.8%。其中，省地属工业总产值达到44995万元，完成计划的102.5%；市属工业总产值达到34036万元，完成计划的100%；乡村工业总产值达到40337万元，完成计划的103%。乡村工业总产值中，乡镇办工业总产值达到8304万元，完成计划的102.5%；村及村以下工业总产值达到32033万元，完成计划的103%。流通领域克服了市场销售疲软的困难，发挥了国合商业（国营商业与供销合作社）的主渠道作用，出现了商品供应充裕、物价平稳、市场繁荣的好局面，全市社会商品零售总额达到59978万元，完成计划的100.8%；外贸出口商品收购总值达到3292万元，完成计划的135%；全市财政收入实现5046.5万元，完成计划的101%。

第三节　科教、文化和社会事业的蓬勃发展

落实科技人员政策。党的十一届三中全会以来，聊城县开展了落

实知识分子政策工作，至 1986 年 6 月底结束。全县共吸收 1452 名优秀知识分子入党，选拔 479 名德才兼备的知识分子担任科级以上领导职务，调整了 173 名用非所学、用非所长的知识分子的工作，录用了 47 名“五大”（电大、职大、业大、函大和夜大）毕业生为国家干部，为 942 名知识分子办理了家属子女 2789 人的“农转非”手续。

科技人员是“四化”建设的重要力量，为激励他们奋进，1980 年 3 月，聊城县对全县科技人员 1300 多人进行考核晋升，确定和提升科技人员的技术职称，最大限度地调动了他们的生产积极性，为国民经济的发展奠定了牢固的基础。1985 年是“六五”计划的最后一年，随着地直企业下放，聊城市科技队伍进一步壮大，全市专业技术人员达到 5392 人。

为实现“科技兴聊”，全面振兴聊城经济，1988 年 2 月，全市放宽放活科技人员，支持和鼓励党政机关、事业单位的在职科技人员（包括担任副科级以上行政职务的科技人员），在完成本职工作、不侵犯本单位权益的前提下，从事有偿兼职技术服务。科技人员停薪留职后，其在原单位的工资总额不变，编制不减；鼓励离退休科技人员到基层搞各种形式的技术服务，鼓励科技人员为发展乡镇企业、振兴农村经济献计献策；坚持内放外引相结合，采取更宽、更活的优惠政策，吸引外地科技人员来我市进行技术服务，设立“科技兴聊奖”，每年给作出贡献的科技人员分别授予“优秀科技工作者”“科技之星”“科技能手”“市劳动模范”称号，给部分人员晋级奖励，激发了科技人员下乡进厂搞科技服务的热情。全市有 700 多名科技人员深入到生产第一线搞技术服务和技术承包，加快了科技成果向生产力的转化。

1989 年 1 月，聊城市作出《关于政、技分开暂行规定》，指出政、技合一的行政业务部人员、任务、财务分开，使科技服务机构成为相对独立的事业单位，制定了面向全国招聘人才、引进技术的规定。此后，吸引了全国各地各类科研机构、大专院校的科技人员近 200 人，先后来聊城市开展多种形式的技术服务。广大科技工作者认真组织科技攻关，积极落实振兴农村经济的“星火计划”。农村各乡镇相继恢复和建立了科协组织，形成了比较健全的技术推广网络。通过举办各种类型的科技培训班，为农村培养技术员 1.5 万人，加快了农业科技成果的迅速推广。

棉花、小麦的优良品种基本普及，麦棉间作、科学养鸡、食用菌生产、早熟西瓜和优质高产蔬菜的培育等各项科技成果推广工作获得实效，促进了农业生产的发展。

到1990年，取得科研成果100项，其中7项达到国内先进水平，29项达到省内先进水平。1990年3月，聊城市制定各项奖惩政策，搞好农业科技开发。1991年，全年共推广应用膜式栽培、配方施肥、塑料软管节水、青贮氨化饲料、快速养猪等近20项农业科技成果；批准立项53个工业技术改造项目和9个星火攻关项目。

1992年9月，聊城市在充分发挥现有专业技术人才作用的基础上，制定一系列优惠政策，引进人才，引进项目、资金和技术。1992年，农业推广新成果20项，先进技术使用覆盖面达85％以上；工业生产组织实施各类科技计划412项，总投资8000万元。

发展教育事业。教育事业的发展关系到四个现代化的命运和前途。1980年1月，聊城县制定政策，提高教师的政治和社会地位、关心教师生活、解决教师待遇问题，发展农村教育事业，让教育事业促进生产的更大发展。1980年5月，以普及小学教育为重点，切实办好农村教育，坚持“三种教育”（普通教育、业余教育、学前教育）一起抓；有计划有步骤地进行中等教育改革；集中力量办好重点学校。

1981年全县农村中学进行调整，由原来的201处调整合并为115处。农村公社高中一律撤销。是年12月，县教育局向县委作了《关于中小学民办教师整顿工作情况的报告》，经县革委同意后，全县精简民师809人，占原有小学民师总数的24.8％。1983年，沙镇、斗虎屯、堂邑、李海务4所中学改为农业技术中学，其余一律改为公社重点初级中学。建立了“县办高中，公社办初中，村办小学”的“三级管理”体制。农村普及小学教育，城镇普及中学教育，发展职业和专业技术教育，普通中学增设农业技术课。全面提高教学质量，切实加强教师队伍建设，积极改善办学条件，发动群众集资804.71万元，新建、改建、维修校舍2000多间，推动了全县教育事业的全面发展。

1985年普通中学实际招生17523人，职业中学实际招生1403人，小学实际招生77205人，学龄儿童入学率达98.97％。1987年全市城乡有573处中小学，已有516处达到“六配套”标准。1988年3月，聊城市教育系统改革干部人事制度，市教育局对22个乡镇街道的联合校校长、副校长实行聘任制，优胜劣汰，赏罚分明。1984～1990年共集资5000多万元，大搞学校改貌，结束了农村小学黑屋子、土台子、危房子的落后状态，达到了“全配套”要求，完成了学校校舍达标任务。教育内部结构经过调整日趋合理，学校实行目标化管理，职业教育迅速发展。

1990年是“七五”计划的最后一年。“七五”期间，城市教育取得了显著成绩，农村校貌及办学条件得到了明显改善，完成了中小学校舍达标任务，小学普及率达到98.4%以上，初中达到64%以上，高中达到20%以上，大中专录取人数明显增加，各类职业学校、技工学校和成人教育事业的发展都取得了较大成绩。

开展文化建设工作。党的十二大提出，在建设高度物质文明的同时，一定要努力建设高度的社会主义精神文明。为此，聊城县开展了精神文明创建活动。1981年3月，聊城县首次组织开展了“五讲四美三热爱”（讲文明、讲礼貌、讲卫生、讲秩序、讲道德，心灵美、语言美、行为美、环境美，热爱党、热爱祖国、热爱社会主义）活动。认真抓了干部理论学习和党员思想教育。广泛开展了学雷锋、学海迪、学先进活动。通过举办图片展览进行深刻的爱国主义教育。通过组织学习、建立帮教小组、走访家长等多种形式，挽救失足青少年。各中小学开展了“升国旗、唱国歌”的活动，结合思想品德课，深入广泛地进行国旗国歌和国家版图知识的教育，收到了良好的爱国主义教育效果。全市还掀起了创建文明城市、文明村庄、文明单位的热潮。1982年1月，全县开展起“五好家庭”（政治思想好、遵纪守法好、尊老爱幼好、教育子女好、计划生育好）创建活动。1982年3月，根据中央和山东省委的指示精神，联系本县实际，围绕治理“脏”“乱”“差”为重要内容，全县首次开展了“文明礼貌月”活动，具体抓了三件大事：一是搞清洁卫生，净化、绿化、美化环境；二是整顿公共秩序，自觉维护和遵守社会公德；三是进一步开展学雷锋，树新风活动，搞好服务质量。

1983年4月，全县城乡广泛开展争创“文明单位”和“文明村”活动，把“五讲四美三热爱”为内容的文明建设运动推向了新的高度和境界。

全市所有社镇都办起了文化站，其中13处社镇建立了文化中心、298个大队办起了青年民兵之家，有农村电影放映队70个、影剧院23处，全市还出现了一批电视村和文化专业户，城乡文化活动开始活跃。

1984年2月，市委召开表彰“五讲四美三热爱”先进单位和模范代表大会，为社会主义精神文明建设起到了积极的引领作用。1988年全市共涌现出城镇文明单位312个，农村文明村庄223个，“五好家庭”250个。1988年4月，聊城被列为山东省首批历史文化名城。11月15日，聊城地、市联合举行纪念抗日民族英雄范筑先将军殉国五十周年活动。上午聊城地、市在范筑先将军殉国处，联合举行了纪念碑揭碑仪式，瞻仰了邓小平同志题写的“民族英雄范筑先殉国处”纪念碑和范筑先塑像；下午举行了纪念大会。中顾委常委段君毅、全国人大常委会委员徐运北、中顾委委员赵健民、原省委书记高克亭、副省长马忠臣、省顾委常委朱永顺、省政协副主席周振兴，以及范筑先将军的部分老部下、亲属共123人，从各地赶赴聊城，与聊城干部群众一起参加了纪念活动。

至1989年底，全市80%以上的村庄建立了“红白理事会”，婚丧事大操大办的风气有所收敛。同时，结合“打拐”斗争，集中时间在农村清理了非法婚姻。投资200多万元筹建的海源阁藏书楼和海源阁图书馆工程于1992年竣工。深入开展文化下乡活动，坚持用社会主义文化占领农村文化阵地，活跃了农村群众文化生活。深入开展了“扫黄(淫秽录像)”“打非(非法出版物)”工作，净化了文化市场。

社会事业走向规范。1980年3月，聊城县建立了劳动服务公司，使城镇待业青年的劳动就业纳入了正常的管理轨道。通过招工、发展集体企业、大力发展职业技术教育，广开就业门路。1988年，全市持证待业青年5397人，安置了4969人，占待业青年总数的92%，解决了突出的就业难问题，收到良好的社会效果。

1981年1月，全县开始落实新婚姻法。新婚姻法规定：青年结婚最低年龄由男20岁、女18岁改为男22岁、女20岁。要求广大青年男女认真执行新婚姻法规定，按照法定年龄进行结婚登记，并接受民政部门的监督。

为搞好引黄济津工程，保证按时按量向天津供水，1981年9月，聊城县引黄济津工程施工指挥部和迁占领导小组成立。引黄济津工程在本县境内主要工作是扩大治理京杭运河，11 月 27 日工程竣工，12 月 1 日试行向天津供水，保证了 1982 年 1 月向天津市供水，解决了天津市工业和人民生活用水问题。

1982 年 9 月，各公社实行生产责任制后，部分基层干部由于年龄和身体条件的限制，不宜继续担任繁重的工作，为体现社会主义制度的优越性，落实党的干部政策，县委、县政府作出了《农村基层干部实行退休制的试行规定》，不但解决了农村基层干部的后顾之忧，而且对培养提拔中青年干部、调动在职干部的积极性起到了激励作用。

1985 年医疗卫生状况有所好转，医院床位达 900 张，人口自然增长率降至 7.50‰。境内设有市属医药卫生单位 28 处，农村卫生室 927 所，不脱产的乡村医生 1263 名。群众性医疗保健措施及就医条件大大改善，新生婴儿死亡率降至 20‰，各种传染病基本消灭。

按照建设与管理并重的方针，1986 年对城市继续进行综合治理，狠抓了一批新的基础建设项目，共新修、翻修马路 10 条，新建地下排水管道 4 条，为 3 条大街新装了路灯，解决了 7 公里马路的照明问题。实行专业队伍与开展突击活动相结合的办法，进一步治理了脏、乱、差，城市的净化、美化、硬化水平有了提高。同时坚持以法治城，健全完善了城市建设和管理的各项法规条例，加强了交通管理、市场管理、建筑管理和土地管理，使城市的建设与管理开始走上正规化。1990 年 6 月，河北馆陶至聊城窄轨铁路工程竣工并通车运行，结束了聊城地区无铁路的历史。

1990 年城乡建设发展较快，基础设施得到明显改善，市容市貌有了很大改观。市区建成面积已达 15.8 平方公里，主次道路达 40 多公里，排水管道 55 公里，自来水综合生产能力达到日产 32000 吨，主供水管道 73 公里，城市公共绿地达 54 公顷，园林绿地总面积达到 420 多公顷，城市绿化覆盖率在 22%以上，居民的文化娱乐、居住条件明显改善。

1991 年全市投资 2000 多万元，解决了 246 个行政村的通电问题，达到村村通电，在全地区率先达到了初级电气化县市的标准。

为加强村级组织建设，促使农村第二步改革的顺利进行，1992 年 3

月,聊城市根据实际情况,参照外地的成功经验,拟定了《聊城市农村干部养老金保险统筹办法》,为农村干部办理养老金保险,从根本上解决了农村干部“干有所为,退有所安,老有所养”的问题。

第四节　政治体制改革和党的建设

党的十三大认为,把政治体制改革提上日程的时机已经成熟了,“党的领导是政治领导,即政治原则、政治方向、重大决策的领导和向国家政权机关推荐重要干部”。既要改变传统的由党直接领导指挥各方面工作的观念,转变党组织的职能,又要改变领导方法。政的方面同样也要改变,一个是政府机构改革,另一个是逐步实施国家公务员制度。党的十三大后,聊城县进行了政治体制改革和党的建设。

政治体制改革。1982 年 1 月,县革命委员会和各级各部门革命委员会改称县政府和政府各单位,各公社革委改为公社管理委员会。1983 年 12 月,县、社两级党政机关按照精简机构、调整班子、紧缩编制、提高效率的原则,以“革命化、年轻化、知识化、专业化”的要求进行了机构改革。此项工作至 1984 年 8 月结束。本着精干、合理的原则,党、政、群各工作部门进行精简,其中市政府的工作部门由原来的 48 个调整为 34 个,将原一轻、二轻局改为行政性公司——一轻、二轻公司;将原机械局改称机械电子公司等。新组建的市委领导班子,优化了文化知识结构,成员中大、中专(包括高中)学历者占 95%以上。根据中央、国务院《关于实行政社分开,建立乡政府的通知》和省、地委的指示精神,将全市 18 处人民公社和 1 个镇,改建为 22 个乡(镇),其中 11 个乡、8 个镇、3 个办事处。11 个乡是大张、朱老庄、于集、许营、西王、道口铺、八甲刘、垢堌、北杨集、郑家、张炉集,8 个镇是沙镇、侯营、斗虎屯、梁水镇、闫寺、蒋官屯、堂邑、李海务,3 个办事处是古楼、柳园、新区。

1987 年 6 月,为加强干部队伍的管理,纠正在编制、调配、任免中存在的不正之风,确保政治、经济体制改革的顺利进行,严格控制机构设置和人员编制、严格掌握调配原则、按照干部的“四化”标准和规定的领导干部职数配备股级干部。

1988 年 4 月，聊城市开始对农村党支部进行整顿，加强企业党组织建设，健全集体领导和民主集中制，建立健全对基层党组织和党员的民主监督制度，实行党务工作目标管理，建立比较完整的党建四联责任制，建立和完善党支部任期目标责任制和党员年度目标责任制。

岗位责任制是机关工作的一种立法形式，党政机关岗位责任制的建立和推行，是政治体制改革的重要步骤和必不可少的环节。1988 年聊城市明确了市委机关各部门的主要任务和职责，各机构做到以任务定岗位，以岗位定人员，因岗设人，因事设岗，权力到人，责任到人，并辅以经常性的考核评比，促进岗位责任制的落实。为进一步完善和深化全市目标管理岗位责任制，促进政治、经济体制改革的发展，保证完成和超额完成各项目标任务，聊城市制定了党政机关目标管理岗位责任制考核、奖惩办法，对乡镇办事处的目标考核分五大项，即经济发展目标、社会发展目标、社会管理目标、组织建设目标、机关建设目标；市直各部门的目标考核分五大项，即主要业务（任务）目标、党的建设目标、班子建设目标、机关建设目标、临时性任务，并制定了加减分标准。考核工作由市考评领导小组统一组织，各分管常委、副市长及业务主管部门分头把关，主要采取季度自查、半年检查和抽查、年终总评的方法。推行了党政干部考选制，经委主任、计划生育乡镇长招聘制的试点，调动了广大干部的积极性。

1989 年 8 月，为加强廉政建设，在全市范围内开展了“两公开一监督”活动，实行办事制度和办事结果公开，加强民主监督。实行党务政务公开，按决策公开、公务公开、服务公开 3 个层次进行。各单位重要决策必须向上级公开；本单位的重要党务政务必须在领导内部公开或在部门内部公开，解决少数人说了算和缺乏内部监督的问题；与社会关系密切的党务政务，向全社会公开。

党的建设。1980 年 3 月，聊城县发出贯彻执行中共中央《关于党内政治生活的若干准则》的通知，要求各级党组织对照《关于党内政治生活的若干准则》，密切联系实际，找出存在的问题和差距，自觉纠正和抵制党内各种不正之风，不断把学习引向深入。

1981 年党的十一届六中全会审议通过了《关于建国以来党的若干

历史问题的决议》,科学分析了新中国成立32年来党的重大历史事件,保证十一届三中全会以来党的正确路线、方针、政策的贯彻执行,调动各方面的积极因素,同心同德建设社会主义现代化强国。聊城县要求各级党组织把这次学习作为头等大事来抓,采取多种形式搞好群众性的学习,和工作紧密结合起来。

1983年党的十二届二中全会通过了《中共中央关于整党的决定》,《决定》提出,纯洁组织是这次整党的一个重要目的,清理"三种人"(造反起家的人、帮派思想严重的人、打砸抢分子)是纯洁党组织的关键。1984年1月,聊城县改市。1984年8月,按照《中共中央关于整党的决定》的要求,聊城市每个乡镇(办事处)都建立了以政工书记为组长的核查"三种人"领导小组,抽调组织、纪检、政法工作的同志,通过来信来访,深入群众,广泛调查,对受害人和知情人采取个别走访的办法,回忆本单位发生的大问题,找出其中的重点人物,弄清问题、重要情节和责任者,查阅有关档案材料,全面听取意见,经过核实,形成材料。同时,做好被调查人的思想工作,打消他们的顾虑,各单位相互支持配合,共同把这项工作做好。

为达到"统一思想、整顿作风、加强纪律、纯洁组织"的目的,聊城市从1984年开始进行整党工作,共分3批进行,第一批从1984年12月至1985年9月,第二批从1986年1月至7月,第三批从1986年11月至1987年3月。大致可分为5个阶段。第一阶段,学习文件,主要学习《中共中央关于整党的决定》《中国共产党党章》《关于党内政治生活的若干准则》以及邓小平、陈云在党的十二届二中全会上的重要讲话等。第二阶段,对照检查自己的思想和行动。第三阶段,集中整改,联系实际,抓住重点,全面落实整改措施和整改方案,解决存在的问题。第四阶段,组织处理和党员登记。第五阶段,总结验收,搞好整党的经验总结。通过批评和自我批评,揭露和解决党内存在的思想、作风、组织严重不纯的问题,党员的政治素质和战斗力得到提高,党组织的战斗堡垒作用增强,各单位建立健全了各项规章制度,提高了工作效率。

1987年5月,聊城市解决整党遗留问题,把整顿后进支部的工作抓到底,抓紧对整党中和整党后反映出来的大案要案和人民来信来访的查处，认真解决组织处理和党员登记的遗留问题，认真解决好村级财务整顿中的遗留问题，从而善始善终地完成了整党任务，巩固发展了整党成果。对全市118个农村基层支部进行了整顿，促进了党风和社会风气的好转，保证了经济建设的顺利进行。

1988年4月，聊城市严格控制发展党员数量，对要求入党的积极分子进行培养教育，坚持从严治党，严格党风党纪。坚持定期研究党务工作，加强调查研究。1988年6月，在全市党员中深入开展党的基本路线教育，即以经济建设为中心，进行改革开放的教育，坚持四项基本原则的教育，大力发展商品经济的教育，坚持自力更生、艰苦创业的教育，切实解决工作中出现的新情况、新问题，促进各项工作的开展。召开全市“强化服务、为政清廉”活动动员大会，进行机关整顿，围绕服务查宗旨观念，围绕改革查事业心，围绕群众反映强烈的问题查有严重问题的人，采取自查与民主监督相结合的方针。通过对照检查，广大党员能够端正态度，把自己摆进去，从主观上找问题、查原因，带头开展批评和自我批评，敢于亮丑揭短，总结经验教训，落实整改措施。

按照上级部署，全市开展了民主评议党员和处置不合格党员的工作，开展了基层支部升级达标活动，对所有村支部书记进行了集中轮训，提高了基层班子的战斗力。

1989年9月，全市城乡深入开展党的四项基本原则教育活动，通过教育，广大党员干部和群众进一步提高了坚持党的四项基本原则、反对资产阶级自由化的自觉性，坚持“两个文明建设一起抓”的主动性。

1990年6月，全市开展“学党章、正党风”教育活动。通过理想、宗旨、党员标准、党的基本路线、党的纪律、艰苦奋斗等六个方面的教育，进行总结和建章立制，主要是针对党员思想作风等方面存在的问题，进行治理整顿，为深化改革、保证经济建设的顺利进行奠定基础。

1990年11月，全市开展整顿党政机关干部思想、作风、纪律的活动，通过学习、回顾检查和整改，树立起改革创新、廉洁勤奋、团结实干、纪律严明、高效服务的机关作风。在全市农村开展了社会主义思想教育活动，活动共分5个阶段。第一阶段，学习文件，提高认识，统一思想。第二阶段，从实际出发，解决本单位存在的突出问题。第三阶段，集中进行组织整顿和班子建设。第四阶段，制定和落实经济发展及精神文明建设规划，建立健全各项规章制度。第五阶段，进行检查验收和总结评比。至1991年1月，活动结束。教育活动坚持“三为主”“两不整”“两不变”的方针，即以思想教育为主，正面教育为主，自我教育为主；既不整干部，也不整群众；坚持改革开放的方针不变，党在农村的一系列现行政策不变。对群众较敏感的人的问题和财务问题，按有关程序处理，牢牢把握思想教育这个中心。思想教育活动的开展，使农村干部群众的社会主义、集体主义思想觉悟明显提高，农村党支部的凝聚力、号召力有所增强，党群干群关系更加密切，村风村貌有了改观，农村经济和各项工作有新的起色。

1991年5月在城区开展系统的社会主义思想教育活动，其主要内容是：社会主义制度优越性的教育；改革开放的方针政策和形势任务的教育；国情、省情教育和自力更生、艰苦创业的教育；正确处理国家、集体、个人三者利益的关系，爱党、爱国、爱集体和讲义务、比贡献教育；社会主义民主与法制教育；社会主义新道德、新风尚的教育；党的宗旨教育；工人阶级优良传统和历史使命教育。通过教育，绝大多数机关的工作面貌发生了明显变化。

1991年11月，聊城市立场坚定、旗帜鲜明地带领广大党员干部群众开展反演变、反渗透、反颠覆斗争，掌握党史、党建的基本理论观点，紧密联系本部门、本单位的工作实际和各自的思想实际，不断改进工作。

第十一章
改革开放新阶段和经济社会事业再上新台阶

1993年11月，党的十四届三中全会审议通过了《中共中央关于建立社会主义市场经济体制若干问题的决定》。《决定》分为10个部分：(1)我国经济体制改革面临的新形势和新任务；(2)转换国有企业经营机制，建立现代企业制度；(3)培育和发展市场体制；(4)转变政府职能，建立健全宏观经济调控体制；(5)建立合理的个人收入分配和社会保障制度；(6)深化农村经济体制改革；(7)深化对外经济体制改革，进一步扩大对外开放；(8)进一步改革科技体制和教育体制；(9)加强法制制度建设；(10)加强和改善共产党的领导。

1997年亚洲金融危机爆发，为有效防范和化解金融风险，我国金融系统进行了重大改革。改革的目标是中央银行强化监管、商业银行自主经营。

1998年3月党的九届全国人大一次会议提出，要进行如下改革：(1)农村改革"四稳一突破"。"四稳"即稳定和加强农业的基础地位，稳定和落实党在农村的基本政策，稳定农产品总量，稳定农村社会秩序；"一突破"表现为"四新"，即农村改革有新突破，农村产业结构调整有新进展，农村经济整体素质和效益有新提高，农民收入有新增长。(2)做好国企下岗职工基本生活保障和再就业工作，搞好企业管理。(3)金融体制改革。(4)粮食流通体制改革全面展开。实行政企分开、储备与经营分开、中央与地方责任分开、新老财务账目分开，完善粮食价格机制，进一步调动农民的积极性。(5)住房改革。停止一切福利分房，通过房改逐步实现住房分配货币化。

1993 年 7 月，聊城市提出了“强工、重农、活商、兴城”等系列指导思想和工作方针。1995 年，全市上下坚持“抓住机遇，深化改革，扩大开放，促进发展，保持稳定”的基本方针，以实现“九五年大发展”为目标，正确处理改革、发展、稳定的关系，努力提高经济运行质量和效益，团结实干，锐意进取，主要指标已完成和超额完成，综合实力明显增强，“八五”计划确定的目标任务已胜利实现。全市国内生产总值达到 33.09 亿元，比上年增长19.3%，“八五”期间，年均增长 11.6%。

1998 年 1 月，聊城市改为东昌府区，改制后的东昌府区人口有 90 万，面积 1245 平方公里，辖 4 个办事处、17 个乡镇。随着地改市、市改区行政体制改革工作的进行，3 月，聊城市对市区变革中事权划分问题逐步进行了明确。2000 年是“九五”计划的最后一年，全区上下按照区第十三届人民代表大会第三次会议批准的国民经济和社会发展计划，紧紧围绕“依托民营经济，奋斗五年，进入全省先进县（区）行列”的目标，深化改革，加快经济结构调整，全区国民经济和各项社会事业健康发展。国民生产总值达到 33.24 亿元，完成计划的 90%，比上年增长 7.3%，其中第一、第二、第三产业增加值分别达到 12.22 亿元、9.25 亿元和 11.77 亿元，分别完成计划的 92%、90%和 94%，比上年增长 3.5%、6.8%和 11.8%；地方财政收入达到 11970 万元，完成预算的 101%，同口径比上年增长 16%；全社会固定资产投资完成 3.3 亿元，比上年增长 10.5%；农民人均纯收入达到 2380 元，比上年增加 109 元。

2001 年是进入新世纪、实施“十五”计划的第一年，也是全区改革开放和经济发展的关键年。全区瞄准一个目标（建设经济强区），突出一条主线（结构调整），运用两大动力（改革开放和科技创新），实现五个重点突破（农业结构调整、工业经济、民营经济、对外开放、大项目带动）。2002 年 11 月，党的十六大召开，会议作出了完善社会主义市场经济体制的部署。2003 年 1 月，区委贯彻落实党的十六大精神，坚持强农固本、工业立区、三产兴区。2005 年全区以科学发展观总揽经济社会发展全局，完成或超额完成了年初确定的预期目标。全区生产总值完成 64.97亿元，比上年增长 17.1%，高于全市平均增幅，是“十五”期间发展最快的一年。其中第一、第二、第三产业增加值分别增长3.6%、31.1%和22.9%，三次产业之比由上年的26∶36∶38调整为22∶40∶38，第二、第三产业增加值占GDP的比重比去年提高了4个百分点。实现地方财政收入2.8亿元，同口径增长20%。

2010年是决战“十一五”、谋划“十二五”的关键之年，东昌府区以“转方式、调结构、增总量”为主线，全面实施城镇化战略和工业突破战略，经济总量迈上新台阶，产业结构进一步优化。2010年，全区生产总值预计完成162.5亿元，同比增长14.3%；三次产业比例调整为15.4∶42.2∶42.4，第二、第三产业比重较上年提高1.9个百分点；地方财政收入实现6.2亿元，同比增长23.2%；固定资产投资预计完成97亿元，同比增长30.3%；社会消费品零售总额实现110亿元，同比增长18%。全年出口创汇完成6945万美元，增长35.5%；实际利用外资达到314万美元。城乡居民储蓄存款余额238亿元，同比增长11.6%；各项贷款余额296亿元，同比增长20.6%。城镇居民人均可支配收入预计达到17910元，同比增长12.2%；农民人均纯收入预计达到6265元，同比增长14.5%。

第一节　减轻农民负担，发展现代农业

1993年3月，聊城市以市场为导向，以满足社会有效供给为前提，采取有效措施，认真落实植棉面积。狠抓科技兴棉，努力提高植棉效益。积极繁育推广良种。拓宽销售渠道，搞活棉花流通。1994年，时任中共中央政治局常委、国务院副总理朱镕基来聊城市许营乡调查研究棉花生产和棉花收购、加工、经营管理工作以及农业生产资料价格管理方面的问题。许营乡地处聊城市东南，经过多年努力，这个乡的群众成功地创造了大垄套植棉经验，粮棉间作套种，棉花产量高，效益好，是聊城地区和山东省的植棉先进典型。看到株高齐胸的棉棵桃铃满枝，朱镕基浓眉舒展，高兴地走进棉田，同围拢过来的农民群众亲切交谈起来：“你种了几亩棉花？有几个劳动力？”“种得过来吗？”“一亩能收多少斤皮棉？”“一亩地成本是多少？”“去年的棉花交给国家的多，还是卖给

小贩的多?”朱镕基说:“麦棉间作这个方法好,有利于提高种田效益。要千方百计提高棉花单产,棉花生产关键是产量,亩产越高越合算。价格再高,如果亩产只有50多斤,也不会有高收入。”“你们的任务是把棉花卖给国家,不要卖给小商小贩。我们尽一切努力,把化肥价格降下来。”朱镕基微笑着说:“看到你们的棉花种得这样好,很有成绩,我非常高兴。全国的棉花都像你们这里就好了。”在许营乡棉厂,朱镕基绕厂查看了收购设备,并询问了棉花收购情况。“村里有没有流动收棉的小贩?”朱镕基对棉厂负责人说:“你们也下去收嘛!要服务到门,到大村大户。”“要明确地告诉群众,今年棉花市场不会放开,国家一管到底。”“去年有那么多商贩来收购,就是因为国际市场价格好,棉布、棉纱大量出口,价格很高。现在降下来了,不会有那么高的价钱了。”“去年国内的纺织品价格涨了一倍,棉花价格也涨了一倍,农民得到利益了,但城市里的老百姓承受不了。为什么物价涨得那么厉害?因为棉花和纺织品价格上去了。”“要让老百姓认识到,现在的价格是合理的。”在得知纺纱厂的一些情况后,朱镕基说:“小棉纺厂都是些落后的设备,已经停了的,千万不要再开。这些小厂开起来,把好棉花都浪费了,也赚不了钱。要想别的办法,上别的项目。”他嘱咐乡和厂里的干部:“今年收棉花,千万不要压级压价,压级压价会挫伤老百姓的积极性。”朱镕基强调,要尽一切努力降低化肥价格,局部调整、稳定棉花收购价格,教育引导棉农服从国家整体利益,积极支援国家建设。要调整结构,择优安排,尽量发挥先进设备的作用,提高棉纺企业的效益。①

1993年5月,全市开展减轻农民负担的“四清理、三整顿”②工作。1993年7月,市委、市政府对农民负担款项征收管理使用情况进行检查,共清理各种收费、罚款、集资、摊派、升级达标活动和各种基金50多项,取消涉及农民负担的收费、集资、基金项目20多项。对各乡镇和有

---

① 参见中共聊城地区委员会编:《党和国家领导人与聊城》,中共党史出版社1997年版,第417～433页。

② “四清理”即清理涉及农民负担的各种文件、项目、非生产性建设和承包合同外收费提留;“三整顿”即整顿村提留和乡统筹费的使用与管理,收费、罚款的使用与管理,义务工和劳动积累工的使用与管理。

关部门在农村开展的各类保险、报刊发行、希望工程等进行清理规范，纠正制止在婚姻登记、中小学学杂费及其他收费环节上的“搭车收费”行为。每年对减轻农民负担工作进行两次检查，实行农民负担预算审批制度和农民负担“监督卡”制度。

1995 年是“八五”计划的最后一年，聊城市在抓粮食和棉花生产的同时，蔬菜、林果、畜牧、水产四大主导产业初具规模。为加快鲁西大菜园建设，制定和实施优惠的政策；奖励先进；大力实施“科技兴菜”战略；搞好信息、良种、物资服务；建好管好市场，搞好流通和销售；发展蔬菜深加工龙头企业，努力实现区域化种植、规模化发展。农村经济产业化、一体化发展的总体框架初步形成，土地产出率、农产品商品率、农产品加工转化率以及农村经济总量和农民收入都有较大幅度的提高。1995 年全市农业总产值达到 22.62 亿元，比上年增长 28%。粮食总产 46.33 万吨，再创历史最高水平。棉花总产 5600 吨，棉花收购额方面完成了地区下达的任务。多种经营快速发展，全年多种经营总收入 15.4 亿元，比上年增长 54%。全市乡镇企业总产值完成 29.3 亿元，比上年增长 42.9%，其中工业总产值完成 20.12 亿元，比上年增长 33.9%；乡镇企业实现利税 2.59 亿元，比上年增长 29%，并培植壮大了嘉明实业公司等八大龙头企业。全市筹资 1200 多万元，投工 310 万个，集中治理了八大洼地，新打机井近千眼，建平原水库一座，扬水站两座，进一步配套完善了西北、西南调水工程，新修乡间公路 29 公里，11 个乡镇开通了程控电话，建成了全区第一个农村电气化市。农民人均纯收入达到 1275 元，比上年增加 350 元，增长 37.8%。

1996 年，市农机局成立农机示范作业队，设立“农机 110”服务热线，派专业技术人员深入田间地头，帮助进行技术指导和维修机具，及时快捷地为农民服务。

1997 年为使农民明白、干部清白，全市开展农村财务由乡镇“双代管”试点。村级各项收入统一纳入“双代管”办公室账内核算，村级各项开支除经办人签字外，村支部书记、村长要共同审签，重大开支经村民代表大会讨论通过后，报乡镇“双代管”领导小组审批。招待费报销要填写来宾、陪餐人姓名以及事由、金额等。各村留出一定的备用金。每月1～5日为村会计到“双代管”办公室报账日，各村每月收支情况由“双代管”办公室填写财务收支榜，由办公室或村会计按时定点张贴。

1997年5月，市委决定严格实行农民负担总量控制；严格审批农民负担预决算方案；对农村贫困户承担的各项费用实行减、缓、免的政策；严格提留、统筹等集体资金的管理；从源头抓起，严格控制农民负担项目；压缩费用，节减开支；发展壮大集体经济；加强监督检查，严肃查处加重农民负担的案件；实行党政一把手负责制和“重点管理”奖惩责任；任何部门、任何人不准乱开口子，乱出项目；严禁搭车加码；严格落实农民负担“监督卡”制度；加强、提高、统筹集体资金管理；严格控制夏季提取项目。

东昌府区把建设鲁西大菜园作为调整农业种植结构、发展优质高效农业的突破口，坚持一手抓生产、一手抓流通，全区蔬菜生产一年一个新台阶，初步形成了鲁西大菜园的总体框架。1997年，全市蔬菜面积达到28万亩，比1994年增加10万亩，特别是冬暖式大棚、大中拱棚显著增加。1998年11月，东昌府区获全省“菜篮子工程先进单位”称号，成为全省获此殊荣的七个县(市、区)之一。

1998年东昌府区对农民负担继续实行制度化管理，以乡农民人均纯收入为依据改为以村农民人均纯收入为依据计提村提留和乡统筹。坚持定项限额，认真执行农民负担预决算制度；严格专项审批，坚决制止乱收费和强行以资代劳、严防因“两田制”(“口粮田”“责任田”)加重农民负担；切实纠正上解、平调、挪用和挤占集体资金的问题；搞好农民负担专项审计，严肃查处加重农民负担的违法违纪行为；落实各项增收节支措施；落实重点管理奖惩责任制。

1998年5月，东昌府区发布文件，支持和鼓励党政机关(包括乡镇办事处)、事业单位的专业技术人员，离职到农村生产一线领办、创办各类技术、经济实体及民营科技开发推广机构。支持鼓励专业技术人员，到生产一线开展多种形式的技术承包服务活动，并在“双方自愿、责权利统一”的原则下，获取相应的技术承包服务费。允许和鼓励机关、事业单位的专业技术人员，在完成本职工作和不侵犯本单位利益的前提下，利用双休日及业余时间，到生产一线开展技术咨询、技术培训、技术承包等各项有偿技术服务活动。支持和鼓励机关事业单位的专业技术人员，以资金、信息或技术入股，到农村创办各种类型的股份制科技示范基地、科研中试基地。

1998年8月，在第一轮土地承包到期后，土地承包期再延长30年，全区共签订土地承包合同16.5万份，颁发土地承包经营权证书16.5万份。积极稳妥地整顿“两田制”，严格控制和管理机动地，建立土地承包经营权流转机制。加强农村土地承包合同和承包费的管理，纠正土地承包中内容不完善、随意性强、土地使用证代替承包合同等问题。完善农村土地承包关系，对于巩固以家庭联产承包为主的责任制和统分结合的双层经营体制，调动农民的生产积极性，加快农村经济发展有重要意义。

1998年，东昌府区被省政府命名为全省“菜篮子工程先进单位”。农田水利建设有新发展，徒骇河治理工程被评为全省优质工程；以滴灌、喷灌为重点的节水工程取得新进展，东昌府区入选全国30个节水示范县(区)名单。

1999年3月，东昌府区村委会换届实行选举制。1999年6月，东昌府区发布《关于加强农村集体资产管理的意见》指出，通过核实承包合同、核实实物资产及房地产、核实农民负担情况、核实债务，做到收支清楚、账簿健全，达到账款、账物相符。在清产核资的基础上，建立健全各项内部管理制度，包括财务预决算制度、现金管理制度、产品物资管理制度、固定资产管理制度、会计档案管理制度等。禁止设账外账和小金库，严格财务收支审批手续。实行民主监督，村里的重大经济活动都要充分听取意见，由村民代表大会或村民理财组织讨论决定后，报乡镇办事处“双代管”办公室审核批准。实行财务公开，接受群众监督。各级农村合作经济经营管理机构要加强对农村财务制度建设的业务指导，及时总结和推广好的经验和做法，进一步规范农村财务“双代管”工作。村提留、乡统筹等集体资金必须由乡镇办事处经管站负责管理，农村行政主管部门搞好业务指导。搞好农村财务收支、农民负担、干部离任等审计工作。对违反财经纪律的依法查处。加强农村集体资产管理，对于促进农业和农村经济持续健康发展和社会稳定，有重要作用。

1999年，新增大型农业机械493台套，农业机械化水平明显提高。土地资源得到合理利用，实现了依法用地。乱占、滥用耕地现象受到制止，全社会重视土地资源逐渐形成风气，1999年开发复垦“三荒地”(荒山、荒地、荒滩)173.33公顷，扩大了耕地面积。

2000年是“九五”计划的最后一年，全区继续强化农业的基础地位，围绕增加农民收入这个目标，以调整种植结构、发展产业化经营为主线，努力实现农业和农村经济稳步发展。农业总产值达到23.2亿元，完成计划的99%，比上年增长4.3%。在病害、风灾、旱灾严重的情况下，粮食总产达到48.54万吨，再创历史最高水平。农村产业结构调整步伐进一步加快，瓜菜菌生产和畜牧生产成为农民增收致富的主导产业。全年瓜菜面积达到50万亩，总产达到150万吨，粮经作物比例达到5∶5。新增无公害蔬菜5万余亩，建成全省首家经省农业权威部门检测的面积最大、品种最多的县级无公害瓜菜生产基地。全区大牲畜存栏23.3万头，比上年减少6.8%；羊存栏43.4万只，增长24%；生猪存栏27.5万头，增长14.5%；家禽存养1130万只，与去年基本持平。水产养殖面积5.9万亩，比上年增长11.1%。东昌府区农业和农村经济结构的战略性调整取得了显著成效，农业和农村经济步入一个新的历史阶段。以水利为重点的农业基础设施建设得到加强。全年新打机井769眼，维修机井1058眼。投资48万元，完成了八刘人畜吃水扩建工程；投资96万元，完成了于集镇供水一期工程建设任务，初步解决了人畜用水的困难。农村交通、通信、电网改造等基础设施建设成效显著。新增公路95.2公里，新装电话3万部，电网改造完成投资1.33亿元、90%的村完成了改造任务，极大地改善了农村的经济发展环境。

2000年11月，东昌府区进行了农村税费改革试点，取消乡镇收取的“三提五统”[①]经费，改为“两税”(农业税和农业特产税)和附加及“一事一议”，核定税改标准，填写“农民负担卡”，各种赋税一目了然。2000年12月，为确保农民负担水平保持长期稳定，东昌府区统筹兼顾、妥善

① “三提”即公积金、公益金和管理费，“五统”即农村教育、计划生育、民兵训练、优抚、交通。

处理改革与各方面承受能力的关系,实行科学规范的以农业税收为主的分配制度,采取简便、易于操作的征收方式,规范税费征收行为,配套联动,推进农村的各项改革。通过采取一系列措施,2001 年全区农业总产值(现价)完成 23.88 亿元,比上年增长 2.4%;农民人均纯收入达到 2468 元,比上年增长 3.7%。

2001 年农村税费改革全面展开,这次税费改革是继土地革命、家庭联产承包制后,我国农村的又一次重大改革,涉及面广,工作量大,情况复杂。首先,东昌府区组织乡镇干部、村两委和村民代表,逐村、逐地块进行交叉丈量,做好土地复核工作。其次,在群众认可的基础上,对土地承包合同和经营权证书进行了完善、修订和发放。根据全区 1994~1998 年 5 年主要粮食作物的平均产量折算为标准量,先由村逐级测算上报,然后根据市里对东昌府区下达的指标,结合各乡镇办事处的土地状况和水利灌溉条件,经反复研究后,将乡镇办事处划分为三类,分别下达指导性常产指标。各乡镇办事处按区里核定常产的方法、步骤,把指标分解到村、户,对到户的常产进行张榜公布,征求群众意见。然后根据核定到村、到户的常产、计税土地面积等计算出农业两税及附加数额,并张榜公布。最后,专门设计了《农业税、农业特产税计税面积及应纳税额确认表》,以此作为纳税依据。在群众无异议的情况下,填写、下发了两税证书,全区两证一书发放率达到 100%。从均衡减负入手,妥善处理好不同从业农民的减负问题。加强农税征管队伍建设,做到依法治税。2002 年 1 月,全区农村税费改革试点工作结束。改革前,农民负担总额 8441 万元,人均 127 元;改革后,农民负担总额 6253 元,人均 94 元,比改革前负担总额减少 2188 万元,人均减少 33 元,农民人均减负率达到 26%。广大农民群众比较满意,基本达到了预期目的。

随着经济体制改革的深入和结构调整步伐的加快,经济生活中的许多深层次矛盾逐渐显露出来,突出表现在经济总量小,城市化水平低,劳动者素质不高,剩余劳动力多,就业和再就业压力大,农民收入增势趋缓等。为此,2002 年 4 月,东昌府区积极拓展劳务合作渠道,确立"区外即外"的思想,制定优惠政策,做好服务工作,实施多元化输出。这不仅大幅度增加了城乡居民的收入,更重要的是培养锻炼了一批技术和管理人才，提高了劳动者的整体素质，带来了发达地区的先进思想观念。

我国农村税费改革的主要内容为“三取消、两调整、一改革”①。2002 年 7 月，东昌府区全面整治涉农收费，确保减轻农民各项负担，建立健全农民负担监督机制；调整行政区划，转变政府职能，精简乡镇机构，压缩财政供养人员；调整农村中小学布局，精简、优化教师队伍；积极解决乡镇财政困难、妥善处理乡村不良债务；切实解决好村级组织经费问题；保障上级转移支付资金和几项重点事业经费等。

2003 年 3 月，《中华人民共和国农村土地承包法》实施后，农村土地承包进入依法管理的新阶段。2003 年，停止征收农业特产税及公益事业金，对特困户和 70 岁以上老人实行减免税赋政策。

2003 年东昌府区大力发展蔬菜、林果、畜牧、水产四大主导产业，建设一批具有产地特色、规模效应、绿色品质的农产品生产基地，全区粮经作物比例调整到 5∶5。2003 年 12 月，中共中央总书记、国家主席胡锦涛到东昌府区于集镇王寨村视察蔬菜大棚情况。他要求各级党委和政府切实把增加农民收入作为农业和农村工作的中心任务，坚持多予、少取、放活的方针，采取综合措施，加大工作力度，有针对性地解决农民增收面临的突出问题。大力推进农业和农村经济结构战略性调整，积极推进农业产业化经营，增加农业和农村发展的投入，继续推进农村税费改革，促进农民收入尤其是种粮农民收入较快增长。2004 年，农业税率降低，由 6%降至 3%，附加率为征税的 40%。

为实现跨越发展，东昌府区从领导力量、转移支付、基础设施建设等方面进一步加大对困难乡镇的帮扶。鼓励困难大的乡镇依靠比较优势，壮大特色经济；基础好的乡镇增强翻番意识，乘势而上。2004 年 8 月，区里将促进农民增收的各项任务，分解到区直 41 个部门和单位，为促进农业发展献计出力。9 月，为支持经济强乡镇率先崛起，扶持经济

① “三取消”即取消乡统筹、农村教育集资等专门面向农民征收的行政事业性收费和政府性基金、集资，取消屠宰税，5 年内逐步取消统一规定的劳动积累工和义务工；“两调整”即调整农业税政策、调整农业特产税政策；“一改革”即改革村提留征收使用办法，原由农民按人均上缴改按新的农业税和特产税附加的形式收取，并分别规定附加比例。

较弱乡镇尽快摆脱落后局面，促进全区城乡经济社会协调发展，把3个经济强乡镇（闫寺办事处、郑家镇、张炉集镇）和1个弱乡镇（侯营镇）作为加快改革发展的试点，下放经济管理权限，积极培育市场主体，加大财政扶持力度，依法改进建设用地管理办法，加大金融支持力度，加强基础设施建设，推动产业结构调整升级，深化干部人事制度改革和分配制度改革，促进了经济社会协调发展。

2004年10月，《山东省实施〈农村土地承包法〉办法》颁布，确立了按人分地、按户承包的土地使用制度。

2005年3月，农业结构调整以市场为导向，以农业增效和农民增收为中心，宜经则经，宜牧则牧，宜粮则粮，发挥农业区域比较优势，依靠科技进步，提高农业综合生产能力，以推进区域化布局、标准化生产、产业化经营为主攻方向，按照蔬菜调优、畜牧调强、林果和水产调精的思路，全面实施“十百千”工程，即“十园”（培植、发展10个菜园）、“百场”（培植、发展100个规模养殖场）、“千户”（培植、发展1000个各具特色的农业科技示范户）。2005年，取消统一使用的“两工”（劳动积累工、义务工），农业税税率再降低2个百分点，按1%执行，附加率为征税的40%，“良种补贴”“粮食直补”等多项惠农政策得到落实。至2005年底，全区征收农业税及附加678万元，比2004年减少1800万元，下降72.64%，人均减少28.41元。

2005年是“十五”计划的最后一年，农业生产稳定增长，生产条件进一步改善。全年粮食总产量达62.9万吨，增长32.5%。蔬菜播种面积达65万亩，增加5万亩。畜牧业发展势头良好，全区大牲畜存栏增长4.2%；猪牛羊肉产量增长18.5%，禽蛋产量增长27.6%，鲜奶产量增长36.3%。林果生产取得突破，2005年林木覆盖率达到25%，完成主干路生态防护林带建设35公里、植树70万株。农业基础设施建设进一步加强。投资900万元，实施了扬水站机组改造、三干渠的衬砌、西新河部分河段治理、农村通自来水等工程。“村村通柏油路”工程基本完成，全区有948个行政村通柏油路，占行政村总数的99.3%。

2006年3月，农村普遍实行财务公开制度，村集体经济组织或村民委员会将所有财务活动情况及账目定期如实向全体村民公布。财务公开内容要经乡镇办事处农村经营管理部门审核认可，同时要有村集体经济组织负责人、民主理财小组负责人和主管会计共同签字（盖章）。村党支部、村委会主要干部的收入，经村务公开监督小组和民主理财小组审核后，报乡镇办事处认定并签署意见。公布坚持"实用、实效和因地制宜、群众明白"的原则，主要采用张榜公布的方式，也可发放"明白纸"，召开发布会，公布到户，将农村集体财务信息和资产状况及时、准确、完整地向群众公布。

随着形势的发展，出现了农业新业态。姜堤村党支部书记、姜堤乐园董事长李士恩把旅游和村庄相结合，形成了"新村即旅游、旅游即新村"的格局，让村民足不出村就能赚大钱，打破了以农为本的传统局面。2004 年 7 月，姜堤乐园入选全国首批农业旅游示范点。

2006 年 8 月，以快捷高效的便民、利民、为民、富民为目标，整合行政、科技等为民服务的力量和资源，转变政府职能、强化乡镇服务，东昌府区决定，建立乡镇便民服务中心。凡群众需要解决的问题，便民服务中心能解决的马上解决；不能解决的，要作出承诺，委托代办，变群众跑为干部跑。区直各部门要大力支持，将权力下放，关口前移，让群众尽可能在"窗口"解决问题，方便群众办理或代为办理行政审批事项、行政事业收费事项及各种证件、牌照，提供政策、法律、法规咨询和信息服务；提供农业科学技术指导、咨询和信息服务，解决种、养、加等生产环节的科学技术问题。

2006 年 11 月，实施新农村建设"百千万"帮促工程。市委、市政府从市直（含中直、省直驻聊单位）和各县（市、区）各选派 100 个左右有一定帮促能力的部门、单位，重点帮促 1000 个左右不同类型的村庄开展新农村建设，对其余的 5000 多个村庄，由县（市、区）、乡镇机关为每村选派 2 名包村干部，市县乡共选派 10000 多名干部帮促指导新农村建设。帮促工作从 2006 年开始到 2010 年结束，大约 5 年的时间。重点帮促落实村庄发展规划、村级发展主导产业、基础设施建设项目、各项支农惠农政策、村容村貌整治措施、精神文明创建活动、农民教育培训计划、村级班子建设、村级规范化管理，推动东昌府区社会主义新农村建设又好又快发展。

经过调整，“强农固本”成效显著，2006年，粮食总产量达到66万吨，创历史最高水平；蔬菜种植面积由2002年的50万亩增加到2006年的70万亩，净增20万亩；无公害农产品品种达到21个，荣获“全国无公害农产品生产示范基地县（市、区）”称号。2007年全区15个农村社区举行揭牌仪式。

2007年10月，党的十七大召开。大会的主题是“高举中国特色社会主义伟大旗帜，以邓小平理论和‘三个代表’重要思想为指导，深入贯彻落实科学发展观，继续解放思想，坚持改革开放，推动科学发展，促进社会和谐，为夺取全面建设小康社会新胜利而奋斗”。东昌府区学习、宣传、贯彻十七大精神，以“科学发展建设经济强区，以人为本构建和谐东昌”为目标，以“学习兰山，赶超滨城”为动力，继续按照“强农固本、工业立区、三产兴区、科教强区”的工作思路，抓住市委实施“城建靓市”的重大发展机遇，转变发展方式，优化产业结构，以增加农民收入为核心，大力发展现代农业。大力发展高效经济作物和特色种植业，不断提高林牧渔业在农业中的比重。推进农业产业化经营，大力发展农副产品加工龙头企业，提高农产品的加工转化率。积极推行农业标准化生产，做大做强“甜翠”等无公害品牌，大力发展优质、高效、生态、安全农业。落实各项支农惠农政策，大力发展劳务经济，增加农民收入。加强村镇规划建设。

2008年9月，聊城市农业科技市场被农业部命名为“全国定点农资市场”。2009年6月，东昌府区发布减轻农民负担的意见。意见指出，全面取消农业税后，村内兴办生产公益事业可以通过“一事一议”筹资筹劳的渠道解决。按照“民主议事、上限控制、专款专用、审核审批、群众监督”的原则，规范完善村级“一事一议”筹资筹劳办法。认真落实引黄灌区农业用水终端水价最高限价制度，实行专项审批。对于水费的收取，坚持“谁受益，谁负担，受益大的多负担，受益小的少负担”的原则。对水费收支使用不合理和挤占挪用的，责成有关单位限期改正，压减下一年度收取数额。规范涉农收费、价格公示制。严格农村义务教育收费政策，落实经费保障机制。落实农村公费订阅报刊费用限额制。严格执行涉及农民负担案（事）件责任追究制。深入开展农民负担专项治理工作，坚决制止各种乱收费、乱集资、乱罚款等行为。认真做好延长土地承包期30年的工作，凡是土地承包期不到30年的一律延长到30年。坚决纠正和刹住多留机动地、搞“两田制”、随意调整农户承包地等违法行为。

2009年2月，全区林业生产工作会议召开，会议指出，要迅速掀起春季林业生产高潮；要确保造林质量，加强领导，把绿化工作列入重要议事日程，坚持行政一把手负总责、亲自抓；要认真分析本乡镇、办事处和工业园区造林绿化工作的难点，找准突破点，学习先进单位的做法和成功经验，推进绿化工作又好又快开展；同时，务必做好美国白蛾防控工作，实行全党动员、全民动手，切实采取有效措施，尽力压缩发生面积，控制发生范围，减轻危害程度，确保全区不出现大面积疫情。

2009年11月，聊城市第一个电气化村——姜堤村改造成功。村内全是景观式的变压器，看不到线，这样既能满足村民用电，又安全美观，改变了电线满天飞的现象，实现了农村用电城市化。

2010年3月，东昌府区实施了落实农民负担“监督卡制”和涉及农民负担收费文件“审核制”。农民负担监督卡要充实涉农价格等政策内容，及时发放到户。区物价局、财政局、减负办等单位重点对农民建房、计划生育、结婚登记、农村义务教育、农民外出务工、农村医药价格、农村供电、供水等方面的收费和服务项目进行审核，对符合政策规定的收费项目予以保留并公示，对不符合政策规定的收费项目予以取消，该降低标准的及时降低标准。

2010年4月，东昌府区深化集体林权制度改革。改革的范围是农村集体经济组织所有的森林、林木和林地及国有道路、河道的林地林木等。列入林权改革范围的林地，一律发放林权证。逐渐完善配套政策，健全服务，规范管理，形成林业良性发展机制，实现林业资源总量有效增长、质量显著提高、生态明显改善、农民持续增收。

2010年7月，东昌府区积极推动经济结构调整和增长方式的转变，目标管理着重考核产业发展、投资水平、城镇建设、民生服务、生态环境、机关效能、党的建设七个方面，突出生态经济和重点项目建设，突出发展质量、结构优化、节能降耗、绿色低碳。

2010年8月，全区遭遇特大暴雨袭击。这次暴雨为东昌府区近年来波及范围最广、强度最大的一次区域性强降雨，短短几小时的降水已经超过以往汛期过半的降水量，达到了自1985年以来的同期历史极值，受灾之重、损失之大，为历史罕见。受强降雨影响，城区出现严重积水，局部水深1米以上，农田出现大面积内涝，受灾严重。据统计，全区农作物成灾面积54万亩，受灾村庄600个，倒塌房屋1305间，损坏桥涵闸219座，灾害损失1.9592亿元。灾情发生后，各级干部深入到受灾农田和群众家中，详细了解受灾情况，鼓励大家积极行动起来，开展抗灾自救；带领群众清淤、清障和开卡，开挖田间沟、排水沟，尽最大努力排除农田内涝。

2010年是决战“十一五”、谋划“十二五”的关键之年，东昌府区农业生产形势稳定，新农村建设扎实推进，农村经济稳步发展，全区实现农业总产值50.9亿元，同比增长6.5%。种植业生产喜获丰收。粮食总产达到74.6万吨。蔬菜种植面积达71万亩，其中无公害蔬菜控制面积46万亩。食用菌总产达到16万吨。养殖业快速发展。肉类总产6.9万吨，禽蛋总产5.7万吨，奶产量1.2万吨。水产养殖总利用水面3.4万亩，新增名优水产养殖面积1100亩。林业生产成绩显著。新增植树210万株，造林2.2万亩，新增名优经济林2450亩，新建和完善农田林网6.8万亩，绿化示范村38个，森林覆盖率达到29.5%。农业产业化、标准化水平进一步提升。全区农副产品加工企业达到258家，其中市级以上农业龙头企业42家，新增8家。新申报无公害农产品17个，绿色食品6个，有机产品3个。农村基础设施建设不断加强。新建沼气池3500个，完成“改厨改厕”3000户。改建农村公路40余公里，建设农村客运站13座，开设农村客运班线58条，在全市率先实现了行政村通油路、通客车。

2011年4月，东昌府区大幅度增加水利建设的投入，实行最严格的水资源管理制度。完善水资源管理体制，健全基层水利服务体系，深化水利工程建设和管理体制改革。积极推进水价改革。强化防汛抗旱应急管理机制。创新水利发展体制机制，大幅度提升农村供水保障能力。提升防洪抗旱减灾能力。提升农田水利建设水平。提升水系生态质量。提升节水型社会管理水平。提升水利科技与信息化水平。

2011年，农村产业结构进一步优化，蔬菜、林果、畜牧、水产四大主导产业发展加快。粮食年总产达66.7万吨，蔬菜种植面积达73万亩，无公害蔬菜可控制种植面积发展到56万亩，国家级无公害农产品发展到23个，5种农产品获准使用国家绿色食品标志，食用菌总产达19万吨，东昌府区被评为全国食用菌产业化发展示范县(区)；新增畜禽规模养殖场408家，名优水产养殖面积4120亩；累计植树750万株，林木覆盖率达29.5%。农业产业化水平明显提高，市级以上龙头企业发展到48家。投资1.2亿元，完成了沟渠治理、危桥改造等一批农田水利建设项目，农业抗灾保丰能力进一步增强，先后被评为全国粮食生产先进县(区)、国家级生态示范区和全省高效特色农业生产先进区。

第二节　对企业进行改制，发展私营经济

郑家轴承保持架产业的发展。1992年，郑家乡拥有了自己的专业模具厂，成为郑家轴承保持架加工业发展的里程碑。专业模具厂的建立，彻底改变了郑家企业以往因缺少模具而影响轴承保持架生产的窘迫现状，为郑家轴承保持架源源不断地生产上市提供了保障。为最大限度地满足市场需求，在专业模具厂的带动下，郑家乡各村里善学习、能思考的人也在慢慢地发展起自己的个体模具制造作坊，仅郭子祥村，就涌现出郭凤仙、郭佃保等六七家个体模具制造作坊。专业模具厂和个体模具制造作坊的建立，为郑家乡轴承保持架企业生产多品种、多型号、高质量的产品奠定了基础。

1993年8月聊城市委、市政府印发了《关于大力发展个体私营经济的意见》，就加快发展个体私营经济的若干问题作出具体规定，成为郑家乡发展个体私营经济重要的指南。1995年12月，郑家撤乡设镇，辖区内的轴承保持架加工业呈现出雨后春笋的发展态势。至1996年，全镇已拥有镇办企业和个体加工业户500家，轴承保持架加工业户辐射全镇全部的42个村庄。其中镇区域内的郭子祥村、郑家村，周边的谢家村、苇园村、东王村，以及较为偏僻的官屯村、景屯村、五圣村均为加工

业户较为集中的村庄。在个体加工业户中，出现了一些加工大户，像郑家村的郑文泰、郑德康，东王村的田发勤等，他们依靠庭院内的十几台机床把轴承保持架产业做得红红火火，但庭院小空间也制约了较大加工户扩大生产规模的设想。

为让轴承保持架进一步做大，1999 年春，郑家镇率先在镇驻地内的郭子祥村规划建设了第一个村级工业小区——郭子祥村级工业小区。在村级工业小区的带动下，其他村级工业小区也陆续建立起来，截至 2001 年底，郑家镇共建成了郭子祥、郑家、前屯、张楼、东王、苇园、郦家、管屯、宋家、五圣 10 处村级工业小区，有力地推动了郑家镇轴承保持架产业的发展壮大。除此之外，郑家镇成立了以管理区脱产干部为核心的执法小组，积极协助镇工商、税务部门进行协税征管，有效地解决了企业、加工业户的乱收费、乱罚款和收费不均等“三乱”问题，打造有利于企业长足发展的整体环境。2001 年底，郑家镇约有一般纳税人企业 50 多家，较大规模加工户 150 余家。

2000～2002 年，郑家镇积极顺应时代潮流，对辖区内的集体企业进行了改制，摒弃了集体企业生产过程中的“大锅饭”弊端，成立了股份制企业，释放了企业的发展活力，提升了生产经营管理人员的积极性。2004 年，根据政策调整，结合工作实际，郑家镇的股份制企业进行了二次“改造”，此次改制后全镇轴承保持架企业全部转为民营企业。积累了大量生产、经营、管理经验和资源的企业员工纷纷兴办起自己的民营企业。在民营企业的发展过程中，郑家镇党委、政府积极争取上级党委、政府的政策扶持，扎实开展基础设施建设，为企业发展解决土地、资金、资源难题，不断提升民营企业的发展空间。经过长期的发展，郑家镇轴承保持架产业已列为东昌府区的六大支柱产业之一，东昌府区委、区政府以及郑家镇政府都对轴承及保持器的发展给予了社会环境改造、基础设施建设、政策引导扶持，东昌府区“十二五”规划也把郑家轴承保持架产业基地纳入“六大产业基地”，给予重点支持。

2002 年春，郑家镇借助聊郑路的优势，在镇驻地振兴路地段建起了占地 160 亩的郑家镇一期工业园区，此工业园区在 2002 年 12 月通路基，2003 年初建成。2005 年，郑家镇在一期镇工业园区北邻、镇建设路两侧建起了镇工业园区二期工程。2006 年底，占地 600 亩的郑家镇工业园区二期工程如期建成，企业竞相入驻。至 2011 年，据中国轴承工业协会统计，郑家镇的轴承保持架总产销量占全国同类产品的 60%以上，其中浪型保持架占国内总产销量的 80%以上。机械加工业的迅速发展对电力、交通、通信等基础设施提出了更高的要求。郑家镇千方百计完善基础设施建设，满足企业的发展需求。

工商业的发展。健全农村社会化服务体系，是深化农村改革的中心环节，也是加快农村经济发展的迫切需要。1992 年 2 月，全市部署第三产业工作，支持搞好乡村企业，壮大农村集体经济；建立和完善农村社会化服务体系；为发展第三产业积极培育农村市场，搞好经济流通，引导乡村企业进入集贸市场，并给予优惠，鼓励农民进入流通领域；继续鼓励农村个体和私营经济的发展，凡是开放的农产品，个体户都可以经营，既可以长途贩运，也可以按规定从事批发业务；维护好农村经济秩序，加强对农村经济合同的管理，重点抓好农副产品购销合同的社会化服务及合同的规范化管理，加强对农副产品资料的管理监督，重点打击、取缔假化肥、假农药等，促进农村经济的健康发展。

1992 年 7 月，聊城市深入推动企业改革，转换经营机制，转变政府职能，把企业推向市场。打破干部、工人、行业界限，实行厂长(经理)任职审计制度。通过企业的产权转让、机制转换，一批骨干企业摆脱了困境，全市工业发展出现了新的转机和活力。

1992 年，商业推行“改、转、租”和承包责任制的经营方式，实行抽本经营。对部分国有小型企业、零售商业、饮食服务及边远亏损企业实行经营、用工、价格、分配“四放开”，把企业推向市场。1993 年，市商业局对百货大楼实行股份制改革。

1992 年 11 月，聊城市放开粮油销售价格，除军供粮油由国营粮食企业按现行销售价格供应外，其他粮油供应价格全部放开，不再凭证凭票供应。

为解决个体工商户、私营企业生产经营的困难，1993 年 8 月，聊城市放宽政策，积极引导和扶持个体私营经济大发展。坚决制止“三乱”，切实保护个体工商户、私营企业的合法权益。加强对个体私营经济的管理和教育。筛选了一些市场前景看好的项目，集中资金1.09亿元，进行重点扶持；积极引导企业压库促销，千方百计融通资金，遏制了工业生产滑坡，实现了新的增长。

1994年，聊城市对小型零售商业、饮食服务业实行“国有民营”；对大、中型企业，实行内部承包责任制。在落实经理（厂长）负责制的基础上，企业内部实行承包租赁经营。在市属工业企业中推行股份合作制，以盘活存量、扩大总量、培植骨干企业、活化资产为目标，因企制宜，一厂一策，推进中小企业改制。对规模小、竞争力不强、盈利不多、亏损不大的中小型企业，全部或部分资产定向出售给内部职工，职工全员入股，建立起劳动者和资产所有者、按劳分配和按股分红的股份合作制关系，使企业成为职工共同出资、共同劳动、共享利益、共担风险的共同体。当年，市氧气厂、聊城衡器厂、印刷厂、兴华家具厂、木器厂、纺织机械厂、彩印厂等7家企业先后实行股份合作制改革。

引进外资成效显著。1994年1～6月，新批准建立三资企业10家，合同利用外资额725万美元。截至1994年6月，全市三资企业达到34家，合同外资额2248.54万美元，实际利用外资1323.37万美元。利用外资项目已涉及美国、日本、澳大利亚和港澳台等10多个国家和地区。

1994年6月，聊城市全面放宽经营主体，全面放宽经营范围，全面放开经营方式，全面放宽经营管理，保障个体私营户的合法权益，加强组织领导和监督管理，促进个体私营经济的发展。1994年10月，聊城铁塔商业城破土动工，该工程占地1.06万平方米，总建筑面积3.3万平方米，为敞开式大型5层专业批发商场。商场建成后，成为全地区最大的服装批发中心，吸引河北、河南等周边省份数十县的商户前来采购。

1995年聊城市把发展工业作为整个经济工作的重中之重，在骨干企业上划、宏观经济环境趋紧、市场竞争激烈的困难情况下，积极推进企业改革，狠抓企业的管理与效益，在企业事业单位推行干部聘用制度，工业产业结构、企业组织结构和产品结构进一步优化，出现了一批新的骨干企业和拳头产品，企业改制取得突破性进展。整个工业经济的运行质量与效益明显提高。1995年7月，聊城市加强企业领导，在资金、能源、外部环境方面制定优惠政策，实施龙头企业、迅速膨胀企业带动战略。蔬菜、畜牧、林果等在部分乡镇开始形成市场牵龙头、龙头带基地、基地连农户的产业化经营框架，涌现出了嘉明实业公司、兴鲁工贸集团总公司、新星实业公司、李海务地毯厂等一批有潜力的乡镇龙头企业。市场建设和个体私营经济发展实现重要突破。新华园、玉皇皋等新建市场陆续开始招商，投入运营。铁塔、北顺等专业批发市场正在向较高档次和大容量方向发展，亚太、昆仑等几大流通企业集团迅速崛起。聊城市逐渐成为鲁西地区服装、电子、建材、农副产品等重要的物资和商品集散地。个体私营经济成为全市经济发展的重要方面。1995年底，全市乡镇企业销售收入达29.4亿元，实现利税2.5亿元，上缴税金3500万元。

1995年是“八五”计划的最后一年，工业经济运行质量进一步提高，发展后劲稳步增强。聊城市积极进行企业改革，狠抓企业的管理与效益，整个工业经济的运行质量与效益明显提高。全部工业增加值完成9.53亿元，比上年增长56.56%。商贸流通日趋活跃，个体私营经济迅猛发展。完善城乡社会化服务体系和社会保障体系，努力增强国合商业的活力，商粮供三大流通系统经济效益均列全地区同行业之首。第三产业在国内生产总值中的比重达到33%。年成交额过亿元的市场有5处，铁塔商场被评为全国文明市场，龙山等4处市场被评为省级文明市场。1995年个体私营经济发展迅速，新增个体工商户3800户，累计达到2万多户；私营企业新增80家，累计达242家。个体私营经济向国家提供税收达1500多万元，有力地支援了地方的经济建设。对外开放进一步扩大，外向型经济健康发展。以招商引资、扩大出口及劳务输出为重点，外贸、外资、外经为一体，外向型经济有了新的发展，市新批三资企业6家，合同利用外资额1140万美元，实际利用外资439.2万美元。1995年已投产的15家三资企业完成产值5.9亿元，实现利税2560万元，出口创汇1826万美元。巩固和深化财税体制改革，依法治税，研究新的理财思路，加快了财税建设步伐，确保了财政收入的适度增长。金融秩序继续保持稳定，为全市经济发展提供了良好服务。其中城乡居民储蓄存款余额26.96亿元，比上年增长43.4%，人均储蓄高于全国平均水平520元。

1996年4月，聊城市乡镇企业先进单位市化工建材厂、市诚信厂、市节能环保设备厂、市拖拉机配件厂、市南部铸造厂、明日集团、市明星实业有限公司受到表彰。1996年，全部工业总产值达到67.24亿元，比上年增长31.35%；规模以上工业增加值达到13.71亿元，比上年增长19.32%；全社会固定资产投资完成13.88亿元，比上年增长28.64%。1996年第三产业增加值完成12.36亿元，比上年增长25.1%。

1997年3月20日，山东省政府对聊城地区行署转呈的《聊城市政府关于建立嘉明工业园的请示》进行了批复，为充分利用京九铁路贯通为经济发展带来的良好机遇，以印尼大马集团与嘉明集团的合作为基础，大力发展聊城外向型经济，同意设立嘉明食品工业园，规划面积6平方公里，起步区0.5平方公里。工业园建立后，重点发展以农副产品加工为主的食品加工工业。

1997年4月，聊城市从农民的实际需要出发，围绕本地的主导产业，要求各乡镇办事处选派部分机关干部，采取承包、租赁、合资、联营等多种方式创办示范服务基地和经营服务实体，搞好实验示范，解决农民"想干不敢干"的问题；进行技术培训和推广，帮助农民解决"想干不会干"的问题；提供产供销服务，帮助农民解决进入市场难的问题。1997年7月，为提高企业领导人员的政治素质和在社会主义市场经济条件下的经营管理能力，进行民主决策、科学决策，避免和减少失误，市委做好企业领导班子的考核工作，制定参与重大问题决策实施办法、推荐和选拔企业后备干部制度，保证企业的发展和稳定。1997年7月，成立市解困工作领导小组，各级各部门协同配合，齐抓共管，解决部分企业职工生活困难的问题。

全市工业战线经过认真贯彻落实党的十四届五中、六中全会精神，深化改革，强化管理，深入开展"学邯钢"和"管理效益示范工程"活动，大力推进技术进步，企业管理水平、技术水平以及经济效益都有了较大提高，涌现了一些先进企业，推动了全市经济的发展。

1997年11月，根据地理优势、资源优势、交通优势和企业整体素质以及经营状况，参照人流、物流、服务功能等基础条件，按照经济区域和强社带弱社、大社带小社、组合益发展的建社原则，全市组建闫寺等9个中心供销社。中心社的组建，对于促进农村经济的繁荣与发展，搞活商品流通，组织和引导农民进入市场，密切党和政府与广大农民的联系具有重要意义。

1997 年 12 月，国有资本逐步退出中小型批发零售和餐饮服务业等一般性经营领域，聊城市采取整体出售、部分出售、售租结合、以资抵债、剥离租赁、承包、托管、兼并、联合和合资等形式，放开搞活中小企业。同时，采取“母体变裂，单体放飞，新老划断，一企两制”的改革形式，转换经营机制。

东昌府区把发展个体私营经济作为工作重点，并将其作为考核干部的主要依据。大力实施商贸带动战略，在城区初步形成了以鲁西商厦和 10 处年营业额过亿元市场为骨干的市场群。铁塔商场被评为国家级文明市场。蔬菜中心批发市场被省政府列为“省级产地型中心批发市场”，被农业部列为“全国菜篮子工程定点鲜活农产品中心批发市场”。在市场带动下，发展个体私营经济的氛围日益活跃。1997 年，全市注册个体工商户达到2.58万户，比 1994 年增长 59%，注册资金 1.18 亿元，增长 1.4 倍；私营企业总户达到 328 户，增长 1.18 倍，个体私营经济已成为财政的重要税源。1997 年，聊城市入选全省发展个体私营经济 10 个先进县市之列。

1998 年 3 月，全区对 1997 年以来向个体工商户和私营企业收费、罚款和资金的管理使用情况进行重点检查，认真清理乱收费、乱罚款，加强预算外资金管理，实行收支两条线，努力减轻个体工商户和私营企业的负担。1998 年 4 月，东昌府区鼓励机关、事业单位的工作人员，经本单位同意可以离职从事个体经营、创办私营企业。扶持下岗人员、城镇待业人员从事个体私营经济。部队复转人员、大中专毕业生从事个体经营或到私营企业工作的连续计算工龄。除国家明令禁止经营的行业和商品外，都允许个体私营业户经营；鼓励个体工商户、私营企业跨地区、跨行业、跨所有制进行联合经营，从事批发、零售、购销、储运等多种形式的经营活动，通过挂靠、委托代理等形式参与外贸经营活动。鼓励、引导个体私营业户承包、租赁、兼并、购买或参股经营国有集体企业，支持个体私营业户参与国有集体企业组建股份制或股份合作制企业。

1998年8月,东昌府区按照"因企制宜,分类指导,管转并举,放开搞活"的思路,从调整企业所有制结构入手,对除少数骨干企业外的区属企业和乡镇企业,以及党政群机关和事业单位办的经济实体进行改革。推动优势企业发展壮大,鼓励有效资产重组,彻底改制一批小企业,使之同国有、集体所有制剥离。对部分确实资不抵债的企业宣布破产。积极吸引社会资本尤其是私人资本的参与,通过股份制、租赁、破产、兼并、合并、出售等形式,对161户企业进行了改组改制,占企业总数的85.6%。先后对啤酒厂、拖内配件厂等企业进行了不同形式的资产重组,被重组企业资产达到2.98亿元。经过改革,至1999年11月企业重组成功,置换闲置资产近亿元,破产力度大,12家破产企业涉及资产1.5亿元,负债2.2亿元。管理体制的改革也探索了多种形式、多条路子,多数企业正常运转起来,达到了活化资产、企业增效、职工增收、财政增收的目的。聊城啤酒厂并入东胶集团后,完成技改投资3000万元,并一次试产成功,年生产能力达到3万吨。

1999年3月,城区划行归市动员大会召开。这次划行归市是东昌府区、聊城市多年来最大的一次市场重组。市场开办单位为迁并商户提供最大的方便和服务。以商户为中心,在服从规划的前提下,全力搞好服务,使其尽快营业。经过动员,整个划行归市工作得以顺利进行。1999年培植骨干企业,发挥骨干企业的龙头带动作用,工业生产呈现良好发展态势,速度与效益同步增长。嘉明、兴鲁、昌裕等3户乡镇企业利税均超过1000万元。私营园区建设取得重大突破,是年底全区已有张炉集、道口铺、柳园、古楼、李海务等5处园区正式挂牌,入园企业达到105户,新增64户,园区企业全年实现销售收入1亿元,利税800万元。

2000年7月,东昌府区按照"有进有退,有所为有所不为"的方针,强公活民,优化结构,加快国有集体企业产权改革,通过股份制改造、整体出售、变现买断、"摘帽脱钩"等形式使国有集体资本全部退出,进行以置换国有资产和转换职工身份为主要内容的股份制改革。商业系统国有资本全部退出,企业的国有、集体资产评估后,一次性向职工全部转让,分别组建有限责任公司和股份合作制公司,国有资产管理局与商业局对新组建的股份制公司签订资产转让协议。转换经营机制,“产权证、土地证、工商证”办理过户,债权债务划转,重新安置职工,签订新的劳动合同,未上岗职工落实社会保障。新建企业产权清晰,法人治理结构健全,资产人格化,运行规范化。增强了全区经济发展的活力。

2000年是“九五”计划的最后一年,是东昌府区工业经济运行难度较大的一年,全区紧紧围绕体制创新、结构调整、培植骨干企业和主导产品这条主线,狠抓企业改革和企业管理,工业经济保持了较好的发展势头,全区限额以上工业企业完成工业增加值3.98亿元,实现销售收入19.9亿元,实现利税10021万元,利润5810万元,分别比上年增长14.6%、20.7%、29.4%和24.7%。重点企业支撑作用突出,但发展速度偏低,不平衡性日益显现。全区重点调整的13户企业完成工业增加值3.1亿元,实现销售收入17亿元,实现利税8200万元,其中利润4300万元,分别是全区限额以上工业企业的78%、86%、82%和74%,除东阿泉啤酒、东岳铝业、富苑化工、明星实业公司4个企业利润指标增幅较高外,其余9个企业均处于低速增长或负增长状态。乡镇工业实现销售收入、利税、利润指标占全区限额工业的80 %左右,限额以上私营工业指标增幅均在50%以上,成为全区工业经济新的亮点。技改投入进一步加大,技术创新成效明显。全年完成投入1.9亿元,占目标任务的106%。完成新产品开发12项,引进新技术4项,企业质量认证和品牌创优取得较大进展。市场建设步伐加快,商贸流通进一步搞活。2000年以来,紧紧围绕构筑区域商贸中心城市的战略目标,东昌府区狠抓了市场建设、管理和招商等方面的工作,市场繁荣活跃,圆满完成了年初的各项目标。全社会消费品零售总额达到13.8亿元,比上年增长8.2%;市场交易额达到80亿元,增长23%;市场商户达10300户,比上年增长近600户;摊位利用率达90%,增长10%,市场保持了良好的发展势头。

2000年,全区地方财政收入完成11970万元,同口径比上年增长16%。全社会固定资产投资完成3.3亿元,比上年增长10.5%,新批合资企业4家,自营出口企业发展到23家,自营出口创汇877万美元,比上年增长45%,位居全市第二。围绕1999年聊洽会的签约项目,加大招商引资力度，全区合同利用外资475万美元，比上年略有增长，实际利用外资155万美元，比1999年的10万美元有大幅增长。2000年聊洽会成效显著，共签订合资合作项目24个，总投资13.48亿元，比上年增长50%和337%，签订自营出口供货合同、协议和意向17项，贸易成交额2.35亿元。2000年商、粮、供、物四系统完成销售收入5亿元，减亏46万元。

2001年，按照“因地制宜、市场导向、龙头带动、科技创新、区域布局、讲求效益”的原则，紧紧抓住“调优、调特、调强、调精、调季、调外”6个着力点，拉长“五条产业链”，即以嘉明公司为龙头的肉食鸡加工产业链，以新星公司为龙头的蔬菜加工产业链，以兴鲁集团为龙头的畜产品加工产业链，以昌运食用菌公司为龙头的食用菌产业链，以蔬菜批发市场为龙头的蔬菜销售产业链。鼓励引导农民依托资源优势，大办“农”字企业，依靠科技创新、体制创新，下大力抓好绿色农业，增加品种，扩大规模，以应对入世后国际国内市场的需求。大力发展农村合作经济组织，并与产业化经营结合起来，推进契约化、合同化管理，规范龙头、基地、农户的联结方式，实现千家万户的小生产和大市场的有效对接。大力调整农业结构，发展乡镇企业，扶持农副产品加工、储运，蔬菜、畜牧、林果等在部分乡镇开始形成市场牵龙头、龙头带基地、基地连农户的产业化经营框架。

2001年，工业着力做好“抓大、扶优、引外、上新、活小”的文章。实施“十星工程”，重点培植10家销售收入过亿元、利税过千万元的骨干支柱企业，并实行动态管理。组织嘉明公司、昌裕集团、昌鲁集团、外贸制革、明星实业公司、富苑化工、鑫大变压器公司、金江纺织品公司、东阿泉啤酒公司和轴承保持器厂等重点企业参加创“星”活动，促其尽快发展。在优势产品上，重点抓好以分割鸡、兰湿革、成品革为主的畜、禽产品，以油漆、硫酸钾为重点的化工产品，以拖拉机、变压器、轴承保持器为重点的机电产品。根据优势互补的原则，积极引进区外资金、技术、人才和管理方式，嫁接、改造现有老企业。大力培植新的工业经济增长点。加快对现有中小企业的改制步伐，活化资产，实现有效创税，提高工业经济对财政增收的贡献率。以加大投入为重点，加快发展民营经济。扩大民营企业群体规模,重点培植民营经济大户,增加个体工商户和市场加工户的数量。

东昌府区切实把突破工业作为首要战略,举全区之力,聚全民之智,着眼国内外市场需求,以效益为中心,以提高竞争力为目标,坚持一手抓总量膨胀,一手抓结构调整,做大做强骨干企业和主导产业,工业整体实力跃上新台阶。2001 年 7 月 28 日下午,聊城市委、市政府召开专题会议,研究设立东昌府区工业园的问题,对设立东昌府区工业园的重要性、可行性及园区范围界定、管理职能、相关政策、机构设置进行了认真的讨论和研究,同意设立嘉明工业园(嘉明经济开发区)和南郊工业园(凤凰工业园)两个副县级工业园区。两个园区的建立,为东昌府区的工业搭建了发展平台,为个体私营企业发展营造了宽松的环境。东昌府区通过完善政策,强化功能,优化环境,突出特色,引导生产要素向园区集中。加大引导、支持和保护力度,促进了民营经济健康快速发展。经过改革,工业经济总量增大,结构优化,效益提高,企业竞争力明显增强。两大工业园区基础设施建设速度加快,功能日益完善,作为工业经济发展平台的承载力不断增大。

2001 年 8 月,全区召开招商引资千人动员大会,一个大开放大招商大发展的热潮正在全区上下迅速形成。根据加入世贸组织后国际国内投资的新特点、新走势,改进招商方式,降低招商成本,采用委托招商、代理招商、以商引商和网上招商等方式,推进招商运作向政府推动、中介服务、企业为主的国际通用模式转变。坚持全民招商引资、严格招商引资任务考核、重奖招商引资引荐人的政策不变,以招商引资为重点,进一步扩大对外开放。坚持国有、集体、个体一起上,资金、项目、人才一起抓,大、中、小项目并举,引进“短、平、快”项目。把招商目光投向国际国内的大企业、大集团,力争吸引投资大、高科技、推动力强的大项目。搞好引进项目的跟踪服务,确保项目的顺利建设,通过优化投资环境,赢得外商信赖,争取现有外资项目追加投资规模,扩大招商引资成果。把“引进来”和“走出去”结合起来,加强对外联络、合作,顺应国际市场变化,调整优化出口产品结构,扩大劳动密集型产品出口规模,积极参与国际竞争,保持外贸出口增长的良好势头。搞好配套服务,增强大项目的带动作用。2001 年全区工业总产值完成 44.03 亿元，比 2000 年增长 5.31%。

2002 年 10 月，聊城香江光彩大市场(简称“香江市场”)一期一段开业。2003 年 10 月，铁塔商场服装鞋帽批发市场开业。

2003 年 3 月，东昌府区实行“谁投资谁受益，谁引进谁受益”的原则，实行目标责任制，实行特殊政策优惠，实行严格考核奖惩，努力使工业园区成为招商引资的主载体、经济发展的新高地、体制创新的示范区。为培植骨干企业和利税大户，2003 年 4 月，东昌府区成立了重点工业企业和工业园区协调保护领导小组，对两个县级工业园区和区委重点骨干企业的检查收费实行“扎口”管理，对乱检查、乱收费、乱罚款的给予严肃处理，并追究单位和个人的责任。

2004 年 7 月，东昌府区加强乡(镇、街道)经委组织建设，充分发挥乡(镇、街道)经委在招商引资、发展民营经济中的主力军作用，当好乡(镇、街道)党委、政府发展经济的参谋和助手，规划、指导、协调、监督、服务本区域内的乡镇企业、中小企业、民营经济的发展，并协助党委、政府完成区里下达的招商引资任务。

2005 年全区 42 家国有、集体工业企业全部完成产权制度改革，实行股份制、兼并、租赁、破产等形式改制，企业的经营体制发生根本变化，实现全区经济民营化。2005 年 4 月，为进一步贯彻落实“全党抓经济、重点抓工业”的战略决策，坚定不移地走工业立区的路子，区委强化对工业发展的考核力度，突出工业在经济发展中的重要地位。鼓励乡镇办事处培植、增加限额企业；鼓励现有工业企业走合资合作的路子；加大对重点工业企业的扶持力度；对经营实缴税金达标的、创国家名牌或著名商标的、取得国际环保体系认证或国际职业健康安全管理体系认证的工业企业进行奖励。

2005 年 8 月，为认真贯彻落实市委、市政府提出的“抓经济就是抓民营经济，抓工业就是抓民营工业”的战略部署，东昌府区采取多种渠道加大民营经济投入，提高民营企业的竞争力和发展水平，建立民营经济工作调度和通报制度，完善对乡镇办事处的考核和奖惩，加强民营经济工作队伍建设，优化民营经济发展环境，加强对民营经济工作的组织领导和协调服务，充分调动起全区上下发展民营经济的积极性。

香江市场自开业以来，在市场建设、招商、管理和运营等方面均取得显著成绩。至2005年11月，累计完成交易额115.7亿元，实现税收2.77亿元，先后入选"山东省五大批发市场""山东省三十强市场""中国竞争力百强市场"。为全面加强香江市场管理，促进香江市场持续发展繁荣，设立了香江市场管理委员会和行政服务大厅，工商、公安、国税、地税、交通等部门进入大厅集中办公，为商户提供"一站式"服务。管委会对香江市场实行统一领导、全面管理、综合协调和检查监督，在市场监管、行业检查、税费征收、治安防范、消防安全、交通运输等方面实行"扎口管理"。在市直有关部门的大力支持下，"扎口管理"工作取得一定成效。

2005年是"十五"计划的最后一年，工业生产快速增长，经济效益稳步提高。全区规模以上工业企业累计实现增加值15亿元，增长51.7%。产销衔接良好，工业产品产销率为99%。全区规模以上工业企业达到175户、新增加94户，累计实现销售收入55亿元、利税3.78亿元，分别比去年增长84.5%和95%。销售收入过亿元的企业达到14家，两项资金占用率下降13.43个百分点。区重点考核的15户企业销售收入和利税分别达到25亿元和1.6亿元，分别占全区的49%和53%。招商引资成效显著，固定资产投资大幅增长。招商引资签约、在建项目计划总投资114.9亿元，实际到位资金27亿元。全区规模以上固定资产投资完成29.3亿元，增长29.7%。其中工业投入21.5亿元，增长100.4%，占全部投资的73.4%。实际利用外资650万美元，出口创汇1421万美元。工业园区成为主要的经济增长点，民营经济保持快速发展。园区的基础设施进一步改善，承载功能增强。入园企业总数已达158家，其中园区建成投产企业79家，入园企业2005年实现销售收入30亿元、利税2.3亿元。全区民营经济实现税收3.3亿元，增长34.7%，平均每个乡镇增加600万元。民营经济固定资产投资40亿元，增长33.3%。市场建设步伐不断加快，服务业发展态势良好。全区市场及商业网点经营面积343万平方米，2005年市场成交额完成145亿元，增长20.8%；完成市场投入4.43亿元，新增营业面积25.8万平方米。2005年实现社会消费品零售总额38.6亿元，比上年增长22.9%。围绕打造江北水城旅游品牌，进一步搞好四大游乐园区的开发建设及旅游产品的挖掘生产，加大宣传促销力度，使东昌府区旅游业逐步融入全市乃至周边地区的旅游体系之中。

2006年3月，为增强全区市场的后劲和持续发展的能力，东昌府区按照“低门槛进入、低成本启动、宽环境培育、区域化布局、集约化经营”的原则，鼓励广大市场经销商户拓宽发展思路，大力发展市场加工业，努力走市场引导产业、产业支撑市场的路子，实现全区市场由“中转市场”向“产地市场”转变。站前、铁塔等六大商贸区功能日趋完善，汽车产业园、香江光彩大市场等年成交额超亿元。2006年城区市场成交额完成175亿元，是2002年的1.75倍。

2006年7月，东昌府区放宽审批限制，放宽对注册资本的限制，放宽企业登记冠名条件，放宽经营场所登记条件，给予优惠的土地政策、财税政策和奖励扶持政策，实行挂牌保护，推行联合检查，实行“提醒告知、首查不罚”制度，放宽服务业企业宣传促销活动限制，加大对连锁经营企业的扶持力度，为服务业发展营造良好的环境。培育和发展晚间经济，简化审批手续，减少检查次数，提高办事效率和服务水平。

2006年8月，东昌府区对工业发展情况单独列项考核，突出工业在全区经济发展中的重要地位。坚持以产品结构调整为切入点，鼓励企业推进技术进步，加大企业技术改造投入，提高技术装备水平，强化技术创新能力，优化产业结构和争创名牌产品。提高企业家素质，鼓励增加投入和上市融资。鼓励乡镇办事处培植、壮大重点骨干企业。优化发展环境，促进企业快速发展。

2006年10月，东昌府区确定城区运河（山陕会馆至兴华路段）两侧各100米区域为“城区运河文化旅游带”，全面打造游览、观赏、购物、休闲等多重功能，培育城区运河文化旅游带发展。

东昌府区先后在济南、青岛、北京等地举办经济发展座谈会，赴日、韩、欧、美等国家和地区参加经贸洽谈活动，与韩国仁川广域市中区、烟台市芝罘区缔结了友好城区关系，并组建了4个专业招商机构，招商渠道不断拓宽。2002～2006年，全区共引进项目1079个，计划总投资

235.2亿元，到位资金125.7亿元，其中千万元以上的项目350个；外经外贸发展势头强劲；新增出口权企业50家，累计出口5735万美元；新批外商企业31家，实际利用外资1719万美元，为经济发展注入了新的生机和活力。

通过重点突破，新型工业体系初步形成。2002～2006年，两个园区共投入2.66亿元完善基础设施，引进企业131家，企业总数达到200家，经济发展的载体和平台作用更加突出。2006年，全区规模以上工业企业达到234家，比2002年新增158家，规模企业个数上升到全市第二位；固定资产投资由2002年的4.57亿元增加到24亿元；主营业务收入实现84.56亿元，利税6.29亿元，分别是2002年的4.18倍和5.77倍，年均递增43%和55%。全区民营经济实现营业收入275亿元，实现增加值65亿元，4年均增长率分别为41.1%和54%；完成税收4.2亿元，绝对额比2002年增加2.58亿元，4年间平均每个乡镇办事处增加1433万元。2006年服务业实现总税收5亿元，形成地方税收2.1亿元，占地方财政总收入的64.6%。骨干企业群体规模不断壮大。中奥毯业、昌华造纸机械等一批骨干企业迅速成长，全区主营业务收入过亿元的企业由5户增加到15户，利税过千万元的企业由两户增加到12户。工业结构日渐清晰，初步形成了机械电子及配件加工业、农副产品加工业等六大工业体系。

2007年，区委、区政府确立了“工业立区”的发展路子。2007年12月，山东省轴承保持器制造业基地挂牌仪式在郑家镇举行。2008年，提出“举全区之力，大上工业，突破工业”的战略决策，将“工业突破”放在各项工作的重中之重。2008年9月，全区统一停止征收个体工商户管理费和集贸市场管理费。2009年，东昌府区实施“工业突破年”，并连续3年，每年安排1000万元的专项资金，对企业“硬支持”。2009年5月聊城市东昌府区天元小额贷款股份有限公司开业，它是经省政府批准设立的、聊城唯一一家全省首批试点小额贷款公司，对解决全区中小企业融资难、改善农村金融服务、规范和引导民间融资等具有十分重要的现实意义。

2010年是决战“十一五”、谋划“十二五”的关键之年，东昌府区工业经济发展较快,支撑作用不断增强。全区规模以上工业企业实现主营业务收入300.5亿元、利税20.5亿元,同比分别增长33%、35%;主营业务收入过亿元的企业达到30家,利税过千万元的企业达到25家,比上年分别新增5家、3家,其中山水水泥利税突破亿元大关,是撤市改区以来东昌府区首家利税过亿元的企业,实现了历史性突破。"6126工程"①企业发展势头强劲,全年实现主营业务收入125亿元,实现利税9.5亿元,利润7亿元,同比分别增长28%、29%、30%,三项主要经济指标分别占全区总量的45%、47%、48%。全区民营经济实现营业收入674亿元,同比增长19.9%,民营经济税收完成7.8亿元,同比增长17%。嘉明经济开发区和凤凰工业园规模不断扩大,入园企业总数达到285家,比上年增加36家,主营业务收入完成134.9亿元,利税9.3亿元。全区服务业增加值实现68.8亿元,同比增长17.9%,占GDP的比重达到42.4%;服务业固定投资完成35亿元,同比增长27.3%。服务业实现地税收入2.7亿元,占全区地税收入的70%。商贸物流业稳步攀升。百货大楼、五星百货等商贸企业向规模化、集团化方向发展,银座商城等大型商贸设施建设进展顺利。百货大楼金鼎购物中心已成为鲁西地区单体面积最大,集购物、餐饮、娱乐等诸多功能于一体的综合商场。香江商贸物流园区、京九物流园区承载能力进一步增强。铁力货运、正大物流等骨干物流企业运营良好。全区专业批发市场成交额完成295亿元,同比增长12%,其中香江市场实现成交额122亿元。文化旅游业发展繁荣,成功举办了葫芦文化艺术节、国际樱花节等大型节庆会展活动。全年接待游客456万人次,实现旅游综合收入13.1亿元,同比分别增长14.2%、29.6%。金融保险、信息中介、社区服务、休闲娱乐等新兴服务业领域不断拓宽。固定资产投资稳步增长,拉动经济增长明显。全区固定资产投资完成97亿元,同比增长30.3%,其中工业投入58.6亿元,

① 为进一步培植优势产业和骨干企业,增强骨干企业对全区工业发展的带动作用,加快推进工业化进程,2008年,区委、区政府将组织实施"6126工程",力争经过3~5年的努力,使全区有6户工业企业实缴税金过2000万,有10户企业实缴税金过1000万,20户企业实现利税过1000万,培植钢管制造、轴承及保持器、农副产品加工、机械电子、化工建材和纺织服装六大主导产业。

同比增长29%。重点项目建设取得明显成效，全区重点调度的56个项目实际完成投资55.6亿元，比去年同期增加26亿元。嘉隆管业、天工工具、金帝风力发电轴承等30个项目建成投产。项目资金争取工作取得新突破，全年共争取各类资金3.3亿元，比上年增加1.4亿元。招商引资扎实推进，全区共引进投产在建项目169个，计划总投资120.5亿元，预计到位资金30亿元。高开电缆、九鼎铁塔等一批过亿元的项目相继落户东昌府区，天工刀具、中奥毯业二期等项目相继投产。

2011年，区政府设立东昌府区工业企业贷款周转资金，首期拿出2000万元用于扶持建设规模大、实缴税金多、就业容量高、发展前景好的重点工业企业，重点帮助企业实现贷款周转、缓解企业在规模快速扩大过程中的资金周转难问题。多次组织企业家和相关部门到工业经济发达地区参观考察，提升谋划发展的思路和水平，并充分利用报刊、电视台等宣传媒体，加大对突破工业的宣传力度，营造大上工业的良好氛围。抓住重点骨干企业不放松，集中全力帮助企业解决实际问题，推动企业膨胀规模、加快发展；加快培植钢管、机械电子、农副产品加工、纺织服装、化工建材、轴承及保持器等六大主导产业；充分发挥资源和产业基础优势，大力发展民营经济和中小企业，形成大企业顶天立地、中小企业铺天盖地的格局。

经过多方努力，2011年，全区规模以上企业发展到237家，主营业务收入实现370亿元、利税29亿元，分别是2006年的3.4倍和3.6倍，年均递增34%和35.8%；其中，年主营业务收入过亿元的企业由2006年的15户增加到35户，利税过千万元的企业由12户增加到30户。骨干企业对经济发展和财政增长的支撑能力增强。民营经济蓬勃发展，在全市处于领先位次。嘉明经济开发区和凤凰工业园的招商载体作用增强，成为东昌府区经济发展的重要支撑。两园区入园企业由2007年的166家发展到319家，2011年实现主营业务收入180亿元、利税14.4亿元，园区经济已成为拉动全区经济增长的重要力量。

东昌府区加快转变经济发展方式，着力壮大先进制造业，带动和促进第一产业协调快速发展，努力实现产业结构优化升级。围绕商贸物流和旅游度假"两个拳头"，重点培育以香江市场为龙头的新专业批发市场体系、以农产品中心批发市场为龙头的农产品市场流通体系和以汽车产业园、农机市场为龙头的工业消费品市场流通体系。完善"吃住行游购娱"综合服务功能，借助"江北水城"品牌，逐步把东昌府区纳入全省"山、水、圣人"精品旅游线，融入全国的旅游体系。市场等传统服务业加快提升，现代物流、金融保险等现代服务业积极拓展。2007～2011年累计完成投资22亿元，开工建设了银座商城、盛世天湖、西安交大科技园、马颊河度假区等一批大型服务业项目。正大、四海、兴民等一批物流企业逐步壮大。成功引进了齐鲁银行、恒丰银行等15家金融保险机构，成立了天元、鲁西小额贷款公司。2011年，各金融机构向东昌府区企业提供信贷支持20亿元，是2007年的3.3倍。葫芦文化艺术节、樱花节、荷花节等重大节庆活动，使江北水城·运河古都对外吸引力不断增强，旅游业正在成为东昌府区的朝阳产业。2011年全区服务业实现地方税收6.54亿元，占地方税收总收入的79.35%，东昌府区被评为"省重点服务业城区"。

2007～2011年东昌府区累计引进项目872个，实际到位资金107亿元。其中，投资亿元以上项目60个，投资5000万元以上项目75个。特别是2011年，集中力量开展招商引资"百日会战"，成功引进了安托山稀土永磁电机、中通汽车零部件产业园、天开钨业等6个投资过10亿元的大项目，实现了东昌府区重大项目引进的历史性突破。

第三节　科技、文化和城镇建设有声有色

科技是第一生产力，文化是一个国家、一个民族的灵魂，城市是文化的载体，东昌府区积极发展科技、文化事业，注重城镇建设和精神文明建设。

科技创新。1993年，认真实施科技带动战略，制定了《农业科技推广条例》，狠抓了科技示范村和农业开发区建设。工业科技实施"星火计划"62项，科研攻关项目5项，专利技术30项。1993年11月，全市开展选聘科技副乡镇长(副主任)工作。省地市直部门、高等院校、科研单位和企业的科研人员、技术干部均可选聘。采取双向选择方式，签订合

同，发聘任书，每月发放100～300元的补助，并适当奖励。1994年3月，聊城市授予王德海等72名有突出贡献的农民科技人员"农村优秀乡土人才"荣誉称号。1994年5月，在全市农村党员中深入开展了"学科技、用科技"活动。1994年，有1/3的市直工业企业与大专院校、科研单位建立了技术协作关系。全市共开发新产品20项，并运用新技术改造嫁接了一批企业；立体种植、配方施肥、节水灌溉、地膜覆盖、病虫害综合防治等十大农业先进适用技术得到普及和推广。

1997年市委、市政府加大科技资金投入，科技三项经费由上年的120万元增加到232万元，全市共获得地级以上科技成果6项。1998年，全区共实施各类科技项目37项，其中"箱包革技术开发"和"仿羊绒系列产品开发"等6个项目被列为国家和省重点项目。1999年，"科技兴区"战略得到进一步实施，农业科技开发取得明显成效，全区共组织实施农业科技开发项目23项，道口铺高科技农业示范园初具规模。深入开展科技人员下乡服务活动，全区共180余名专业科技人员奔赴生产第一线。全年共完成新产品开发20余项，并有5家企业与大专院校和科研单位建立了长期稳定的合作关系。

2000年12月，东昌府区设立高层次人才智力引进基金，建立人才储备库，为引进招聘的国内外高层次人才和全区现有的高层次人才建档立卡，定期沟通情况，定期发布信息，供用人单位聘用。至2006年共选聘158名科技特派员，实施研发、推广项目200余项；省级高新技术认定企业达到8家，科技进步贡献率达到48.9%。

2004年1月，东昌府区授予吕金良等14名有突出贡献的农民科技人员"东昌府区首批农村科技大王"荣誉称号。2004年6月，实施科技特派员示范工程。通过选派科技特派员下基层服务，解决农民"想致富、缺技术、盼服务"的矛盾，进一步促进农业科技成果的转化推广，加快农业由数量型向质量效益型转变，带动农业产业化的发展；大力培植和发展各类农业科技示范基地，加强对农民的科技培训，进一步提高广大农民的科技素质和推广应用先进技术的能力；利用科技特派员的技术、信息等优势凝聚农户及产业，提高农民在市场经济条件下的组织化程度，促进农民增收、农业增效。

2005年2月，东昌府区制定各种优惠政策，采取刚柔结合或以柔性流动为主的形式，坚持“来去自由、双向选择、人尽其才、形式多样”的原则，采取调动、聘用、兼职、停薪留职等多种形式到东昌府区短期或长期工作；携带项目或资金创办、领办企业，通过技术入股、承包经营、合作开发、咨询顾问、成果转让和研究开发等形式引进国内外高层次人才来东昌府区工作。2005年是“十五”计划的最后一年，东昌府区积极推广先进实用技术，科技进步对经济增长的贡献率达48.5%。

2008年8月，东昌府区开展了“农村科技致富能手”评选管理活动和“东昌英才”选拔培养工作。“东昌英才”的培养对象是全区企事业单位中从事自然科学和社会科学研究工作或从事技术开发、推广、应用工作的专业技术人才、高技能人才和管理人才，重点是为全区经济社会发展作出突出贡献的优秀科技创新人才和领军人才。2009年12月，东昌府区命名表彰首批“东昌英才”和“农村科技致富能手”培养管理人选，表扬事迹突出、示范强的先进典型，对大力实施人才强区战略起到很好的带动作用。

2010年是决战“十一五”、谋划“十二五”的关键之年，东昌府区大力实施科技特派员工程，科技创新稳步推进，科技进步对全区经济增长的贡献率达到48.7%。2010年12月，东昌府区制定了《中长期人才发展规划纲要(2010～2020年)》，坚持党管人才的原则，按照“服务发展、人才优先、以用为本、创新机制、高端引领、整体开发”的指导方针，以“培养和造就规模较大、结构优化、布局合理、素质优良的人才队伍，形成东昌府区人才竞争优势，建设人才强区”为总目标，创新机制，优化结构，合理布局，以高层次、高技能人才为重点，统筹推进各类人才队伍建设，为打造生态型强区名城提供坚强的人才智力支撑。

“科技视频村村通工程”是区委、区政府组织实施的一项科技惠民工程，是2010年区委、区政府为群众办好的十件实事之一，列“十大民心工程”之首。自2008年5月17日开通运行以来，共安装科技视频终端1500多套，全区894个行政村全部实现科技视频村村通，成为在全国率先实现科技视频村村通的区。东昌府区连续被评为2007～2008年度和2009～2010年度全国科技进步考核先进区。2011年3月8日至14日，

“‘十一五’国家重大科技成就展”在北京国家会议中心举办。东昌府区“科技视频村村通工程”作为“‘十一五’国家重大科技成就展”唯一的县级科技成果入选参展，是东昌府区高度重视科技和科技工作的表现。“‘十一五’国家重大科技成就展”是由科技部、中组部、财政部、发改委、中国人民解放军总装部等部门联合主办的。自2月17日接到科技部《关于商请协助做好“十一五”国家重大科技成就展有关工作的函》之后，区委、区政府高度重视，迅速组织参展力量。在半个月的时间里，做好了各项准备工作。参展团自3月5日进驻国家会议中心以来，两天时间就完成了现场专家工作室的安装，实现了东昌府区的所有科技视频用户与国家会议中心的联网互通。展览期间，中共中央总书记、国家主席、中央军委主席胡锦涛等党和国家领导人参观了展览。中共中央政治局委员、国务委员刘延东，全国人大常委会副委员长路甬祥，全国政协副主席、科技部部长万钢等听取了东昌府区的汇报，对东昌府区的科技工作给予充分肯定。展览期间，参观科技视频展台观众达3000余人次，发放宣传资料1600余份，专家现场视频远程答疑96次。作为农业科技信息平台建设的新探索，科技视频具有直接、快捷、方便、高效为农民群众服务的特点，实现了真正的“面对面指导，心贴心服务”，群众不出村就能享受一流专家的技术服务，在科技知识普及和农村实用技术推广方面，有效解决了“最后一公里”的问题。

2011年5月全国小麦农药高效安全科学施用技术应用示范现场会在东昌府区朱老庄镇新城海村召开。农业部全国农业技术推广中心药械处处长邵振润、中国农科院植保研究所副所长陈万权以及全国多所农业大专院所的专家和全省植保系统的专家、代表共130余人参加会议。与会人员观摩了朱老庄镇新城海村的小麦害虫施药技术示范现场，展示的农药施用技术简便、高效、安全、科学、实用，有效减少了农药使用量，降低了污染，保护了环境，提高了防治效果。

东昌府区积极实施企业科技创新示范工程，企业自主创新能力明显增强，农民科技素质进一步提高。2011年各类科技示范基地达60余处，高新技术产业产值实现90亿元，科技进步对经济发展的贡献率达48.9%，被评为“全国科技进步先进区”。

文化建设。1993 年 11 月，聊城市完成了东昌电视台机房、会议室，总计 200 多平方米的基建任务，并投资 70 万元，竖起了 120 米高的电视信号发射塔。东昌电视台试播成功。1993 年 12 月，全市广泛开展了农村社会主义思想教育活动。以社会主义、集体主义、爱国主义教育为重点的各项思想教育、道德建设和文明创建活动取得显著成效，人们的精神面貌发生了深刻变化。1993 年 12 月，全区集中开展了狠刹婚丧大操大办不正之风的活动。1993 年、1995 年、1997 年被省委、省政府命名为“省级精神文明建设先进市”。

聊城历史悠久，商代就已建城，尤其是运河的贯通为聊城带来了数百年经济的繁荣。明清之际聊城被誉为“漕挽之咽喉，天都之肘腋”“江北一都会”，并被赞曰“上有天堂，下有苏杭，过了济宁就是东昌”，可以说是一座建城久远、声名甚大的古老城市。文化底蕴非常深厚，一是历史文化名人众多，有射书救聊城的鲁仲连、现代殉国的范筑先，有傅以渐、邓钟岳，还有后来的傅斯年……再就是历史文物荟萃，聊城市区有两处国家级历史文物，一个是建于明代的光岳楼，明弘治九年(1496)，吏部考功员外郎李赞过东昌，对该楼赞叹不已：“因叹斯楼，天下所无，虽黄鹤、岳阳亦当望拜。”另一个就是建于清代的山陕会馆，俗称“关帝庙”，山陕会馆是历史上聊城商业发达、经济繁荣的见证，集中国传统文化之大成，融中国传统儒、道、佛三家思想于一体。其对于中国的古代建筑史、商贸史、戏剧史、运河文化史、书法绘画雕刻艺术史以及清代资本主义萌芽的产生具有极高的研究价值。省级历史文物有铁塔和海源阁。铁塔是我国为数不多的铁石建筑，是中国六大古铁塔之一，不论在建筑风格还是在石雕艺术上，都有较高的研究价值。海源阁是我国历史上最著名的私人藏书楼之一，始建于清道光二十年(1840)，由杨以增所建，总计藏书 22 万余卷，与江苏常熟县瞿绍基的“铁琴铜剑楼”，浙江吴兴县陆心源的“皕宋楼”，浙江杭州丁申、丁丙的“八千卷楼”，合称“清代四大藏书楼”，深为海内外学者所仰慕。聊城历史上就是商业重镇，明清时期为运河“九大商埠”之一。据《聊城县志》记载，清雍正九年(1731)蒋尚思撰《聊城修护城堤碑记》说“廛市烟火之相望又不下十万户”，估算起来大约几十万人。最鼎盛的时候聊城的会馆有 20 多家，商贾云集,会馆林立,山西、陕西的商人常在千人以上。聊城虽然近代以来随着时代的变迁、运河的断流没落了,但至今仍然是冀鲁豫地区重要的商品集散地。聊城是个水城,水域面积有 4.2 平方公里,是北方独有的城区人工湖,并且湖与城交汇相融,湖中有城,城中有湖,城湖河一体,古城和新城就像两个圆一样,相切不相交,这样的城市架构是少有的。聊城这种独具特色的城市格局及其承载的厚重历史文化,是一笔不可估量的重要财富。

在此基础上,聊城开展了创建"国家历史文化名城"的活动。第一,制定管长久、权威性的城市规划。第二,狠抓城市面貌的治理。第三,抓精神文明建设。第四,市里除在地委、行署统一领导下积极做好地区十大工程在聊城市区的有关工程外,还集中力量抓了市"八大重点项目"。经过不懈努力,1994 年 1 月,聊城市被国务院命名为"国家历史文化名城"。4 月,全市召开"国家历史文化名城"命名新闻发布会,北京市 14 家新闻单位的记者、香港数十名记者云集聊城。1994 年 3 月,围绕市委、市政府提出的"建设富裕文明的新聊城"的总体战略目标,全市广泛开展"三优一树"(优质服务、优美环境、优良秩序,树立聊城新形象)活动。1994 年 5 月,全市抓好"三个工程"的实施:一是抓好科级以上领导干部学习的"重点工程";二是抓好党员干部和广大群众学习的"基础工程";三是抓好青少年学生学习的"希望工程"。弘扬主旋律,大力繁荣社会主义文化。市豫剧团主演章兰同志荣获全国戏剧表演最高奖——梅花奖,成为全国县市级剧团获此殊荣的第一人。聊城市还全面修缮了光岳楼,重修了海源阁,对宣传聊城起到较好的作用。

1994 年 11 月,孔繁森同志逝世。聊城是孔繁森同志的家乡,全市积极开展向孔繁森同志学习的活动,号召广大党员干部学习孔繁森同志顾全大局、无私奉献的坚强党性,学习孔繁森同志热爱人民、服务人民的满腔热忱,学习孔繁森同志艰苦奋斗、廉洁奉公的高尚品德,学习孔繁森同志开拓进取、求真务实的优良作风,为建设富裕文明的新聊城作出自己的贡献。

1997 年 5 月山东运河文化研讨会在聊城召开,会议研究了运河区的保护和开发,对大运河在经济、政治、文化和民风民俗方面所产生的影响作了深入探讨。1997年,在全民中开展“三德”(社会公德、职业道德、家庭美德)教育。在党政干部中开展廉洁勤政、无私奉献教育。为迎接香港回归祖国,开展了爱国主义教育。

1998年7月全区上下按照以城带乡、全面推进的原则,采取“党委政府统一领导,政法为主,分线负责,齐抓共建”的办法,运用打、防、管、建、教、改等多种手段,广泛深入地开展了创建安全文明单位、安全文明小区、安全文明村居和安全文明乡镇办事处活动。为把全区建成案件少、秩序好、环境美、风气正、群众满意的安全文明区,全面加强民主与法制建设。

1998年,在全国18家新闻单位参与组织的第三届中国十大杰出检察官评选活动中,区检察院白云同志荣登榜首,并受到中央领导同志的亲切接见。这既是白云同志的光荣,也是全区人民的光荣。为此,全区广泛开展了向白云同志学习的活动,号召广大党员干部学习白云同志坚定不移的政治信念,学习他严格执法、刚正不阿的崇高职业道德,学习他清正廉明、公道正派的工作作风,学习他恪尽职守、勤政为民、无私奉献的敬业精神,学习他勤奋钻研、精通业务的进取精神,为推动东昌府区各项事业的发展作出贡献。

1999年7月,东昌府区以职业道德、职业纪律、职业技能教育为基础,深入开展行业规范化服务活动,建立健全职业道德规范和各项规章制度,规范工作程序,明确岗位责任和工作标准,建立强有力的内外监督约束机制,创造了优美的环境,营造了文明的氛围。1999年,东昌府区被省委、省政府评为“精神文明建设工作先进区”。

2001年,以培养“四有公民”为目标,广泛开展了爱国主义、集体主义、社会主义教育,倡导良好的社会公德、家庭美德和职业道德,树立文明健康、积极向上的社会风尚。深入开展“致富思源、富而思进”的社会主义思想教育活动,激发广大干部群众的创新意识,深入开展科技、文化、卫生“三下乡”活动。

2003年3月,由区委宣传部主办的报纸《东昌时讯》成立,对于及时宣传东昌府区政治、经济的发展情况,加强与外界的交流,起到重要作用。2003年11月,以全国模范检察官白云名字命名的“白云热线”在东昌府区人民检察院设立。2007年全国检察机关信访工作“白云热线”现场会在聊城召开，2008年，全省“民生检察服务热线”全面开通，“白云热线”经验在全省、全国得到推广。“白云热线”在化解社会矛盾、维护社会稳定等方面起到积极作用，东昌府区人民检察院先后被评为“全国法制宣传教育先进单位”“全国青年文明号”“全国检察机关文明接待示范窗口”等多项荣誉，“白云热线”成为“枫桥经验”在聊城生根发芽的生动体现和12309检察服务热线的聊城升级版。

2004年华中农业大学团委副书记、东昌府区人徐本禹被评为中央电视台“感动中国2004年度人物”。2005年3月，全区开展了“楷模精神，争做时代先锋”主题实践活动，通过学习孔繁森、白云、徐本禹等全国英模人物，激励广大党员干部为建设富裕文明的东昌府努力奋斗。2005年6月5日，东昌府区英模辈出深层次原因理论研讨会在东昌宾馆召开。中央、省、市有关单位部门的专家学者应邀到会并发言。中国作家协会党组成员、书记处书记高洪波说，不同的时代有不同的英雄观。时代造就英模人物，英模人物反映时代特征。东昌府区自古为华夏战略要地，如今更是鲁西政治、经济、文化的中心。近年来，东昌府区各级领导带领全区人民，解放思想，开拓创新，使全区经济和社会各项事业得到了很大的发展，为英模人物的脱颖而出提供了广阔的活动空间和历史舞台。

2005年11月，由市委、市政府及区委、区政府共同捐资修建的“本禹希望小学”在贵州省大方县大水乡落成剪彩。2006年9月，“学习楷模精神，建设美好东昌”报告会召开。徐本禹等3名支教教师作了精彩的报告。2006年12月28日，东昌府区欢送徐本禹赴非洲支教座谈会举行。有关同志纷纷向徐本禹送上了家乡人民殷切的关心和良好的祝愿，预祝他赴津巴布韦支教圆满归来。

2006年11月，区委作出“构建社会主义和谐东昌”的决定。2007年4月至10月，在全区党员领导干部中开展了“加强作风建设，促进社会和谐”主题教育活动。5月，全区开展“加快建设强市名城，我们怎么办”的大讨论活动。2007年6月，东昌府区开展“建设‘文明东昌’，争创省级文明城区”活动。通过一系列活动，广大党员干部群众转变了作风，推进了经济和社会各项工作的顺利开展。2007 年 6 月 25 日,“东昌府区青少年爱国主义教育基地”揭牌仪式在范筑先纪念馆举行,区有关负责同志、实验小学 200 名少先队员代表参加了仪式。把范筑先纪念馆作为东昌府区爱国主义教育基地,是加强爱国主义教育、弘扬和培育伟大民族精神要求的重要措施和具体行动。对于开展青少年爱国主义教育具有特殊重要的作用。

2007 年 7 月,中国江北水城(聊城)首届荷花艺术节在聊城植物园开幕。8 月由聊城市人民政府、东昌府区人民政府主办,香江光彩大市场管理委员会、聊城市工商联装饰材料行业工会承办的首届冰灯冰雕文化艺术节在香江市场二期开幕。9 月,堂邑文庙修复落成典礼成功举办。10 月,区委、区政府表彰全区“十佳金婚伴侣”“十佳孝亲好媳妇”“十佳孝子”。

2008 年东昌府区被文化部命名为“中国雕刻葫芦文化艺术之乡”。2008 年 4 月聊城八角鼓被列为省级非物质文化遗产保护项目。2008 年 4 月 3 日,东昌府区“缅怀革命先烈,发扬优良传统”爱国主义教育活动启动暨教育基地揭牌仪式在凤凰集革命烈士陵园举行,与会人员沉痛悼念和缅怀为民族的自由独立、国家的解放抛头颅、洒热血的英雄们,向他们表达诚挚的敬意和深深的怀念,有关领导为凤凰集革命烈士陵园东昌府区青少年爱国主义教育基地揭牌。

2008 年 5 月 12 日,四川汶川发生特大地震。东昌府区全区人民踊跃捐款捐物,并组织医疗队和相关人员赴川参与抢险救灾和灾后建设工作,献出一份爱心。

2007 年 10 月,由区委、区政府和市文化局联合主办的首届中国江北水城(聊城)葫芦文化艺术节获得圆满成功。东昌府区葫芦种植和葫芦技艺工艺历史悠久,葫芦产业发展已取得初步成效。截至 2007 年 10 月,东昌府区葫芦种植面积达 3000 多亩,葫芦及雕刻葫芦的年销售额达 4000 余万元。东昌葫芦不但销往全国各地,而且出口到英国、美国、加拿大等 10 多个国家。2006 年,东昌葫芦先后参加了第二届深圳国际文化产业博览会和山东省首届文化产业博览会,东昌府区还被命名为山东省“葫芦艺术之乡”。葫芦文化艺术节期间,东昌府区成功举办了东昌葫芦文化艺术研讨会、东昌葫芦工艺赛、东昌葫芦精品展和葫芦专题文艺演出，签订了一批开发合作协议。整个活动规模宏大、气氛热烈、内容丰富、特色鲜明、硕果累累。虽然葫芦艺术节时间短暂，但收获巨大、影响深远，它引领东昌葫芦生产、加工、销售进入了一个新的境地，揭开了东昌府区葫芦文化产业发展新的一页，描绘了东昌葫芦文化产业发展的美好蓝图。2009 年 5 月姜堤乐园被中国乡村旅游协会授予“全国乡村旅游行业观光百强”称号。

2008 年 10 月，东昌府区第一届运动会举行。2011 年 5 月，为加快省级文明城区创建活动，东昌府区把社会主义核心价值体系的基本要求融入思想教育和道德实践的全过程，开展文明礼仪知识宣传普及活动，净化社会文化环境，加强诚信教育，提升市民素质。落实“门前三包”责任制，开展户外广告专项治理活动，开展出店占道经营专项整治活动，完善公共服务设施，整治市容环境。完善交通设施，加强交通秩序管理，推进文明交通行动。加强农贸市场建设管理，强化食品安全监管，集中整治“五小”行业，强化公共场所管理，推行规范优质服务。合理规划调整社区，完善社区公共设施，开展社区服务，加强社区建设。

2007～2011 年东昌府区大力发展文化事业，文化大院、农家书屋等乡镇文化设施进一步完善，梁水镇土桥闸遗址被列为国家级重点文物保护单位，东昌葫芦雕刻技艺、东昌木版年画被列为国家非物质文化遗产。群众性文体活动蓬勃开展，成功举办了第一届全区运动会和第一届全民健身运动会，积极举办社区会演、消夏晚会等文艺演出，东昌府区被评为“全省文化工作先进单位”。

2012 年 3 月，在全区广大党员干部群众中开展了“争先进位年”活动，将“争先进位”作为衡量工作成效的具体尺度，横向比进位、比亮点，纵向比提速、比创新，迅速掀起人人奋勇争先、个个力求上进的活动热潮。

2012 年 3 月，以“弘扬雷锋精神，塑造聊城形象”为主题，全区开展了“1314 学雷锋”志愿服务活动。通过开展扶老助残、帮困解难、应急救助、便民利民的社会志愿服务，开展倡导文明礼仪、维护秩序、保护环境的社会志愿服务，开展面向空巢老人、留守儿童、农民工、残疾人士等社会特殊群体的志愿帮扶活动，开展科教、文化、法律、卫生等面向大众群体的社会志愿服务，倡导“自豪、创业、包容、奋进”的聊城精神，在全区形成奋发向上的精神面貌。

城镇建设。1993年，全市开展了以治理脏乱差为基本内容的省级卫生城创建活动，城市环境面貌、交通秩序、市场秩序、治安秩序发生了可喜的变化，城市的绿化、净化、美化工作和综合管理水平大大提高。聊城市被评为“省级卫生城市”，结束了聊城地区没有卫生城的历史。

1994年，以东昌路达标一条街为主要内容的城市绿化、美化取得新成效。全市以柳园路改造为重点的城市道路建设有了新的进展。东西外环、站前路的建设已全面展开。东昌路两侧1万平方米以上十大高层建筑相继开工建设。投资2400万元、建筑面积1.75万平方米的鲁西商厦，完成主体工程。第三水厂和应急供水工程的建设，缓解了城市用水紧张状况。站前区、环城湖区、古城文化商贸区等综合开发取得实质性进展。

1995年是“八五”计划的最后一年，城市建设成绩显著，科技教育等各项社会事业全面发展。1995年，聊城市以八大基础设施项目为重点，进行了大规模城市开发建设。投资8000多万元，完成了东昌西路等六条路的建设，城区道路“三纵三横”的框架已基本形成。东昌湖开发一期工程6个项目胜利竣工，二期工程正在紧张施工。站前区已基本完成“五通一平”，地上建设步伐进一步加快。投资5000多万元，新、扩建城区大型市场8处。房屋综合开发、公交、环卫、园林绿化等各项工作有了新的进展。

1996年9月1日，庆祝京九铁路山东段开通运营大会举行。京九铁路山东段全长278公里，这段铁路的开通，结束了鲁西无南北铁路干线的历史。庆祝大会在聊城火车站广场举行。山东省直37个部门负责人及聊城地区、聊城市的领导等数万干部群众参加庆祝大会。同日，傅斯年陈列馆正式开馆。该馆位于聊城市东关大街东首路北傅家祠堂原址。馆内悬挂第九届全国人大常务委员会副委员长程思远为傅斯年陈列馆题词：“傅公高风亮节，足为后世楷模。”

1996年10月，聊城市东、西环路建成通车。东环路全长3.6公里，路面宽30米，双向8车道。西环路(昌润路)全长7.28公里，路面宽30米，双向8车道。两路均属一级公路标准。11月，聊城市第三自来水厂建成投产，该水厂占地1.8万平方米，投资3000万元。12月，济聊高速公路聊城段正式建成通车。

1997年10月，聊城市北环路(建设路)、西环路(昌润路南端)建成通车。1998年5月，聊馆高速公路开工仪式在东昌府区道口铺乡施工现场举行。1999年4月，东昌府区在全市第一批完成农村电网建设改造工程。

2000年，按照“控制总量、膨胀单体、完善功能、加快发展”的市场建设总体思路，东昌府区投资4500多万元，新建华港商城、聊城门窗交易市场、大通名牌服饰城3处市场，扩建旧货市场1处，迁建市场2处，新增市场经营面积17.5万平方米。在搞好市场建设的同时，投资300多万元，分别改造了铁塔市场服装批发中心、小商品批发市场等，市场设施档次水平明显提高，大大增强了市场对外竞争力。

2002年12月，聊城市东昌府区谭庄水库开工奠基，标志着聊城又有了新的水源保障。2003年9月，全国最大的城市石拱桥——东昌大桥落成通行。2005年3月，基本上实现了村村通油路的目标任务，全区新改建农村公路470公里，新通油路的村236个，直接受益群众23万人，通村率达到95.2%。在实现村村通油路的基础上，加快提升村村通客车事业发展和城乡交通服务功能，全区通车率达到85.2%。

2002～2006年，东昌府区先后投入2000多万元配合市委、市政府创建“国家卫生城市”，顺利通过专家组评审。农业基础设施日趋完善。投资730多万元，实施苦咸水改造工程，在2003年底彻底解决了162个村、9.6万人、2.7万头大牲畜的饮水问题；投资8600多万元，实施村村通自来水工程，全区988个村、58万人用上了安全清洁的自来水；农村公路建设突飞猛进，累计投资2.28亿元、新建改建农村公路1267公里，村村通油路率达到99.8%，实际通油路的村达到953个；村村通客车步伐加快，投放营运车辆220部，全区941个行政村通上客车，通车率达98.5%。

2008年3月，东昌府区进一步加强村镇建设工作，以政府为主导，以农民为主体，因地制宜，建章立制，全面加快村庄建设规划编制，严格村镇建设管理，做好环境综合整治工作。6月，东昌府区依靠全区人民，以扎扎实实的工作作风、与时俱进的精神风貌，共同建设廉洁高效的政务环境、公正公平的法治环境、规范守信的市场环境、健康向上的人文环境、安居乐业的生活环境、可持续发展的生态环境，把东昌府区建设成为经济科教发达、城市功能完善、生态环境良好、人文素质一流、人民安居乐业的现代文明城区，成为民主法治、公平正义、诚信友爱、充满活力、安定有序、人与自然和谐相处的现代文明城区。2008年，东昌府区被授予“省级创建文明城市工作先进区”荣誉称号。

2009年1月全区统一取消公路养路费(包括路港建设费)、航道养护费、公路运输管理费、公路客货运附加费、水路运输管理费、水运客货运附加费等六项收费。4月，古城保护与改造动员大会在楼西大街区政府原址召开。会议要求，在古城保护与改造工作中，要做到高点定位、科学规划，将古城打造成“江北水城·运河古都”的标志景区，打造成集旅游观光、休闲度假、人居商贸于一体的新兴旅游胜地。

2010年6月，东昌府区全面推进农村社区建设。农村社区是以中心村(包括镇驻地村)为依托，由若干行政村组成的，具有一定人口规模和较为齐全公共设施的基本单位，它是城镇化建设的延伸点。通过利用各项扶持“三农”的优惠政策和资金，加快农民居住区向中心村集中，推进平房向楼房转变，村庄向社区转变，加快城乡统筹发展和城镇化进程。加快建立商业金融、医疗卫生、文化教育、休闲娱乐等公共服务设施，完善农村社会保障与社会救助体系，引入城市生产、生活市场化服务体系，不断提升社区管理服务水平，力争通过5～10年的努力，基本完成全区新型农村社区建设。

2010年是决战“十一五”、谋划“十二五”的关键之年，城乡建设力度加大，城镇化水平显著提高。东昌府区全力推进古城保护性开发与改造，古城区一、二期工程拆迁完毕，三期工程拆迁工作进展顺利。农村社区和小城镇建设步伐加快。启动了24个千户大社区和55个整村建设，朱老庄镇朱老庄社区、于集镇驻地社区、沙镇中心社区、堂邑文庙社区及部分试点村建设取得重大突破；小城镇拆迁、新建面积分别达到

5.7 万平方米、9.5 万平方米，投入达 8850 万元。城中村改造整体进展顺利。已完成 53 个改造村庄的现状图测绘，划定了 25 个村庄的拆迁用地红线和建设用地红线。望湖小区项目拆迁和建设进展顺利，龙湾改造等项目全面开工建设；陈庄村改造项目完成拆迁，回迁安置区建设顺利启动。

大力实施城镇化战略，城乡面貌发生新变化。截至 2011 年，古城保护与改造完成拆迁面积 35 万平方米，为加快建设中华水上古城奠定了坚实基础。城中村改造全面铺开并取得突破性进展，完成 53 个村庄的现状图测绘，划定了 25 个村庄的拆迁用地红线和建设用地红线。2007～2011年小城镇拆迁建设投资达 3.85 亿元，拆迁、新建面积分别完成 30.9 万、49.7 万平方米，城镇化水平进一步提高，达到 49.51%。积极推进农村社区建设，24 个千户大社区已全面开工建设，完成投资 3000 万元，新建社区面积 2.8 万平方米，农民居住环境和条件得到明显改善。

2007～2011 年东昌府区坚持把安居工程和城建靓市工程结合起来，扎实推进城中村改造和农村新居建设，人居环境明显改善，城乡面貌发生巨大变化。先后启动了龙湾、陈庄、王宅、八里庙、运河四期、望湖片区等 17 个改造项目，拆迁面积 100 多万平方米，建设安置楼房 1.5 万套，3 万余名群众喜迁新居。以镇驻地和经济强村为重点，大力推进新型农村社区建设，共建设农村新居 3.4 万户，改造危房 4500 户，新建农村社区服务中心 36 处。农村基础设施全面加强。累计投资 7000 万元，新建改造农村公路 200 公里，全面完成了农村客运站建设，新开农村客运班线 19 条；投资 1550 万元，建设沼气池 1.4 万个，农民群众的生产生活条件明显改善。圆满完成体育公园、高级职业学校、市民文化活动中心等 50 多个城建重点项目的征地搬迁任务。

2010 年 4 月，以加快乡镇中心社区和新农村建设为契机，全区土地增减挂工作会议召开。东昌府区切实做好土地增减挂钩工作，确保各类违章建筑全部拆除。

2010 年 12 月全市行政村通客车暨乡镇客运站建设竣工大会召开。与会人员参观了郑家客货运中心和堂邑客运站，对东昌府区行政村通客车和乡镇客运站建设工作给予了充分肯定。全区“四百工程”发展目标全部实现，即100%行政村通油路、100%行政村通客车、100%乡镇建有一处“四位一体”交通运输所、100%的县到乡实现城乡公共交通一体化。“四位一体”规范化管理模式就是把四个管理机构（乡镇交通管理所、乡镇客运站、货运管理办公室、农村公路管理站）的牌子统一为一块牌子（乡镇交通管理所），乡镇交通运输管理所的职能为交通规费征收、道路客运管理、货运市场管理和农村公路管理。

2010年12月湖南路望湖安置小区建设现场礼炮齐鸣，涉及古城区4000多户近1.5万群众的民生工程——望湖安置小区正式破土动工。市政府专门规划了350亩土地，提供了优惠的开发建设政策，确定了先进的小区规划和建筑方案。古城保护与改造指挥部充分利用有限的资源，引入开发代建机制，实行零利润建设，是对全市拆迁安置等公益项目开发建设模式的一次积极探索。

2012年8月，东昌府区沙镇镇被省政府确定为全省“百镇建设示范行动”示范镇。东昌府区出台《落实全省“百镇建设示范行动”，推进沙镇镇提升建设和发展水平的实施意见》，指出，进行规划引领，拓展示范镇发展空间；突出产业发展，增强示范镇经济实力；完善基础设施，提升示范镇承载能力；扶持就业创业，扩大示范镇人口规模；优化公共服务，发展示范镇社会事业；健全体制机制，提高示范镇管理效能。把示范镇建设成区域经济发展的次中心和辐射农村腹地的公共服务中心，使之在推进新型城镇化进程、加快区域经济发展、实现要素集约配置、提升小城镇综合实力、引领一般小城镇科学发展中发挥示范带动作用。

第四节　民生和环保工作走在前列

2005年是“十五”计划的最后一年，城乡人民生活水平进一步提高。全区城镇居民人均可支配收入达到9019元，增长17.7%。农民人均纯收入达到3298元，增长9%。城乡居民储蓄存款余额达到113.3亿元，增长14%。各项社会事业全面发展。基础教育得到进一步加强，全区小学学龄儿童入学率达到100%。普及九年义务教育的成果更加巩固，有6所学校成为省级规范化学校。农村中小学危房改造基本完成，城区小学布局建设全面展开。制定了突发公共卫生事件应急预案，加强了疾病预防控制和传染病救治体系建设，农村医疗改革全面展开。社会保障工作进一步加强，“两金”（住房公积金、企业年金）拨付、发放率均为100%。全区累计劳务输出5.8万人，新增就业4.6万人，城镇登记失业率为3.4%。同时，大力开展全国文明城市创建工作，进一步改善了人居环境。

2010年，社会事业协调发展，民生保障水平稳步提升。完成13所农村中小学建设项目，教育教学条件明显改善；积极开展关爱助学活动，义务教育阶段“两免一补”政策得到全面落实，困难家庭子女上学难问题得到有效解决。医疗卫生基础设施不断加强，乡镇卫生院和农村社区卫生服务站医疗卫生条件明显改善。全面推行新农村合作医疗，参合农民达到57万人，参合率达到99.8%。全年新增城镇就业1.3万人，新增农村劳动力转移就业2万人，城镇登记失业率控制在3.8%。城市低保标准提高到每人每月255元，农村低保标准提高到每人每年1200元。全区企业养老保险扩面2000人，医疗保险扩面3522人，养老金拨付率和社会化发放率均达到100%。落实惠民政策，争取农机、家电下乡等补贴资金1.8亿元。加强社会治安综合治理，人民群众的生活安全感进一步提升，民主法制意识进一步增强。各项社会事业普遍得到发展。

教育事业进一步发展。教育体制改革稳步深入，教育结构得到优化，办学条件明显改善，教育教学水平逐年提高。1993年，全面实现初中义务教育。1995年6月，全市各级各类学校实行校长负责制、教职工聘任制、校内工资总额包干和结构工资制。通过改革，把竞争机制引入学校内部，达到调整结构、转换机制、优化队伍、增强活力的目的，最大限度地调动各方面的积极因素，促进全市教育事业更快更好发展。1996年，全市基本实现“两基”（基本普及九年义务教育，基本扫除青壮年文盲）目标。

1997年10月，聊城市批转市教委《聊城市整体推行素质教育方案》的通知，指出以党的十五大精神和《中国教育改革和发展纲要》为指针，加强理论学习，转变教育观念；切实以法治教，规范教学秩序；改革完善中小学招生制度，为教育转轨导向；认真执行国家规定的课程方案，加强课程建设；改进德育，提高实效；加强师资队伍建设，切实提高整体素质；加强教育科研，为素质教育服务；加强薄弱学校转化工作，确保整体优化；建立健全督导评估体系，健全素质教育运行机制；形成全民共识，开创适合素质教育全面推行的社会环境。1997 年 12 月，全市按时优质完成"普九"(普及九年义务教育)任务，并通过山东省政府验收。职业教育建成以工业学校为骨干的职业教育网。

因城区校舍陈旧不足、教学设备落后，1998 年 9 月，东昌府区号召广大干部职工积极捐资助学、集资办学，城区中小学校容校貌有了显著变化，缓解了城区儿童少年上学难的问题，促进了城区教育事业的发展。

2000 年 10 月，东昌府区加强学校思想政治工作，要求小学生要养成"五爱"(爱祖国、爱人民、爱劳动、爱科学、爱社会主义)情感和文明的行为习惯；中学要渗透邓小平理论教育，帮助学生把握邓小平理论的科学体系和精神实质，使学生养成良好的道德品质和遵纪守法的意识；大中专学校要把学习邓小平理论与学习江泽民同志的重要论述结合起来，使学生形成正确的世界观、人生观和价值观，树立报效祖国、服务人民、奉献社会的坚强信念。2000～2001 年，全区投资约 100 万元建起 11 所乡镇中心幼儿园。

2009 年 1 月，取消义务教育借读费。全区农村义务教育阶段公办学校除按规定向学生收取作业本费外，不得向学生收取其他任何费用。城市除按"一费制"标准向学生收取课本费和作业本费、按规定收取住宿费外，不得向学生收取其他任何费用。2 月，东昌府区被命名为"全省规范教育收费示范县"。

2007～2011 年东昌府区积极推进城乡义务教育均衡发展，累计投资 9930 万元，新建改建中小学 75 处，城区小学班额过大问题得到有效缓解，平均班额由 73 人降到 60 人以下。青少年校外活动中心建成并投入使用，为深化素质教育提供了崭新平台。

社会保障工作稳步提升。机关事业单位养老保险制度在计划经济体制下，一直采取国家和集体统包统管的办法。1996 年，机关事业单位养老保险实行社会统筹，新的养老保险制度正式成立。1997年1月，全市各级党政群机关、社会团体、国有和集体事业单位中的正式工作人员，均实行社会养老保险。全面启动机关事业单位养老保险后，经过不断探索和实践，管理质量和业务水平大幅度提高，建立健全各项规章制度，各种账、表、卡、册齐全；简化办事程序，实行严格执行政策和灵活高效相结合的工作机制。全市机关事业单位的干部职工全部参加养老保险，离退休人员的养老金统一由机关事业保险处发放。

1999年以后，社会保险的覆盖范围逐步扩大到城镇非公有制企业职工，全区各企业及劳动者全方位一体化的社会养老保险制度初步形成。2000年7月，全区统筹企业养老金实行社会化发放，发放率达到100%。2000年12月，东昌府区企业下岗职工基本生活保障向失业保险制度"并轨"。

2001年5月，东昌府区要求劳动保障部门要把企业是否按时足额缴纳社会保险费作为劳动保障年检的一项主要内容，认真进行检查。对于社会保险工作的先进单位和先进事迹，大张旗鼓地宣传报道。对不顾职工群众切身利益，逾期不缴纳或挪用不收回、不上缴的单位，以及拒不参加社会保险的单位，要及时予以曝光。确保离退休人员养老金按时足额发放，逐步建立和完善社会保障体系，促进全区经济发展和社会稳定。

城乡低保标准逐年提高，2008年，东昌府区农村低保标准提高到900元，受益群众11012人，实现了应保尽保。投资5500万元，完成了7处乡镇中心敬老院建设任务，农村"五保"对象集中供养率达70%。

2008年，根据党的十七大和十七届三中全会精神，国务院决定，从2009年起开展新型农村社会养老保险（简称"新农保"）试点。2009年试点覆盖面为全国10%的县（市、区、旗），以后逐步扩大试点，在全国普遍实施，2020年之前基本实现对农村适龄居民的全覆盖。2009年11月，东昌府区积极争取国家政策扶持，成为全国首批新农保试点区（县）。根据这一政策，全区60岁以上的老人，每人每月可领到不低于55元的基础养老金。

2009年12月，东昌府区新型农村社会养老保险试点基础养老金发放仪式在朱老庄乡五乡杜村举行。这标志着东昌府区广大农民改变了几千年的养老模式，正式拥有了社会养老保障。启动仪式上共为朱老庄乡五乡杜村的 315 名年满 60 周岁的农民发放了养老保险金，共计 18000 余元。2009 年底，全区参保人数达 14.4 万人，缴纳基金 1645 万元，已有 8 万多名老人领到了首月基础养老金。

在全区率先推行新型农村养老保险和城镇居民养老保险，实现了城乡养老保险全覆盖。到 2011 年底，全区参保人员共计 286399 人，收缴金额 7292.03 万元，参保率达到 92.3 %以上；到 2011 年 12 月累计发放养老金 427.51 万元，已有 76593 名 60 周岁以上的农村居民领取了基础养老金，切实解决了农村部分孤寡老人的生活问题。东昌府区于 2011 年在全国率先启动了农信折换卡业务，建立了更为快捷的发放模式，使全区参保农民不出村即可领取到养老金。因为东昌府区的新农保工作做得出色，2012 年 9 月，东昌府区人社局局长李国良被国务院授予“全国新型农村和城镇居民社会养老保险工作先进个人”。2012 年 11 月，东昌府区城乡居民社会养老金提高至每月 60 元。

实施再就业工程。1993 年后，由于城市建设加快，城镇人口快速增长，企业经济效益不稳定，部分职工下岗失业。全市开始实施下岗职工再就业工程，建立就业服务中心，建立下岗失业职工信息数据库，让失业人员获得更多的培训和就业机会，逐步实现劳力合理流动。1997 年 7 月，聊城市成立大中专毕业生就业分配工作领导小组，及时研究解决工作中出现的困难和问题，确保毕业生就业分配工作顺利进行。

1998 年 5 月，东昌府区部署做好下岗职工再就业工作，提倡树立多形式、多渠道、多元化就业的新观念，成立再就业工作领导小组，到 1998 年底使全区再就业率达到 50%，争取 60%。1998 年，部分私营企业开始招用失业人员，企业用工可自主招用职工，到劳动部门办理就业手续。劳动局开展劳动事务代理工作，代缴社会保险、代为出具档案记载证明、出国政审、代办退休手续等。结合社区建设，东昌府区组织下岗职工创建“家政服务公司”及其他类型的经济实体。办好下岗职工再就业一条街示范点。鼓励下岗职工开发荒地、荒水、承包土地，从事蔬菜、畜牧、林果、花卉等农业多种经营项目。在生产要素和资产重组优化中，促进下岗职工的分流安置，促进社会稳定和保持经济发展。2000年城镇登记失业率控制在4.8%。

2009年4月，全市工会援助万名农民工就业现场交流会在东昌府区召开，会议对做好劳务输出和帮扶工作讲了意见。2010年12月，市总工会困难职工就业技能培训在东昌府区职工培训基地举行。培训内容有计算机、烹饪、家政服务、电气焊、缝纫等方面的技术知识，培训为期10天，300多位困难职工参加了培训。

健全公共卫生体系。1993年10月，聊城市被评为“省级卫生城市”，结束了全地区无省级卫生城市的历史。此后，聊城市公共卫生体系进一步健全，投资3200多万元改善医疗卫生条件，战胜了2003年的“非典”疫情，全区未出现一例“非典”感染者；新型农村合作医疗工作进展顺利，农民群众参合率达到85.07%。坚持“劳动者自主择业、市场调节就业和政府促进就业”的方针，鼓励企业创造更多的就业岗位。在区内建立再就业服务中心和乡镇劳动保险机构，安置大量下岗职工和农村富余劳动力，安置率80%以上。实施“绿色通道”工程，下岗职工、失业职工、特困职工及其他就业困难或需特别照顾的人员，可持相关证明通过“绿色通道”免费办理求职登记和就业介绍。至2005年底，全区有2813人按规定领取失业保险金；城镇就业再就业14439人。就业和再就业工作有效推进，城镇失业率一直控制在3.1%以下。积极推进养老、医疗和失业、工伤、生育保险扩面征缴工作，社会低保实现了动态管理下的应保尽保。2002～2006年，投资8500余万元改善基础教育办学条件，筹资307万元设立贫困生专项救助资金；教育质量明显提高，东昌府区高考本科录取总人数连续10年位列全市第一。

2008年5月东昌府区部署“三三一”工程，会议听取了全区传染病防控专题工作汇报，提出传染病防控要重点抓好“三三一”工程，即完成三项任务，抓好三个重点，实现一个目标。三项任务就是一防、二治、三控：一是抓好预防；二是发现手足口病要及时救治；三是出现流行趋势要抓好控制。三个重点是：一要抓好宣传造势，坚持以农村为重点，大力宣传手足口病可防可治不可怕；二要抓好人员培训，让医务人员掌握防治知识和技术；三要搞好后勤保障，抓好资金保障。实现一个目标，即全区动员、全民发动、全力以赴，确保不出现一个手足口病死亡病例。2008 年 6 月，东昌府区城镇居民基本医疗保险全面启动。

2009 年 5 月全区手足口病暨甲型 H1N1 流感防治工作会议召开。会议强调，各单位一定要将手足口病和甲型 H1N1 流感防治工作作为一项政治任务，密切关注疫情发展动态，全面提高应急反应能力，早安排部署各项防控工作，着力提高应对手足口病和甲型 H1N1 流感疫情的应急处理能力，切实做到有效防止疫情的传入、传播和蔓延，全力保障人民群众的身体健康。12 月，区卫生局采取“以会代训”的形式，举办全区甲型 H1N1 流感医疗救治培训班，对甲型流感防控工作进行具体安排部署。全区各医疗卫生单位分管业务院长、站长、防疫科科长、城市社区卫生服务站负责人共计 120 余人参加会议。会议传达学习了《关于加强对流感样症状患者管理工作的通知》(聊甲流防办〔2009〕10 号文件)，客观分析了甲型流感的发展趋势和患者的结构分布，通报了全区甲型流感疫苗的接种情况及存在的问题。同月，全区召开甲型 H1N1 流感防治工作会议，各乡镇街道办事处、区直有关部门、社区卫生服务站、城乡医疗机构、城区中小学相关负责人参加会议。会议指出，要积极借鉴手足口病的防控经验，抓好疫苗的接种工作，规范医疗机构的接诊行为；做好甲型流感防治药品的储备及药品市场的督导检查工作；强化对聚集性场所的疫情监测，全力提升救治能力，做好收治大规模患者的准备；加大防控宣传力度，确保各项措施落到实处，坚决打赢甲型流感防治这场硬仗。

2011 年 6 月，东昌府区深化医药卫生体制改革，建立健全疾病预防控制、健康教育、妇幼保健、应急救治、采供血、卫生监督和计划生育等专业公共卫生服务网络，完善城乡公共卫生服务功能，建立分工明确、信息互通、资源共享、协调互动的公共卫生服务体系，提高突发公共卫生事件应急处置能力，促进城乡居民逐步享有均等化的基本公共卫生服务。开展爱国卫生运动，改善城乡卫生环境。普及医药科学知识，提高群众的健康意识和自我保健能力。加强卫生监督执法能力建设。健全卫生监督网络，实现农村、社区卫生监督无缝隙覆盖。健全以区级医院为龙头、乡镇卫生院和村卫生室为基础的农村三级医疗卫生服务网络。扶持中医药发展。建立健全由城镇职工医保、城镇居民医保、新农合医保和城乡医疗救助共同组成的基本医疗保障体系。建立政府、单位、家庭和个人责任明确、分担合理的多渠道筹资机制,实现社会互助共济。巩固和完善新型农村合作医疗制度。逐步提高政府补助水平,适当增加农民缴费。鼓励和引导各类组织和个人发展社会慈善医疗救助。建立基本药物的供应、使用和医疗保险报销体系。规范药品生产和流通。建立协调统一的医药卫生管理体制。所有医疗卫生机构,不论所有制、投资主体、隶属关系和经营性质,均由区级卫生行政部门实行统一规划、统一准入、统一监管。建立规范高效的公立医院运行机制。执行医药卫生法规制度,开展公立医院改革试点。

2011 年东昌府区累计投资 9500 万元,开工建设了区中医院和区妇幼保健院病房楼,全面完成了乡镇卫生院、农村社区卫生服务站和村级规范化卫生室的改造建设,群众就医条件明显改善。城乡医疗保险制度全面铺开,城镇医疗保险参保人数达 21 万人;新农合受益群众达 177 万人次,累计报销医药费 2.6 亿元,有效缓解了因病致贫、因病返贫的问题。

环保工作名列前茅。1991 年,刘庄村决定对全村进行重新规划,实行旧村改造。1993 年,村里联系专业机构设计出了旧村改造和居民楼修建图纸。1994 年,刘庄建成了第一批 180 栋居民别墅楼。据测算,规划后的刘庄比规划前共计节约土地 70 多亩,新村绿化面积占全村的 1/4。2001 年 6 月,堂邑镇刘庄村获山东省首批“人居环境奖”,这是全省唯一的村级获奖单位,也是全市唯一获此殊荣的单位。为了让村民充分享受改革开放的成果,享受文化、教育、体育、医疗、卫生、社保等多方面的服务和优惠,刘庄社区于 2007 年 4 月正式挂牌。目前,已经初步建立起农村社区服务中心,全村已初步实现了硬化、绿化、净化和美化,刘庄村成为一个“生产发展、生活宽裕、乡风文明、村容整洁、管理民主”的美丽乡村,为农村社区化积累了经验、提供了示范。

2008 年 5 月,东昌府区加大自主创新,优化经济结构,构建节约型、环保型产业体系,在执行节能评估法规政策、建立项目审核部门联动机制、建立项目审批问责制等措施的基础上,从源头上严格控制“两高”

(高污染、高耗能)行业的项目和投资,运用市场手段和法律手段加快淘汰落后产能。以发展先进制造业、现代服务业、现代农业为重点,优化增量,调整存量,加快发展高效益、高科技、低能耗产业,加快发展节能环保产业和再生能源工程。加快推进节能减排技术进步,突出抓好重点企业和重点领域的节能减排,大力发展循环经济。2009年3月,区里提出,对损害经济发展环境的行为由区经济110办公室负责通报批评,公开曝光,追缴非法所得。

2009年东昌府区做好《海河流域水污染防治规划(2006～2010年)》迎检工作,开展对主要交通干线等线路沿途、周围砖石窑、石灰窑、生产性锅炉、取暖锅炉、茶炉等废气污染源的治理清除工作,杜绝冒黑烟现象。规范排污口,建立生物指示池,排污口铺设不锈钢板,做好厂区清洁卫生工作,做好污染处理设施的粉刷及陈旧管道的更换工作,确保企业、污水处理厂厂容厂貌整洁干净,无卫生死角。抓好辖区大小河道清理工作,切实改善河道脏、乱、差的状况,开展辖区街道、河道、小区等各类垃圾、各类扬尘等环境卫生综合整治工作。整治清理城区及交通主干线等线路小烟筒、餐饮油烟、露天烧烤等。对交通主干线等线路,修补路面,疏通边沟,清理占压物、堆积物,沿线公路施工现场采取防止扬尘污染的措施。控制农村农业面的污染,做好禽畜排泄物处理,污染物不能稳定达标排放的进行停产治理。积极引导农民发展无公害产品、绿色产品和有机食品,建设有机食品示范基地,制订农药、化肥减量施用计划,减少农药、化肥使用量,确保农村人畜饮水安全。巩固工业污染源达标排放成果,凡是水污染物不能稳定达标排放的企业,一律实行停产治理。对城区、主要交通干线两侧垃圾、污水、超标烟气和建筑物等脏、乱、差现象进行彻底清理。

2010年6月,聊城市暨东昌府区“节能减排　低碳生活　生态家园”主题活动启动仪式举行。引导广大家庭成员树立节约能源资源、保护生态环境的生活理念、消费模式,优化生态环境,改善生活习惯,让节约意识、绿色观念、良好风尚渗透到生活的各个层面。

2012年3月至4月,东昌府区各镇园区的所有村(居)开展了违法占地、违法建设集中整治行动。通过电视、广播等方式,广泛深入宣传,督促违法建设当事人自行拆除违法建筑物。对在规定时间内自行拆除的，不再追究当事人的法律责任；对在规定时间内拒绝自行拆除的，依法予以强制拆除。按照“属地管理、分级负责、严格职责、加强执法”的原则，建立和完善遏制违法占地、违法建设工作长效管理机制，对违法占地、违法建设的监管和执法力度，始终保持高压态势，发现一起，拆除一起。对失职、渎职人员严肃处理。

2007～2011年，东昌府区顺利通过了海河流域水污染防治检查、国家园林城市技术验收和国家卫生城市复审，为国家环保模范城市成功创建作出了突出贡献。

第五节　推行政务公开，加强党的建设

政治体制改革。1995年7月，市委实行领导班子和领导干部诫勉制度。强化监督约束机制，严明党的纪律，不断提高领导班子水平和领导干部素质，以适应经济建设和各项工作大发展的要求。

1996年4月，市委、市政府围绕建立社会主义市场经济体制的要求，按照政企分开、政事分开和精简、统一、效能的原则进行机构改革，转变职能，理顺关系，精兵简政，提高效率。为加强机构编制，集中统一管理，严格“一支笔”审批制度。严格控制人员盲目增多。党政群机关凡满编或超编的原则上不再增加人员。事业单位增加人员，按财政渠道实行分类管理。大专生由组织部、人事局统一考试。实行回避制度。机关、事业单位离退休人员及在职死亡人员的子女、亲属不能调入。不准长期使用临时工。8月，改革完成。市委设6个工作部门，即办公室、组织部、宣传部、统战部、政策研究室、政法委，信访局、老干局为正科级行政单位。政府设32个工作部门，即办公室、经济委员会、计划委员会、城乡建设委员会等；市直机关行政编制为760人。通过市级机构改革，逐步建立起职能配置合理、机构人员精干、运转协调高效的工作系统。

1996年4月，武装部收归中国人民解放军建制，改称中国人民解放军聊城市人民武装部，为正团级。1996年9月，聊城市110报警服务台正式开通。

1996年9月，市委印发《聊城市中国共产党机关参照试行〈国家公务员暂行条例〉实施意见》。市委工作部门，即办公室、组织部、宣传部、文明办、统战部、政研室、政法委，以及市直机关党委、保密办、档案局、机要科、信访局、老干局，列入参照试行范围。市委直属事业单位和市委工作部门所属的事业单位，原则上不列入参照试行范围。1996年10月，由市推行公务员制度领导小组统一组织，于9月15日，9月29日分两批对各乡镇办事处和市直机关工作人员进行了过渡考试，全市符合条件的2873人参加了考试。

1997年5月，在全市机关工作人员向国家公务员和机关工作者过渡中实行竞争上岗、双向选择，贯彻革命化、年轻化、知识化、专业化的方针，坚持德才兼备的用人标准，坚持公开、平等、竞争、择优的原则。通过竞争上岗和双向选择，把拥护改革开放路线，政绩突出，群众公认，符合岗位需要的优秀人才选拔上来，逐步建立起能上能下、富有生机和活力的用人机制。

1997年7月，在全市农村中推行民主法制建设。建好一个班子，即以党支部为核心的村级班子；落实两项制度，一是村民代表议事会制度，二是财务管理制度；三是实行三个民主，即民主议事、民主理财、民主监督；四是强化四项措施，学法用法普法、修订依法治村若干规定、建立健全村民档案管理、开展安全文明活动，推动民主法制建设深入开展。

1997年9月，市委制定推荐和选拔企业后备干部制度：坚持标准，严把入口关；拓宽渠道，形成优秀人才脱颖而出的良好环境。

1998年9月，东昌府区为鼓励机关干部职工奔赴经济建设第一线，在全区党政群机关和具有行政职能的事业单位中实行干部职工轮流离岗锻炼制度。轮流离岗人员主要是投身经济领域、参与东昌府区的经济发展。各单位轮流离岗人员可根据本单位行业特点和自己的特长优势等确定自己参与的项目和活动。离岗期间坚持“三不变”“三优先”，即身份、职务、工资待遇不变，在工资晋升、职称评聘、提拔使用三方面优先。促进机关职能转变，增强了干部职工参与市场经济的能力。

1998年12月，东昌府区发布《关于加强村级民主制度建设的意见》。全面推行以村民代表会议为主要形式的农村民主政治建设，建立村民代表议事制度，实行民主选举、民主议事、民主决策、民主管理、民主监督。实行村务公开制度，增强群众参与村务管理和实施民主监督的功能。巩固和完善村级财务“双代管”制度，把村级财务纳入乡镇经管站统一代管，严格执行预算申报审批制度，做到专款专用。召开村民代表议事会，听取村“两委”干部的述职报告，审查评议村“两委”干部的德、能、勤、绩情况，民主评议干部。依照法律法规修订并执行村规民约，便于农村干部依法管理、依法行政，增强群众自我约束、自我管理的能力，推进依法治村。

1999 年 1 月，东昌府区对党政群机关、人大、政协、司法机关、企事业所有参加房改的单位及其工作人员房改方案、房改政策的落实情况进行监察；对住房公积金、租金、租赁保证金、售房款等各项住房资金的归集、管理和使用情况进行监察；主管部门对各单位房改工作的监督管理及收费、罚款情况，领导干部住房申报制度的执行情况进行监察。通过执法监察，纠正在城镇住房制度改革中存在的突出问题，严肃查处房改中的违法违纪行为，促进城镇住房分配合理化。

1999 年 3 月，全区召开农村制度建设暨村民委员会换届选举工作会议。村委会换届选举工作是广大村民及社会上关注的一个敏感问题，在进行换届选举工作的同时，落实好民主评议干部制度、村民议事会制度、村务公开制度。

2001 年，东昌府区大力加强社会主义民主政治建设，保证人民代表大会及其常委会依法履行国家权力机关职能。继续推进人民政协政治协商、民主监督、参政议政的规范化、制度化。

2002 年 4 月，围绕建立社会主义市场经济体制，加强和改善党的领导，转变政府职能，调整组织机构，精简人员编制，完善行政运行机制，东昌府区进行了党政机构改革。根据省、市关于县乡机构改革工作的要求，东昌府区研究决定，原辖 21 个乡镇办事处合并为 18 个，其中 4 个街道办事处、10 个镇、4 个乡，共有 947 个行政村，总人口 96 万人，总面积 1245 平方公里。区委设 8 个工作部门，区政府设 30 个工作部门、13 个部门管理机构。改革充分发挥了党委总揽全局、协调各方的领导核心作用，建立起办事高效、运转协调、行为规范的管理体系和运行机制；完善国家公务员制度，建设高素质专业化的公务员队伍和机关工作者队伍。这次改革成立的东昌府区行政服务中心，是集行政许可、公共服务、中介服务、公共资源交易于一体的综合性政务服务平台，是直接面对面服务群众、集中展示党的“为民、务实、清廉”作风的一线窗口，也是东昌府区促进依法行政、推进政务公开、优化发展环境的重要载体。

2003年6月，聊城城区新建立的34个社区居委会举行揭牌仪式并召开社区共建大会。2003年6月，东昌府区深化行政审批制度改革，保留的行政审批项目，都要进入服务大厅，严肃查处该进不进，体外循环，把服务中心当“收发室”“中转站”的行为；严肃查处建设工程项目招标投标、政府采购等工作中的不正之风。按照公共财政的要求，积极推进财政管理体制改革，完善预算管理制度。所有执收执罚部门都要严格执行“收支两条线”，稳步推行部门预算、国库集中收付等制度。完善政务公开，推进行政服务规范运行，推动政府工作提速，加强行风建设，不断提高办事效率和服务质量，全力营造体制、环境优势，营造大招商的发展环境。对机关工作人员妨碍经济发展若干行为的处理办法作了详细规定。

2006年8月，区委进一步加强“法官进社区”工作，方便社区诉讼，化解各类矛盾，促进“平安社区”“和谐社区”建设。8月，全区部署建立乡镇便民服务中心，2008年召开行政服务工作暨乡镇便民服务中心建设现场会。

2006年10月，东昌府区为新入驻的金融机构营造良好的政策环境，加快完善信用担保体系，培育各类中介服务组织，开展标准统一的企业资信评级工作，优化金融生态。

2007年7月，区委、区政府印发《东昌府区公务用车审批规定》，规范党政机关、事业单位公务用车的管理，有效防止违规超标、超编购买、配备、使用公务用车，严格执行新购公务用车的标准和条件，进一步规范新购公务用车的审批程序，对违反规定或超标准购买车辆的，由政府财政部门没收公开拍卖，并对相关责任人进行严肃处理。

2010年4月，东昌府区在村级组织中推行“4＋2”工作法（“四议两公开”)，即农村所有村级重大事务、与农民切身利益相关的事项都必须在村党组织领导下，按照“四议”“两公开”的程序决策实施。“四议”，即党支部会提议、“两委”会商议、党员大会审议、村民代表会议或村民会议决议；“两公开”，即决议公开、实施结果公开。健全党员联系群众制度，健全村民代表联系户制度，健全责任追究制度。设立村务公开监督小组和民主理财小组，村务公开监督小组在村民会议或村民代表会议领导下开展工作，负责监督本村重大事项是否按照“4＋2”工作法的程序决策实施，并对公开内容的全面性、及时性、真实性监督评议。民主理财小组成员从村务公开监督小组成员中推选产生，负责对“4＋2”工作法通过的村级重大事项的财务收支情况审核把关，及时向群众公开。建立信息反馈机制，畅通民意渠道，及时收集和受理群众在决策实施过程中反映的意见、建议以及合理诉求，不断完善决策，促进工作的科学运行。对“4＋2”工作法形成的决议不得随意更改。

2010年6月，东昌府区坚持依法治税，防止有税不收、欠税不清、擅自减税免税和“先征后返”等行为，对重点企业、重点行业、重点领域的税源，强化征管措施，改进征管方式，促进主体税收与经济协调增长。理顺区乡、区园(园区)收入分配机制，明确税收征管范围。加强和规范非税收入管理，拓宽财政增收渠道。盘活行政事业资产，加强国有资产处置租赁和非转经(非经营性资产转为经营性资产)收入管理。提高土地资源配置效率，增加政府土地收益，加强对乡镇办事处社会抚养费等重点非税收的管理，继续深入开展治理“小金库”工作，通过扩面、挖潜、强化监管，促进非税收入较快增长。压减水电油支出，压减会议、接待、差旅、车辆购置及运行费等日常支出，压缩出国出境经费，严禁用公款大吃大喝、公款旅游或进行高消费娱乐活动。严格预算约束，深化部门预算改革、国库集中收付制度改革，加强政府采购管理和国有资产管理，集中财力促发展。

2010年10月，为积极探索实行职能有机统一的大部制，解决制约东昌府区经济社会发展的突出矛盾和问题，解决人民群众最关心、最直接、最现实的利益问题，东昌府区围绕深化行政体制，进行了政府机构改革。通过理顺职责关系，坚持精简、统一、效能的原则，推进政企分开、政资分开、政事分开、政府与市场分开，优化组织机构，规范机构设置。改革后，设置了区政府办公室及区人力资源和社会保障局、区发展和改革局、区农业局、区经济和信息化局、区住房和城乡建设局、区人口和计划生育局、区教育局、区科学技术局、区民族宗教事务局、区监察局、区民政局、区司法局、区财政局、区交通运输局、区水务局、区商务局、区文化广电新闻出版局、区卫生局、区审计局、区统计局、区安全生产监督管理局 21 个工作部门。各部门通过下放管理权限，减少行政许可，注重社会管理和公共服务，转变管理方式和工作作风，提高了工作的透明度和政府的公信力，更好地发挥市场在资源配置中的基础性作用，为建设经济文化强区提供了体制机制保障。

2011 年 3 月，东昌府区进行了乡镇机构改革，着力转变政府职能，着力改善民生，维护农村稳定，推进基层民主，促进农村和谐。积极创新基层管理体制，严格控制机构和人员编制，积极推进事业站所分类改革，完善农业社会化服务体系，着力提高社会管理和公共服务水平，建立精干高效的乡镇行政管理体制和运行机制，促进农村经济社会又好又快发展。

党的建设。实现小康社会的宏伟目标，加强和改进党的领导是关键。东昌府区发挥党委总揽全局、协调各方的作用，努力提升党建工作水平，永葆党的先进性，为全区经济社会实现又好又快发展提供坚强的组织保证。

1995 年 4 月，市直机关集中进行“四个整顿”，即整顿思想、整顿纪律、整顿作风、整顿环境。以思想教育为主、正面教育为主、自我教育为主，在此基础上，逐人、逐单位对照检查，查摆问题，制定切实可行的整改措施，健全完善规章制度，规范各级执收执罚部门和单位的行政执法行为，促进党风廉政建设的顺利开展。

1996 年 5 月，市委提出加强乡镇办事处领导班子建设，讲学习，善动脑，提高党委“一班人”的思想理论水平；讲政治，守原则，严格执行民主集中制，提高领导班子整体决策水平；讲团结，顾大局，增强党委班子的合力和凝聚力；讲正气，鼓实劲，发扬党的好传统好作风；讲纪律，严律己，做廉政勤政的带头人。

1998年4～7月，区直机关进行增强党性、遵守纪律的教育，进行宗旨观念、公仆意识的教育，进行解放思想、更新观念的教育，进行清正廉洁、艰苦奋斗的教育。以正面教育、启发引导为主。突出领导班子、领导干部这个重点，抓正反两个方面的典型。坚持边整边改，抓好自查自纠，认真解决思想作风方面存在的突出问题。通过教育整顿，解决服务不到位的问题，解决“文件多、会议多、应酬多”的问题，解决奢侈浪费的问题，解决工作纪律松弛的问题。

1998年7月，区委加强干部培训工作，把学习理论与研究实际工作相结合，把提高理论水平与增强党性锻炼相结合，把提高业务工作能力、提高领导水平与推动当前工作相结合，牢固树立宗旨观念、群众观念，增进干部的社会主义市场经济知识和现代化科技知识，提高干部驾驭市场经济的能力，提高领导艺术和领导水平。同月，加强农村基层组织建设，规定了党支部书记的职责和权利、选拔和任用、教育培训、考核和奖惩、工资待遇。

1998年8月，为实现民主决策、科学决策，密切联系群众，转变工作作风，围绕党的中心工作和区委的决策部署，以事关全局的重大问题、领导关注的难点问题、群众反映强烈的热点问题为重点，全区加强调查研究工作。调查以增加群众收入和财政收入为目标，围绕经济体制和经济增长方式的根本转变，推进改革，调整结构。

1998年12月，全区集中开展了以农村基层组织建设和民主法制建设为主要内容的农村教育整顿活动。整顿围绕深化农村改革，调整产业结构，切实解决影响农村改革、发展和稳定的突出问题，推进基层民主政治建设，建立健全村民委员会的民主选举制度，以村民会议或村民代表会议为主要形式的民主议事制度，以村务公开、民主评议和村民委员会定期报告工作为主要内容的民主监督制度。教育整顿活动对于解决农村的热点、难点问题，推进农村经济发展和社会全面进步具有重要作用。

1999年7月，东昌府区加强党风廉政建设，对责任划分、责任内容、责任考核、责任追究等作了详细规定。1999年7月，东昌府区出台《关于在全区党政机关工作人员中实施禁酒令的规定》，凡违反规定者，第一次给予通报批评，当年本人不得评为先进；两次及以上者，由本人支付1—3个月工资额的饮酒费用，并根据造成的影响给予党纪政纪处分。9月，区委、区政府严明领导干部离任纪律，加强干部离任前的管理。

1999年12月，东昌府区抓好党员教育，做好党员发展工作，加强党内监督，加强机关党的建设。在全区农村集中开展党的路线和党在农村的一系列方针政策的教育，在广大党员干部中开展理想信念和党的宗旨教育，在全社会开展崇尚科学、反对迷信和发展经济的教育，在广大农民群众中深入开展爱国主义、集体主义和民主法制教育，提高农民群众的科学文化素质，加强党的基层组织建设，增强了党的战斗力、凝聚力和号召力。

2000年1月，东昌府区对村干部进行邓小平理论和党在农村的各项方针政策的教育，党的基本理论和基本知识的教育，社会主义市场经济知识的教育，科技文化知识的教育，法律知识的教育。在抓好村级制度规范完善的同时，重点抓好村务公开制度和村民代表议事会制度。加强村级后备干部队伍建设。

2000年5月，东昌府区继续落实农民合理负担定项限额、“一定三年不变”的政策规定，凡农民应缴纳的费用都要通过农民负担监督卡或承包合同等书面形式明确项目和数额，坚决纠正在提留统筹之外乱开收费口子的行为，大力裁减乡镇机构的超编人员，清退自聘人员，减少由村组补贴的干部人数。严肃查处加重农民负担的行为。未经国务院批准不准出台新的涉及企业的收费项目。有关部门要向企业公开保留的收费项目和标准，严禁超标准、超范围收费和搭车收费。严禁职能部门和工作人员对民营企业和个体工商户吃、拿、卡、要、报，对侵犯企业和个体私营业户合法权益的行为要坚决查处。治理公路“三乱”(乱设卡、乱收费、乱罚款)。治理中小学乱收费。纠正医药购销中的不正之风。全面落实“收支两条线”规定，实行票款分离，加强对预算外资金的管理。对继续搞坐支、截留、挪用、私分收费和罚没款项以及公款私存、私设“小金库”等顶风违纪违法行为，要严肃查处，并追究有关领导人员的责任。

2000年12月，东昌府区以整顿后进班子为重点，加强以党支部为核心的村级组织建设，努力提高农村干部的整体素质，增强宗旨观念、群众观点，解决好服务意识不强、作风简单粗暴的问题；加强对农村政策和法律知识及村务管理知识的学习，解决好执行政策随意性大、法制观念淡薄的问题；学习市场经济知识和农村实用技术，增强带领群众发展经济的本领；进行新形势下做好群众工作的方法教育，提高他们管理村务、解决农村矛盾和问题的协调能力和领导水平。落实村务公开和村民代表议事会制度，落实民主评议党员、民主评议干部制度，落实村“两委”联席会议制度，落实《村党支部议事规则》《村民委员会议事规则》等村级组织的工作制度。

2001年3月，在全区农村开展了“三个代表”重要思想学习教育活动。活动坚持学习教育与推动农业和农村工作相结合，坚持正面教育、自我教育为主，坚持从实际出发、分类指导，坚持上下结合、综合治理、标本兼治。围绕农村改革、发展和稳定的大局，着力解决农业、农村经济发展和农村基层干部中存在的突出问题，提高农村基层干部素质，为做好农业和农村工作提供强有力的思想和组织保证。

2000年2月，东昌府区印发区纪委、区监察局《2000年全区党风廉政建设和反腐败工作实施意见》，要求领导干部廉洁自律，解决领导干部在公务接待、住房等方面存在的问题。加强党内监督，推行政府采购制度和建设工程、机电设备采购招标投标制。搞好“三务公开”：村务公开，要以财务公开为重点；厂务公开，要坚持和完善以职工代表大会为基本形式的民主管理、民主监督，积极推行先进企业的经验；政务公开，要在全区部分党政机关、财政拨款的事业单位，以及有政府授权的执收执罚职能的事业单位，积极试行会计委派制度。加强国有、集体企业党风廉政建设，建立健全“六项制度”，即重大决策失误责任追究制度，财务审批、物资公开竞价采购制度，工程项目投标制度，厂务公开制度，民主评议测评企业领导干部制度和企业业务招待费使用情况向职代会报告制度。

2000年3月，东昌府区在县级领导班子和领导干部中开展“三讲”（讲学习、讲政治、讲正气）教育活动，以思想作风建设为重点，始终立足于学习和提高，紧紧抓住“讲政治”这个核心，坚持走群众路线，开门搞“三讲”。通过开展批评与自我批评，进行积极健康的思想斗争。坚持边学边改、边整边改，把“三讲”教育与推动当前各项工作紧密结合起来。解决加强学习的问题、党性观念问题、群众观念问题、民主集中制问题、工作作风问题、廉洁自律问题。切实转变工作作风，提高工作效率。深入实际，深入基层，开展调查研究，做好群众来信来访工作。压缩会议，减少文件及讲话，狠刹婚丧事大操大办歪风。严格禁止领导干部违规配备车辆。认真解决领导干部住房方面存在的问题。认真解决领导干部在农村基金会借贷中存在的问题。加强机关学习和工作纪律。活动至2000年5月结束。这次“三讲”教育分为四个阶段:“思想发动、学习提高”阶段，“反馈意见，自我剖析”阶段，“交流思想，开展批评”阶段，“认真整改，巩固成果”阶段。通过教育，广大党员干部进一步提高了思想认识，提高了“讲学习、讲政治、讲正气”的自觉性，找出了存在的突出问题，明确了党性党风建设的方向和重点。研究制定了具体的整改措施:加强理论学习，坚定理想信念;转变工作作风，增强群众观念;增强进取意识和开拓创新意识;加强思想政治工作;加强和改进干部工作;进一步整顿警风警纪，坚持从严治警;切实加强党风廉政建设;进一步优化经济发展环境。通过加强党的建设，广大党员干部的思想觉悟和工作作风有了显著提高，为民服务的意识增强。

2000年5月，对全区广大党员干部进行理想信念教育，以树立正确的世界观、人生观、价值观，增强拒腐防变的能力。认真落实聊办发〔1999〕31号文件，严格按标准清退或调整多占住房。认真落实上级车辆配备的有关规定，严格清理干部违规配备车辆。严禁公款吃喝玩乐。禁止婚丧大操大办。

2002年3月，全区开展了加强财务管理、严肃财经纪律的工作，严格资金收支和账户管理、加强票据管理、严格政府采购管理、严格经费开支标准，对加强财务管理，规范财经秩序，加强党风廉政建设起到良好的规范作用。

为树立人民公仆的新形象，2002年6月，区委开展“转变作风年”活动。活动坚持实事求是、走群众路线和开展批评与自我批评的原则，通过“思想发动，学习提高”“认真反思，自查自纠”“整顿作风，建章立制”“认真总结，检查验收”，把转变作风同培育新的作风结合起来，同加强调研督查结合起来，同提高行政效率、推动政府工作全面提速结合起来，促进全区经济和各项社会事业的健康发展。

2003年9月，东昌府区决定逐步建成覆盖全区的农村党员干部现代远程教育网络。2003年11月积极开展了“三级联创”活动。

2004年11月，东昌府区加强非公有制企业党建工作，建立起适应新形势需要的党的基层组织管理机制。同月，全区开展争创“五型”机关示范单位活动，建设学习型、制度型、服务型、激励型、实绩型机关。2004年12月，东昌府区对农村党支部书记实行星级化管理。乡镇街道党委以对现任农村党支部书记年度工作综合考评的结果为依据，进行星级评定，共分6级，每年评定1次。通过对闫寺、道口铺、张炉集3个试点单位的农村党支部书记2004年度的工作考核、民主评议和严格审查，进行了授星颁奖。随后，星级化管理在全区农村党支部书记中展开。

2005年1月，在全区1864个党组织、33087名党员中开展了以实践“三个代表”重要思想为主要内容的开展保持共产党员先进性教育活动。2006年5月，活动结束。活动中总结的经验和推出的典型受到中央、省委、市委督导组的充分肯定。通过强化社区、中小学和非公有制企业党的建设，基层党组织和党员的模范作用得到更好发挥；党组织的创造力、凝聚力、战斗力进一步增强；解决了一批涉及群众切身利益的突出问题，党群关系进一步密切；促进了机关作风的转变。

2006年4月，在全区党员领导干部中开展“勤政廉政、科学发展”教育活动，紧密联系党员干部队伍思想、工作实际和存在的突出问题，制定措施，抓好整改，务求实效。活动分学习文件、查摆问题、整改提高3个阶段进行。6月，全区深入开展农村党员干部现代远程教育“五好”（思想好、学习好、工作好、作风好、纪律好）争创工作。

2008年3月，东昌府区开展党风廉政建设和反腐败工作，加强对中央和省、市、区委重大决策部署执行情况的监督检查，加大纠风和专项治理力度，着力解决损害群众利益的突出问题。保持查办违纪违法案件的工作力度。深化反腐倡廉教育，落实领导干部廉洁自律各项规定。推进改革和制度创新，从源头上预防和惩治腐败。执行党内监督各项制度，加强对领导干部特别是主要领导干部的监督。加强农村基层和各类学校的党风建设和反腐败工作。

2008年4月，在全区党员领导干部中广泛开展"做勤廉表率，促科学发展"教育活动，开展"抓作风促落实"活动。端正学风，加强思想作风，强化工作作风，密切联系群众，加强效能建设，加强廉洁从政，严守纪律，增强了为民办实事、解难事的思想觉悟和工作能力。

2008年5月，东昌府区采取"走出去，请进来"的形式，组织党员干部外出参观考察，学习先进经验；对口邀请理论和经济领域的专家、学者及上级领导、知名企业家作专题报告，用科学的理论和先进的经验武装头脑、指导实践；深入进行调查研究，为区委的科学决策提供重要依据。2008年6月，东昌府区开展"立足岗位多奉献，永葆党员先进性"主题教育活动，搭建一个平台、开展两个宣讲、抓好三项服务、深化四项活动、建立五个党员培训示范基地，即推进党员服务中心建设，搭建区、乡、村党员三级服务平台；开展"送党课下乡、送科技下乡"为内容的"双下乡"巡回宣讲和"十佳"党员巡回宣讲活动；抓好流动党员、困难党员服务和城乡党组织、党员"互助服务"；农村开展"党员服务区、党员责任区"活动，街道（社区）开展"党员志愿者服务"活动，企事业、党政机关开展"争创党员先锋岗"活动，全区开展党组织和党员践诺负责制等4个党建专题活动：建立5个科技培训示范基地。通过此次活动，引导、促进党员干部在生产、工作、学习和生活中争当表率，时时保持先进性，处处发挥先锋模范作用。

2008年7月，东昌府区落实中共中央《建立健全惩治和预防腐败体系2008～2012年工作规划》和山东省委《山东省建立健全惩治和预防腐败体系2008～2012年实施办法》工作责任分工方案，加强宣传教育，形成拒腐防变教育的长效机制；推进制度建设，完善反腐倡廉法规制度体系；强化监督制约，确保权力正确行使；坚持改革创新，深化体制机制改革；切实关注民生，坚决纠正损害群众利益的不正之风；加大查办案件工作力度，始终保持惩治腐败的强劲势头。2008年10月，东昌府区纪委、监察局以互联网为依托建立的党风廉政宣传教育网站——东昌府廉政网开通试运行。

2009年4月，东昌府区积极开展"加强党性修养，弘扬优良作风"主题教育活动，着力解决在落实科学发展观和党性党风党纪方面存在的突出问题。2009 年 5 月，东昌府廉政网正式开通，展示全区廉政建设的工作成果，传播国内外反腐倡廉资讯。8 月，东昌府区东昌远教频道开通试播，12 月，正式开播，让广大党员群众足不出户，打开电视便可参加远程教育培训活动。

2010 年 3 月，东昌府区开展政治纪律教育，加强对政治纪律执行情况的监督检查，对违反政治纪律的，视情节轻重给予批评教育或组织处理；对造成严重后果的，依纪依法予以惩处。落实和完善党员领导干部报告个人有关事项制度，严格控制出国（境）团组数、人数和经费支出，加强公务用车使用管理，规范和改革公务接待制度，从严控制楼堂馆所建设，治理庆典、研讨会、论坛过多过滥问题，深入开展工程建设领域突出问题专项治理工作，开展党政机关和事业单位“小金库”专项治理，加强国有资产管理领域专项治理，加强司法领域专项治理，规范公务员津贴补贴，积极推进党务公开，加强反腐倡廉网络信息的收集、研判和处置，集中清理党政机关事业单位干部职工兼职取酬、虚报冒领工资问题。推进重点领域和关键环节的改革，加大从源头上防治腐败的工作力度。开展转变干部作风、优化发展环境“回头看”活动，大兴密切联系群众之风、求真务实之风、艰苦奋斗之风、批评和自我批评之风，密切党同人民群众的血肉联系。

2010 年 3 月，东昌府区开展了建设学习型党组织的活动。坚持领导干部做表率，鼓励大胆探索，树立起“全民学习、终身学习、促进人的全面发展”的学习型社会理念，“学习工作化、工作学习化，工作与学习紧密结合”的学习方式理念，“学习为了创新，创新才能进步”的学习动力理念，在全区营造时时、处处、人人重视学习的浓厚氛围。采取自学、集体学、岗位培训、学历教育、函授教育、网络教育等形式，着重学习党的路线、方针、政策以及中共中央、国务院的重大决策部署和省、市、区工作安排，学习专业知识和业务技能；学习现代科技、经济、政治、文化、法律、金融、外贸、管理等方面的新知识，推动机关工作不断取得新的成效。

2010 年 6 月，全区副科级以上党员领导干部 1000 余人进行了《中国共产党党员领导干部廉洁从政若干准则》知识测试。2010 年 7 月，东昌府区开展纪律作风集中整顿活动，着重解决大局意识不强、责任意识不强、服务意识不强、效率意识不强、纪律意识不强、创新意识不强的问题，进一步严肃纪律，营造风清气正的良好环境。2010 年 8 月，东昌府区建立健全纪律作风建设长效机制：落实职责任务，健全组织领导机制；完善学习制度，强化舆论宣传，健全学习和宣传教育机制；发扬党内民主，实行民主恳谈制度；健全重大决策社会公示和听证制度，健全科学决策机制；健全为民办实事制度，完善群众诉求机制；积极破解难题，健全为民服务机制；提高服务基层的工作意识，加强节约型机关建设；深化行政效能监察，健全效能提升机制；开展专项监督活动，健全监督评议机制。

2007～2011 年，深入实施“126”工程和开展“三级联创”活动，基层党组织建设和党员队伍建设进一步加强，基层党组织的战斗堡垒作用、广大党员的先锋模范作用得到充分发挥。2011 年 7 月沙镇镇侯家村党支部被中共中央评为“全国先进基层党组织”。

2012 年 3 月，根据中央和省、市委关于在开展“基层组织建设年”活动中加强党员干部与基层联系、建立党员领导干部抓基层党建责任制的规定和要求，经区委研究决定，建立县级党员领导干部基层党建联系点。区委常委、区人大常委会第一副主任、区政府党员副区长、区政协主席各带一个区直部门(单位)，联系一个先进村，包扶一个后进村。联系先进村的主要任务是：围绕加强基层党的建设，实现“五个好”(领导班子好、党员干部队伍好、工作机制好、小康建设业绩好、农民群众反映好)的目标要求，帮助联系村研究制定发展规划；落实产业结构调整措施，大力发展主导产业；搞好基础设施建设，包括村级党组织阵地建设；整治村容村貌，开展文明创建活动；组织农民教育培训，抓好村级班子建设；建章立制，强化民主管理，推动农村和谐社会建设。如所联系村为中心村，要协助搞好农村社区的规划、建设，明确功能定位，制定中长期发展思路，建设成为示范社区。包扶后进村的工作重点是：抓好班子整顿和各项帮扶工作，帮助村里配齐配强班子，化解矛盾，增进民主，确保农村稳定；理清工作思路，找准发展致富和增加村集体经营性收入的路子，破解工作和发展中的难题，促进村级班子转型升级；关注民生问题，积极救助困难党员和群众，探索建立城乡党的基层组织互帮互助机制。通过扎实有效的工作，尽快扭转后进局面，逐步把联系和包扶的村建成基层党建工作的示范点和社会主义新农村建设的带头村。以党的执政能力建设和先进性建设为主线，全面推进党的建设新的伟大工程。

第十二章 深化改革开放，夺取全面建设小康社会新胜利

2012年11月，党的十八大召开。大会的主题是“高举中国特色社会主义伟大旗帜，以邓小平理论、‘三个代表’重要思想、科学发展观为指导，解放思想，改革开放，凝聚力量，攻坚克难，坚定不移沿着中国特色社会主义道路前进，为全面建成小康社会而奋斗”。东昌府区深入学习宣传贯彻党的十八大精神，按照区十二次党代会确定的目标任务，继续坚持大力实施“工业突破”和“城镇化”两大战略，全力做好调优农业、做强工业、拓展服务业三篇文章，突出城中村改造、招商引资、科技创新、民生改善四个重点，全面推进经济、政治、文化、社会、生态文明五大建设，为全面建成小康社会而奋斗。

2015年12月，东昌府区制定了国民经济和社会发展第十三个五年规划，提出实行新型工业化、城镇化、信息化、农业现代化、绿色化“五化”同步推进，大力实施创新驱动战略，发展现代农业，壮大新型工业，繁荣发展服务业，建立创新创业推动机制，深入实施质量强区战略，实施项目带动。

2017年10月，党的十九大召开。大会的主题是“不忘初心，牢记使命，高举中国特色社会主义伟大旗帜，决胜全面建成小康社会，夺取新时代中国特色社会主义伟大胜利，为实现中华民族伟大复兴的中国梦不懈奋斗”。东昌府区深入学习宣传贯彻党的十九大精神，着力建设现代化经济体系，推动经济发展质量变革、效率变革、动力变革。

第一节　传统产业改造升级，新兴产业不断涌现

东昌府区抓好三次产业的协调、融合发展，在做大总量中优化结构，在转变方式中提升质量，实现了综合实力、发展速度、质量效益的同步提升。

发展农业和农村经济。2012 年 6 月，全区 2011 年度土地矿产卫片执法检查暨农村集体土地确权登记发证工作会议召开。按照土地调查确权的有关规程，全面开展农村集体土地所有权、宅基地使用权、集体建设用地使用权调查工作，确保每一宗土地达到权属合法、界址清楚、面积准确。严格按照土地登记的申请、审批程序，依法依规进行注册登记并核发土地权证。

2012 年畜牧养殖业已成为东昌府区农村经济的重要支柱产业，东昌府区有山东省农业科学院畜牧兽医研究所的肉羊育种基地，也是鲁西黑头肉羊的中心产区。10 月，第二届鲁西黑头羊选育及产业化开发研讨会在东昌府区召开。

2013 年 3 月，东昌府区发布《关于进一步发展壮大村级集体经济的意见》，提出要依托区位、交通、资源等优势，引领创办农民专业合作组织，为农民提供劳务服务、农资供应、农产品购销、科技服务等综合服务。构建新型农业经营体系，盘活公共资源和集体资产。鼓励村级组织兴办经济实体，鼓励村级集体经济组织与供销、邮政、商贸等单位开展多种形式的合作。

2013 年 8 月，郑家镇辛庄村作为东昌府区农村土地承包经营权确权登记的试点，与村民签订了土地承包合同，建立健全了土地承包档案，随后印制并颁发了土地承包经营权证书。

2013 年 10 月，东昌府区大力实施农业龙头带动战略。由区财政每年安排不低于 200 万元的专项资金，用于壮大农业产业化龙头企业，支持农民专业合作社，引导土地向种养大户集中，推动农产品品牌建设。构建多元化投入机制，调动社会各方参与现代农业建设的积极性。加快转变农业发展方式，以龙头企业建设为着力点，建立健全“基地＋农

户＋合作组织＋龙头企业”的利益联结机制，充分调动农民参与产业化经营的积极性。推动全区农业龙头企业、基地建设、品牌建设、体系建设向纵深发展，进一步提高农业综合生产能力，夯实农业农村发展的基础，促进农民持续增收。

2013年11月，东昌府区出台《东昌府区乡村之星选拔管理办法》。“乡村之星”的选拔范围是种植能手、养殖能手和加工能手等生产型农村实用人才，企业经营人才、农村经纪人和农民专业合作组织带头人等经营型农村实用人才，从事农业产前、产中、产后技术服务的技术服务型农村实用人才，农村基层组织负责人、公益事业服务人员以及农村教师、医生、文体艺术等社会服务型农村实用人才，各类能工巧匠、科技带头人等技能带动型农村实用人才。经过推荐、初审、评审、考察、公示、审批，进行命名表彰，充分调动了农村实用人才建设社会主义新农村的积极性。

2013年11月，农业综合开发高标准农田建设示范工程项目落户东昌府区。项目区位于斗虎屯镇，西起东徐路，东至斗松路，北至郇杨路，南至聊临路，涉及斗虎屯、东吕、盖庄、郇庄、于楼、满庄、闵庄、杨庙、小营子、北刘等13个行政村，面积1.3万亩，计划建设高标准农田1万亩。

2014年4月，省政府参事盖国强来区调研农村土地制度改革情况，对闫寺街道冯庄村福和种植专业合作社、郑家镇蔡庄农合亿沣蔬粮种植专业合作社的经营模式及产生的经济效益和社会效益给予高度评价，对东昌府区农村土地经营管理制度改革工作取得的成绩给予充分肯定。东昌府区全力打造优质粮食基地，2014年7月21日，《农民日报》在显要位置对东昌府区粮食生产工作进行专题报道。此外，东昌府区在绿色蔬菜、畜禽、生态林果生产基地建设方面卓有成效，扎实推进土地承包经营权确权登记颁证工作，按照“依法、自愿、有偿”的原则，鼓励引导农民流转土地经营权，大力发展多种形式的适度规模经营，积极扶持种粮大户、蔬菜种植基地、规模养殖场、休闲农业发展，努力提高农业集约化水平。

2014年8月，全国养羊生产与学术研讨会在东昌府区召开，国际山羊学会主席胡安·卡波特、全国畜牧总站副站长郑友民、中国畜牧兽医学会副秘书长李传业、中国畜牧兽医学会养羊学分会理事长张英杰，以及来自全国30多个省区市的600余名代表参加会议。

2015年2月，东昌府区首个家庭光伏电站成功实现并网运行。在闫寺街道办事处大成集村村民张凤英家的房顶上，建成由13块光伏太阳能电池板、一个逆变器、一个电能表及开关、电线组成的光伏电站，经过一段时间的调试后并网运行。

2015年9月24日，全国农村土地承包经营权流转试点工作启动座谈会在东昌府区召开，东昌府区作为试点县（区）作了典型发言，这标志着东昌府区农村土地承包经营权流转管理工作走在了山东省乃至全国前列。2015年，东昌府区大力实施“农业龙头带动工程”，加快构建集约化、专业化、组织化、社会化相结合的新型农业经营体系。全区农副产品加工企业达到223家，涌现出立海集团、绿亚禽业、天绿源番茄酱、鲁信面粉等一批知名企业。农民合作社已达到582家，入社社员3.4万人。

2015年，全区统筹推进稳增长、促改革、调结构、惠民生等各项工作，经济社会呈现出整体平稳、稳中有进、稳中向好的态势，“十二五”规划确定的主要目标和任务顺利完成。产业结构进一步优化，三次产业比例由上年的12.2∶42.3∶45.5调整为11.8∶41.8∶46.4。农业基础地位更加巩固，大力开展粮食高产创建，粮食总产达到13.8亿斤，实现“十三连增”。无公害蔬菜播种面积达65万亩，新增无公害蔬菜1.2万亩。新增和改扩建各类规模养殖场68个。林木绿化率达到32.8%。新申报“三品一标”农产品21个，总量达到107个。市级以上龙头企业达49家，家庭农场发展到22家，农民专业合作社达到629家，现代农业科技示范园达到29家。东昌府区被评为“全省出口农产品质量安全示范区”。2015年基本完成农村土地确权登记颁证任务，土地流转总面积达到14.5万亩；基本实现农民专业合作社“一村一社”发展目标。2016年6月，省验收组来验收农村土地承包经营权确权登记颁证工作，验收组认为东昌府区各级各有关部门高度重视农村土地确权登记颁证工作，各项工作扎实、成效显著，达到省级验收标准，通过验收。

2016年，东昌府区围绕“三农”工作大局，坚持为农、务农、姓农，深化供销合作社综合改革。通过劳动合作、资本合作、土地合作等多种途径，组织、协调农民专业合作社参与“农金对接”“农超对接”等活动。广泛吸纳农民和各类新型农业经营主体入社，建立合作制、股份合作制经济组织。建立健全按交易额返利和按股分红相结合的分配制度，切实做到农民出资、农民参与、农民受益。积极开展农村产权综合交易平台建设，为农村产权流转交易双方提供“一站式”服务。通过制定扶持政策、建立服务平台、改善管理服务，鼓励和支持承包土地向专业大户、家庭农场、农民合作社等新型经营主体流转。

2016 年 10 月，全国首批农村产业融合发展试点示范县乡村名单公布，东昌府区郑家镇、堂邑镇路庄村、沙镇镇黄西村、闫寺街道冯庄村和道口铺街道任堤口村榜上有名，将获得国家、省、市在项目投资、财政资金、金融融资等多方面政策的支持，有助于加快构建农村产业融合发展的现代产业体系。

2012～2016 年，东昌府区现代农业提质增效，连续五年被评为“全国粮食生产先进县”；土地流转面积达 26.3 万亩，福和中药产业园、亿沣生态园等现代农业示范园发展到 29 家；无公害蔬菜可控制面积发展到 68 万亩，各类畜禽规模化养殖场达 485 个，名优水产养殖面积达 8456 亩，林果经济林达 22 万亩；农副产品加工企业达 228 家，其中省级龙头企业 4 家、市级龙头企业 49 家；“三品一标”认证品牌数量达 104 个，农业产业化、标准化、规模化生产稳步推进，被评为“全省农产品质量安全县”，成功创建省级、国家级“出口食品农产品质量安全示范区”。

2017 年 3 月，东昌府区提出增加村级集体经营性收入的一系列措施：通过盘活集体资产，变存量为增量，实现村集体可持续增收。利用农村路边、坑边、河边、房边等空闲地，发展边角经济。通过兴建专业市场、蔬菜批发市场、集贸市场、门面房、超市等设施，发展物业经济。对有民俗文化、农业特色的村，发展生态旅游、农家乐、采摘园等项目，增加村集体收入。支持村级组织以集体资产资源资金参股，村企联手共建、多村共建等形式，实现多元化经营。对村民外出务工就业率高或农业特色产业突出的村，鼓励村级组织创办劳务公司等，为村民提供劳务中介；不具备资产资源优势的村级组织村民创办物业公司、家政公司等。支持村级组织与供销社开展“党建带社建、社村共建”工作。鼓励村级组织牵头将群众自愿流转的土地反租倒包,获取租金差价。引进能人、项目、资金兴办企业,增加村集体收入。

2017年7月,东昌府区深入推进农业供给侧结构性改革,加快培育农业农村发展新动能。探索发展粮经饲三元种植结构。以京津沪高端市场需求为导向,加快发展高效设施蔬菜生产,争创特色农产品优势区。探索土地入股、土地托管、代耕代种、联耕联种等多种方式,推动适度规模经营发展。深入推进国家森林城市创建。落实“三品一标”(无公害农产品、绿色食品、有机农产品和农产品地理标志)奖补政策,抓好农产品品牌建设。不断提升农产品质量安全水平。大力推广节水农业。以土壤改良修复、农药残留治理、秸秆综合利用、地膜污染防治等为重点,推进农业生态环境保护。打造三次产业融合新模式。加快农业龙头企业发展,重点扶持立海冷藏、绿亚禽业等龙头企业,提升“产、加、销”一体化水平。加快发展采摘、垂钓、农耕体验等休闲观光农业、创意农业及乡村旅游业,推进农业与旅游、文化等产业的深度融合。着力打造特色鲜明、产业发展、绿色生态、美丽宜居的特色小镇。发展“互联网+现代农业”的模式,推进农产品电子商务发展。推进蔬菜温室示范园建设、农业科技园区建设,培育新型农业从业人才。提升农业对外开放水平。探索农村土地所有权、承包权、经营权“三权”分置实现形式。推进农村土地征收、集体经营性建设用地入市改革试点,加快推进“房地一体”的农村宅基地和集体建设用地确权登记发证工作。推进农村创业创新。深入推进农村金融改革,解决社员和“三农”小微企业短期融资难的问题,多层面多形式推进涉农资金整合。建立完善农业农村发展用地保障机制。全面推进美丽乡村标准化建设,统筹推进改路、改电、改校、改房、改水、改厕、改暖,开展小城镇提升工程。实施路域环境提升。提升农村公共服务和管理水平。全力推动脱贫攻坚。

东昌府区紧紧抓住聊城市获批国家现代农业示范区的机遇,积极发展现代都市农业。至2017年,全区建设完成现代农业产业园区32个,农业园区面积达11万亩,主要类型有专业生产型、科技研发型、示范推广型、加工流通型和观光休闲型。扶持立海冷藏、福和农业等龙头企业发展，提升“产、加、销”一体化水平。积极发展“互联网＋现代农业”模式，依托邮政买卖惠、聊百易购等电商资源，搭建线上线下销售平台。以东昌上林苑、民益采摘园等为重点，大力发展休闲、观光、科普农业。实施全省农村一二三产业融合发展试点项目，做好中药材种植基地建设、中药材初加工体系建设、中药材营销系统建设和扶贫脱贫工作。至2017年底，东昌府区农村产权制度改革两个市级产权制度试点工作基本完成，28个试点村已完成清产核资、资产量化、股权设置，进入成员界定阶段。

发展工业。2012年3月郑家镇制定了《郑家镇轴承保持架产业“十二五”发展规划》，同时注意将产业发展与全镇发展结合起来，将产业发展规划纳入全镇总体规划中，明确了郑家镇在产业发展方面的工作重点：郑家镇轴承及保持架发展应紧紧依靠国家关于高端装备制造业的规划，了解轴承产品支持和发展的品种、功能及精度等需求的变化趋势，以产业集群化发展为原则优化产业布局，进行产业结构升级和产业链的延伸，持续塑造郑家镇轴承及保持架的产业品牌，培育并打造中国轴承保持架制造业基地。2012年3月，郑家镇荣获“中国轴承保持架之乡”称号。8月，中轴协技委会轴承保持架学部委员会工作会在东昌府区召开，中轴协技委会轴承保持架学部委员会主任委员刘广世，中轴协技委会轴承保持架学部委员会常务副主任委员、秘书长扈文庄出席会议。2013年郑家镇被评为“中国轴承保持架产业基地”。全镇轴承保持架行业通过转方式、调结构，不断提升高端产能占比，精益求精，实现高端制造。机械加工业的迅速发展，吸引了大量外来人口到郑家镇安家置业。至2014年底，全镇常住人口6万人，有1万余名外来人员从事科研开发、工业生产或商业贸易，为郑家镇的繁荣发展作出了很大贡献。随着企业的不断发展，人们对精神文化的需求日益增加，但是郑家镇的城镇功能不完善、休闲娱乐功能薄弱、公共服务保障不健全等，造成了人才流失。为此，郑家镇制定了“工业兴镇·城建靓镇”的发展思路，以产带城、以城促产、产城兴农，促进三产协调发展。至2015年底，全镇共有机械加工户3100余家，一般纳税人企业169家，规模以上企业32家，从业人员30000余人。轴承保持架规模以上企业32家，产品涵盖九大系列，9000多个型号，年产量达137亿副，销售额134亿元，产品占全国市场份额的60%，其中浪形保持架占全国同行业总产销量的80%以上。产品除畅销国内，还有一部分出口到美国、日本、德国、澳大利亚、新加坡等20余个国家和地区。郑家镇的聊城市金帝保持架公司是亚洲最大的冲压轴承保持架企业。

2013年6月，东昌府区区级领导干部率先垂范，带头招商引资，带头帮包重点项目，一级带着一级干，一级做给一级看，迅速掀起全员抓投入、全员抓招商、全员抓项目的大招商热潮。精心策划招商项目，高效开展招商活动。采取以商招商、专题招商、产业招商、小团组招商等多种形式开展招商活动。精简审批事项，优化审批流程，降低收费标准，对外来投资项目开通行政审批"绿色通道"，免费全程服务，切实提高行政服务效率，率先在全省及周边地区实现"审批项目最少、办事效率最高、收费标准最低"，着力优化投资环境。

2013年6月，东昌府区赋予两园区管委会相应的县级审批管理权限，两园区单独设立专门账户。园区内的各项税收和规费实行属地管理，除按国家规定上缴外，所有收入一律进入专门账户。各镇(街道)在园区落户的新投(引)资兴办的工业企业形成的耕地占用税、契税归园区所有，其他税收区级分享部分由投(引)资镇(街道)与园区管委会进行分成。市、区级税务、审计、财政稽查部门查补的应缴收入一律缴入市、区级国库。缴入区级库的，区本级与园区进行分成。区发改、国土、财政、税务、经信等部门，要充分发挥职能作用，在政策、项目、资金等方面给予园区最大支持，并每年分别向园区引进1个投资过5000万元项目。

2013年11月，东昌府区天元小额贷款公司在齐鲁股权托管交易中心成功挂牌，成为省首家在资本市场挂牌交易的小额贷款公司。12月，聊城农村商业银行股份有限公司正式挂牌成立，标志着东昌府区终于拥有了一家属于自己的本土银行，为东昌府区加速金融崛起提供了重大机遇。2013年，山东天工岩土工程设备有限公司荣获全国技术创新奖。

2014年3月，东昌府区首张新版营业执照颁发，与旧版营业执照相比，新版营业执照上增设了二维码，市民通过手机等设备扫描二维码，即可了解企业登记信息，验证执照真伪。

2014 年 9 月，东昌府区 3 个项目获国家产业振兴和技术改造项目资金 3250 万元。

自 2014 年 11 月 1 日始，东昌府区全面实施“先照后证”，对涉及前置审批项目的企业，可先核发标注“某某项目筹建”及有效期限的营业执照，再办理许可文件。严肃查处乱收费、乱集资、乱摊派行为。实行中介服务市场化。强化金融服务。切实解决融资难问题。加大土地保障力度，实行税收优惠政策，积极引导和支持有条件的个体工商户转型为个人独资企业、合伙企业、有限责任公司等组织形式。鼓励民营企业申报进出口权、参加境内外各类经贸活动，对参加省级以上会展活动的民营企业，区财政给予摊位费补贴。设立扶持中小企业发展专项资金。坚持自愿委托、无偿代办、全程服务、合法高效的原则，区民营局和各镇街园区民营经济管理服务机构按照所属层级，给创业者和小微企业提供“保姆式”服务，为创业者和小微企业代办各种创业兴业手续。

2012～2014 年，东昌府区积极鼓励现有骨干企业加大技改投入，采用先进的工艺、装备、技术，加快转型升级，质量档次不断提升。昌裕集团、鑫大变压器等骨干企业顺利完成主导产品的转型升级。主导产业的集聚效应不断增强，初步形成了以机械装备及零部件制造、农副产品深加工、化工建材、纺织服装、轴承及保持器、金属材料加工等六大主导产业为支撑的产业体系。2014 年，六大主导产业实现主营业务收入 566 亿元、利税 43 亿元，分别占全区总量的 88％和 87％。科技创新成效显著，至 2014 年底，全区拥有中国驰名商标 1 件，山东省著名商标 9 件，7 家企业 8 个产品获得山东名牌产品，3 家企业获得市长质量奖，天工岩土被国家工信部评为“品牌培育示范企业”，是全市唯一的入选企业。“两化”（信息化和工业化）融合深入推进，新欣金帝、中奥毯业、鑫科生物等 6 家企业被认定为全市第一批电子商务应用企业。

2015 年 6 月，东昌府区首张“三证合一”的工商营业执照办理完毕。8 月，东昌府区开展首个“星期六企业工作日”活动。8 月 8 日星期六，是区首个“企业工作日”，区领导与区部分主要企业的负责人面对面交流，帮助企业解决实际困难。2015 年召开政银企座谈会，加强政府、银行、企业三方之间的交流与合作，互通情况，加深友谊，共谋发展，努力实现互利共赢。

2015 年是“十二五”规划的最后一年，工业转型升级实现新突破。全区规模以上工业企业达到 239 家，主营业务收入、利税分别实现 657.2 亿元、48.5 亿元；其中，主营业务收入过亿元的企业达到 60 家，利税过千万的企业达 50 家。园区完善发展功能，承载力和吸引力大幅提升，两个园区共有企业 348 家，新增 31 家，实现主营业务收入 460 亿元、利税 41 亿元。服务业地税收入完成 13.8 亿元，占地税总收入的 79%。市场成交额完成 382 亿元，同比增长 6%。全区接待游客达 472 万人次，旅游综合收入 15.8 亿元，同比分别增长 7.2%和 8.6%。中华水上古城景区建设顺利推进；聊城百亿物流园区智慧园区建设取得实质性进展；国际学术交流中心摩天轮已投入运营，成为聊城新的地标性建筑。电子商务蓬勃发展，全区电商企业发展到 2400 余家，占全市总量的一半以上；堂邑镇路庄村成为“鲁西淘宝第一村”，工艺葫芦网上销售额占全国的 90%以上。综合实力进一步增强，全区生产总值实现 277.8 亿元，同比增长 8.1%；规模以上工业增加值同比增长 9.4%；新增城镇就业人员 6685 人，农村劳动力转移就业 9555 人，城镇登记失业率控制在 2.9%以内；居民消费价格上涨 1.2%。固定资产投资完成 228.6 亿元，同比增长 15%；社会消费品零售总额实现 206.8 亿元，同比增长 10.3%，总量居全市第一；出口总额完成 16284 万美元，同比增长 11.1%。一般公共预算收入完成 32.7 亿元，同比增长 11.6%，总量居全市第一；税收收入完成 27.4 亿元，税收占比达到 83.8%。居民人均可支配收入达到 17001 元，居全市第一；城镇和农村居民人均可支配收入分别达到 22309 元和 10585 元，同比分别增长 7.7%和 8.9%。2015 年全区民营经济营业收入完成 1511.9 亿元，同比增长 12.5%；民营经济税收完成 23 亿元。

2015 年“海外聊城”建设继续发力，实现境外投资 1.55 亿元。全区有实绩的自营进出口企业 127 家，进出口总额完成 16781 万美元，同比增长 11%。各类金融机构达到 18 家，各项贷款余额达到 754.8 亿元，各项存款余额达到 1004.6 亿元，增幅均达 10%以上。华源健康、妙展信息成功在齐鲁股权托管交易中心挂牌，易诚保险在新三板挂牌交易。

2016年2月，东昌府区坚持市场导向、企业为主、政府推动，进行规范化公司制改制。改制重组企业在办理土地、房屋权属（固定资产）划转时，按照国家有关企业事业单位改制重组税收优惠政策执行。落实企业兼并重组税收扶持政策，缓免缴相关税费，给予改制后上市、挂牌企业适当支持，对服务企业改制中介机构给予支持，政府引导基金优先投资改制企业，优先给予土地、项目立项支持，提高行政审批效率，协调解决难题，加大对改制企业的信贷支持，支持改制企业扩大债券融资，引导社会资本发起设立规模企业规范化公司制改制股权投资基金，建立健全金融服务体系。通过改制，企业基本达到产权清晰，股权结构优化；公司治理结构完善，内部控制制度健全；财务规范，家底清楚；历史遗留问题得到规范，市场主体资格合法；实现人员、财务、资产、机构、业务五方面的独立，企业成为真正的法人实体。

2012～2016年，东昌府区积极推进新型工业化，科技创新能力不断增强，曾连续三年被评为“全国科技进步考核先进区”。工业整体实力迈上新台阶。2016年，累计完成工业投入410.3亿元，年均增长15.2%。全区规模以上工业企业达203家，预计实现主营业务收入553亿元，是2011年的1.5倍；齐鲁油漆、鑫鹏源、中奥毯业等主营业务收入过亿元的企业达30家、利税过千万元的企业达24家，分别增加10家和6家；市级以上工程技术研究中心由2011年的15家发展到28家，省级以上高新技术企业达11家；新增山东省著名商标14个、山东省名牌产品10个，荣获市长质量奖3项；民营经济实现税收26.9亿元，是2011年的2.2倍。服务业地税收入完成12.6亿元，占地税总收入的79%。年成交额过亿元的市场达27处，实现市场成交额412亿元，是2011年的1.4倍；电子商务平台快速发展，电商企业发展到2400余家，占全市总量的一半以上；区农信社改制为聊城农商银行，主体业务阶梯发展，行业地位保持领先，曾连续3年上缴税金过亿元；成功引进交通银行、浦发银行等区域外金融机构14家，总量达20家；建设龙堤、东昌上林苑等国家A级景区景点、省级乡村旅游示范点22处，乡村游、民俗游、休闲游成为新时尚，被命名为“全省服务业发展先进区”。共引进项目1131个，计划总投资1907亿元，到位资金431亿元，一批大项目、好项目建成投产，新的经济增长点不断涌现。

2016年5月，营改增试点纳税人北京银行股份有限公司聊城分行成功开出全区首份增值税普通发票，受票人为北京威力股份有限公司，发票金额为2121.91元，税额为120.11元。5月，全国供销总社授予区供销社“全国供销合作社系统2015年百强县级社”荣誉称号。2016年11月，聊城市资本论坛大会暨国泰君安证券聊城东昌西路营业部开业仪式在市会议接待中心举行，国泰君安证券落户东昌府区。

2017年4月，全区企业改制暨上市挂牌工作推进会召开，会议宣读了《关于印发东昌府区促进企业上市挂牌等直接融资的若干政策的通知》；有关中介机构与区属两家企业签订了上市合作意向书，与3家企业签订了新三板挂牌合作意向书，与22家企业签订了齐鲁股权交易中心挂牌合作意向书。

2017年5月，东昌府区深入推进供给侧结构性改革，处置“僵尸企业”，支持“僵尸企业”重组改造。实施财政奖补和税收减免政策，强化金融政策支持，积极盘活土地资源，加强项目投资监管，妥善安置富余人员。加大价格调节力度，支持富余产能“走出去”，坚持分类施策，稳妥化解过剩产能，坚持多措并举，有序消化压减库存。加快新型城镇化进程，深化住房制度改革，明确公职人员住房政策，提高住房公积金覆盖面和使用率，扩大货币化安置比重，支持农民进城购房，保障新市民享有同等权益，支持培育房产租赁行业发展。坚持机制创新，合理管控杠杆水平，优化企业资产负债结构，加大直接融资力度，扩大保险资金运用规模，积极稳妥发展融资担保行业，落实融资税收支持，加大金融风险防控。优化行政审批服务，全面清理、减免行政事业性收费，推行重点投资项目全程无偿代办服务，减少涉审中介收费。引导企业挖潜增效，减免企业税收负担。降低公积金缴存比例，降低企业社保综合费用。降低企业用地成本，降低企业流通环节成本，降低企业用电成本。坚持突出重点，精准发力，补齐短板，加大创新扶持力度，加大争取上级政策、资金的支持力度。推动工业结构优化升级，推动服务业跨越发展，积极挖掘消费潜力，推动外贸优进优出。

2017年10月，中小城市经济发展委员会、中小城市发展战略研究院、中国社会科学院发展与环境研究所等联合发布2017年中国中小城市科学发展指数研究成果，“2017年度中小城市全国综合实力百强县市”“2017年度全国投资潜力百强区”等榜单出炉。在“2017年度全国投资潜力百强区”榜单中，东昌府区位居81名。此次是东昌府区首次进入“全国投资潜力百强区”榜单。

第二节 科技、文化和城市建设稳步前进

党的十八大提出，全面建成小康社会，实现中华民族伟大复兴，必须推动社会主义文化大发展大繁荣，兴起社会主义文化建设新高潮，提高国家文化软实力，发挥文化引领风尚、教育人民、服务社会、推动发展的作用。东昌府区从实际出发，坚持贴近生活、贴近群众的原则，开展科技创新，推进重点文化惠民工程，开展群众性的文化活动，推动文化事业全面繁荣、文化产业快速发展。文化是城市的灵魂，文化的发展带动了城市建设水平的提升。

科技工作。2015年，东昌府区科技创新能力持续增强。全区省级以上高新技术企业达6家、市级以上26家，市级以上工程技术研究中心和工程实验室达31家。全区高新技术产业产值达71.5亿元，同比增长10%。高新技术产业产值占比达29.4%，高于全市平均水平3个百分点。

2016年11月，东昌府区加快科技创新驱动发展，发挥财政科技投入在科技活动中的引导、启动、扶持等基础性作用，培育科技创新型示范企业、高新技术企业，培育、鼓励建设科技孵化器和众创空间，鼓励企业与高校、科研院所合作建设工程技术研究中心、企业重点实验室、科技成果转化与推广中心、产业技术创新联盟、企业技术中心等创新平台，积极引导以企业为主体，争创国家级、省级农业科技示范园或省级农业高新技术产业示范区。支持市场主体技术研发创新，强化政产学研协同创新，提升科技创新服务水平。2016年，4个科研项目获省级立项，其中省重点研发计划项目1项、省西部经济隆起带科技创新人才基

金扶持项目3项。

2017年4月,东昌府区融入京津冀协同发展座谈会在北京中国职工之家隆重举行,这是东昌府区在对接京津冀协同发展工作中举行的一次重大招商活动,也是东昌府区“打造冀鲁豫交界区域性中心城市”进程中的重要一步。

2017年5月,东昌府区转变政府科技管理职能,深化科技体制改革,构建支持创新的科技管理新机制。强化企业创新主体地位,激发科研机构创新活力。加快创新型园区培育,加快科技孵化器和众创空间建设,推动农业科技园区发展,打造区域创新高地。优化人才发展政策环境,培养和引进创新型人才。完善科技人才发展机制,加强科技人才队伍建设。拓宽科技型企业融资渠道,支持小微企业利用知识产权质押贷款,促进科技与金融紧密结合。加强与地方高校的产学研合作,加速科技成果转化,提高科技资源共享共用水平。大力发展科技中介服务机构,加强知识产权运用和保护,提高科技创新服务能力。

2017年市级以上企业技术中心、工程实验室、工程技术研究中心分别达25家、18家和19家,科技创新平台达35家,科技进步贡献率达57%,被评为“全省创新驱动示范区”。

2012年8月,东昌府区成功参展第四届山东文化创意产业博览交易会(简称“文博会”)。在济南国际会展中心,东昌府区的雕刻葫芦、牛筋腰带、木版年画、剪纸、澄浆玉泥系列产品共5种特色文化产品亮相文博会。

区人民检察院自2012年以来,紧紧围绕全区工作大局,牢固树立争先进位、争创一流的信心和决心,全面履行法律监督职责,大力加强队伍建设,各项工作均取得显著成绩,2013年区人民检察院蝉联“全国先进基层检察院”称号,这是该院第三次获此殊荣。为表彰先进,弘扬正气,2012～2013年,东昌府区开展向区人民检察院学习的活动。活动中号召大家学习他们紧贴中心、服务大局的责任意识,学习他们立检为公、忠实履职的优良作风,学习他们心系群众、一心为民的宗旨观念,学习他们团结奋进、永争一流的创新精神,激发干事创业的激情,为加快建设经济文化强区作出新的更大贡献。

2013 年 5 月，东昌府区开展了“讲道德重诚信比赶超促跨越”主题实践活动，积极深入地开展了九大活动：学理论、学道德、学先进“三学”活动，“东融西借，跨越赶超”大讨论活动，主题宣讲和研讨活动，“四德”工程建设示范活动，共铸诚信活动，文明行业创建活动，志愿服务活动，新闻宣传活动，文化宣传活动。通过开展一系列的活动，公民的道德素质得到提升，文明新风树立起来了，培养了各行各业的先进典型，道德“软实力”对经济“硬实力”的发展起到有力的助推作用。

2013 年 5 月，东昌府区深入推进“四德”工程建设：推进社会公德突出“爱心”，加强“爱德工程”建设；推进职业道德突出“诚信”，加强“诚德工程”建设；推进家庭美德突出“孝敬”，加强“孝德工程”建设；推进个人品德突出“责任”，加强“仁德工程”建设。推进“四德”工程建设，有利于形成家庭更和睦、事业更兴旺、品德更高尚、社会更和谐的良好局面，为加快建设“美德东昌”“诚信东昌”“文明东昌”，为“东融西借，跨越赶超”提供强大的精神动力和道德支撑。

2013 年 5 月 11 日，由中央人民广播电台、中共聊城市委宣传部主办，中国乡村之声、中共东昌府区委、东昌府区人民政府联合承办的中国乡村之声“爱在乡村——走进聊城东昌府区”系列公益活动在道口铺街道办事处高马社区举行，为现场群众献上了精彩的文艺演出。中国乡村之声还特约了农技、医疗卫生专家开展现场咨询，免费为百姓解答农耕、医疗方面的问题。

2014 年 9 月 30 日是全国首个烈士纪念日，聊城各界在聊城市革命烈士陵园开展公祭活动。

公祭活动由市委副书记陈平主持。市委、市人大常委会、市政府、市政协、聊城军分区领导同志，烈士遗属代表、老战士代表，市中级人民法院、市人民检察院、市公安局、市委党校、市职业技术学院和技师学院、东昌府区和市属开发区、市直各部门领导同志，驻聊部队、聊城各界群众代表参加了公祭活动。

2015 年，堂邑镇路庄村被阿里研究院评为“淘宝村”。根据阿里研究院发布的《2015 年中国淘宝村研究报告》显示，2015 年度符合标准的“淘宝村”全国达到 780 个，其中山东省有 64 个，东昌府区堂邑镇路庄村达到了标准要求，榜上有名，成为闻名遐迩的“淘宝村”，同时也是聊城市新增的唯一一个“淘宝村”。

东昌府区坚持文化惠民，2015 年共举办各类文艺汇演活动 110 余场。成功举办聊城市（东昌府区）第五届全民健身运动会，被评为“山东省第五届全民健身运动会先进单位”，体育健身器材实现行政村全覆盖。加快基层公共文化活动服务体系建设，新增农家书屋 30 家。

2016 年 6 月，东昌电视台公共频道开播。2016 年 11 月，为贯彻落实《中华人民共和国非物质文化遗产法》，区政府公布了第六批区级非物质文化遗产名录，这次名录共分 3 类 17 项：一是传统技艺类，包括孟家包子制作技艺、一品小磨香油制作技艺、东昌面塑制作技艺、梨膏糖制作技艺、东昌李氏陶艺制作技艺、东昌铜铸雕刻技艺、东昌木雕制作技艺、贾庄豆芽制作技艺、古典家具修复技艺、柴家炒货制作技艺共 10 项；二是传统体育、游艺与竞技类，包括邓氏二郎拳、陈氏太极拳实用拳法、查拳共 3 项；三是传统医药类，包括马氏足诊与发泡拔罐疗法、聊城赵氏艾草养生、亿佴膏制作技艺、宋氏正骨术共 4 项。

2016 年 11 月，东昌电视台报送的《匆关》荣获第四届亚洲微电影艺术节“金海棠奖”。2016 年 12 月，东昌府区的“益乐坊”公益项目从 1.2 万个服务项目中脱颖而出，成功入选团中央 2016 全国“伙伴计划”优秀项目库。此次山东省共有 4 个项目入选，“益乐坊”公益项目是聊城市唯一一个。

2016 年 12 月，东昌府区发布在全区公民中开展法治宣传教育的第七个五年计划（2016～2020 年），指出通过学习宣传宪法，宣传中国特色社会主义法律体系和党内法规，加强社会主义法治文化建设。大力实施法治文化品牌创建工程，深入推进多层次多领域依法治理。积极推进基层法治创建，深入开展民主法治示范村（社区）创建活动，积极推行村（居）法律顾问、社区法律管家、法治副主任等制度，教育引导基层群众自我约束、自我管理。积极推进特色鲜明的部门行业依法治理活动，广泛开展依法行政示范窗口、文明执法示范窗口、诚信守法示范企业、依法治校示范学校等创建活动。推进法治教育与道德教育相结合。弘扬社会主义核心价值观，强化规则意识，倡导契约精神，弘扬公序良俗，引导人们自觉履行法定义务、社会责任、家庭责任。

2012～2016年，东昌府区深入实施文化惠民工程，新建农村文化大院578个、农家书屋200个；广泛开展群众性的文体活动，被评为“全国全民健身先进单位”和“全国群众体育先进单位”。

2017年5月，东昌府区深化文明城市（区）创建工作，做好重点部位的综合整治和管理，全面加强道路交通秩序治理，构建高效畅通的城乡交通秩序；扎实开展重点区域整治提升工作，打好“市容市貌环境提升、农贸市场整治提升、校园周边环境治理、文化市场专项治理、食品药品安全、城乡环卫一体化”六大“战役”；深入推进公共场所“四德”工程提升工作，积极培育和践行社会主义核心价值观。2017年5月，东昌府区深化全国文明城市创建工作。以提高市民素质、城市文明程度和人民群众幸福指数为目标，贯彻为民创建、全民创建、常态创建的原则，全区动员、全民参与、全面推进，针对东昌府区存在的薄弱环节和工作难点，着力抓好以下七项工作：(1)提升市民素质。(2)整治市容环境。(3)改善基础设施。(4)推进文明交通。(5)均衡配置公共教育资源，推行校务公开和收费公示制度；建立减灾、防灾、救灾综合协调机制和灾害应急管理体系，建立突发公共事件应急指挥系统，强化公共安全保障；城镇医疗保险、社会保险增加，城镇登记失业率降低；加强社会治安防控体系建设，弘扬志愿精神，强化社会保障。(6)加强农贸市场建设管理。强化食品药品安全监管，开展质量、诚信活动，强化公共场所管理，加强执法监管部门和窗口服务单位管理，规范公共服务。(7)完善社区公共设施。规范社区日常管理服务，开展科教、文体、法律、卫生“四进社区”活动，活跃居民文化生活，提高群众生活质量。通过多方努力，把东昌府区建设成为经济科教发达、社会管理高效、城市功能完善、生态环境良好、人文素质一流、人民安居乐业的现代城市和美好家园。①

2017年东昌府区广泛开展文体活动，新建综合性文化服务中心140处、农家书屋20个，成功举办第十一届葫芦文化艺术节、第七届全民健身运动会，被评为“全国国际象棋之乡”“全国群众体育先进单位”。

---

① 2018年，东昌府区在全国文明城市创建工作省级测评中获得第一名。

2017年10月东昌府区道口铺街道高马村成功入选“第五届全国文明村镇”。2017年11月，聊城实验小学荣获“全国文明校园”称号，成为聊城唯一获此殊荣的学校。

2017年12月26日，东昌府区举行纪念中共东昌县委成立90周年座谈会，回顾革命峥嵘岁月，缅怀先辈丰功伟绩。中国老区建设促进会副会长、原北京军区政治部副主任、少将郐万增，中国人民解放军军事科学院军事战略专家、少将韩韧，中国人民解放军国防大学宣传部原部长郝广保，中国老区建设促进会老区精神研究会副主任徐强国，山东省委党史研究室副巡视员姚丙华，聊城市人大常委会副主任孙菁，聊城市老区建设促进会会长荣向林及中共东昌府区委主要领导、革命先辈后代等出席会议。区委书记荣红智出席会议并致辞，区老区建设促进会会长李兰芳参加会议。座谈会上，与会领导及革命先辈后代纷纷发言，深切缅怀革命先辈的丰功伟绩和东昌府区的历史发展进程，一致表示，继承和发扬党的优良传统，深入学习宣传贯彻党的十九大精神，在以习近平同志为核心的党中央坚强领导下，以永不懈怠的精神状态和一往无前的奋斗姿态，继续朝着实现中华民族伟大复兴的宏伟目标奋勇前进，做一名无愧于党、无愧于人民的新时代合格党员，推动东昌府区经济社会各项事业更好更快发展。

城市建设。2015年东昌府区发展支撑进一步加强。全区90个重点建设项目，计划总投资650亿元，年度计划投资164亿元，完成投资170亿元。其中计划总投资过50亿元的项目2个，过10亿元的24个，过5亿元的31个。55个市级重点项目，计划总投资554.5亿元，年度计划投资149.3亿元，完成投资148亿元。齐鲁油漆、北关棚户区改造等42个项目单体完成投资过亿元。德商高速聊城至范县段建成通车，聊城至夏津段主体完工。青兰高速加快推进。聊城机场得到国家发改委明确支持，正在编制机场选址报告。郑济高铁、京九高铁列入国家“十三五”规划和中长期铁路网规划。新增太阳能光伏发电项目30个，装机规模4000千瓦，已全部发电上网。全年共引进在建、续建项目210个，计划总投资435亿元，到位资金118亿元。成功引进了华建能源、天中新材料等投资过10亿元的大项目10个。

2015 年城乡发展进一步协调。城镇化率达到 62.7%，高出全市平均水平 16.6 个百分点，位居全市第一。强化与葛洲坝集团的合资合作，签订了总投资 35 亿元、17 个安置区建设项目的合作协议；积极争取国开行、农发行政策性贷款，已有 18 个片区纳入贷款申报计划，贷款总额达 35 亿元，已到位资金 12.9 亿元，储备商业开发用地 1500 余亩，成功破解了建设资金瓶颈。全年开工回迁安置区项目 38 个，建成 9000 套。顺利通过"国家卫生城市"复审，一次性通过省城乡环卫一体化全覆盖首批认定。全区生活垃圾无害化处理率达到 100%。村镇建设累计投资 7.5 亿元。农村新型社区、土地增减挂安置区建设快速推进，18 个社区、4600 户农村新居正在加快建设，14 个村庄、1.2 万余名群众住上了新楼房。道口铺街道、沙镇镇、梁水镇镇等第一批小城镇改貌圆满完成，张炉集镇、堂邑镇、斗虎屯镇等第二批小城镇改貌正式实施。积极融入京津冀协同发展，最大限度地争取省区域战略推进专项资金。

第三节　尽全力抓民生，剑斩污促环保

2015 年全区用于民生的财政支出达到 20.9 亿元，各项民生实事得到有效落实。同时以保障和改善民生为重点，加强社会治理，大力开展环保工作。

实施普惠教育。2013 年 8 月，东昌府区举行了 2013 年度关爱助学金发放仪式。"阳光伴我行大学生英才工程"——2013 年度关爱助学金发放仪式为来自东昌府区的 40 名家庭贫困、品学兼优的大学生提供资助。2015 年，第二实验小学教学综合楼、鼎舜小学教学综合楼完工，8 个农村中小学和 10 个幼儿园建设项目完工。"全面改薄"(全面改善贫困地区义务教育薄弱学校基本办学条件)完成投资 2120 万元。

2016 年，东昌府区投资 460 余万元，为聊城四中、聊城七中、第二实验小学、建设路小学 4 处城区中小学及 11 处农村联校建设完成 15 座智能录播室。投资 606 万元，为 74 处农村普通完小和教学点配备 475 套"绿色班班通"教学设备。投资 405 万元，为农村 10 处中学、13 处中心小学各配备 1 套数控一体机和 1108 台微机，数字化校园建设成效显著。

2016年10月，建立和完善以校长职级制为核心的中小学校长管理体制，完善校长选聘制度、完善校长任职资格制度，对中小学校长评审，进行职级升降管理。

2012～2016年共投资15亿元，新建改建学校109处，教育教学条件明显改善。城区学校大班额问题得到进一步缓解。推进城乡义务教育均衡发展，规范城乡之间义务教育学校教师交流工作。拓宽农村教师向城区流动的渠道，激发了农村教师队伍的活力。深入实施“名校带分校”战略，将新建学校或薄弱学校并入名校，扩充优质教育资源总量，被兼并学校作为名校的分校，人、财、物由名校统一管理，让农村孩子在家门口享受到城区名校的教育资源。

2017年2月，全区解决大班额问题及教育重点项目三年大会战动员会召开，会议以对全区人民群众负责的态度，进一步加快推进学校建设，教育投入持续加大，办学条件进一步改善，教育课程更加全面，促进学生综合素质的全面提升。2017年11月，东昌府区被国务院教育督导委员会评为“全国义务教育发展基本均衡县(市、区)”。2017年12月，在全区中小学校长中实行职级制改革。

深化医药卫生体制改革。2012～2014年，全区18所政府举办的基层医疗机构和省统一规划的176个村级卫生室均实行了基本药物制度，实行了零差价销售，参加了基本药物网上采购。“先诊疗，后付费”的服务模式在区人民医院率先实施，辖区内的其他公立医疗机构稳步推开。加大基本公共卫生服务项目电子档案的管理频次和管理力度。进一步巩固完善了新农合制度，省外医疗机构报销比例调整为40%，省、市、区、镇4级医疗机构报销比例分别调整为45%、53%、70%、90%，年最高报销额提高到10万元。

2015年，东昌府区积极推进区级公立医院取消药品加成全覆盖。区人民医院、区中医院、区妇幼保健院3家区直医疗机构均成功创建“二级甲等”医院，标志着东昌府区医疗卫生事业进入一个新高地。建成国医堂9家，覆盖率达75%。新农合参合率达到100%，累计受益人数达13.3万人，报销金额2.5亿元，群众看病难、看病贵问题得到有效缓解。

2016年10月，东昌府区深化医药卫生体制改革，构建城乡医疗卫生服务体系、深化公立医院综合改革、完善城乡基本医疗保障体系、健全药品供应保障体系、强化公共卫生服务体系建设、改进医疗服务监管方式。

2016 年 12 月，东昌府区依法组织实施全面两孩政策。加强出生人口监测、信息共享和预警，合理规划和配置公共服务资源。保持适度生育水平，着力提高出生人口素质，综合治理出生人口性别比偏高问题，大力促进人口长期均衡发展。改革生育服务管理制度，加强妇幼健康服务能力建设，加强计划生育基层基础工作，加强流动人口计划生育服务管理，提高依法治理水平。深化计划生育服务管理改革，不断完善各项计划生育奖励扶助政策，切实关怀帮扶计划生育特殊困难家庭，着力增强家庭抚幼和养老功能，构建有利于计划生育的家庭发展支持体系。

2017 年，3 家区直医院顺利启动了公立医院改革，取消了药品加成(中药饮片除外)，实行药品零差率销售，对大型仪器检查费、诊疗服务费进行了调整。减轻了群众就医负担，全区门诊就诊费用人均下降了 14.45 元，住院费用人均下降了 180.19 元，大型仪器检查费人均下降了 120 元。制定出台了公立医院绩效考核办法。全面推进公立医院法人治理结构改革，组建了理事会和监事会。由区人民医院、区妇幼保健院和东昌妇女儿童医院发起，联合沙镇、大张、斗虎屯镇 3 家卫生院，组建了东昌医疗保健集团，基本药物制度和“先诊疗，后付费”模式全面推行。

养老保险扩面征缴。2012 年 11 月，东昌府区城乡居民社会养老金提高至每月 60 元。2014 年东昌府区参照《山东省人民政府关于建立居民基本养老保险制度的实施意见》(鲁政发〔2013〕13 号)及《聊城市人民政府办公室关于印发〈聊城市居民基本养老保险工作实施方案〉的通知》(聊政办字〔2014〕8 号)，将城镇居民养老保险事业处与新型农村社会养老保险事业处合并。截至 2014 年底，全区城乡居民社会养老保险共计征缴保费 31213.76 万元，扩面 17336 人，缴费人员 149697 人，发放 82594 人，累计支出 23823.23 万元。

2015 年 6 月，东昌府区首推“电商模式”社保基金一键转账。2015 年在全区范围内试行银行代收保费新模式，提高征缴效率，方便参保群众;银行代收征缴模式和城乡居民养老保险专用卡的使用,均为市内首创,也是东昌府区城乡居民社会养老保险工作思路创新的表现。2015年,各项社会保险基金征缴总额累计达10.6亿元。发放城乡居民养老保险金9052.7万元,发放城乡低保金2758万元,实现了应保尽保。城乡居民医保政府补助标准由每人每年320元提高到380元,城乡居民养老保险基础养老金由每人每月75元提高到85元。

2017年,各项社会保险参保人数达61万人,为群众报销医药费5.9亿元,发放养老金9.2亿元、城乡低保2788万元。

社会治理工作加快推进。加强社会建设,必须以保障和改善民生为重点,加快推进社会体制改革,形成党委领导、政府负责、社会协同、公众参与、法治保障的社会管理体制。东昌府区努力让人民过上更好生活,多谋民生之利,多解民生之忧,解决好人民最关心最直接最现实的利益问题,在学有所教、劳有所得、病有所医、老有所养、住有所居上持续取得新进展。

2014年4月,东昌府区加强和改进城市社区建设工作,按照便于服务管理、资源开发、功能提升、居民自治的原则,充分考虑地域性、认同感等社会构成因素,结合棚户区改造和东昌府区实际,按照每个社区3000户常住居民的规模,合理设置新建社区,适当整合老旧社区,将城区3个街道重新规划调整为76个社区。各级各有关部门积极筹措资金,加大社区居民委员会工作用房和居民公益性服务设施建设投入力度,全力推进社区用房建设。加强社区党组织建设,实现党组织全覆盖,规范社区服务机构,理顺运行机制,推行社区网格化管理服务模式,推行工作准入制度,建立政府购买服务、以钱养事的工作机制。完善社区居民委员会下属组织和群团组织,培育发展社区社会组织和志愿者组织,面向居民,开展多层次、全方位的社区服务活动,构建多层次、全方位的社区服务体系。

2014年,东昌府区把城乡环卫一体化工作作为抓好村镇建设工作的重点工作之一,投入大量人力、物力、财力,开展城乡环境卫生综合整治,加快各镇街道、园区垃圾中转站的建设进度,建立环卫保洁队伍和长效管理监督机制,从根本上扭转城乡环境脏乱差的被动局面。2014

年 8 月，东昌府区堂邑镇、郑家镇两镇入选全国重点镇名单。

2015 年 6 月，全市视频监控全覆盖工作有序推进，推进会在东昌府区召开。与会人员先后参观了沙镇镇社会管理服务中心、侯营镇田庄村、侯营镇社会管理服务中心、道口铺街道社会管理服务中心、道口铺街道任堤口村、嘉明开发区社会管理服务中心，详细了解视频监控全覆盖工程开展情况。

2012～2016 年，东昌府区大力实施新型城镇化战略，城镇化率达 63.7%，较 2011 年提高 12 个百分点。市城建重点项目保障有力。圆满完成了滨河大道、市民文化中心、财干路西延等 40 个项目的征迁，为打造“河湖秀美大水城，宜居宜业新聊城”作出了重大贡献。棚户区改造取得历史性突破。顺利完成双庙、北关、唐庄、小东关等 50 多个片区的征迁，涉及群众 4 万多户、面积 680 多万平方米。高度重视回迁安置区建设，争取上级补助近 5 亿元。与葛洲坝集团合作，进一步加快安置房建设，全区开工建设安置房近 5 万套、建成 2.8 万套、6.5 万名群众喜迁新居，棚户区改造开工完成率、货币化安置率、群众满意率等指标连续 5 年稳居全市第一。老旧小区改造顺利启动，投资 8000 多万元，完成了柳泉花园、湖北小区等 52 个小区的改造，一批设施不配套、功能不完善的老旧小区展现新面貌、焕发新生机。村镇建设协调推进，堂邑镇、郑家镇成功入选全国重点镇名单，沙镇镇、郑家镇顺利通过省级示范镇考核。新建梁水镇金域家园、郑家卧龙等新型农村社区 20 个，改造危房 2200 户。投资 9000 万元，大力实施小城镇提升工程，沙镇、道口铺等 6 个镇(街道)顺利通过市级验收。

生态文明建设。生态文明建设，是关系人民福祉、关乎民族未来的长远大计。东昌府区坚持节约优先、保护优先、自然恢复为主的方针，着力推进绿色发展、循环发展、低碳发展，形成节约资源和保护环境的空间格局、产业结构、生产方式、生活方式，从源头上扭转生态环境恶化的趋势，创造良好的生产生活环境。

2013 年 1 月，东昌府区按照“属地管理、全民动员、分工协作、标本兼治”的原则，对全区城乡环境卫生进行集中清理整治。在城区，重点清理城中村、城乡接合部、背街小巷、居民小区、农贸市场、便民市场等区域卫生，彻底清除沿路、沿街堆放的生活垃圾，确保不留死角；加强对建设工地、拆迁工地的管理，设置硬质围挡，清运建筑垃圾，严格运输车辆监管，避免扬尘、遗撒污染；强化对路边店铺、摊点的管理，坚决杜绝店外经营、占道经营等违章行为。在村镇，重点清理打扫镇（街道、园区）驻地、村庄主干道、临街空闲地等区域卫生，彻底清除沿路、沿街堆放的草堆、粪堆、土堆、垃圾堆；加强对镇（街道、园区）沿街市场、集市的管理，重点整治乱停车辆、乱放杂物、乱摆摊点等行为，确保环境整洁、道路畅通。对城市出入主干道、县乡道路、乡村道路以及通往重点项目和主要景点的道路进行清理打扫，重点清除道路两侧的“三大堆”（柴草堆、粪堆、垃圾堆），清理公用设施和墙体上的乱贴乱画，确保环境干净、整洁。实行县级领导帮包制度，每个县级领导帮包1～2个镇（街道、园区）。各镇（街道、园区）实行“一把手”负责制，将任务目标层层分解落实，强化督查，严格考核，确保取得实效。

2015年7月，东昌府区按照国家《海河流域水污染防治规划（2011～2015年）》及其考核办法的要求，结合“治、用、保”①和“御污于外，预警于界”的水污染防治工作思路，推动人工湿地水质净化升级，开展工业企业污染物深度治理，解决建成区及重点镇（街道）污水直排，实施城乡黑臭水体整治，强化畜禽养殖污染防治工作，提倡再生水循环利用，加强环境综合整治，落实生态创建工程，推进环境监测、监察及三级应急防控体系建设，全面实施水环境综合整治。2015年生态环境不断改善，拆除、改造燃煤设施20处，淘汰取缔土小企业15家，建设污水处理厂1处。扎实推进郑家镇申报创建国家级生态镇，梁水镇申报创建省级生态镇。2015年，东昌府区被评为国家卫生城市。

2016年9月，东昌府区在斗虎屯镇吴老斗村举行洁净型煤配送启动仪式，同时举行洁净型煤试烧活动，让广大群众看到使用洁净型煤的优势和特点，号召群众增强环保意识，使用洁净型煤，抵制劣质散煤。活动现场还发放了《全区煤炭清洁利用明白纸》《推广洁净型煤倡议书》，让广大居民感受到洁净煤的好处及实惠。

---

① “治”即污染治理，“用”即水资源的循环使用，“保”即生态修复与保护。

2016 年 11 月，东昌府区以“创新、协调、绿色、开放、共享”的发展理念为引领，以“全面建成美丽乡村”为目标，遵循“尊重自然、融入时代、突出特色、构建和谐”4 项原则，全面推进美丽乡村标准化建设。美丽乡村分为环境整洁乡村、生态文明乡村、美丽宜居乡村 3 个梯次。环境整洁乡村，主要是实施“五化”，即道路硬化、亮化，村庄净化、绿化，环境美化；生态文明乡村，主要是在实现“五化”的基础上达到“五好”，即生态环境好，乡村容貌好，基础配套好，文明风尚好，服务管理好；美丽宜居乡村，主要是在实现“五好”的基础上建设“五美”，即村庄布局协调美，村容整洁生态美，村强民富生活美，村风文明身心美，村稳民安和谐美。东昌府区通过加强农村基础设施建设，抓好农民生活环境改善，加强农村生态环境建设，改善农业生产环境，实施“环境提升”；通过抓好生态循环农业建设，发展优势特色产业，培育新兴农业产业，实施“产业提升”；通过构建新型农业综合服务平台，完善农村社区服务，加强民生设施建设，实施“服务提升”；通过加强农村社会管理，深入推进文明创建，推动建立乡规民约，实施“素质提升”。通过“环境提升、产业提升、服务提升、素质提升”四大路径，实现“村美、户美、人美、业美”四大目标。

2016 年 11 月，全市创森（创建国家森林城市）暨冬季造林绿化现场会与会人员来东昌府区观摩，观摩团来到道口铺湿地公园建设现场进行实地观摩并给予充分肯定。

2012～2016 年，东昌府区深入开展黄标车、秸秆焚烧、黑臭水体等重点污染源治理，淘汰黄标车 7500 余辆，关闭污染企业近 70 家。强力推进煤炭清洁利用及散煤治理，改造城区燃煤设施 130 处，取缔散煤经营点 78 家，洁净煤配送到户率达 100%。突出抓好扬尘污染防治，严格落实各项防治措施，对违法企业依法顶格处罚，起到了较好的警示作用。扎实做好海河流域水污染治理，建设污水处理厂 5 处；开展国家卫生城市复审迎检及“回头看”活动，为聊城顺利通过国家验收作出了贡献。认真开展美丽乡村建设活动，城乡环卫一体化实现全覆盖，路域环境综合整治成效明显，农村旱厕改造工作全面铺开。东昌府区被评为“国家级生态示范区”。

2017 年 4 月，召开全区“利剑斩污”誓师大会，分析全区环保工作面临的严峻形势、全面摸排工作中存在的突出问题和薄弱环节，力度再加大、责任再落实、措施再强化，以壮士断腕的决心和背水一战的勇气，全力以赴打好环境保护治理攻坚战，再掀“利剑斩污”新高潮。

2017 年 5 月，全区组织收看省、市全面实行河长制工作动员部署电视会议。会议要求，在全区形成联防联治的强大工作合力。加大问责力度，把推行河长制与严格水资源管理制度、强化水污染防治结合起来，加大曝光力度，《东昌时讯》、区电视台等媒体要开设“曝光台”专题栏目，及时曝光有损河流流域的案件及行为，督促责任部门整改，为“河长制”管理工作营造良好的氛围。2017 年 8 月，全区河长制工作推进会暨“清河行动”动员大会召开。会议贯彻落实省、市“河长制”工作推进会议精神，动员全区上下进一步明确目标，强化措施，加快推进“河长制”工作，确保圆满完成各项目标任务。

团区委及区河长办联合招募大学生志愿者，助力“清河行动”。一个个大学生志愿者们身穿志愿装，手持铁锹，对班滑河两侧的垃圾进行清理，维护河道清洁，爱护周边环境，营造了浓厚的环保氛围。

2017 年 5 月，东昌府区发布《关于融入京津冀协同发展的实施意见》。京津冀协同发展是新时期重大国家战略，东昌府区按照“发挥优势、主动融入、精准对接、立足服务、借势借力、协作共赢”的思路，全力推进与京津冀产业发展对接协作、资源要素双向流动、生态环境共建共享、基础设施互联互通，努力打造成京津冀与中原经济区两大区域战略的重要节点。主攻方向和突破重点是：建设产业承接及投资兴业基地，建设科技成果转化及招才引智基地，建设优质农产品及生活必需品供应基地，建设劳务输送及技能人才培养基地，建设文化旅游及休闲度假基地，建设水气联防联治及生态安全屏障功能区，打造京津冀协同发展区综合交通枢纽。2017 年 9 月，为落实《京津冀及周边地区 2017～2018 年秋冬季大气污染综合治理攻坚行动量化问责规定》，东昌府区遵循“党政同责、一岗双责、终身追责、权责一致”的原则，对环境保护部组织的“2＋26”城市大气污染综合治理，强化督查或巡查整改落实情况；2017 年四季度和 2018 年一季度大气环境质量改善情况，未按要求完成交办问题整改的；同一企业（单位、商户）对反映或检查出的问题反复出现，仍未整改到位的；存在“散乱污”企业整治不力、电代煤和气代煤工作不实、燃煤小锅炉“清零”不到位、重点行业错峰生产不落实等四方面问题进行问责。

2017 年 6 月，东昌府区实施骨干企业、重点产业、重点园区“三大升级工程”，探索“科技含量高、经济效益好、资源消耗低、环境污染少、人力资源充分发挥”的新型工业化道路。调整优化能源结构，实施煤炭消费总量控制，加大清洁能源应用力度，加快发展现代农业，推动服务业转型升级和跨越发展。大力发展节能环保产业、绿色制造业，推动厂房集约化、原料无害化、生产洁净化、废物资源化、能源低碳化，建设一批绿色工厂、园区、供应链，发展绿色能源产业，发展有机生态农业。加大工业重点领域节能，加快推进建筑节能，加强交通运输节能，推广和应用新能源汽车、建设低碳交通，抓好公共机构节能。强化水资源节约，节约集约用地。实施循环发展引领计划，加大清洁生产推广力度，完善再生资源回收、加工和利用体系，推广大力发展再制造。全面控制温室气体排放，扎实推进低碳试点建设。积极适应气候变化，狠抓大气污染防治。巩固提高水污染治理水平。建立土壤污染防治体系。加强农业面源污染防治，抓好环境风险防控，加快生态环境修复，保护和培育森林生态系统，保护和修复湿地与河湖生态系统，保护和改善农田生态系统。推进荒漠化和水土流失综合治理，加强地下水保护，保护生物多样性。

2017 年 11 月，全市重点工作推进会召开，会议调度“路长制”、“河长制”、环保等重点工作推进情况，研究部署下一步工作措施。与会人员到侯营镇徐楼村“户户通”工程现场、聊莘路平交道口整治现场、聊城大外环路张炉集段拆迁现场和道口铺街道高马村“户户通”工程现场进行了实地观摩。2017 年 12 月，各地创森和“路长制”工作蓬勃开展。

在 2017 年全市环保工作考核中，东昌府区“路长制”工作排名第一、“河长制”工作排名第二、大气污染防治工作排名第三。

第四节　完善体制机制，加强党的建设

东昌府区在进行经济和文化建设的同时，大力推进简政放权，改善政府管理与服务，规范行政权力运行，推动政府职能向创造良好发展环境、提供优质公共服务、维护社会公平正义转变。

政府机构改革。2014 年 12 月，东昌府区以深化行政审批制度改革为突破口，正确把握和处理政府与市场、政府与社会、政府层级之间、政府部门之间的关系，全面落实上级取消和下放的行政审批事项，继续减少和规范行政管理事项，进一步优化政府职能配置，改革完善社会组织体制机制、加强宏观管理、强化依法行政，切实转变政府职能。按照精简、统一、效能的原则，结合东昌府区实际，进行了机构改革，设立区政府办公室和 22 个工作部门。区监察局与区纪律检查委员会机关合署办公，列入区政府工作部门序列，不计入区政府机构个数；区政府办公室挂区政府法制办公室牌子；区卫生和计划生育局挂区中医药管理局牌子；区食品药品监督管理局挂区食品安全委员会办公室牌子。

2015 年 12 月，东昌府区政务服务中心食药监局窗口向食品经营者发了第一张食品经营许可证，这标志着实行食品流通许可证与餐饮服务许可证“两证合一”的新版食品经营许可证在东昌府区正式启用。“两证合一”，精简了许可行为，将食品流通与餐饮服务的两个许可，整合为食品经营许可，减少了许可数量，使市场准入更加统一规范。2015 年，依托东昌府区政务服务中心，组建东昌府区农民工综合服务中心，并与其合署办公。农民工综合服务中心的职责是为农民工提供行政事务服务、权益维护、文化教育、党团活动、关爱服务等五大职责为一体的综合服务，切实保障农民工的合法权益。

2015 年，东昌府区推进行政权力清单制度改革，区级行政审批事项减少到 144 项。全面推行“三证合一”[①]登记，新登记市场主体 1.2 万户，新增注册资本金 47.8 亿元。国税、地税联合办税制度顺利实施。公务

① “三证合一”即将工商营业执照、组织机构代码证和税务登记证合为一证。

用车制度改革有序推进。全面公开政府预算、部门预算和“三公”经费预算。

2016年9月，全市全面推开司法责任制改革动员会召开。2012～2016年，东昌府区重点领域改革成效显著。农村土地承包经营权确权登记颁证、公务用车、“五证合一”①“一照一码”②等改革全面完成；PPP项目模式成功破题，6个项目纳入省项目库，涉及资金90亿元；成功组建东昌医疗保健集团，基本药物制度和“先诊疗，后付费”模式全面推行；卫生计生、工商质监、食药监管等机构整合完毕，中小学校长职级制改革稳妥推进。

2017年12月，为支持非公有制经济健康发展，东昌府区深化“放管服”改革，打造一流的营商环境；简政放权，制定实施投资项目管理负面清单；加快金融改革，建立融资新机制；加大财政支持，发展“四新”（新技术、新产业、新业态、新模式）促“四化”（产业智慧化、智慧产业化、跨界融合化、品牌高端化）项目；推动改制，建立现代企业制度；加强诚信体系建设，打造“信用东昌”；落实降成本政策，减轻企业税费负担；加强教育培训，建设高素质企业家队伍；加大奖励补助，支持企业走出去；提高产权保护精准度，依法保护民营企业财产不受侵犯。以“放管服”改革为引领，深化行政审批制度改革，全面取消非行政许可审批事项，确定区级“最多跑一次”许可事项188项。

法治建设。2014年10月，中共十八届四中全会审议通过了《中共中央关于全面推进依法治国若干重大问题的决定》，全区上下学习贯彻党的十八届四中全会精神。12月，东昌府区坚持从实际出发，加强对宪法法律实施的监督，做好地方立法工作。依法全面履行政府职能，坚持科学决策、民主决策，深化行政执法体制改革，严格规范公正文明执法。强化对行政权力的制约和监督，全面推进政务公开。支持司法机关依法独立公正行使审判权和检察权，完善司法权力运行机制，加强司法规

① “五证合一”即在“三证合一”的基础上，整合社会保险登记证和统计登记证。

② “一照一码”即通过“一口受理、并联审批、信息共享、结果互认”，将由三个部门（工商、质检、税务）分别核发不同证照，改为通过“一窗受理、互联互通、信息共享”，由工商部门直接核发加载法人和其他组织统一社会信用代码的营业执照。

范化建设，加强人权司法保障，加强对司法活动的监督，推进公正司法。深入开展法治宣传教育，全面提升社会治理法治化水平，推进实现法律服务全覆盖，依法维护群众合法权益，加强社会治安综合治理，预防化解矛盾纠纷，增强全民法治观念，推进法治社会建设。加强法治专门队伍建设，加强法律服务队伍建设，创新法治人才培养机制。

2016 年 4 月，东昌府区推进基层法律服务全覆盖，实施“一镇一团队、一村居一顾问”工程，群众的法律意识显著增强，逐步养成知法守法、依法办事的良好习惯，能够自觉通过合法途径反映利益诉求，解决矛盾纠纷，维护合法权益。

2016 年 7 月，东昌府区重大决策咨询委员会成立。10 月，《东昌府区法治政府建设实施纲要（2016～2020 年）》指出，依法全面履行政府职能，提升制度建设法治化水平，健全依法决策制度机制，健全行政执法体制机制，强化对行政权力的制约和监督，健全矛盾纠纷多元化解机制。将政府活动全面纳入法治轨道，用法治引领改革发展、推动民生改善和社会公正，全面提高政府工作人员的法治思维和依法行政的能力。

2017 年 12 月，东昌府区认真学习贯彻《中共中央关于加强党内法规制度建设的意见》，坚持以上率下，加强学习教育，强化监督检查，推进党内规范性文件的立改废释，推动备案审查工作，提高党内法规制度的执行力。

加强党的建设。团结带领人民全面建成小康社会，党必须坚强有力，因此以改革创新精神全面推进党的建设新的伟大工程，尤为重要。东昌府区建设学习型、服务型、创新型党组织，加强党的执政能力建设、先进性和纯洁性建设。

2013 年 4 月，东昌府区整肃机关纪律作风，严格餐饮纪律，一律不准工作日午间饮酒；严格作息纪律，一律不准上班随意迟到、早退、做与工作无关的事情；严格请销假纪律，一律不准擅自离岗，一律按管理权限履行请销假制度；严格会议纪律，一律不准无故迟到、早退、缺席或他人替会及接打手机；严格财务纪律，一律不准超标准公务接待、购车、外出考察等。

2014 年 3 月上旬东昌府区开展了党的群众路线教育实践活动。活动至9月基本完成。参加教育实践活动的单位包括区机关、区直部门和企事业单位，镇(街道)、村(社区)、非公有制经济组织、社会组织和其他基层党组织。活动坚持领导带头，注重群众参与，聚焦作风建设，突出问题导向，坚持服务群众。从理想信念、宗旨意识、党性修养、政治纪律、组织纪律等方面剖析根源，明确努力方向；正面回应干部群众所提意见，提出实实在在、明确具体、便于实施的整改措施。通过整改，解决“四风”突出问题，转变党员干部工作作风；解决关系群众切身利益的问题，密切党群干群关系；解决群众反映强烈的不正之风问题，树立为民务实清廉形象；解决联系服务群众“最后一公里”的问题，夯实党的基层基础。

2014年4月，东昌府区深入推进预决算公开工作，将政府预决算、部门预决算、“三公”经费预决算公开。这是接受群众监督最有效的方式、最有力的反腐措施；是全面深化改革的一项关键举措，也是党的群众路线教育实践活动的必然要求。其有助于保障公民的知情权、参与权、表达权和监督权，推动社会主义法治国家建设；有助于促进党政机关厉行节约，改进工作作风，加强反腐倡廉建设；有助于促进依法行政、依法理财和民主理财，推进财政管理的科学化和规范化，提高财政资金的使用效益。

2014年11月，区委发布《关于建立健全惩治和预防腐败体系2013～2017年的实施意见》，提出大力弘扬党的优良作风，坚持不懈落实中央八项规定精神，健全领导干部带头改进作风、深入基层调查研究机制，完善党员干部直接联系和服务群众制度，畅通群众诉求反映渠道制度。严格落实《党政机关厉行节约反对浪费条例》以及国家工作人员因公临时出国(境)、党政机关国内公务接待管理、党政机关楼堂馆所建设、办公用房清理、公务用车配备使用管理等方面的制度规定，规范并严格执行领导干部工作生活保障制度，切实解决违反规定和标准享受待遇等问题。严格执行党的政治、组织、财经、工作、生活等各项纪律，持之以恒抓好党的作风建设；加大查办违纪违法案件的力度，严肃查处选人用人上的腐败问题，坚决整治社会保障、教育医疗、保障性住房、征地拆迁、环境保护、食品药品安全、安全生产等涉及民生的突出问题。

坚决查处发生在群众身边的以权谋私问题，治理乱收费、乱罚款、乱摊派和吃拿卡要以及行政执法和服务中的不作为、慢作为、乱作为等问题。认真贯彻落实领导干部廉洁自律规定，坚决纠正违规收送礼金、有价证券、会员卡、商业预付卡等问题，坚决惩治腐败；深化党风廉政宣传教育，健全集体领导和个人分工负责相结合的制度，完善党委（党组）讨论决定重大问题票决制。认真执行领导干部报告个人有关事项制度，加强反腐倡廉制度建设。强化权力运行的制约和监督，深化行政审批制度改革，转变政府职能，科学有效预防腐败。

2014 年 12 月，东昌府区对党政机关经费管理、国内差旅，以及因公临时出国（境）、公务接待、公务用车、会议活动、办公用房、资源节约等作了规范，对宣传教育、监督检查、责任追究等提出了明确要求。这既是深入开展党的群众路线教育实践活动的客观需要，也是推进全区厉行节约反对浪费工作制度化、规范化、程序化的必然要求，对于转变作风、优化发展环境，从源头上预防奢侈浪费，具有十分重要的意义。

2015 年 4 月，东昌府区深入开展社会主义核心价值体系学习教育，深化学习型党组织创建。增强组织覆盖，优化基层党组织设置，整顿软弱涣散基层党组织。重视基层干部队伍建设，深化拓展第一书记工作。着力形成以社区党组织为核心，以社区综合服务中心为主阵地，开展结对帮扶活动，完善党员志愿服务，拓宽服务方式和途径。打造一批基层党建示范点，切实发挥示范引领作用。党组织一把手要切实履行一岗双责，带头执行党风廉政建设责任制，落实重要情况通报、重大事项报告制度，主动接受组织监督，强化自我监督，切实做到心中有党、心中有民、心中有责、心中有戒。解决基层干部损害群众利益的突出问题，惩防结合，切实做到正风肃纪。落实好基层干部廉洁自律各项规定，建立村务监督委员会，实施好党务、政务、村务公开制度，推动民主决策、民主管理、民主监督，推动基层党组织按规依制办事。

2015 年 5 月，在全区科级以上干部中开展了“三严三实”（严以修身、严以用权、严以律己，谋事要实、创业要实、做人要实）专题教育，突出重点，强化措施，健全基层组织体系，提升党员队伍整体素质，基层党建工作水平不断提高。

2015 年 7 月，东昌府区明确了党风廉政建设党委主体责任和纪委监督责任。党委主体责任包括：组织领导职责，选人用人职责，源头预防职责，领导支持职责，表率示范职责。纪委监督责任包括：加强组织协调，严格纪律监督，深化作风督查，严肃查办案件，强化党内监督，创新反腐败体制机制。

2016 年 1 月，东昌府区开展基层党建提升年活动。以深化基层服务型党组织建设为主线，按照“突出重点、攻克难点、示范带动、全面提升”的总体思路，实施理论武装工程，提升思想政治觉悟；实施强心聚力工程，提升政治引领能力；实施先锋引领工程，提升基层带头人队伍素质；实施阵地升级工程，提升服务场所建设水平；实施携手共建工程，提升群众满意度；实施示范点培养工程，提升示范带动能力；实施基础保障工程，提升基层组织运转能力；实施清风廉洁工程，提升党员干部形象。

2016 年 4 月，全区“两学一做”（学党章党规、学系列讲话、做合格党员）学习教育工作座谈培训会召开，对全区“两学一做”学习教育工作进行安排部署。2016 年 7 月，古楼街道湖北社区党总支被中共中央授予“全国先进基层党组织”称号，是全市唯一受到党中央表彰的基层组织。

2016 年 10 月，党的十八届六中全会审议通过了《关于新形势下党内政治生活的若干准则》和修订后的《中国共产党党内监督条例》，对于深化全面从严治党，具有十分重要的意义。2016 年 11 月，东昌府区号召各级党组织和广大党员干部认真学习宣传贯彻党的十八届六中全会精神，切实增强“四个意识”（政治意识、大局意识、核心意识、看齐意识）。自觉对照《关于新形势下党内政治生活的若干准则》和《中国共产党党内监督条例》校正自己的思想、作风、行为，提升标准，以严的精神和实的作风，把党中央管党治党的新部署新要求体现到党内政治生活的方方面面，落实到开展党内监督的全过程，不断开创东昌府区全面从严治党新局面。

2012～2016 年，东昌府区通过开展党的群众路线教育实践活动、“三严三实”专题教育、“两学一做”学习教育，党员干部作风明显好转，基层党组织建设得到加强，党风廉政建设和反腐败工作深入推进，驰而不息纠治“四风”，塑造了清正廉洁的良好形象。

2017年3月，东昌府区加强干部队伍作风建设，着力查摆和解决政治敏锐性不强、进取意识不强、工作作风拖拉、服务意识不强、担当精神不足、狠抓落实不够、遵规守纪不严的问题，建设一支信念坚定、敢于担当，勤政务实、雷厉风行，为民服务、干事创业，遵规守纪、清正廉洁的干部队伍，巩固风清气正的政治生态，凝聚团结奋进的强大合力，为打造“冀鲁豫交界区域性中心城市”提供坚强组织保障。

为落实全面从严治党要求，加强对基层党组织和党员干部的监督，2017年4月，东昌府区成立了巡察工作领导小组。巡察工作领导小组向区委负责并报告工作，区委巡察工作领导小组组长由区纪委书记担任，副组长由区委组织部部长担任。巡察工作坚持纪在法前、纪严于法，着力发现基层党组织领导班子存在的突出问题和党员干部违纪违法问题线索，主动对接市委巡察工作，切实发挥震慑、遏制和治本作用，推动党的先进性和纯洁性建设，巩固党的执政基础。

2017年12月，东昌府区深化国家监察体制改革试点工作，撤销监察局和人民检察院反贪、反渎、预防职务犯罪等机构，将相关机构、职能、人员全面融合，构建集中统一、权威高效的监察体系，组建区监察委员会。监察委员会是党统一领导下的国家反腐败工作机构，实现对所有行使公权力的公职人员监察全覆盖，使依规治党与依法治国、党内监督与国家监督、党的纪律检查与国家监察有机统一。监察委员会履行监督、调查、处置职责，维护宪法和法律法规权威；依法监察公职人员行使公权力的情况，调查职务违法和职务犯罪；开展廉政建设和反腐败工作。

第五节　脱贫攻坚成效显著

2015年市、区两级选派第一书记到贫困村进行帮包，区直85个单位派出第一书记和“双联共建”工作组，指导和帮扶帮包村，全区千余名机关领导干部结对联系万户困难家庭，实施点对点负责、手把手帮扶，实现农村贫困人口脱贫5000余人。

2016 年 2 月，东昌府区制定了《关于坚决打赢脱贫攻坚战的实施意见》，意见指出，按照“党建筑基、精准施策、政策集成、责任包干”的原则，要求 2016～2017 年，全市省级重点贫困村基本实现整体脱贫，贫困村基础设施、基本公共服务主要领域指标接近全省平均水平；2018～2019 年巩固扶贫成果，省定标准线以下的贫困人口人均纯收入增长幅度高于全市平均水平，基本公共服务主要领域指标接近全市平均水平，2020 年实现全面小康。全区扶贫开发工作会议明确要求，确保 2018 年所有贫困村摘帽、所有贫困人口无一遗漏地脱贫。

通过精准识别，全区共有贫困户 9920 户、贫困人口 20373 人，其中低保户 6221 户、11855 人，五保户 853 户、942 人。丧失或无劳动能力的 12965 人，占 61.68％；因病致贫的 13391 人，占 63.37％；因残致贫的 741 人，占 3.52％。在对扶贫对象进行精准识别的基础上，集中精力做好建档立卡工作，主动与民政、公安、住建、残联等部门的数据进行比对核查。重点是“六看”：一看房，二看粮，三看有无读书郎，四看劳力，五看交通，六看有无卧病床。通过“六看”，把扶贫对象摸准、家底搞实、原因搞清，然后逐一完善建档立卡数据信息，做到一村一本账、一户一档案。加强扶贫数据库管理力度，搭建以大数据为基础、全领域覆盖、全过程监督的扶贫开发综合平台，实现信息汇集、政策发布、供需对接、调度监督、成效评估等五大功能。重新绘制农村贫困人口分布、扶贫措施到户到人、脱贫人口动态管理“三张图”，将扶贫对象、扶贫措施、脱贫进度等情况全部细化上图，倒排工期、挂图作战。鼓励支持龙头企业通过实施养殖、种植等产业扶贫项目，帮助困难群众提升发展能力。依托有实力的公司开发乡村一日游、半日游产品，培育农家乐旅游项目。利用聊城新华联新能源科技有限公司的光伏产业，努力形成“村村搞光伏、户户能发电”的良好局面。依托东昌葫芦、木版年画、东昌毛笔、黄屯米酒等具有东昌府传统特色的工艺品和非物质文化遗产，筛选 5～10 个有条件的贫困村，实施电商扶贫项目。对考上大中专院校和中高职学校的贫困家庭子女，每年每人补助不低于 3000 元，确保农村贫困学生顺利完成学业。2016 年区低保线（2600 元）达到或高于国家扶贫标准线（2800 元），2018 年低保线达到省定扶贫标准线（3372 元）。对贫困“两癌”（乳腺癌、宫颈癌)妇女,每人发放救助金不低于2000元;对贫困留守流动儿童,每人每年补助不低于200元,确保贫困儿童顺利完成学业。实行联系帮扶机制,广泛开展“结穷亲、解穷困、斩穷根”行动,实行区、镇、村三级联动。建立“3+1”帮扶机制,即每个贫困村都有一位县级领导干部、一个区直部门、一个企业帮包,每个贫困户都有一名党员干部帮扶,坚持一包到底,脱贫任务完不成绝不收兵。推行部门公开承诺,按照“五通”(通路、通电、通水、通广播电视、通信息)、“十有”(有旱涝保收田、有致富项目、有办公房、有卫生室服务、有卫生保洁制度、有学前教育、有文化室和农家书屋、有健身场所、有良好生态环境、有就业保障措施)的任务目标,公开部门单位、贫困村基本现状、时间安排、推进措施及目标、责任人、责任科室、联系人及联系方式,全面接受社会监督。通过大力实施“产业带动、企业下乡、就业转移、助学解困、教育培训、医疗救助、基础设施、金融信贷、财政兜底、党建筑基”等十大工程,确保脱贫攻坚取得实效。

2016年2月,“春风行动”企业用工暨精准扶贫、就业先行大型招聘会在聊城国际会展中心举行,目的是更好地促进城乡劳动者特别是农村贫困人口转移就业,形成引导和鼓励城乡劳动者和外出务工人员返乡就业创业的新格局。

2016年10月,东昌府区“10·17”扶贫日活动在东昌上林苑启动。此次活动主题为“扶贫365·情暖你我他”,东昌上林苑“青年志愿者扶贫服务站”揭牌;聊城星光房产和盛木园林两家爱心企业向张炉集镇进行了扶贫捐赠。聊城星光房产投入12万元,认领贫困户葡萄树1000棵;盛木园林投入4万元,向4个省定贫困村捐赠树木4000棵,4年后每个省定贫困村可增收30万元以上。志愿者代表和东昌上林苑主要负责人在启动仪式上作了发言。

2016年,全区41个贫困村利用省、市、区专项产业扶贫资金1230万元,发展光伏发电、养驴及养殖场建设、猪舍建设、土鸡养殖、非洲雁养殖、食用菌大棚建设及苗木种植等项目47个;利用特色种养加基金275万元,建设14个扶贫养驴场,可带动600户贫困户脱贫致富;对全区所有符合银行贷款条件的贫困户进行了摸底,对76户符合条件的贫困户进行了评级授信，为31户贫困户发放“富民农户贷”，共计116.5万元，发展养鸡、蔬菜大棚种植等项目；为10家企业发放“富民生产贷”，共计2150万元。全区共有130余家企业以各种方式参与进来，通过产业带动、吸引劳动力就业、投身公益事业等模式，无偿捐赠款物折合人民币200余万元，吸纳1500余人就业，协议流转土地20000余亩。建设全区41个省定贫困村共61.7公里的村内道路。加快贫困户危房改造进度，全区378户贫困户危房改造在全市全面率先完成。斗虎屯、堂邑、道口铺和沙镇4个镇街6个贫困村的自来水管网升级改造工程已全部完成，共铺设管道11.44公里，建设水井房7座、设备房2座、闸门井18座、水表井196座。优先建设了覆盖8个贫困村的沙镇镇黄屯小学等5个薄弱学校项目。新建和改建、扩建了斗虎屯三山幼儿园等贫困村幼儿园5所，实现了贫困村幼儿教育全覆盖，贫困村学生上学难问题得到改善。至2016年底，全区共减贫13321人，23个贫困村实现摘帽，被评为“2016年度全市脱贫攻坚工作先进县(市、区)”。

2017年9月，东昌府区开展“1+1”好支部共建行动，“1+1”是指“1个部门(单位)党支部”加“1个农村(社区)党支部”。全区各行业各领域、各机关企事业单位结对全区农村、城市社区党支部。通过访贫问苦、访富问计、访贤问智，了解社情民意，共建过硬支部，共同服务群众，加强基层治理，助力脱贫攻坚。

2017年，全区共投入财政资金2046万元，建设产业扶贫项目26个，涉及8个镇(街道)。利用中央第二批财政专项扶贫资金240万元，与亿沣集团合作建设了18个蔬菜大棚，年收益达19.2万元，惠及贫困户980户。完成县乡公路及贫困村公路建设融资立项，与全市道路建设共同打包，总计贷款7.46亿元。在41个贫困村全部通路的基础上，又列入规划直接投资1050万元，修建33公里贫困村道路，间接投入到贫困村道路建设的资金2800多万元。推进城乡公交一体化建设，投资105.8万元修建50个贫困村候车亭。新建幼儿园3所，实现5个贫困村学前教育全覆盖。金融扶贫贷款余额7274万元，其中为31家经营主体发放“富民生产贷”6957万元，为78户贫困户发放“富民农户贷”317万元，支持新上种养项目80余个，带动1440名建档立卡贫困户稳定增收，极大地增强了贫困户的“造血”功能。成立由区、乡、村3级医疗人员组成的医疗团队14个，对患病致贫人员进行救治达4000余人次；开展“赶大集，送健康”“萤火虫进社区”等惠民义诊活动20余次，免费为群众查体诊疗12000余人次；开展健康教育讲座50余场，受益群众1万余人。发放“雨露计划”职业教育扶贫项目资金74人次、22.2万元；组织开展3期创业培训班，培训人员187人；组织开展农村电工等培训，260名贫困村农民参加；与省教育厅、省电大和聊城职业技术学院联合举办农村“两委”成员培训班，对88名村干部进行了大棚蔬菜种植、村办企业经营管理、新农村建设及法律法规等方面的专业培训。在深入推行贫困户“邻里互助”模式的基础上积极创新，在全省率先建立贫困失能人员集中供养中心，对特困家庭的智障、肢残、病残等失能人员进行集中供养，有效解决“一人失能，全家困境”的问题。供养中心能容纳失能人员102名，已入住46人，释放劳动力80余人，通过外出打工和发展产业项目，贫困家庭年增收可达到240余万元。创造性地以“互联网＋扶贫”“公益＋扶贫”模式组建“情暖水城”爱心众筹平台。平台集社会各界参与、扶贫产品销售、公益组织孵化于一体，属公益性质，2017年12月升级为市级爱心众筹平台。平台运行以来，举办募捐活动82场，18.7万爱心市民参加募捐，共募集物资6.3万件、资金260余万元，其中，发放物品3.7万件；入驻公益组织31家，实施扶贫公益项目6大类11项，开展各类公益活动260场，服务群众2.45万人次；爱心商场5月正式运行以来，有70家爱心企业的170多种商品参加四季公益义卖，23家扶贫企业的58种扶贫产品参与线上销售，共完成交易2.8万余笔，营业额230余万元，为贫困户增收近20万元，为扶贫公益项目募集资金13.8万元。

2017年东昌府区减贫5944人，18个省定贫困村全部摘帽，扶贫攻坚取得显著成效。在全省率先建立的集中供养帮扶模式作为全省17个典型案例之一（聊城市唯一）上报国务院扶贫办，在全国予以推广。

第六节　东昌府区革命老区建设促进会成立

东昌府区是富有光荣传统的革命老区，是聊城市委、市政府驻地，是全市政治经济文化商贸中心。早在1927年就建立起了鲁西北地区第一个党支部。抗日战争时期，地方党组织与国民党爱国将领范筑先建立了抗日民族统一战线，东昌府区成为鲁西北开展抗日活动的中心；解放战争时期，东昌府区是我党巩固的后方基地，地方党组织领导人民群众参军、参战、生产支前，为中国人民的解放事业和新中国的诞生作出了积极的贡献。

新中国成立以来，东昌府区人民在历届党委、政府的领导下，自力更生，艰苦创业，全力投入到社会主义革命、建设和改革开放的伟大事业中来，经济和社会面貌发生了翻天覆地的变化，经济实力不断增强，人民群众的生活水平明显提高。到2012年，全区生产总值完成201.55亿元，地方财政收入达到10.2亿元，全社会固定资产投资完成141.7亿元，全区城镇居民可支配收入达到23685.05元，农民人均收入8892.5元。

在经济社会取得平稳发展的同时，东昌府区的领导班子也清醒地认识到东昌府区与全国大多数革命老区一样，仍然存在发展基础差，经济总量小，城镇化水平低，可用财力不强，区内乡村发展不平衡等问题。解决这些问题的关键，必须得加快全区经济社会建设步伐。

早在1990年7月，在陈云、薄一波、宋任穷、习仲勋、陆定一、伍修权、杨成武等老一辈无产阶级革命家的关怀和倡议下，经党中央批准，一批从党政军各界领导岗位上退下来的老同志，联系社会各界爱心人士成立了中国老区建设促进会，简称“中国老促会”。中国老促会是在国家民政部正式注册登记的全国性社会团体，业务主管单位是国家发改委。随后，多个省、市 、自治区陆续建立起老促会组织，为老区建设服务。2009年5月，山东省革命老区建设促进会成立。2012年4月，聊城市革命老区建设促进会成立。此时，根据上级要求，凡属革命老区的地区都要建立老促会组织，并阐明革命老区建设促进会由退居二线的党政军干部和企事业单位负责人及社会知名人士组成，本着自愿、奉献、能干的原则，以“服务老区建设，促进老区发展”为宗旨，为促进老区建设作贡献，是具有联合性、社会公益性和非营利性的社会团体组织，是为加快革命老区建设和发展，为老区人民做好事、办实事的组织。

2011 年 12 月 14 日，中国老促会在《关于山东省聊城市老促会筹备组请示有关事宜的回复》中明确提出“山东省聊城市所辖八县(市区)都是按国家民政部标准认定的革命老区”。东昌府区是聊城市委市政府驻地，是聊城市中心区，当然是革命老区。聊城市老促会成立后，聊城市属各县市区相继成立或筹建老促会。

中共东昌府区委、东昌府区人民政府对建立老促会十分重视，2013 年 1 月 16 日，区委、区政府主要领导专门研究决定由区人大常委会原党组书记、第一副主任李兰芳同志负责牵头筹备组建东昌府区革命老区建设促进会。1 月 17 日，李兰芳同志就到聊城市老促会对接汇报工作，请求市老促会给予关心指导。1 月 19 日，李兰芳同志带领有关人员到莘县考察学习老促会筹建工作。2 月 27 日，李兰芳同志带领有关人员向区委副书记、区政协主席毕黎明同志汇报市老促会的要求和指导意见、莘县老促会的经验做法，并提出初步组建方案。3 月 3 日，李兰芳同志和有关人员再一次酝酿老促会人员组成；3 月 5 日，李兰芳同志和有关人员向毕黎明同志汇报老促会人员组成等有关事宜；3 月 7 日，毕黎明同志向区委书记李小平同志做了汇报，区委同意并由毕黎明同志尽快召开筹备领导小组工作会议。3 月 8 日，区委办公室印发了东昌办发〔2013〕1 号文件《关于成立东昌府区革命老区建设促进会筹建工作领导小组的通知 》。当日下午，在区委副书记、区政协主席毕黎明同志主持下，召开了东昌府区革命老区建设促进会筹建工作领导小组成员会议，宣布批准成立东昌府区革命老区建设促进会筹建工作领导小组，由李兰芳同志任领导小组组长，张金岭、姜玉昆、郭元堂、杨庆宝等同志任副组长，领导小组下设办公室，具体负责老促会的筹建工作。毕黎明同志在会上作了重要讲话，对如何做好筹建工作讲了三个方面的意见：一是充分认识老区建设的重大意义；二是超前谋划好老促会的筹建工作；三是进一步做好大会成立的各项工作。按照毕黎明同志讲的意见，李兰芳同志对筹建领导小组成员作了明确分工，并对下一步的具体任务作了安排。筹建期间，区委主要领导同志多次对工作进展情况进行调度、听取汇报，亲自解决筹建工作中遇到的困难和问题，并提出指导性意见和建议。在区委区政府领导的大力支持下，在市老促会的关心指导下，区老促会的筹建工作有序进行，制订工作计划，酝酿组成人选，起草《东昌府区革命老区建设促进会章程》《东昌府区革命老区建设促进会财务管理办法》《东昌府区革命老区建设促进会人员管理制度》等有关文件，完成会徽设计，进行注册登记等工作逐步顺利完成。

2013 年 3 月 14 日，聊城市东昌府区革命老区建设促进会正式挂牌成立。成立大会在原区政府第一会议室召开，区委副书记、区政协主席毕黎明同志代表区委区政府亲自到会祝贺，并作了重要讲话；李兰芳同志作了《关于东昌府区革命老区建设促进会筹建工作情况的报告》；大会进行了选举，李兰芳同志当选为东昌府区革命老区建设促进会首届会长 ，张金岭、姜玉昆、郭元堂、杨庆宝等同志当选副会长，张望舒同志当选秘书长。区老促会下设办公室、组织联络部、文化宣传部、经济建设开发部和妇女工作部等办公机构。办公地址在原区委办公楼二楼。为了更好开展工作，参照省市老促会的设置与做法，区老促会进一步完善了本会宗旨和业务范围，并于 2013 年 5 月 21 日成立了东昌府区革命老区建设促进会妇女工作委员会(简称“妇工委”)。

东昌府区老促会的宗旨是：坚持奉献精神，全心全意为东昌府区革命老区人民服务，积极围绕区委区政府中心工作和部署，广泛联系动员社会各界力量，为老区人民办实事、做好事，协助区委区政府促进老区经济文化和社会各项事业发展。

其主要业务范围是：(1)宣传中央、省、市有关加快革命老区建设的方针政策及区委区政府的有关决策部署。(2)宣传革命老区人民对中国革命事业和新中国的诞生作出的巨大牺牲和历史贡献，营造全社会都来关心支持革命老区经济文化和社会建设的良好氛围。(3)深入基层调查研究，真实反映老区的社情民意，向区委区政府提出加快发展的建议。(4)发挥桥梁和纽带作用，积极牵线搭桥，引进技术和人才，并动员协调社会各界力量帮助老区人民群众解决实际困难和问题。(5)开展业务培训工作，提高老区群众发展生产的技术能力和整体素质。(6)动员企业、事业科研单位、公益性社会团体参与老区扶贫开发，帮助老区人民脱贫致富。(7)加强与各地老促会联系，交流经验，互相学习，互相配合，共同促进老区建设和发展。(8)承办上级老促会及区委区政府交办的其他事项等。

根据上级老促会的要求，结合本区实际情况，东昌府区老促会在如下几个方面开展工作。

第一，深入基层调查研究，为区委区政府决策提供科学依据。开展调查研究是老促会工作的主要任务和基本职责，也是老促会的优势，更是为老区建设发展建言献策的重要基础。没有调查研究就没有发言权。只有调查研究，摸清实情，获得第一手资料，才能提出有价值的意见建议，才能当好区委区政府的参谋和助手。区老促会围绕区委区政府的中心工作，深入到镇、村组织座谈了解情况。一是对全区老区村情况摸清核实，对全区符合条件的 122 个老区村的人口、土地面积、成为老区村的条件逐个登记，做到心中有数。尤其是对 11 个市级重点老区村更是逐个深入到村，组织座谈了解情况。通过了解，摸清村里的发展优势、发展短板、存在的困难问题，共同理清下一步发展思路，帮助制定发展措施以及协调社会力量帮助解决问题。每个村都形成调研报告并汇编成册，留作资料。二是对全区革命遗址、遗迹及革命纪念设施调查摸底，挖掘并保护好红色基因，并提出修缮修复意见及宣传利用发展计划。三是对全区烈士、烈属、军属、退役军人进行了调查摸底。四是对当前农村“三留守”(留守儿童、留守妇女、留守老人)情况进行了调研。

第二，加强老区宣传工作，为加快老区建设发展凝心聚力。加强老区宣传工作是老促会一项重要的经常性的工作。区老促会从建会之日起就把弘扬老区精神，传承红色基因当成自己最重要的使命和责任，并作为工作的核心和主线始终坚持。老促会利用一切可利用的条件和手段宣传党的方针政策，宣传党领导人民建立的丰功伟绩，宣传老区人民为中国革命事业和民族独立解放所作出的巨大牺牲和历史贡献，宣传老区人民在党的领导下发奋努力所发生的巨大变化。通过宣传，唱响主旋律，传递正能量，弘扬老区精神，传承红色基因，激发人民群众干事创业的积极性，为实现“两个一百年”的奋斗目标，实现中华民族伟大复兴的中国梦凝心聚力。一是利用东昌电视台、《东昌时讯》等媒体进行宣传。二是在 2014 年上半年开始编辑出版会刊《东昌府革命老区》，该会刊设有上层精神、工作纪实、调查研究、红色记忆、会员风采、老区新貌等栏目，对宣传党的方针政策，宣传东昌府区所取得的成就、发生的变化，交流各地老区发展的做法经验，弘扬老区精神传承红色文化起到了很好的效果，受到了领导及各界读者的肯定。三是积极订阅《中国革命老区建设》，把刊物发放到区委、区政府领导班子成员和各镇街道党委，把有关加快革命老区建设发展的高层声音和中国老区建设促进会的决策部署传达到基层，使人民群众增强信心增长力量。四是动员组织文艺义演，利用歌曲、舞蹈、戏剧、曲艺等群众喜闻乐见的形式歌唱祖国、歌唱党、歌唱老区发展的巨大变化，弘扬老区精神，传承红色文化。五是利用节日、纪念日等重要节点举办专场文艺演出或举办座谈会来宣传老区精神，传承红色基因。如 2015 年 7 月 3 日在聊城实验中学举办“凝聚民族魂，共筑中国梦，纪念抗日战争胜利 70 周年文艺专场”演出；2016 年 10 月 26 日在聊城东方教育集团礼堂，举办了“壮举、奇迹、史诗——纪念红军长征胜利 80 周年大型文艺庆祝活动”专场演出；2019 年 9 月 20 日在聊城实验中学举办了“向国旗致敬庆祝新中国成立 70 周年”文艺演出；2014 年 11 月 10 日在聊城市阿尔卡迪亚会议中心举办了开国将军朱光同志百岁诞辰纪念座谈会；2017 年 12 月 26 日在聊城市阿尔卡迪亚会议中心举办纪念东昌县委成立 90 周年专题座谈会；2018 年 11 月 26 日，在聊城市阿尔卡迪亚会议中心召开了范筑先殉国与聊城保卫战 80 周年座谈会。六是 2016 年 7 月 16 日在市老促会的关心指导下，区老促会在全区举办革命老区知识竞赛，经过选拔有 6 个代表队在聊城八中礼堂进行了决赛。通过竞赛，宣传了革命老区知识，使大家受到了一次深刻的革命历史传统教育。七是利用一切机会、形式来宣传老区精神，传承红色基因。如举行市级重点老区村立碑、区老促会分会挂牌仪式等，想方设法把老区精神传达到千家万户。八是助力打造红色文化传承基地，弘扬老区精神传承红色基因。如助力凤凰集村打造将军牌坊、红色文化胡同、红色美丽庭院，助力候营办好红色村史馆，助力郑家镇建立朱光将军纪念馆，建议复建东昌县委旧址。这些都已成为红色教育基地，在传承红色基因方面发挥了积极的作用。

第三，发挥桥梁纽带作用，积极牵线搭桥为老区人民办实事、做好事。本着量力而行、尽力而为的原则，老促会发挥自身工作经验丰富，人脉资源广泛的优势,积极奔走牵线搭桥,争取资金技术支持,帮助群众解决生产生活中的困难。如为堂邑镇罗屯敬老院、道口铺中心敬老院、鸿福老年公寓等协调争取资金改善生活条件;为市级重点老区村沙镇孙老庄村、梁水镇江庄村、闫寺街道办事处凤凰集村协调资金打机井、修路、修桥、安装路灯等。

建会以来,在认真调研的基础上,撰写了20余万字的《东昌府区革命老区调研资料汇编》和《东昌府区革命老区基本情况调研资料汇编》;协助市老促会编辑了《老区巾帼群英谱》(东昌府区部分)一书;编辑出版了《东昌府革命老区》刊物8期,印发1万余册。组织协调了革命遗迹的挖掘、保护和修缮工作,如郑家镇朱光将军纪念馆、凤凰集将军牌坊、北周店聂子政纪念馆、侯营镇英雄纪念碑等。老促会在全区内组织建立了10支巾帼志愿者队伍,专为老区人民做好事、办实事。资助贫困学生320多人,救助贫困妇女300余人,培训家政人员2万多人次,帮助就业8000余人次;培训各类技术人员1万人次,举办残疾人培训班7次,受训人员310人;组织巡回医疗队赴老区村巡回义诊32次,义诊人数达1万多人次;在重阳节前夕,老促会坚持到社区、村、幸福院、区爱心幸福院、幸福九号、区中心幸福院看望老人,并给老人们送文艺大餐,让老人们不出院门看到精彩的文艺节目;几年来,区老促会在六一儿童节先后到滨河实验学校、聊城五中和凤凰集小学开展活动,为学生发放学习用品,传承红色文化。老促会还积极争取协调引进资金380多万元,为市重点老区村打机井15眼,修建下水道300米,修公路5条,改建旧桥一座,为4个市重点老区村购置了办公用品(老板台、办公桌椅、空调)价值6余万元,改善了办公条件,受到了老区人民群众的欢迎。东昌府区老促会在做好自身工作的同时,还圆满完成了上级老促会交办的各项任务,承办了省老促会妇工委在东昌府区召开的大型工作现场会议两次:2018年4月29日,在张炉集镇承办了全省妇女工作项目对接会;2019年10月在鸿福老年公寓承办了全省老区妇女工作会议。区老促会于2014年、2015年、2016年、2017年、2019年、2020年六获中国老区建设促进会颁发的“全国老区宣传工作三等奖”,2015年10月荣获“全国革命老区减贫贡献奖”,2020年6月荣获山东省革命老区建设促进会颁发的“支持革命老区建设先进单位”等荣誉称号。老促会妇工委 2014 年 5 月荣获全国“爱在老区红旗集体”，2017 年 12 月荣获省“老区脱贫先进妇女组织”，2019 年 10 月荣获“省妇女技能培训基地”、“巾帼扶贫示范基地”等集体荣誉称号。区老促会会长李兰芳同志于 2017 年 6 月荣获全国“老区脱贫，巾帼标兵”荣誉称号，妇工委主任王子波同志于 2014 年 5 月荣获全国“筑梦老区出彩女性”先进个人荣誉称号。区老促会全体同志怀着对党的忠诚，对老区的热爱，不图名利，不计得失，团结实干，甘于奉献，用心用情服务老区，以实实在在的奉献精神得到了上级领导和人民群众的肯定与欢迎，以实际行动树立和维护了老促会的良好形象，必将在老区发展史上留下浓墨重彩的一笔。

第十三章
贯彻新发展理念，推动高质量发展

2018年以来，东昌府区坚持以习近平新时代中国特色社会主义思想为指导，按照省委"走在前列、全面开创"的目标定位和市委"争创一流、走在前列"的总体要求，认真贯彻落实新发展理念，聚力实施新旧动能转换重大工程，锚定高质量发展不动摇，担当作为、务实苦干，攻坚克难、狠抓落实，经济社会发展取得新成绩、迈上新台阶。2018年，全区生产总值完成417.73亿元，同比增长6.1%；规模以上固定资产投资完成额增长11.5%；一般公共预算收入完成36.8亿元，增长5%，其中税收收入30.2亿元，占财政收入的82.1%，财政、税收收入总量均居全市第一；社会消费品零售总额297.77亿元，同比增长4.9%；城乡居民人均可支配收入分别达到28336元和13632元，同比分别增长8.5%和9%。再次入选"全国投资潜力百强区"，位列第79位，较2017年提升两个位次，并首次入选"全国科技创新百强区"；在全市新旧动能转换重点项目观摩评比、经济社会发展综合考核中均获得第一名。2019年，全区生产总值完成448.67亿元，同比增长5.9%；一般公共预算收入完成39.1亿元，同比增长6.3%；规模以上工业总产值、固定资产投资完成额分别达到180.7亿元、152.98亿元；全体居民人均可支配收入达到24306元，同比增长9.5%。获得"中国木版年画之乡""全国绿化模范单位""四好农村路，全国示范县"等荣誉称号，获得全市经济社会发展综合考核第一名，首次入选"全国综合实力百强区"，连续两年入选"全国科技创新百强区"，连续三年入选"全国投资潜力百强区"。

第一节 新旧动能转换扎实推进

2017年12月28日，由聊城市经信委、聊城市两化融合促进中心主办，区经信局协办的“云行鲁西”企业上云巡回宣讲——东昌府区活动在昌润大酒店三楼国际会议室举行。工作中，东昌府区努力构建生态产业体系、创新发展体系、市场推广体系和政策环境体系四个体系，推动工业企业信息化和工业化深度融合，破解发展瓶颈，实现工业企业转型升级，让“企业上云”成为推动新旧动能转换的“云动能”，为新旧动能转换提供强大的支撑和保障。

2018年1月12日，东昌府区—南郊新旧动能转换基金签约仪式举行。随着经济发展进入新常态，经济增长动力、资源要素条件等都发生了深刻变化。为解决基金难题，助力新旧动能转换，东昌府区设立“聊城东昌-南郊新旧动能转换基金”，主要用于投资东昌府区的储备项目或直接投资其子基金投资的项目，总规模50亿元，投资存续期7年。

2018年3月3日，东昌府区经济工作暨实施新旧动能转换重大工程动员会议召开。会议的主要任务是深入学习贯彻党的十九大精神，全面贯彻落实中央和省市经济工作会议、金融工作会议精神，按照全省新旧动能转换重大工程动员大会的安排部署，动员全区上下思想再解放、改革再深入、工作再抓实，推动东昌府区创新发展、率先发展、领先发展。

2018年4月3日，东昌府区举行“加快新旧动能转换，推动供给侧结构性改革”专题讲座。授课专家在报告中针对我国经济进入新时代，社会主要矛盾发生变化的大背景，紧密结合党的十九大报告精神和习近平新时代中国特色社会主义经济思想，用生动活泼的案例、深入浅出的经济学理论，从战略和全局的高度，从世界各国发展历程、国家发展大势和地方发展形势，深刻阐述了加快发展新经济、培育新动能的方向和趋势，深刻阐述了加快新旧动能转换，推动供给侧结构性改革的极端重要性。对于东昌府区加快新旧动能转换步伐、推动经济转型升级，特别是解放思想、转变观念、创新举措，提供了指导和借鉴。

2018年5月15日，市委副书记、市长宋军继来东昌府区就新旧动能转换、棚户区改造、老旧小区提升等工作进行调研。宋军继强调，要坚持高标准定位，抢抓机遇，找准优势，以更实的举措推动经济发展质量变革、效率变革、动力变革。要突出重点，力争实现新突破。工业要找准着力点，重点发展新能源汽车和高端装备制造产业，着力提高产品附加值和核心竞争力。服务业要突破发展，大力发展楼宇经济、总部经济、商业综合体，以新模式、新业态引领现代服务业新发展。要立足自身资源优势，推动文化旅游业大发展。要高质高效推进民生工程建设，坚持科学规划、合理布局，重点抓好资金筹措、征地拆迁、项目开工、配套建设等工作，提升城市品质。

2018年，东昌府区紧紧围绕“保持全市先进、争创全国百强”的目标，聚焦聚力“1+5”重点工作，加快新旧动能转换步伐，积极作为、攻坚克难，全区经济社会取得平稳较快发展。加快新旧动能转换步伐，产业结构不断优化。按照“打造全市新旧动能转换先行区”的目标定位，科学谋划了“两城引领、三园支撑、四带协同、全城联动”的空间布局，即突出“主城”和“高铁新城”的核心引极作用，强化嘉明经济开发区、凤凰工业园和郑家工业园的载体支撑作用，抓好大运河文化旅游带、大外环生态农业带、京九绿色物流带、湖南路创新创业带，创新区城协同发展机制、实现错位发展、互动发展。明确了“234”的产业发展思路，即重点打造新能源汽车、轴承及保持器两大百亿产业集群，加快培育高端装备制造、节能环保、医养健康三个新兴产业，加快提升高效农业、文化旅游、现代金融、商贸物流四个优势传统产业。目前，成立了总规模60亿元的新旧动能转换基金，建立了总投资566.7亿元的新旧动能转换重大项目库。加快新型工业转型，大力实施“24211”工程，规模以上工业企业达到196家，市级以上各类科研创新平台达到97家。大力发展现代农业，建成高效集约蔬菜温室9185个，高产创建示范方面积4.5万亩；积极融入“聊·胜一筹!”农产品区域公共品牌，“三品一标”认证企业达到23家、产品100个。现代服务业持续繁荣，今年一季度，服务业增加值实现37.71亿元，税收完成7.82亿元，占税收收入的70.32%。新旧动能转换助力乡村振兴，城乡面貌焕然一新。通过聘请浙江大学中国农村发展研究院制定乡村振兴战略规划，建立了“乡村振兴战略智库平台”。培植壮大农业“新六产”，做大做强福和中药材等现代农业园区，加快建设立海农业等高标准示范园区，积极打造品牌农业。创新“创森＋”模式，把创建国家森林城市与“路长制”、美丽乡村等有机结合，大力实施森林进城围城、村镇绿化美化等工程，累计完成植树造林 9 万亩。重点项目领域，东昌府区确定了“1＋2”重点推进建设项目 139 个，年度计划投资 354 亿元，截至 5 月底，完成投资 66.4 亿元。与此同时，加大招商引资力度，并取得显著成效，上报市招商项目 24 个，计划总投资 98.1 亿元。深化行政审批制度改革，确定区级“最多跑一次”许可事项 188 项，12 项实现“零跑腿”。加快了投融资体制改革，成立全市首家城市建设发展基金，直接融资 70 亿元，为经济发展开辟绿色通道。立足扎实开展棚户区改造，东昌府区启动了后街三期等 13 个棚改项目，征迁面积 100 余万平方米。墩台王等 20 个安置区全部开工，建成安置房 1.8 万套。以文明城市创建、卫生城市复审迎检为抓手，扎实开展背街小巷环境提升、老旧小区改造等攻坚行动，西关街西延等 19 条道路开工建设，24 个老旧小区进行整体改造。侯营镇、堂邑镇等 4 个美丽乡村示范片区创建工作有序推进，闫寺街道、郑家镇等第三批小城镇提升工程进入扫尾阶段。新旧动能转换促进社会民生持续改善。大力实施精准扶贫，投资 3000 万元，精心实施高效集约蔬菜温室、文化旅游等特色扶贫项目，发放“富民农户贷”“富民生产贷”2122 万元。高度重视教育事业，投资 26 亿元，建设学校幼儿园项目 62 个。

2018 年 11 月 1 日，聊城市新旧动能转换重大项目现场推进会议与会人员来东昌府区观摩指导，听取东昌府区新旧动能转换、社会民生、城市基础设施建设等重点项目的情况汇报，对重点项目建设成效进行现场考察评价。2018 年，东昌府区坚持以新旧动能转换为总抓手，深入实施大项目带动战略，以持续不断的优质高效投入，汇聚发展新动能、增创发展新优势，取得了显著成效。围绕新旧动能转换、社会民生、城市基础设施建设三大领域，实施了 86 个重点推进项目，计划总投资 476 亿元。

2018 年，东昌府区立足于自身条件和优势，瞄准“智能制造”“绿色制造”“服务型制造”“跨界融合”四个主攻方向，以“24211”重点工程项目为抓手，发展形成了中通新能源汽车及零部件、郑家轴承保持器两大产业集群，以嘉明智能制造产业园、中科阳光产业园、科技信息产业园、鲁西小微产业园四个园区为依托，不断加大科技投入，在技术创新、品牌创建、提质增效上先行一步、抢占制高点，新兴产业科技支撑明显增强，发展动力显著提升。全区战略性新兴产业重点项目22家，主要涉及新信息技术、新能源新材料、高端装备、医养健康等四大新兴产业，2018年总产值达34亿元，占全区规模以上企业生产总值的11.3%；企业数量占全区规模以上企业比重约为11.2%。高端制造产业势头强劲。高度重视高端制造产业发展，在政策、财税、人才等方面不断进行帮助和扶持，发展势头明显提升，成为东昌府区新兴产业发展的支柱。一些高端制造产业具有技术含量和附加值高、占据产业链核心部位的特征，产品可广泛应用于航空产业、卫星及应用产业、轨道交通装备业、海洋工程装备以及智能制造装备等细分领域，快速发展的势头非常强劲。新能源新材料产业潜力巨大。东昌府区新能源新材料产业起步较早，目前已形成一定规模，有着良好的产业基础和发展潜力。信息技术产业崭露头角。新一代信息技术产业具有创新活跃、渗透性强、更新换代快等特点，被公认为是引领未来经济、科技和社会发展的一支重要力量，东昌府区信息技术产业经过多年发展，已形成了一定的产业基础。新兴信息技术产业的形成，为东昌府区战略性新兴产业发展提供了强大动力支撑。生物医药产业前景广阔。东昌府区生物医药产业基础相对薄弱，但近年来以鑫科生物、中泰药业、昌裕集团宝乐来、潮生生物科技为代表的生物医药企业发展态势迅猛，发展潜力巨大。东昌府区生物医药产业发展后劲更加充足，呈现出了广阔的发展前景。

2019年，东昌府区全面贯彻落实中央、省、市经济工作会议精神，聚焦聚力工业领域新旧动能转换，突出抓好重点项目建设、工业经济新增长点、跟踪服务企业等工作，加快推动工业经济高质量发展，一季度全区工业经济运行呈现诸多亮点，实现良好开局。工业指标趋实向好。1～2月，82家规模以上工业企业实现工业总产值17.3亿元，同比增长0.74%。实现主营业务收入17.2亿元、利税1599万元。工业项目建设顺利。继续落实重点工业项目推进"五步工作法"，从选项目、定政策、签合同、抓落地、促投产五个方面着力解决"落地慢、落地难"的问题，一批高科技、成长性强、产品市场成熟的工业企业落户东昌府区。新能源汽车研究院、黑鲨科技等项目顺利落地；深圳三维通、快材光电及七个激光类项目也成功签约准备落地嘉明智能制造产业园和鲁西小微产业园。截至目前，"1+2"重点建设项目（实施类）21 个，计划总投资 69 亿元，全年计划投资 33 亿元，1～2 月已完成投资 2.28 亿元。主导产业结构整合优化。由传统的机械装备及零部件、农副产品加工、化工建材、纺织服装、轴承及保持器、金属材料加工等六大主导产业向新能源汽车及零部件、轴承及保持架、智能制造三大产业整合。发展工业导向鲜明。2018 年以来"工业十条"和"24211"重点工程两个文件引发关注，确立了积极推动工业发展的鲜明导向，为全区工业新旧动能转换保驾护航，在全区企业界引起了良好反响。区工信局牵头下发了第一批企业因土地、规划手续等因素制约企业发展的企业名单和尽快办理相关手续的通知，破解了部分企业的瓶颈。

2019 年 4 月 25 日，东昌府区新旧动能转换重点项目现场观摩会召开，实地观摩各镇（街道、园区）2019 年第一季度的工作成效，进一步激励全区党员干部敢于担当、奋发有为，推动经济社会持续健康发展，努力开创各项工作新局面。活动中，与会人员利用一天的时间，现场观摩了聊城设计创意产业园、许窑片区改造项目、南朱片区棚户区改造项目、聊城特殊教育中心学校、山东黑鲨智能科技氢燃料无人机项目、立海现代农业项目等 27 个重点项目。2019 年，全区重点实施类项目 90 个，计划总投资 376.4 亿元，年度计划投资 142.1 亿元，1～3 月份完成投资 20.09 亿元，完成年度计划的 14.1%。

2019 年 5 月 24 日，聊城市新旧动能转换重点项目上半年现场观摩总结会议在东昌宾馆举行。全市会议结束后，东昌府区接续召开会议，就加快重点项目建设作出部署。会议强调，下一步工作中，要牢固树立加快新旧动能转换的高度紧迫感，统一思想认识，特别应当清醒地看到，与先进县市区相比，东昌府区存在的问题和面临的外部压力。要聚焦聚力重点项目，树立项目为王理念，一切为了项目干，项目为了落地干，在抓项目中检验干部工作能力和工作作风。要增强各镇街、园区主导推动的责任、各部门服务保障的责任、县级领导干部帮包督导的责任，围绕实施新旧动能转换重大工程，认真谋划一批大项目。要抓牢项目建设关键环节，统筹抓好项目落地、项目开工、建设进度、项目效益等工作，确保项目尽快落地见效。要聚焦聚力“双招双引”，在“双招双引”上再加力再提速，精准捕捉引资引智线索，精准用好以商招商、以企招商、平台招商等模式，抢抓机遇，乘势而上，一锤接着一锤打，一环扣着一环抓，把“双招双引”工作抓好、抓出成效，推动东昌府区实现争先进位、高质量发展。

2019 年，为促进新旧动能转换，支持加快新旧动能转换重点工程，推动全区经济更高质量、更有效率、更可持续发展，东昌府区结合实际情况，出台了“1＋5”支持新旧动能转换系列财政政策。“1＋5”支持新旧动能转换系列财政政策，是以促进新旧动能转换为统领，以提高发展质量效益为中心，通过完善财政体制、创新财政政策、集聚财政资源，为实施新旧动能转换重大工程提供有力保障。“1＋5”支持新旧动能转换系列财政政策共包含 1 个政策，即《关于支持新旧动能转换重大工程的若干财政政策》；5 个实施意见，即《关于支持新旧动能转换重大工程财政体制激励政策的实施意见》《关于支持发展我市“九大”产业集群财政政策的实施意见》《关于支持新旧动能转换重大工程若干税收政策的实施意见》《关于支持科技创新服务新旧动能转换重大工程财政政策的实施意见》《关于财政金融政策协同配合支持新旧动能转换重大工程的实施意见》。“1＋5”支持新旧动能转换系列财政政策，涵盖了财政体制、资金投入、税费激励、基金保障、财政金融配合等财税政策各个方面。

2019 年 7 月 27 日，东昌府区上半年新旧动能转换重点项目现场观摩会召开。会议要求，要策划包装抓招商，充分结合东昌府区区位优势，大力发展新型业态，建设城市综合体。要引进各种研发性机构和企业，从而形成一批税收过亿元的楼宇经济、总部经济，带动区域经济发展。要因地制宜，围绕智能制造、现代服务业等优势产业，打好策划仗。要推动项目的招引、洽谈、签约落地，谋划项目要盘活资源，科学谋划。选择项目要提高标准，立足长远。会议强调，要突出重点抓落地，解决好项目手续、征迁等落地瓶颈。要担当作为抓落实。项目是推动东昌府区高质量发展的“牛鼻子”，是一切工作的重中之重。要进一步树牢“项目为王”的意识，坚持以问题为导向，建立问题清单、责任清单、时限清单，压实属地镇（街道）、园区和手续办理部门、领域牵头部门等各方面的责任，确保问题提报精确、解决措施有力。全区上下一定要切实强化责任感、使命感和紧迫感，全力以赴推进项目建设，确保圆满完成全年目标任务。

2019年，东昌府区立足产业优势和交通优势，编制《东昌府区新旧动能转换重大工程实施规划（2018～2022年）》，精心培育“4＋5”产业集群，即新能源汽车及零部件、高端装备制造、科技信息、医养健康4个新兴产业，轴承及保持器、高效农业、文化旅游、商贸物流、现代金融5个传统产业，为企业发展创造良好环境，全力支持企业发展壮大。加快推进高铁新城建设，打造新旧动能转换高地。以高铁站为中心，在高铁新城布局产业孵化、科研成果转化的“水城创谷”，重点发展现代金融、现代物流、文化旅游、科技信息服务、医养健康等高端产业。聘请上海智库策划高铁新城产业战略，天津大学城市规划设计团队编制城市规划设计。5月27日，围绕高铁新城建设及新旧动能中心建设，东昌府区与绿地控股集团有限公司签署了战略合作框架协议。完成郑济、雄商两条高铁线及聊城高铁站的前期勘探及沿线立交桥协议签订等前期准备工作。大力实施园区提升工程，打造高端装备产业高地。实施郑家、嘉明、凤凰三个工业园区提升工程，加强园区基础设施建设，推动高端装备相关配套产业向园区集中。加快郑家轴承产业园区建设，成立了山东省轴承保持器产业技术创新战略联盟、山东省轴承保持器技术研究院。加快嘉明智能制造产业园建设。依托山东黑鲨智能科技氢燃料无人机等双招双引项目，实现智能制造产业集群化发展。该园区已注册登记的企业192家，完成投资42亿元，行业涵盖物流、食品加工、化工、医药、纺织、机械、电子等。加快凤凰工业园区建设。依托中通轻客新能源汽车及零部件等项目，实现新能源汽车及零部件产业集群化发展。稳步实施创新平台倍增，打造科技信息服务高地。在中国科学院北京国家技术转移中心的支持下，东昌府区与中科创新园合作共建集成果转化、风险投资、孵化加速、展览展示和科技服务于一体的中科(聊城)科技创新园,预计五年内创新园常驻孵化企业20家以上,每年出孵企业5家以上。打造鲁西小微产业园,为小微企业搭建基础、人力资源、金融、技术、销售、商会、信息、物流等八大服务平台。

2019年12月2日,聊城市新旧动能转换重点项目下半年现场观摩团来东昌府区观摩。其间,与会人员先后观摩了万达欢乐小镇文化旅游商业综合体项目、风貌街小学以校带园项目、聊城设计创意产业园项目、聊城国际医疗设备智能制造项目、聊城新时代新能源空气源热泵项目、中通新能源汽车升级改造项目,详细了解了东昌府区新旧动能转换重点项目规划设计和建设等有关情况。

2019年12月21日,2020年好客山东贺年会暨文旅融合示范区项目江北水城欢乐小镇启动仪式举行。江北水城欢乐小镇是东昌府区抢抓"文旅兴市"机遇,聚焦高质量发展、实施大项目带动而引进建设的大型城市综合体。作为文旅商融合的示范单位,江北水城欢乐小镇定位立足聊城,辐射、服务鲁冀豫三省交界区,以"文化为魂、旅游为翼、生态为底、产业为柱",包括时尚中心城市奥特莱斯、万达广场、万豪酒店区、卫育紫荆公园、月星国际家居广场、配套住宅区六个部分,按4A级文化旅游景区标准打造聊街、深圳街等七条文化情景街区,是鲁冀豫三省交接区域规模大、业态全、品牌多、档次高,集文化旅游功能、商业功能为一体的"巨型商业文化旅游业航母"。

第二节　改革、开放、创新协同发力

2017年12月25日,区政务服务中心行政审批"一窗受理"正式运行,实现"一窗接件、受办分离、分类审批、限时办结",标志着东昌府区深化"放管服"改革取得新的突破。东昌府区实行的"一窗受理",按照"前台统一受理、后台分类审批、统一窗口出件"的政务服务新模式,变串联审批为并联审批,变"一事跑多窗"为"一窗办多事",实现了政务服务一窗受理、数据共享和效率提升。在业务办理过程中,企业、群众可将办理业务涉及的所有申请材料一次性全部交由"一窗受理"窗口工作人员，再由工作人员将提交的申请材料实时录入政务服务平台，推送至相关部门窗口，各审批部门窗口按需自行下载清单资料，同步审批，内部流转，在规定时限内由发证窗口统一出证，群众办事无须再跑多个审批部门。

2018 年 4 月 16 日，十三届区委全面深化改革领导小组第十次会议召开。会议传达学习了中央全面深化改革委员会第一次会议精神，研究了《中共东昌府区委全面深化改革领导小组 2018 年工作要点》《关于深化律师制度改革的实施意见》《关于深化统计管理体制改革提高统计数据真实性的实施意见》，对下步工作进行了安排部署。

2018 年 5 月 19 日，由中共聊城市委、市政府主办，市委宣传部、市科技局、市科协、区委、区政府等单位承办的 2018 年聊城市科技活动周活动正式启动。本届科技活动周的主题是“科技创新　强国富民”，将以群众性科技活动为主，针对公众对科技多样化需求，展示科技自身高质量发展的成就；面向公众举办互动、体验、参与性的科技活动和公益活动。

2018 年 8 月 15 日，区委全面深化改革领导小组第十三次会议召开。会议传达学习了中央全面深化改革委员会第三次会议精神，研究了《关于进一步完善产权保护制度依法保护产权的实施意见》《东昌府区建立以绿色生态为导向的农业补贴制度改革实施方案》《关于完善农村土地所有权承包经营权分置办法的实施意见》《关于加强耕地保护和改进占补平衡的贯彻落实方案》。

2018 年 10 月，“2018 年中国中小城市科学发展指数研究成果”发布，报告从多个维度出发，对中小城市综合实力指数、绿色发展指数、投资潜力指数、科技创新指数、新型城镇化质量指数进行了系统研究与评价，评选出了“2018 年度全国综合实力百强区”“2018 年度全国投资潜力百强区”等十一大榜单。东昌府区入围“2018 年度全国投资潜力百强区”和“2018 年度全国科技创新百强区”，分别位居第 79 位和第 95 位。中小城市是推动国民经济发展的重要力量。中小城市科学发展指数研究体系以“创新、协调、绿色、开放、共享”新发展理念为指导，率先提出中小城市综合实力指数、绿色发展指数、投资潜力指数、科技创新指数、新型城镇化质量指数的概念和理论，通过研究树立全国综合实力百强县（区）等发展典型，引领中小城市在全面建设社会主义现代化强国新征程中发挥更积极的作用。2018 年，东昌府区深入贯彻习近平新时代中国特色社会主义思想和党的十九大精神，坚持稳中求进工作总基调，主动对标高质量发展要求，以供给侧结构性改革为主线，以新旧动能转换重大工程为引领，全区经济运行呈现增速稳定、转型加快、质量提升、民生改善等良好态势。下一步，东昌府区将继续抓好骨干企业经济运行，多措并举破解资金瓶颈制约，突出重点项目建设，加强经济运行监测分析，确保经济持续发力。

2018 年 10 月 10～13 日，东昌府区组织沃鑫工艺制品有限公司参加了在广州举行的第十五届中国国际中小企业博览会。东昌府区沃鑫工艺制品有限公司 20 余种参展品受到多家企业青睐，展出的高档高硼硅玻璃杯产品与多家企业达成合作意向。通过参会，进一步提高东昌府区参展企业开拓市场特别是省外市场的能力，对帮助东昌府区中小企业了解国家产业政策和行业信息，加快创新发展、转型升级，尽快融入国内国际市场起到了积极的推动作用，达到了扶持、服务中小企业的目的。东昌府区参展企业借助此次展会，切实拓宽发展渠道，在更多领域、更深层次上与参会企业达成合作意向。

2018 年 10 月，区人社局率先在全市完成第一批业务梳理，简化工作程序，明确业务流程，在提升经办水平、优化服务质量工作中取得了显著成效。简化工作程序，到一个窗口“一次办结”。对涉及人社工作“进驻行政服务大厅”的 4 项行政权力业务，做到“两集中，两到位”，将“受理、实地勘察、审批、证书打印、证书发放”所有业务环节进入大厅一次办理，杜绝出现办事企业、群众“两头跑、多次跑”现象发生。成立行政审批科，科长进驻大厅，将原来 4 项业务由两个科室经办、三位领导分管的复杂程序，简化为一个科室经办一位领导分管。刻制了“行政审批专用章”，所有审批业务统一加盖行政审批专用章，无须再回人社局审批；重点强化对群众关注度高的业务进行梳理，提高办事效率，缩短办结时限。运用“互联网＋人社”提高服务水平。创新养老金领取资格认证方式，开发“微人社”服务平台，在全市甚至全省首先探索使用 App 认证方式，让“信息多跑路、群众少跑腿”。实施“三化”建设，助推“一次办好”。区人社局积极开展社保业务经办系统、场所设施、服务质量的标准化、信息化、一体化建设，让参保企业和参保群众享受到更高效的社保服务。2018年初，启动了跨省异地就医费用直接结算系统，参保群众异地报销医药费省心、省时、省力、省钱。优化服务环境，设立服务评价箱，接受服务对象的监督。在综合服务大厅的醒目位置，设立服务评价箱，评价分为三个等级，分别是满意、一般、不满意。群众办完业务后，可以将工作人员的评价名片投入相对应的等级进行评价，一方面督促工作人员积极服务，另一方面为区人社局科学考核窗口工作提供依据。在人社综合服务大厅一楼门厅设立了引导服务咨询台，方便办事群众咨询办理相关业务；增设便民饮水机，配备了便民药箱，提供剪刀、胶水、花镜、复印、网络查询等免费公共用品和服务。

2018年12月15日，十三届区委全面深化改革领导小组第十六次会议召开。会议传达学习了中央全面深化改革委员会第五次会议精神；审议通过了《关于加快推进农业绿色发展的实施意见》《关于加强和完善城乡社区治理的实施意见》《关于深入推进安全生产领域改革发展的实施意见》《东昌府区农村人居环境整治三年行动实施方案》。会议指出，推进农业绿色发展，是贯彻新发展理念、推进农业供给侧结构性改革的必然要求，是守住绿水青山、建设美丽中国的时代担当，也是加快东昌府区现代高效农业建设，促进农业可持续发展的迫切需要。实施乡村振兴战略，必须把保护生态环境放在优先位置，坚持质量兴农、绿色兴农，增加绿色优质农产品供给，构建绿色发展产业链价值链，变绿色为效益，促进农民增收。会议强调，城乡社区是人民群众安居乐业的家园，是党和国家许多政策措施落实的“最后一公里”，对于巩固党的执政基础具有重大意义。要加强党对城乡社区治理工作的领导，加强社区服务型党组织建设，切实发挥基层党组织领导核心作用，努力把城乡社区建设成为和谐有序、绿色文明、创新包容、共建共享、幸福美好的幸福家园。会议要求，对于安全生产工作，要突出抓好隐患排查治理，着力提升企业安全生产管理水平，坚决守住发展决不能以牺牲安全为代价这条红线，为全区经济社会健康稳定发展营造良好的环境。会议强调，改善农村人居环境，事关广大农民根本福祉，事关农村社会文明和谐。各部门要站在讲政治的高度，按照职责分工，各司其职、各负其责，不等不靠抓推进，不折不扣抓落实，聚焦农民反映最强烈的垃圾、污水、村容村貌等突出问题，大幅度提升美丽乡村建设水平。

2018年，东昌府区以信息化为引领，建设统一的公共信息服务平台，推进企业上云，在更高层次上实现政务管理高效、民生服务便捷、产业转型升级。建设了“智慧东昌”项目，初步形成了“一云、一门、两个中心、十一项应用”的智能城市建设格局。“一云”是指智慧东昌云，主要为云应用和各智慧应用提供计算储存资源；“一门”是指城市统一门户，主要为个人、企业和办公人员提供便捷智能化服务；“两个中心”是云应用承载融合中心和城市运营智慧管理中心，主要提供信息化基础建设和社会数据资源，形成城市管理的跨部门、跨领域的协同指挥能力；“十一项应用”是指智慧办公、智能考核、智慧环保、智慧城管、智慧统计、雪亮工程、扬尘监测、重点项目管理、24211（工业产业管理）、社保信息资源整合、违建监管处置等11项智慧城市管理工作。

2018年，东昌府区紧紧围绕科技创新工作，认真贯彻执行党的路线、方针、政策，大力实施创新驱动发展战略，不断强化企业创新主体地位，持续完善区域创新体系，科技创新工作取得新的进展和突破。创新创业环境不断优化。按照中央、省、市加快创新发展、新旧动能转换重大工程的重大决策部署，研究起草出台了《关于加快科技创新驱动发展的意见》等文件，为全区创新创业营造了良好的政策环境。高新技术产业稳步增长。积极培育战略性新兴产业和高新技术企业，充分发挥创新型骨干企业的引领作用，加大对科技成长型企业培育指导力度，使之成为全区高新技术产业链条中的重要环节。自主创新能力明显提升。引导企业研发申报专利技术，促进专利技术产业的发展，提高企业核心竞争力。开展知识产权优势企业培育工作，聊城市新欣金帝保持器科技有限公司等两家企业完成年度考核，推荐中通钢构股份有限公司申报国家优势企业。各类创新载体加快集聚。加快推进中科（聊城）创新示范园建设，充分发挥园区的桥梁和平台作用，成功举办“新旧动能转换与创新驱动”高峰论坛暨首届中国科学院科技成果推介会等对接交流活动。

2019年3月31日，区委全面深化改革委员会第一次会议召开。会议传达学习了中央全面深化改革委员会第六次会议精神，省委全面深化改革委员会第一次、第二次会议精神，审议了《区委全面深化改革委员会工作规则》《区委全面深化改革委员会专项小组工作规则》《区委全面深化改革委员会办公室工作细则》《东昌府区新时代文明实践中心建设工作实施方案》《关于加快推进区级涉农资金统筹整合的实施意见》。会议指出，建设新时代文明实践中心，是深入宣传习近平新时代中国特色社会主义思想的重要载体，全区各部门要做好新时代文明实践工作，打通宣传群众、教育群众、关心群众、服务群众的“最后一公里”，更好满足人民群众日益增长的精神需求，培育向上向善的力量，巩固党的执政基础和群众基础，让习近平新时代中国特色社会主义思想在东昌府区落地生根。加快推进区级涉农资金统筹整合，是落实中央、省、市关于探索建立涉农资金统筹整合长效机制的决策部署，是解决涉农资金多头管理、交叉重复、使用分散等问题的重大战略举措。要改革涉农资金管理体制，创新涉农资金分配机制，优化财政支农投入供给，以区级涉农资金统筹整合带动全区涉农资金统筹整合，为全面实施乡村振兴战略、打好精准脱贫攻坚战提供有力保障。

2019年4月11日，区委副书记、区长刘培国率东昌府区考察团，赴菏泽市牡丹区考察学习电子商务产业。通过考察学习，考察团成员看到牡丹区在近年来的发展中，电子商务产业取得的良好成效，大力度、大手笔、大气魄是他们的成事之基，也是东昌府区在今后工作开展中应该借鉴的宝贵经验；东昌府区一定要正视差距，定目标、定措施，立足当前实际，高标准、高起点、高质量地科学谋划发展战略，精心制定发展规划，严格工作目标和要求；东昌府区要在全区营造尊重企业、尊重人才、尊重创新、尊重创业的浓厚氛围，完善政策、吸引人才，让创新创业者在东昌府区能够充分施展聪明才智；各级领导干部要带头转变观念，敬业奉献、敢于担当、立说立行、持之以恒，推动东昌府区各项工作走在全市前列，在决胜全面小康、实现高质量发展的征程中取得更大成绩。

2019年4月24日，东昌府区举办东昌论坛“以思想大解放引领经济社会高质量发展”专题讲座。有关专家在报告中围绕习近平新时代中国特色社会主义思想和党的十九大精神，紧密结合政府工作报告和中央经济工作会议精神，运用大量翔实的数据和案例，充分分析了当前国内、国际政治经济形势和我国改革发展面临的问题、挑战和发展方向，从新时代经济社会高质量发展、经济社会高质量发展的基础、供给侧结构性改革发展走向、推进高质量发展的核心思想等几个方面进行了深入浅出的讲解。报告主题鲜明、数据翔实，内容丰富，对推动东昌府区经济社会高质量发展具有重要的指导意义。

2019 年 5 月 9 日，东昌府区“双招双引”暨民营经济政策兑现大会召开。会议指出，要肯定成绩，正视差距，切实增强做好“双招双引”（招商引资、招才引智）和民营经济工作的责任感。全区“双招双引”工作主要呈现以下几个特点：一是双招双引的浓厚氛围正在形成；二是承接项目落地的条件日趋完善；三是推进重点项目的工作机制有力有效；四是各类要素整合基本到位。会议要求，要解放思想抓环境、要打造宽松的政策环境、优质的服务环境、科学的监管环境，同时完善配套的市场环节。要围绕优势抓谋划。要抓住京津冀协同发展等一系列国家重大发展战略叠加区的区位优势，依托郑济高铁、雄商高铁、聊城机场、西部高铁新城等重大优势和条件，围绕现有产业打造“产业链”，抓紧抓好“双招双引”工作。会议强调，要创新模式抓招商。要结合全区自身特点，卓有成效地开展平台招商、以商招商、产业招商、基金招商，精心准备项目，广泛联络客商，力求谈成一批项目、引进一批资金、吸引一批人才。要转变作风抓落实。强化对区直有关部门，各镇（街道）、园区下达目标任务的考核，重点考核到位资金、开工项目数、竣工项目数三项指标，列出完备项目、进行项目、意向项目三张清单，通过三次排名（前三季度）年底一次总评确定成绩，同时加强调度，建立周调度、月通报、季排名、年总评工作制度。

2019 年，东昌府区围绕经济社会发展新要求，落实好各项目标任务，不断强化服务意识，全方位提升服务质量和水平，以强化载体建设，为企业发展开辟“绿色通道”，打造“引才招智”新模式，努力推动高质量发展。加强载体建设，支持创新创业。加强就业创业指导中心建设，开发App，积极开展网站网上受理、办理相关业务，宣传创业政策，力求通过政府搭建公共创业服务平台，整合社会服务资源，建立集创业项目征集推介、创业指导、创业担保贷款、一次性岗位补贴、一次性创业补贴发放、创业大赛、创业之星、创业型社区申报、创业孵化园区管理指导、创业齐鲁训练营选拔、创业培训等于一体的高标准亮点工程。继续做好创业担保贷款发放工作，将创业贷款个人发放标准由10万元提升到15万元，由2年全额贴息变为3年。积极主动联系团委、妇联，推动“鲁青基准贷”“巾帼创业贷”等工作，帮扶各类创业人员资金需求。坚持招才引智，打造人才高地。牢固树立人力资源是第一资源的理念，进一步建立健全股权激励、资金分红、基金支持、风险共担机制，完善柔性引才、事业留才、科学用才、多元育才政策，常态化组织专家企业见面会等对接活动，全力加快专家公寓建设，用更加真诚的态度、更加优越的条件、更加开放的姿态，吸引高层次人才来东昌府区发展。落实支持科技创新的政策，积极探索产学研合作、成果转化新模式，构建开放、协同、高效的共性技术研发平台。以科技企业孵化器、众创空间为重点，着力培育创新型企业，支持高新技术企业发展，不断提高高新技术产业产值占比，为推进新旧动能转换、实现高质量发展提供强有力的人才和科技支撑。

2019年5月14日，区委全面深化改革委员会第二次会议召开。会议传达学习了中央全面深化改革委员会第七次会议、省委全面深化改革委员会第三次会议精神，通过了《建立政府向本级人大常委会报告国有资产管理情况制度》《关于人大预算审查监督重点向支出预算和政策拓展的贯彻落实意见的通知》等文件。会议强调，当前和今后一个时期，各部门要坚持问题导向，突出制度创新，从解决制约东昌府区经济社会发展的难点痛点堵点问题入手，推出一批切实管用的重大改革举措。要加快出台改革文件，促使改革方案尽快落地见效。要进一步细化分解改革任务，落实责任，确保各项改革措施落地、落实、落细。要用好督察考核办法，确保改革取得实质性成果。

2019年，东昌府区以“改革、创新、服务”为主题，深入开展“放管服”改革工作，扎实推进“一次办好”改革工作，为东昌府区经济发展提供最优服务。政务服务持续优化。在全市率先实行“一窗受理”和帮办、代办，对158项行政许可事项实行“全科大夫”式受理，并对群众常办的“我要开饭店”等28个事项，实行“菜单式”一链办理，同时将1439项政务服务事项纳入网上办理，服务效能和审批效率大幅提升，精简群众申报材料20%、节约办事时间60%，竭力解决办证多、办证难、跑腿多、时限长等问题。同时，在全区所有镇(街道、园区)按照“六统一”的要求建立了便民服务中心，将56项群众常办事项打破科室、站所界线，纳入便民中心由工作人员全科办理，并在全区所有村庄建立了村级代办点，将政务服务延伸到了群众家门口。深化相对集中行政许可权改革。将127项行政许可、37项相关联政务服务事项，进行逐项研究，进一步精简申报材料，减少审批环节，压缩审批时限。对没有法律法规依据的、能通过个人现有证照证明的、能采取申请人书面承诺方式解决的、能被其他材料涵盖或替代的、能通过信息共享核验的材料和所有兜底性条款一律取消，通过内部信息互换，最大程度减少群众的麻烦。同时，对每个政务服务事项的流程合法性进行论证，精简不必要的环节，对申请人只需要提供纸质材料、进行现场审查的实现当场办结。实行容缺受理、超时默认、联合踏勘，进一步提高审批效率。区行政审批服务局制定了《推进政务服务容缺受理工作实施方案》《行政审批超时默认制度》等文件，对符合条件的企业和项目实行容缺受理和超时默认，减少了申请人因申请材料不全或存在缺陷引起的重复往返现象，更好地推动大众创业、万众创新，激发市场活力和社会创造力。对需要多个科室进行踏勘的项目实行联合踏勘，不仅合并了若干审批环节，也缩短了审批路径，减少了项目审批的在途时间。

2019年6月10日，中鸿东昌府智造产业基金在东昌府区正式签约并举行揭牌仪式。规模10亿元的中鸿东昌府智造产业基金是全市第一家智能制造专业化产业基金，其成立目的是帮助全区新兴制造产业发展，解决企业发展资金难题。它的成立标志着东昌府区投融资创新工作实现新的突破，也标志着东昌府区为新兴金融资本和高科技企业合作共赢发展搭建了新的平台。

2019年，东昌府区以“改革、创新、服务”为主题，围绕发展所需、基层所盼、民心所向，推进实体大厅、网上大厅、掌上大厅“三厅”融合，深入推进审批服务便民化，努力推动全区营商环境持续优化。强化“三厅”融合的信息支撑，加大对“网上办、掌上办、代您办”的宣传力度。完善外网申报渠道，扩大“物流寄送”服务范围，为“三厅”融合和“一次办好”改革提供基础配套支撑。在各新闻媒体上对“一次办好”改革新政、外网申报流程、免费寄送服务等进行了多方位宣传，将山东省政务服务网(聊城市·东昌府区)、“智慧东昌府”微信公众号的二维码制作成海报在政务服务大厅醒目位置、室外宣传栏进行了张贴，在室内外大屏幕进行滚动播出，提高群众知晓度。

2019 年 6 月 26 日，江北水城“双招双引”大会隆重开幕，来自国内外的 380 多名嘉宾齐聚一堂，共商合作大计，共享发展机遇。大会以习近平新时代中国特色社会主义思想为指导，深入贯彻落实党的十九大精神，进一步提高全社会高质量发展意识，加大产业招商力度，更好发挥企业家示范作用，凝心聚力、振奋精神，助推聊城市新旧动能转换重大工程和“双招双引”工作不断取得新的进展。其中，东昌府区现场签约三个合同项目，计划投资总额约 226 亿元。

2019 年，东昌府区以党建引领基层治理体制机制创新，坚持问题导向、统筹兼顾、探索创新、依法推进的原则，探索创立了“161”(一清单、六制度、一平台)属地管理新模式，通过“技术＋制度＋人员”的新型平台运转体系，利用高科技手段打造“乡呼县应”“事呼双应”双向呼叫通道，在城乡建设、应急管理、环保整治、市场监管、综合执法等各项重点工作中全面介入、无缝对接，初步形成了权责清晰、分工合理、运行高效的“智慧东昌”基层治理体系。

2019 年，东昌府区举全力推进“双招双引”工作，建立了“1＋7＋4”工作保障机制，充分利用江北水城“双招双引”大会平台，充分发挥“全国投资潜力百强区”金字招牌作用，灵活开展委托招商、以商招商、园区招商、基金招商，推动“双招双引”提质升级。自“双招双引”工作开展以来，建立健全了工作领导小组，下设办公室，根据省、市考核办法要求，及时调整了成员单位，形成了定期研究“双招双引”工作的良好机制。区委、区政府主要领导同志亲自抓，各县级领导按照产业招商分工，负责十强产业项目的招商推进工作。镇、街道、园区都成立了“双招双引”专门机构，明确了工作分管领导和具体工作人员，形成了上下协调的沟通机制。精准对接，量身定制。东昌府区打破常规，针对客商、项目的实际需求，量身定制招商政策和合作方式，对症下药破解瓶颈。梳理项目，分类推进。对各镇、街道、园区的“双招双引”项目进行梳理，分别按照手续完备项目、重点推进项目、合同意向项目三个类别进行动态管理。同时，建立每周调度、每月通报制度。“双招双引”领导小组及时掌握项目进展情况，各牵头部门每周形成部门工作情况和进展情况汇总，报主要领导掌握。每月按照到位资金完成比例进行排名，形成比学赶超的良好氛围。创新模式，提高招商成效。紧紧围绕提升“双招双引”实效，用足用活投资参股、代建厂房、工业地产、拎包入驻等办法，切实加快嘉明智能制造产业园、中通新能源汽车生产基地、鲁西国际小微产业园、中科(聊城)创新园等平台建设，充分发挥中鸿东昌府智造产业基金的作用，盯紧京津冀、深耕珠三角，精心做好平台招商、基金招商、产业招商、委托招商、以商招商等文章，着力引进了一批优质项目、高端人才。

第三节　城乡建设统筹推进

2018 年 2 月，百亿服务业项目——缤纷日月城大型城市综合体拆迁、建设现场，热火朝天的场面令人振奋。该项目占地 1200 余亩，规划总建筑面积 144 万平方米，为冀鲁豫交界地区规模最大、理念最新、业态最全的大型城市生活商业综合体。与缤纷日月城项目毗邻而居，形成呼应的是另一个服务业大项目——“运河城”商贸综合体，成为拉动城区经济发展的强大引擎。这是东昌府区找准民生改善与新旧动能转换的契合点，聚焦优势资源，助力新旧动能转换工作落实的缩影。

2018 年 5 月 7 日，全区棚户区改造暨城建重点项目观摩推进会召开。会议强调，要强化效率意识，在“快”字上下功夫。要统一思想、加快推进，抢机遇、抢进度、抢先机，真正做到“快”字当头，又快又稳。要强化责任意识，在“实”上下功夫。要在其位谋其政，尽其责善其事，进一步压实镇(街道)园区、有关部门及帮包领导的责任，集中精力推进，确保按时间节点完成建设任务。要强化考核意识，在“严”字上下功夫。要创新督查方式，采取日常督查、专项督查、综合督查等方式，对项目进行全过程督查，建立督查台账和问题清单，对账销号。要健全完善通报约谈、项目考核机制，努力营造“一心一意抓项目、齐心协力抓城建”的浓厚氛围。要强化安全意识，在“稳”字上下功夫。要坚决确保政治安全、生产安全和信访安全，真正做到既干成事又不出事。

2018 年 8 月 9 日，全区乡村振兴战略座谈会召开。会议指出，要统一思想，提高认识。全区各级各部门要从讲政治的角度，切实把乡村振兴工作抓紧抓好，要以乡村振兴战略为主抓手，统筹抓好基层党组织建设、环保、城乡环卫一体化等工作。要科学谋划。要做好村镇总体规划，坚持突出特色，合理做好社区选址和建设工作，全力打造集田园、生态、宜居于一体的新型农村社区；要做好土地利用规划，根据社区、村镇实际，合理制定一个可实施的规划；要做好产业规划，坚持“规划引领、集中配套、分期实施”的原则，通过打造典型社区示范点、以农业龙头企业为示范等方式，以点带面，集中、盘活、用好农业资源，做好三产融合，实现土地规模化、集中化经营，真正达到“产业兴旺、生态宜居、乡风文明、治理有效、生活富裕”的总体要求；要按照“土地流转、企业运营、村庄整合”的原则，坚持优先靠近驻地、算好经济账、必须有产业、充分尊重农民意愿和务必安置好的标准做好社区建设试点的选择。要加强领导，加快推进。有关镇(街道)党(工)委主要负责人要迅速建立健全相关领导体制，加速规划设计和协调，按照时间节点加快推进；其他相关部门要各司其职，积极配合，形成合力，共同推进农村社区建设工作。

2018 年，东昌府区按照“产业兴旺、生态宜居、乡风文明、治理有效、生活富裕”的总体要求，着力抓好“五个振兴”(乡村产业振兴、乡村人才振兴、乡村文化振兴、乡村生态振兴和乡村组织振兴)，助力乡村振兴战略深入实施。上半年，全区农业增加值实现 20.9 亿元，同比增长 3.3%；农村居民人均可支配收入达 6978 元，增长 8.9%，农业农村经济保持了平稳健康发展的良好势头。抓产业振兴。积极推进农业供给侧改革，大力促进农业一二三产融合，培育发展农业“新六产”，海睿、亿沣等 32

家现有示范园区规模档次进一步提升，立海农业示范园、福和冷鲜蔬菜加工、金正动漫运河葫芦产业园等三产融合项目建设进展顺利。积极培育新型农业经营主体，新增农业专业合作社53家、家庭农场7家。强化农产品质量安全监管，建立健全农产品质量安全追溯系统，6家企业产品被授权使用“聊·胜一筹!”品牌。“三品一标”认证企业达到23家、产品达100个，认证面积29.6万亩。抓人才振兴。设立专项人才发展资金1000万元，培训新型职业农民、新型渔民、农机手2530余人次，评选“东昌府区乡村之星”19名，申报入围“泰山产业领军人才”1名、“齐鲁和谐使者”1名、“齐鲁首席技师”1名、“西部隆起带引进急需紧缺人才”3名，入选第五批国家级非遗代表性项目及传承人2人。抓文化振兴。591个农村综合性文化服务中心建设已全部完工，完成农村公益电影放映1200场次，优先为41个省定贫困村进行文艺汇演近百场次，举办大规模文化培训4期，培训文艺骨干800余人次，极大丰富了农村群众的业余文化生活。抓生态振兴。区镇两级河长共巡河1334次，国省道、县乡道两侧已拆除45万平方米，完成造林2.6万亩，打造了侯营、堂邑等4个美丽乡村市级示范片区，均位居全市前列。代表聊城市接受了省河长办督导检查、省财政厅美丽乡村第三方绩效考核。东昌府区是代表聊城市参加“全国绿化模范先进县(区)”评选的唯一县(区)。抓组织振兴。选出3168名农村“两委”成员，年龄结构和文化层次进一步优化。举办了3期“两委”干部培训班，实现了全员轮训，农村带头人的能力素质得到明显加强。持续推进“村集体增收三年攻坚行动”，共消除集体经济“空壳村”171个，集体收入过3万元的村增加到429个。

2018年，东昌府区不断加大住房和城乡建设工作力度，增强政策扶持，切实提升老旧小区改造和物业管理水平迈上新台阶。建立健全基层物业管理机构，为老旧小区改造提供组织保障。领导小组牵头组织协调，在全区建立起“区、办事处(园区)、社区”三级物业管理机构，区里成立物业管理办公室，负责全区物业管理工作；城区三个办事处、两个工业园区也相应成立物业管理机构，配备人员、车辆、经费；每个社区明确一名工作人员具体负责物业管理工作。为推进工作开展，先后制定出台了《关于开展老旧小区整治提升和长效管理的实施意见》《关于加强物业管理工作的意见》等文件，明确了老旧小区改造按照“属地管理”的原则，由各街道对辖区内老旧小区改造负总责，区住建局负责业务指导，各社区具体抓落实，同时明确了改造步骤和保障措施，并对街道、园区和区有关部门的物业管理职责和老旧小区改造职责进行了规范，解决了老旧小区改造“谁来抓、怎么抓”的问题，为做好老旧小区改造打下了坚实基础。严格遵循改造程序，全力推进老旧小区改造实施。2015～2017年，东昌府区启动并完成了99个老旧小区的改造，总投资达12000余万元，总面积达126.7万平方米，并获得当年全市老旧小区改造第一名的好成绩；2018年，东昌府区启动了82个老旧小区的改造，总投资6581.6万元，总面积64.71万平方米。建立老旧小区长效管理机制，巩固老旧小区改造成果。主要采取两种方式建立老旧小区长效管理模式：一是由社区出面协调，通过招投标引入物业企业对小区进行管理，如铁路益民小区、柳泉花园小区等通过招投标引入物业公司进行管理。二是对引入物业企业管理有困难的小区，由属地办事处、社区进行托底管理。由办事处、社区联系物业企业，为小区提供最基本的保洁、垃圾清运、安保等服务，从根本上解决了老旧小区“有新貌、无人管”的问题。

2018年10月23日，东昌府区举办东昌论坛“开展三变改革，促进乡村振兴”专题讲座。有关专家在报告中以生动的语言、开阔的视野和鲜活的案例，深入浅出地从什么是“三变”改革、为什么“三变”改革、怎么样“三变”改革等方面进行了系统、全面的讲解。同时结合自己的研究成果和成功实践，详细介绍了全国先进地区开展“三变”改革发展经济方面的成功经验和典型做法，增强了实施乡村振兴战略的信心和决心。

2018年，东昌府区以乡村振兴战略为抓手，不断加快美丽乡村建设，深入开展乡村文明行动，积极推动农业现代化，大力实施“村集体增收三年攻坚行动”，乡村振兴战略扎实推进。制定乡村振兴“施工图”。委托浙江大学中国农村发展研究院科学编制《东昌府区乡村振兴战略规划》和《东昌府区乡村“五个振兴”工作方案》。其中，《东昌府区乡村振兴战略规划》明确了全区乡村振兴的总体定位、主题形象和发展目标，确定了“一心一带、三片三轴”的总体布局。从村镇发展引导、分期建设、运营管理、保障体系等四个方面，制定乡村振兴五个方面的实施方案，提出了乡村振兴的发展思路。加快推进三产融合，大力发展农业“新六产”。立海农业、金正动漫运河葫芦、五联鑫等产业融合项目进展顺利。全区新增农业专业合作社53家、家庭农场7家，“三品一标”认证企业达到23家、产品达100个。完成土地流转31.78万亩，占比达到43.6%。新建大棚3789个，占全年市级目标任务的90.8%。大力推进乡村振兴示范行动。启动了堂邑北关、郑家温集两个市级乡村振兴示范片区和侯营东泓区级示范片区建设。加快制定《东昌府区区域乡村建设规划(2018～2030)》。该规划经过多轮征求意见，已通过专家评审会，正在报市里批复。同时，对45个有历史文化传统及少数民族习俗的村子予以保留，与此对应的土地利用规划、社区建设规划和产业发展规划也在制定中。

2018年，东昌府区强势推进棚户区改造，积极抢抓棚改政策机遇，不断提升城市建设管理水平，统筹推进村镇建设，新型城镇化建设全力推进，有力促进了经济社会的发展。棚户区改造方面，前三季度，分三批启动许窑、西关街南片区、后街三期等25个棚改项目的征地拆迁，改造面积240万平方米，全区的棚户改造工作各项指标均位列全市前列。2018年，列入省棚改计划的项目共18个、14520套，先后组织6次现场观摩活动，调度解决项目开工遇到的各种问题。安置区建设方面，全区已顺利完成利民居委、邓王、仙庄等6个项目的竣工交付工作，唐庄片区、董付片区等14个安置区于2018年底前陆续交付使用。城市建设管理方面，加大对已开工建设的西关街西延等建设项目的督导调度力度，加快施工进度，继续做好综合管廊、绿化等建设工作。82个老旧小区改造已完成79个项目，对于引入物业管理有困难的老旧小区，继续坚持由属地办事处、社区进行托底管理的长效管理机制。先后出台《东昌府区物业管理工作综合考核办法》等文件，进一步明确物业管理职能，并初步建立物业信用管理平台，强化对物业企业的管理，提高全区物业行业的规范化服务水平。村镇建设方面，扎实推进村镇建设规划编制工作，全区区域乡村建设、农村专项供暖等规划编制推进顺利，其中《东昌府区区域乡村建设规划》已于9月份上旬顺利通过专家评审。全力推进乡镇粪污环保PPP项目，高度重视农村改厕后续管护工作，确保农村改厕沼液抽取工作顺利进行。对精准扶贫危房改造进一步进行摸排，积极对新纳入的建档立卡贫困户疑似危房进行鉴定，对确系危房的贫困户，要求各镇（街道）立即搬离，符合条件的积极进行改造。

2019年1月26日，东昌府区城市管理提升年暨小区物业专项治理工作动员会召开。会议要求，要突出重点，狠抓关键，扎实开展好城市管理和物业管理各项工作。拿出更大的力度、更强的举措，以综合行政执法体系建设为引领，加快体制机制、市区全域、城乡统筹融合，提升城市管理效能；要以精细化管理为抓手，严格落实网格化监管制度，加强市容市貌环境治理，强化环境卫生管理，铁腕治理违法建设行为，扎实做好城乡环卫一体化工作，全力推动智慧城管全覆盖，不断提升城市管理水平；要以群众满意度为目标，各街道、园区、物业管理部门和物业服务企业一定要认清形势，提高认识，端正态度，顺应民意，改进服务，重塑形象，确保小区物业管理水平不断提升；要结合工作实际，进一步提高和规范我区城市管理、物业管理工作，开展好"城市管理提升年"和"物业管理规范年"专项活动。

2019年7月11日，东昌府区棚户区改造观摩推进会议召开。会议要求，要继续将棚户区改造工作作为东昌府区重点工作来抓。提高对棚改工作的认识。牢牢抓住国家棚改工作的窗口期，加快步伐，推动东昌府区棚改工作取得新进展。要坚持问题导向，千方百计解决问题。多渠道做好资金筹措，合力攻坚，全面完成征地拆迁扫尾工作。各部门要在项目指挥部指挥下形成合力，保持大局观念，敢于开展工作，把工作做到前头，加快手续办理进度，力促棚改工作早日落实。要坚持作风引领，保持攻坚克难的劲头。各负其责，面对问题不抱怨，勇于直面问题、解决问题。会议强调，要加强协调配合，自觉、主动地开展各项工作。要不断强化考核奖惩制度，确保各项工作取得实效。始终坚持公平、公开、公正的原则，坚持在阳光下操作，充分利用好信息化手段加快工作进度。

2019年8月2日，《聊城市东昌府区乡村振兴战略规划（2018～

2022年)》专家评审会召开。专家组经过评议后认为,《聊城市东昌府区乡村振兴战略规划(2018~2022年)》从东昌府区乡村发展动力、资源和制约因素等方面进行了科学分析,提出了乡村振兴的发展思路,规划系统全面,目标明确,措施具体,战略性高,前瞻性和可操作性强,一致同意通过评审。

2019年,东昌府区紧紧围绕贫困人口"两不愁三保障"(不愁吃、不愁穿,义务教育、基本医疗和住房安全有保障)目标,不断推进脱贫攻坚工作向纵深开展。全区共有省定贫困村41个,省扶贫工作重点村15个,现有已脱贫享受政策贫困户5469户10352名。强化组织领导方面,区委、区政府高度重视扶贫开发工作,始终把脱贫攻坚作为"一号工程"和最大的"民生工程"来抓。精准落实政策方面,在2019年9月份开展的"扶贫政策集中宣传月暨扶贫政策落实回头看"活动中,将全区所有享受扶贫政策贫困户应享受的低保、"五保"、分红、资助等惠民政策全部发放到位。狠抓产业项目方面,利用各类扶贫资金1582万元发展钢架式葡萄大棚项目等5个产业项目,并于9月底将项目收益发放至贫困户一卡通。同时,开展产业项目百日攻坚行动,抽调区财政局、区审计局精干力量组成项目工作专班,对2016年以来所有产业项目逐个"过筛子",对发现的问题逐条逐项建立台账,限时销号整改。开展常态暗访。提升脱贫质量方面,7月,结合市级贫困群众居住环境和生活条件"双提升"活动,在全市率先开展"整洁小庭院·提振精气神"行动,致力解决贫困群众"精神贫困"和家庭"脏乱差"的现象。全区党员干部群众1万余人次参与活动,投入资金15万余元,整理贫困家庭庭院5100余户,实现贫困群众生活环境和精神面貌双提升,全市贫困群众"双提升"工作现场会和现场推进会均在东昌府区召开。开展扶贫扶志方面,在全国第六个扶贫日之际,通过民主评议、乡镇推荐、区级评审的方式,评选出了王玉敬、潘海霞等10名"脱贫之星",在聊城市社会扶贫工作现场会上进行公开表彰,山东省电视台、大众日报、大众网等多家媒体对东昌府区"脱贫之星"进行采访报道,为全区建档立卡贫困人口树立脱贫致富榜样,鼓励他们向"脱贫之星"学习,加快脱贫步伐。

第四节　三大攻坚战成效显著

2017 年 10 月，党的十九大在北京胜利召开。党的十九大报告明确指出，从现在到 2020 年是全面建成小康社会决胜期，要坚决打好防范化解重大风险、精准脱贫、污染防治的攻坚战（简称“三大攻坚战”），使全面建成小康社会得到人民认可、经得起历史检验。

2018 年以来，东昌府区坚定不移贯彻习近平总书记扶贫开发重要战略思想，坚持把脱贫攻坚作为头号政治任务和重大民生工程来抓，坚持问题导向、瞄准重点领域和薄弱环节，切实提高脱贫攻坚工作的质量和成效。强化动态管理。充分利用大数据等新技术对贫困户信息开展常态化核查比对，着力解决识别退出精准度不高的问题，特别是对省市反馈的贫困人口疑似问题，安排专人进村入户调查核实，目前调查工作已全面完成；强化对相关扶贫人口的跟踪了解和持续帮扶，及时纳入主动发现或突发变故等应纳人员，确保其得到及时救助和帮扶。强化社会帮扶。依托“情暖水城”爱心众筹平台，整合职能部门、志愿服务等资源，构建社会扶贫的长效机制，累计受益群众达 4.8 万人次。同时，通过因地制宜发展特色产业、推进扶贫车间建设、开发村级公益性劳务岗位、发挥新型农业经营主体的带动作用、发展农村电商等措施，引导贫困群众发展扶贫项目，量身定制脱贫措施。强化项目管理。着力抓好项目的立项提报关、审核审批关、组织实施关、竣工验收关，以项目的有效实施带动贫困人口增收脱贫。进一步强化对扶贫开发项目的后续管理和跟踪问效工作，严格执行《东昌府区财政专项资金产业扶贫项目跟踪管理办法》等项目管理文件，从加强日常管理维护、强化项目监管、做好风险防控、及时收取发放收益、严肃责任追究等方面着手建立管护机制。强化扶贫资金管理。根据脱贫需求及时下达资金使用计划，科学安排扶贫资金，确保每一分钱都用在刀刃上；加快资金拨付进度，让资金跟着项目走；搞好资金整合，做到应整尽整，把各项涉农资金统筹整合到一个笼子里，集中用于脱贫攻坚；加强扶贫资金监管，针对易发问题制定《扶贫专项资金使用程序流程》，进一步规范扶贫资金管理使用情况，防止“跑冒滴漏”，确保扶贫资金专款专用；搞好小额扶贫信贷贴息和风险补偿，建立健全风险预警机制，防范扶贫信贷风险。强化扶贫资产管理。出台《东昌府区扶贫资产收益监管和分配办法（试行）》，针对近几年各级投入的财政专项扶贫资金及形成的资产，做好清产、核资、登记工作，明确扶贫资产经营主体、产权主体和受益主体，强化资产运营与管理，推进扶贫资产循环利用，确保扶贫资产保值增值、贫困群众长期受益。

2018 年 5 月 31 日，省老促会、市老促会和区老促会在东昌府区举行“巾帼扶贫”项目对接活动。活动中，与会人员共同参观考察了聊城鸿福老年公寓二期工程建设情况及张炉集镇云朵庄园，并在张炉集镇召开座谈会，洽谈项目对接事宜。

2018 年，区民营经济发展局把大气污染联防联控工作当作全局的一项重点工作来抓，采取有力措施，把做好大气污染联防联控工作不断引向深入。制定了《东昌府区民营局 2018 年大气污染防治工作方案》，明确了大气污染防治工作的指导思想和主要任务。根据工作职责，抽调 20 多位工作人员为 54 家重污染天气减排企业的驻厂员，围绕全面推行工业污染防治、铸造行业实施部分错峰生产、建材行业全面实施错峰生产等重点任务，把所涉及的不同行业的企业具体分配到每一位驻厂员，实行一厂一策，在重大污染天气来临时，及时通知企业启动应急预案，督导每一个企业，按环保要求进行生产作业，按上级要求的时间节点进行生产作业。通过这些举措，调动了大家的工作积极性，有效地推动了这项工作的顺利进行，为减轻重污染天气的影响和打赢蓝天保卫战贡献一份力量。

2018 年 7 月，东昌府区开展为期三个月的全面排查污染源专项行动。此次全面排查将覆盖全区辖区内所有产生排放废水、废气、噪声、固体废物的大中型企业，全面检查木材加工、机械配件生产，小型养殖专业户，砂石料场，馒头房、豆腐坊、洗浴店、饭店等小型制造加工厂、小作坊、个体工商户及辖区内河道沟渠排污口等，详细掌握他们使用的主要原材料、燃料类型，主要产品及产量，排放的污染物种类及排放去向，是否办理相关环保手续、是否配套建设污染物治理设施等，获取详细、准确的生产活动基础数据。

2018年，东昌府区不断完善工作机制，创新思路举措，以摘掉“穷帽子”、拔掉“穷根子”的决胜信心推动扶贫工作取得扎实成效。41个省定贫困村已全部摘帽，2016年、2017年均超额完成了省市下达的减贫任务。全区现有贫困户5798户10490人，已脱贫（享受政策）贫困户5688户10257人。东昌府区2016年度被授予“全市扶贫开发工作先进单位”，2017年在全市扶贫开发工作考核中位居全市第三，在7个非重点县中位列第一。精准施策，大力发展产业扶贫项目。先后投入财政专项扶贫资金3930万元，建设光伏发电、扶贫养驴场、亿沣扶贫蔬菜大棚及乡村旅游等项目74个，带动1000余户贫困户脱贫增收。2018年，又集中利用专项扶贫资金和涉农整合资金2740万元，先后组织实施了斗虎屯种养结合、亿沣扶贫大棚等6个优质产业项目，年可产生收益200余万元，可实现对插花贫困户扶贫项目帮扶全覆盖。整合资源，强力推进行业扶贫。累计投入资金2.7亿元，实施了贫困村道路、城乡公交一体化等项目。同时，成立了由区、乡、村三级医疗人员组成的医疗团队共14个，对患病致贫人员进行救治达4000余人次。积极开展创业培训，先后组织举办各类培训班15次，2000余名贫困群众从中受益。区级财政安排1000万元专项资金开展扶贫贷款融资增信，为87户贫困户发放“富民农户贷”48.5万元，发展养鸡、蔬菜大棚种植等项目；开展“富民生产贷”，共为38家经营主体发放富民生产贷款8233万元，帮扶带动1646名贫困群众实现稳定增收。创新模式，打造精准扶贫亮点。在全省率先建立贫困失能人员集中供养中心，对特困家庭中的智障、肢残、病残等失能人员进行集中供养，有效解决了“一人失能，全家困境”的问题。目前，集中供养中心可容纳失能人员102名，已入住54人，释放劳动力80余人，贫困家庭年增收达到240余万元，该模式在全国予以推广。创造性地以“互联网＋扶贫”“公益＋扶贫”模式组建了集社会各界参与、扶贫产品销售、公益组织孵化于一体的公益众筹平台——“情暖水城”爱心众筹平台，目前已升级为市级爱心众筹平台。平台运行以来，共募集物资7.3万件、资金260余万元，入驻公益组织31家，累计受益群众达4.65万人次。

2018年，东昌府区不断加大金融风险防控处置工作力度，持续关注企业资金链安全问题，把担保圈风险化解工作作为重中之重，做好了重点企业的金融监测和预警，根据“一圈一策，逐圈化解”的原则，不断提高金融风险防控处置能力和水平，有效地维护了区域金融稳定，促进了经济平稳健康发展。加强对金融风险防控的组织领导。深入贯彻落实市级一系列金融风险防控政策文件，出台了《东昌府区企业担保圈风险防控处置工作方案》，成立了由党政一把手为组长的东昌府区金融风险防控处置工作领导小组，还成立了区维护金融稳定、企业担保圈风险防控处置和打击恶意逃废金融债务专项行动3个工作领导小组，除此之外，建立了完善的金融风险防控处置制度和程序，明确了相关职责和要求，确保组织领导和人员机构到位，对担保圈衍变、还贷续贷、生产经营法人资产保护和不良舆情等5个重点环节风险进行重点监控。不断加强对地方金融组织的监管。全面贯彻落实《山东省地方金融条例》，继续加强地方金融监管和维护地方金融稳定，通过日常调度、现场检查、年度行业年审和分类评级等多种形式，加强对辖区内担保公司的监管，确保其法人治理结构完善，业务开展依法合规，风险防范和内控措施健全有效。此外，扎实开展P2P网络借贷风险专项整治工作，经过摸底排查核实确认和分类处置，取缔不合规网贷公司8家，如期完成工作实施方案各阶段部署任务。建立打击和处置非法集资工作长效机制，认真贯彻落实省市打击和处置非法集资的工作部署，制定了《东昌府区防范和处置非法集资宣传教育工作实施方案》，开展了防范和处置非法集资宣传月活动，通过着力开展集中宣传，深入推进基层宣传、全面发挥媒体作用和强化“四个人群”宣传等工作重点，引导广大群众提高法律意识和风险防范能力，树立科学的投资理财观念。

2019年1月18日，“益暖齐鲁·尚善水城”2019年青春扶贫春节集中行动推进会议在“情暖水城”爱心众筹平台举行。“青春扶贫行动”是聊城市共青团参与脱贫攻坚的品牌工作，是共青团围绕中心、服务大局的重要举措。活动中，蒲公英行动志愿者协会、聊城人保财险分公司青年文明号集体、聊城移动公司青年文明号集体、聊城鑫鹏集团分别向“情暖水城”爱心众筹平台捐赠了棉被、图书等爱心物资。

2019年3月13日，东昌府区采取村级公益事业建设“一事一议”财政奖补工作与精准扶贫、“第一书记”帮包村有效结合的方式，充分发挥“一事一议”财政奖补与精准扶贫工作高度契合的政策优势，吸引社会资本和民间资本参与村级公益事业建设，助推扶贫攻坚工作。经过多方筹措，共安排财政资金1001万元用于省定贫困村的村内小型水利设施、道路、村容村貌亮化美化、公共活动场所等公益性基础设施建设项目。涉及沙镇、梁水镇、斗虎屯等5个镇29个省定贫困村，其中省派“第一书记”帮包村15个。“一事一议”财政奖补工作完善了有关省定贫困村的村内小型水利设施，拓宽平整了村内道路，村容村貌日益亮化美化，公共活动场所环境得到有效改善。

2019年4月16日，东昌府区召开扶贫开发领导小组第一次会议暨精准扶贫“大回访、大整改、大提升”集中行动动员会议，安排部署精准扶贫回访集中行动和下一阶段扶贫领域重点工作任务。会议指出，要提高政治站位，切实增强做好扶贫开发工作的责任感和使命感。各镇（街道）、园区要把这次活动作为强化“四个意识”、坚定“两个维护”的现实检验，本着对组织负责、对全区脱贫攻坚工作负责、对人民群众负责的态度，全面、系统、深入地配合好市派工作队的大回访活动，为东昌府区扶贫工作来一次“全面体检”。要坚持问题导向，推进突出问题全面整改落实。通过对所有贫困村、贫困户的逐一回访，在回访过程中发现问题、解决问题，推动脱贫攻坚工作落实，提升群众满意度。要将推进脱贫攻坚与乡村振兴有机衔接，建立长效脱贫机制，增强贫困村自我发展能力和群众增收脱贫内生动力。要推进扶贫产业项目建设，加大统筹力度，调整完善项目库，把安排扶贫项目与扶持优质产业项目更好结合起来。要不断强化作风建设。各镇街、园区和行业部门要对各级巡视巡察、审计监督、考核督导等反馈的问题，认真排查核实整改工作中的短板弱项，逐项抓好整改落实，并坚持举一反三，注重从源头上防范问题发生。要明确责任，强化保障。要做好后勤服务，搞好政策宣传，强化组织领导。要讲政治、顾大局，真抓实干，全力以赴把这次重要任务完成好，全力配合市派工作队的工作开展，促进东昌府区各项工作争创一流、走在前列。

2019年4月30日，东昌府区生态环境保护委员会第二次全体(扩大)会议召开。会议指出，做好生态环境保护工作是旗帜鲜明讲政治的现实检验，是践行以人民为中心发展思想的重要体现，是东昌府区在全市争创一流、走在前列的必然要求。各级各部门要提高政治站位、旗帜鲜明讲政治，坚决淘汰落后产能，加快推进经济结构调整和产业转型升级，确保全区生态环境质量持续改善、经济持续健康发展。

2019年10月14日，东昌府区2019～2020年秋冬季大气污染防治攻坚动员会议召开，全面落实生态环境部《京津冀及周边地区2019～2020年秋冬季大气污染综合治理攻坚行动方案》要求，认真贯彻全市秋冬季大气污染防治攻坚战动员部署会议精神，客观分析当前东昌府区面临的严峻形势，安排部署秋冬季大气污染治理重点工作任务。会议指出，要严守五条底线，以更高站位做好大气污染防治工作。秋冬季是大气污染防治最关键的时期，各级各部门要进一步增强责任感、使命感和紧迫感，时刻绷紧环境保护这根弦，始终把环保工作放在心上、抓在手上、扛在肩上，正视问题、直面差距、坚定信心、背水一战，变差距为压力，化压力为动力，坚决杜绝麻痹大意、疲劳厌战等不良情绪，不动摇、不松劲、不懈怠，下大力做好大气污染治理工作。

2019年10月16日，第六个全国扶贫日来临之际，聊城市2019年“10·17”扶贫日活动暨爱心物品发放仪式在侯营镇苏庄村举行。活动中，市、区领导代表情暖水城爱心众筹平台向其他县市区众筹平台捐赠爱心书包，为“暖心书包”项目爱心企业代表颁发牌匾，并共同启动了2019年“10·17”国家扶贫日活动。近年来，东昌府区始终把社会扶贫作为精准脱贫的重要抓手，整合盘活资源，广泛动员社会力量参与脱贫攻坚，积极构建专项扶贫、行业扶贫、社会扶贫“三位一体”格局。2017年，东昌府区采取“互联网＋扶贫”“公益＋扶贫”等模式，建立了市级“情暖水城”爱心众筹平台，优化社会扶贫资源配置，把志愿服务融入社会扶贫的各个环节，引导企业实施精准帮扶，实现了平台运营社会化、公益募捐项目化。2019年以来，东昌府区又通过实施“暖心书包”“关爱事实孤儿”“扶贫爱心直通车”等公益项目，共募集资金210余万元，服务贫困群众2.6万余人次，有效推动了社会扶贫工作的精准开展。

第五节 民生福祉持续增进

2018年2月3日，在道口铺街道张堤口村，由区文广新局主办的“文化下乡送春联活动”在该村举行。“文化下乡送春联活动”是东昌府区坚持以满足群众文化需求为出发点、大力发展文化事业的一个缩影。近年来，东昌府区认真贯彻落实中央、省、市关于文化建设的一系列部署要求，大力发展文化事业，繁荣发展文化产业，文化软实力有了较大提升。

2018年2月24日，市人力资源和社会保障局、东昌府区、市属开发区等联合举办了聊城市2018年“春风行动”大型招聘会暨聊城公共招聘网上线仪式。东昌府区展区共有86家企业参加招聘，提供用工岗位2832个，进场求职人员达3962人次，达成初步用工意向1760余人，取得了丰硕成果。招聘会上，区人社局现场提供政策咨询服务，受到了应聘者的欢迎。

2018年3月9日，东昌府区召开创建全国文明城市暨迎接国家卫生城市复审动员大会，主要任务是认真落实全市创建全国文明城市暨迎接国家卫生城市复审工作动员大会精神，动员全区上下统一思想，明确任务，鼓足干劲，攻坚克难，大力开展创建全国文明城市、迎接国家卫生城市复审两大专项行动，着力建设幸福美丽家园。

2018年3月22日，东昌府区召开打造冀鲁豫教育强区名城暨优质均衡县创建工作动员大会。会议的主要任务是深入贯彻落实党的十九大精神，以习近平新时代中国特色社会主义思想为指导，动员全区上下统一思想、明确目标，抢抓机遇、乘势而上，努力创建义务教育发展优质均衡县，打造冀鲁豫教育强区名城，不断开创全区教育改革发展新局面。

2018年4月7日，2018中国国家队对“一带一路”世界联队国际象棋对抗赛在市会议接待中心举行。赛事的成功举办，促进了我国国际象棋运动的全面发展，激发了广大国际象棋爱好者积极参与这项智力运动，也增强世界各国国际象棋运动的交流，展现出了“运河古都·智慧东昌”的水城魅力。

2018 年 6 月 1 日，庆“六一”教育扶贫公益活动在聊城第五中学举行。活动中，省、市、区老促会向学生们捐赠了书包等物品，学生代表为参加活动领导佩戴了红领巾。

2018 年 8 月 30 日，东昌府区“阳光伴我行——大学生英才工程”暨 2018 年度(第十三届)关爱助学金发放仪式举行。关爱助学活动是一项功在当代、利在千秋的社会公益事业，区委、区政府历来高度重视困难家庭学生的上学难问题。2006 年，区关工委、团区委、区民政局、慈善总会等 16 个部门共同发起关爱助学“阳光伴我行——大学生英才工程”，已帮助一大批困难新生顺利步入大学校园，圆了自己的“大学梦”。经过 10 余年的努力，“阳光伴我行——大学生英才工程”已成为“温暖人心、体现爱心、鼓舞民心”的公益品牌。

2018 年，东昌府区认真贯彻落实《国务院关于发展城市社区卫生服务的指导意见》，在政府领导、社区参与、上级卫生机构指导下，积极探索开展了社区卫生服务工作，紧随医改的步伐，按照《城市社区卫生服务机构管理办法》规定的服务职能和执业范围，以妇女、儿童、老年人、慢性病人、残疾人、贫困居民等为服务重点，开展基本公共卫生和基本医疗服务。

2018 年 10 月 18 日，全区创建省级食品安全城市动员大会召开，主要任务是全面贯彻落实全市创建省级食品安全先进城市动员会议精神，安排部署东昌府区的创建工作任务，动员全区上下统一思想，提高认识，明确任务，落实责任，以饱满的精神状态、清晰的工作思路、扎实的工作措施，确保圆满完成市委、市政府确定的省级食品安全先进城市创建任务。

2018 年 11 月 9～11 日，以“畅游葫芦之乡，品味葫芦文化”为主题，第十二届中国江北水城·运河古都(聊城)葫芦文化艺术节在市民文化活动中心成功举办。集中展示了东昌府区以及全国各地葫芦文化产业的新发展、新成就，为广大葫芦爱好者和从业者的沟通交流提供了新渠道，为相关企业展示形象、开展合作搭建新平台，为社会大众了解、参与葫芦文化产业开设了新窗口，为推动葫芦产业发展，加快转变经济发展方式发挥了新作用。

2018 年 11 月 8 日，东昌府区召开全国文明城市创建工作推进会。会议强调，要坚持问题导向，继续加大对市场环境整治，区属街巷、流动摊点和便民市场的整治，门店管理整治，拆迁工地和建筑工地的集中整治，学校及校园周边环境整治力度，不断提升市容环境。要做好问卷调查工作，积极借鉴好的经验做法，对群众反映不满意、不了解的选项，安排人员靠上做好解释、宣传工作，争取群众的理解支持。要积极组织区直各单位开展志愿服务活动，真正在全区形成“志愿服务天天有，文明创建随处见”的良好局面。

2018 年 11 月 23 日，由东昌府区委、区政府主办的 2018 中国聊城“精准医疗与互联网＋大健康”合作发展高峰论坛在聊城会议中心举行。本次论坛是在全面贯彻落实全省招商引资、招才引智工作会议精神，大力实施新旧动能转换重大工程的关键时期举办的，旨在充分发挥高层次人才支撑引领作用，不断深化东昌府区与国内优质医疗科研资源交流合作，开创院地合作共赢的新局面，助力新旧动能转换，实现经济社会发展新跨越。

2018 年 11 月 29 日，东昌府区民办教育工作座谈会召开。主要就东昌府区民办教育工作进行安排部署，明确今后民办教育工作的重点。会议强调，要统一思想，正视民办教育目前存在的问题，牢固树立大局意识，强化责任担当，努力解决民办教育与群众需求间的突出问题。教育部门要依法管理好民办教育，支持民办学校创新体制机制和育人模式，指导民办学校提高质量。民办教育要注重内涵式发展，提供优质服务，不断满足人民群众对优质校外教育资源的需求。要提升教育、教学理念，避免填鸭式教学，减轻中小学生负担；要认真抓好学校安全工作，确保东昌府区民办教育安全、健康、持续发展。

2018 年，东昌府区立足为民服务宗旨，多措并施保障便民利民惠民政策落地，把保障和改善民生作为加强自身建设的出发点和落脚点，推动人社工作实现快速健康发展。扩大就业夯实民生之本。开展送技术、送培训，提高劳动者就业创业本领。以需求为导向、以就业为目标，以增强劳动者就业能力和综合素质为目的，开展免费就业技能培训班

43期，培训4196人，同时搭建好就业服务平台，让群众就业有门路。社保体系创建惠民工程。深入推进全民参保登记计划，进村入户，摸底数、明方向，对企业开展有计划的征缴工作，对个体和灵活就业人员开展“点对点集中征缴”工作。覆盖全民、统筹城乡的社会保险制度体系基本形成，机关事业单位养老保险制度改革全面实施，城乡一体的居民基本养老、医疗保险制度稳步推进，社会保险待遇稳步提高，社会保障的公平性、流动性、可持续性不断增强。“招才引智”实现人才聚集。不断加大高校毕业生、技能型人才引进力度，为东昌府区的创新发展提供智力支撑。从引进人才的学历结构上，突破了东昌府区医院具有硕士学位人才前5年的总额，为东昌府区的专业技术人才队伍注入新活力，为东昌府区的发展提供人才支持。

2018年12月28日，省、市、区老促会“走访慰问老区行”暨迎新春文艺联欢会在鸿福老年公寓举行。及时传达了党和国家的惠民政策，庆祝了改革开放40周年，对丰富和活跃老年群众的精神文化生活起到了积极作用，也为鸿福老年公寓的老人们带去了新年的祝福。

2019年1月6日，东昌府区教育改革40周年纪实照片成果展在聊城二中展出，回顾了东昌府区40年来教育发展的历史轨迹。

2019年3月22日，刘以训院士工作站揭牌仪式暨“水城春韵——不孕不育规范化诊治培训班”举行，标志着刘以训院士工作站正式落户东昌医疗保健集团。刘以训院士工作站是聊城首家生殖健康领域院士工作站，其落地东昌医疗保健集团，势必带动东昌医疗保健集团核心竞争力和品牌影响力的进一步提升，将为东昌府区乃至聊城市生殖医学等学科的技术水平、科研能力、人才引进与培养的飞跃注入强大动力。

2019年4月29日，“中国体彩”东昌府区第九届全民健身运动会暨首届山东省体育舞蹈城市邀请赛新闻发布会举行。此次主办的“中国体彩”东昌府区第九届全民健身运动会暨首届山东省体育舞蹈城市邀请赛是2019年的又一体育盛典，对提升东昌府区的知名度和影响力，开创东昌府区文体品牌具有十分重要的意义。

2019年5月18日，东昌府区安全生产工作会议召开。会议指出，要树牢红线意识，保持高度警觉，时刻绷紧安全生产这根弦。各级各部门要强化安全生产红线意识和底线思维，敬终如始，抓铁有痕，坚持不懈地把安全生产各项要求贯穿到经济社会发展各个领域、各个行业。要切实强化“居安更要思危”的意识。要始终保持高压态势，以如履薄冰、如临深渊的谨慎态度，真正做到防在前、想在前、做在前，真正做到“未雨绸缪”、防患于未然。要切实强化“祸患常积于忽微”的意识。对待细小隐患要如临大敌，对排查出的安全隐患要立即整改，把问题解决在萌芽状态，最大限度地避免安全生产事故发生。要切实强化“安全是最大效益”的意识。切实把安全生产各项要求落实到企业生产经营全过程，为稳增长、调结构、促发展提供切实有力的安全保障。

2019年5月27日，东昌府区新时代文明实践中心法治教育基地揭牌仪式在区人民检察院举行。区文明实践中心主要是按照“1＋1＋5＋6”的模式建设，即建设好1个固定场所、1个活动广场、组建5支志愿服务队伍、建设6个实践基地，法治教育基地依托区人民检察院现有资源精心打造而成，设有党员干部教育基地、少年法学苑、时代先锋展厅、廉洁教育基地4个展厅，法治教育基地的挂牌，标志着我区新时代文明实践中心建设工作进入实质运行的新阶段。

2019年8月28日，东昌府区第十四届(2019)“阳光伴我行——大学生英才工程”启动。第十四届“阳光伴我行——大学生英才工程”将为57名家庭困难、品学兼优的大学生提供资助，助学金总额达27.7万元。这是区委、区政府关注改善民生、促进教育公平、关爱莘莘学子的重要举措，也是东昌府区开展精准扶贫工作的重要组成部分。

2019年，东昌府区始终将“办好人民满意的教育”摆在突出位置，坚持优先发展教育不动摇，大格局谋划教育发展思路，大力度加大教育资金投入；大手笔推进学校硬件建设；大气魄扩充教师队伍；大幅度提升公办教育质量、规范民办教育发展，全力促进教育发展成果更多更公平地惠及全区广大群众。抓建设，城乡办学条件大改善。在切实加大硬件设施建设的基础上，坚持多措并举、双管齐下，从强化管理、制度创新等方面入手，着力解决教师短缺、队伍老化、活力不足、水平不高等问题，切实提升了公办教育质量，重塑了公办教育品牌。依托现代信息化技术，做到了城乡学校“同步课堂”全覆盖，初步实现了城乡教育一体化发展。2019 年，东昌府区中考平均分居全市第一，聊城二中、四中本科上线人数达 2177 人，再创历史新高。抓规范，民办“倒挂”问题大逆转。面对主城区民办初中学生占比一度高达 67%、公民办比例“倒挂”严重的现象，区委、区政府不遮掩、不回避，以对全区群众负责、对教育公平负责的决心和态度，以打硬仗、啃硬骨头的胆气和魄力，研究制定了一系列社会关注度高、作用效果明显的规章制度，切实规范了民办学校办学行为。坚定不移推进“民转公”。重拳规范义务教育阶段学校招生秩序。2019 年，东昌府区科学制定并坚决执行招生政策，不开口子、严守底线，下死手规范招生秩序。

2019 年 11 月 1～3 日，第十三届中国江北水城・运河古都(聊城)葫芦文化艺术节在聊城古城区举办。活动主题为“奋进新时代，福禄润东昌”，共吸引了 2100 余家商户参会，其中外地商户 600 余家，涉及 17 个省区市。

第六节　党的建设全面加强

2018 年 1 月 31 日，东昌府区在京流动党员座谈会在北京召开。会议强调，要按照党的十九大提出的“以提升组织力为重点”的要求，提升驻京党组织的组织力，做到“三好三强”，即党组织建设好，战斗堡垒作用强；党员素质形象好，先锋模范作用强；服务家乡好，桥梁纽带作用强。驻京党组织要突出政治功能、宣传教育、平台载体，把“流动党员之家”建设成坚强的战斗堡垒；流动党员要做到奋斗精神好、事业发展好、政治素质好，保持党员的政治品质，维护党员的先锋形象；驻京党组织和党员要积极发挥作用，当好优秀形象的维护人、项目招商的介绍人、人才引进的引路人。

2018 年 3 月 5 日，区委工作会议召开。会议指出，今年是贯彻落实党的十九大精神的开局之年，既是我们决胜全面小康、实施“十三五”规划承上启下的关键之年，也是巩固扩大管党治党成果、推动全面从严治党向纵深发展的重要一年。面对新形势新任务新要求，党务工作部门以党的十九大精神为指引，以落实全面从严治党要求为主线，从严从细从实贯彻中央和省、市、区委各项决策部署，准确把握工作的侧重点和着力点，创新思路，强化措施，抓好落实，为全区经济社会持续健康发展提供强大的政治保证、精神动力和智力支持。

2018年，东昌府区把城市基层党建放在更加突出的位置，通过强化统筹协调、注重整体效应，针对存在问题，补齐短板短项，坚持以人为本，提升服务效能，织密基层组织之网，完善城市治理体系，确保人民群众在城市生活得更方便、更舒心、更美好。抓研究谋划。通过深入调研，结合实际提出《2017～2019城市基层党建“打基础、上台阶、创品牌”三年工作规划》，制定了《关于推进城市街道、社区区域化党建工作的实施意见》《关于进一步加强城市社区党组织建设的实施意见》等文件，提出28条具体措施，明确了城市基层党建“是什么、抓什么、怎么抓、谁来抓”，为推进城市基层党建工作指明了方向。抓制度落实。采取街道科级干部全覆盖帮包社区抓督导，统一印发“三会一课”记录簿加强痕迹管理等措施，督促指导社区党组织落实好“三会一课”、组织生活会、民主评议党员、主题党日、联系服务群众等制度。研究制定了《东昌府区党员积分制管理实施意见》，多次召开会议推动，全面推行党员量化积分管理，提高党员队伍争先创优积极性。抓区域共建。结合开展“大学习、大调研、大改进”工作，以“1＋1”好支部共建行动为抓手，发动区直200个党支部到社区开展共建活动。特别是在文明城市创建工作中，区委区政府专门召开会议，安排区直所有机关事业单位全覆盖帮包社区、小区、街巷，机关党员干部排好值班表，全部到社区开展帮建活动，区委专门成立督导组，经常性随机到现场督查，对帮建情况进行通报，切实把党员进社区工作落到实处。抓创新服务。出台了《城市社区党组织服务群众专项经费管理使用办法》，对服务项目审批、经费拨付使用、账目公示公开等程序作了严格规范，指导社区党委用好为民服务经费，力争把花钱办事的过程，变成服务群众凝聚民心的过程。同时，积极培育和引导社会组织参与服务，创设了“情暖水城”爱心众筹平台，3个城区街道全部设立了社会组织孵化中心，培育和引导41家社会组织承担公共服务。抓多网融合。研究起草了《关于推进城乡网格化管理工作的实施意见》，编印了《城市社区网格化管理手册》，积极探索推动综治、环保等部门在社区设置的网格实现多网融合，城区 3 个街道根据街巷、住宅区、市场等不同特点，按照 500 户左右规模划分网格 431 个，同时农村方面也划分了 613 个网格，配备了一专多能的网格信息员，逐步探索推进党建引领社会治理各项工作。抓阵地建设。坚持高起点谋划、高标准定位，科学规划社区内部设置，各社区按照“五个统一”要求，全部建立了党群服务中心，设立了党员活动室等 8 个功能室，率先创建了社区拥军服务站，配备了专门办公室和工作人员，初步形成城市社区“八室一站一中心”的硬件格局。

2018 年 7 月 19 日，全区基层党建重点任务推进会召开。会议主要任务是深入学习贯彻习近平新时代中国特色社会主义思想和党的十九大精神，传达全市基层党建工作重点任务推进暨抓党建促乡村振兴工作会议精神，安排部署基层党建工作重点任务，统一思想认识，明确工作方向，确保各项任务落实落地。

2018 年，东昌府区探索试行《干部重点工作“积分制”管理实施方案（试行）》。干部“积分制”管理适用范围对象为全区机关事业单位科级及以下干部，主要考核各单位职责任务和干部本职工作目标任务完成情况，本单位干部所承担的新旧动能转换、乡村振兴、环境保护、脱贫攻坚等重点工作的完成情况，以及领导交办的临时性、突击性工作任务完成情况。干部“积分制”管理设标准分，以干部业务工作完成情况为标准，分值为 100 分。在标准分的基础上，实行加减分管理。

2018 年 9 月 14 日，区委党的建设工作领导小组会议召开，会议的主要任务是听取各成员单位抓党建工作汇报，总结工作情况，查找存在问题，明确下步工作，研究改进措施，进一步强化管党治党责任，全面推动从严治党向纵深发展。会议指出，区委党的建设工作领导小组成员单位、全区各级党组织围绕推进全面从严治党各项决策部署，认真履职尽责、精心谋划推进，做了大量工作，全区党建工作取得了明显成效。有力推动了党的十九大精神落地生根、党建引领作用发挥得更加充分、党的基层基础得到了进一步夯实、全面从严治党取得了明显成效。

2018 年 12 月 14 日，东昌府区举行警示教育大会暨新修订《中国共产党纪律处分条例》学习培训会。会议要求，要加强组织领导，采取有力措施，确保《中国共产党纪律处分条例》学习贯彻落到实处。各级党委（党组）要切实担负起全面从严治党政治责任，把学习贯彻《中国共产党纪律处分条例》作为一项重要政治任务，层层传导压力，逐级压实责任。各级党员领导干部要紧抓学习不放松，把学习《中国共产党纪律处分条例》与学习习近平新时代中国特色社会主义思想和党的十九大精神结合起来，与学习《习近平谈治国理政》第一、第二卷，学习党章和学习其他党规党纪结合起来，学出忠诚、学出初心、学出使命、学出担当、学出律己。要重视家庭、家教、家风建设，以家风建设带动党风政风建设。党员领导干部要带头遵守纪律，主动接受监督，以“关键少数”带动“最大多数”，坚决落实党中央要求，坚决执行《中国共产党纪律处分条例》规定，不断把全面从严治党向纵深推进。

2018 年，东昌府区坚持把抓好党建作为最大政绩，坚决扛起管党治党政治责任，持之以恒抓班子、带队伍，抓基层、强基础，推动全面从严治党向纵深发展、向基层延伸。坚持把党的政治建设放在首位。坚持以党章为根本遵循，加强党的政治建设，始终在思想上政治上行动上同以习近平同志为核心的党中央保持高度一致。全面加强对各项工作的领导，不断提高把方向、谋大局、定政策、促改革的能力和定力，确保始终总揽全局、协调各方。坚持民主集中制，严格规范“三重一大”事项决策程序。严明政治纪律和政治规矩，严肃党内政治生活，强化党内监督。全面加强基层党组织建设。严格落实管党治党职责，先后召开 23 次常委会会议研究部署党建工作，出台 2018 年度全面从严治党主体责任考核办法和计分标准，压实主体责任。加强干部队伍建设，出台《关于优化干事创业环境激发干部队伍活力的实施意见》《关于关心关爱基层干部减轻基层工作负担的十条意见》等文件；探索实行干部“积分制”管理，对 124 名表现突出的干部和 31 名受到减分的干部进行公开晒分；实施“年轻干部优选工程”，选派 38 名干部到浙江大学进行为期 3 个月的培训，并到重点工作一线挂职锻炼。牢固树立大抓基层的导向，共投入 8500 万元用于提高村干部报酬和基层组织运转保障。加强村级班子建设，顺利完成村（社区）“两委”换届工作。扎实推进抓党建促乡村振兴，全面落实软弱涣散村整治、选派“第一书记”和“双联共建”等重点任务，整顿软弱涣散村36个，解决三年以上不发展党员村107个。持续推进“村集体增收三年攻坚行动”，613个村全部制定三年规划、全部启动集体项目。推动城市共建共治共享，开展“双清单”认领，建立3个街道大工委、61个社区大党委，实施共建项目226个。扩大“两新”党组织覆盖面，在符合条件的非公有制企业和社会组织建立党组织280个，实现党的组织和党的工作全覆盖。

2019年4月8日，区委工作会议召开，对区委党办、组织、宣传、政法和统战工作进行安排部署。会议强调，要唱响主旋律、弘扬正能量，切实抓好新时代文明实践中心建设。要提高政治站位，充分认识建设新时代文明实践中心的重大意义。要注重实践意义，通过文明实践提升农民素质，丰富农村生活，传承本土文化，以推动乡村全面振兴为落脚点提升群众素质。要创新工作思路，通过实践让文明建设发挥最大效力。各部门、各单位要开拓思路视野，突破思维定式，探索出更多突破性举措和创新性方法，采取“线下＋线上”“农村＋城市”“集中＋分散”“固定＋灵活”相结合的原则，通过丰富多彩的形式开展新时代文明实践活动，努力形成可复制、可推广的新时代文明实践中心建设的“东昌模式”。

2019年4月9日，东昌府区组织收看教育片《邹碧华》，深入学习贯彻习近平总书记对邹碧华同志先进事迹的重要批示精神，更好地发挥先进典型的示范引领作用，忠诚敬业、勇于担当，立足岗位、扎实工作，为推动东昌府区高质量发展作出应有的贡献。

4月19日，东昌府区农村、城市社区党组织书记培训班进行集中授课。会议指出，要讲政治，认清当前形势。要深刻领会习近平总书记关于做好“三农”工作的一系列新理念新思想新战略，准确把握当前经济社会发展的新形势新要求，做到应势而谋、顺势而动、聚势发力。要全面落实从严管党治党要求，全面推动改革发展走向深入。全面维护和谐稳定大好局面。在日常工作中要把握形势、维护大局，要做到“三个好”，即把握好上级要求，维护好党的形象，执行好区委部署。要时刻保持昂扬向上的斗志，以锲而不舍的钉钉子精神，担当作为，攻坚克难，推动村庄和谐发展、稳定发展。

2019年，东昌府区深入推进基层党建工作，制定基层党建工作重点任务清单，层层压实责任，以党建推动各项工作提质增效。严格落实主题教育各项安排部署，确保规定动作不走样、自选动作有特色。积极筹备庆祝新中国成立70周年系列活动，广泛宣传发动，营造浓厚氛围。推进党支部标准化规范化建设，持续抓好市区两级关于各领域党组织规范化建设文件的落实，抓示范与抓基础、抓责任相结合。开展“双建双增”行动，推动村集体“增收固本”。在开展农村人居环境整治中检验党支部组织力，在建设生态宜居美丽乡村中打造群众满意党支部，扎实推进抓党建促村级集体经济发展，力争年底前，所有村庄全部达到3万元以上的集体经营性收入。实施“头雁工程”，推进村党组织带头人队伍调整优化。健全完善“双报到”为民服务制度和城市基层党建工作体系。抓实“双报到”为民服务制度，不断推进社区工作者职业体系建设。“两新”组织党建工作集中攻坚。解决基层党建工作责任“中梗阻”问题。关键是压实各级党组织书记责任，推动解决“上热中温下冷”问题。破解党员发展和管理难题。精准制订发展党员计划，认真解决发展党员违规违纪问题，加强流动党员教育管理，做好流动党员党组织组建工作。统筹推进党员教育。对农村、城市社区党员开展集中培训，加强党员教育内容资源建设，加强党员日常教育，继续做好专科学历教育学员的跟踪培养工作。同时，推进“互联网+党建”工作。一是依托“灯塔-党建在线”，深入挖掘总结本地党建工作的经验做法和先进典型，加强展示交流、宣传推广。二是加强业务应用系统推广使用，发挥好党组织和党员信息管理、党员组织关系转接等已推广使用系统的作用，积极推广使用山东e支部、发展党员纪实公示、党务村(居)务财务公开等业务应用系统。三是加强安全运行管理。

2019年9月11日，东昌府区“不忘初心、牢记使命”主题教育工作会议召开。会议以习近平新时代中国特色社会主义思想为指导，按照中央决策部署和省委、市委关于开展第二批“不忘初心、牢记使命”主题教育的要求，对东昌府区“不忘初心、牢记使命”主题教育进行安排部署。会议指出，要提高政治站位，统一思想认识。开展好主题教育，是用习近平新时代中国特色社会主义思想武装全党的迫切需要，是推进新时代党的建设的迫切需要，是保持党同人民群众血肉联系的迫切需要，是实现党的十九大确定的目标任务的迫切需要。目前，东昌府区正处在滚石上山、爬坡过坎的关键时期，改革发展稳定任务十分艰巨。复杂形势面前，唯有不忘初心，才能坚定信念、坚定信仰；繁重任务面前，唯有牢记使命，才能知重负重、砥砺前行。要以饱满的政治热情、强烈的使命担当、扎实的工作举措，切实增强开展主题教育的政治自觉、思想自觉和行动自觉。

2019年，东昌府区把抓好党建作为主责主业和最大政绩，坚持以党的政治建设为统领，深入开展"不忘初心、牢记使命"主题教育、解放思想大讨论，扎实推进基层党建工作，高质量推进"红旗驿站"、新时代文明实践中心建设，驰而不息正风肃纪，各领域党建工作水平不断提升，为高质量发展凝聚了强大合力。"不忘初心、牢记使命"主题教育扎实推进。坚持把握关键少数，层层压实责任、分级分类推动，重示范、重实效，确保了主题教育起步扎实、进展顺利。突出一个"早"字，及时谋划部署。区委多次专题研究主题教育相关工作，成立了区委主题教育领导小组，对基层党组织和党员状况进行全面调查摸底，规范党组织设置，为做好主题教育各项工作奠定了基础。坚持一个"严"字，强化理论学习。举办了主题教育读书班，区委巡回指导组高标准、严要求，指导各单位读原著、学原文、悟原理，并对请假人员及时进行了补课，确保了时间一点不少、内容一点不缺。聚焦一个"实"字，深入调研整改。东昌府区坚持问题导向、注重实效，四大班子成员带头落实"一线工作法"，深入问题集中、情况复杂、矛盾尖锐的地方，认真开展"领题式""下沉式""遍访式""体验式""蹲点式"调研，走遍了613个行政村、61个城市社区。把握一个"准"字，加强分类指导。在抓好自身主题教育的基础上，区委加强分类指导，定期调度了解基层党支部主题教育情况，督促抓实各项任务，全面掌握了总体情况。解放思想大讨论深入开展。深入开展了以"聊城要发展，我该怎么办"为主题的解放思想大讨论，探索建立长效机制，多渠道收集、及时处理群众意见建议，并建立台账、规范管理，做到件件有着落，事事有回音，着力解决了一批影响高质量发展的突出问题、涉及群众切身利益的热点难点问题。同时，积极创新思路，组织了专题宣讲比赛和知识讲座，创作的《聊城要发展，我该怎么办》音乐快板，深受干部群众喜爱和好评。充分发挥新时代文明实践中心重要作用。新时代文明实践中心的建设和发展对深入学习贯彻习近平新时代中国特色社会主义思想、加强新时期宣传思想文化工作具有重要意义。东昌府区制定了《新时代文明实践中心建设工作实施方案》，并要求有关职能部门严格按照工作方案的要求，加快场所建设、制度建设及志愿者服务队伍建设等工作。在古楼、梁水镇、道口铺、郑家开展了试点，建立了区级文明实践志愿服务队人才库。已建成区级文明实践中心1个、分中心12个、实践站292个，建设法治宣教基地1处、爱国主义教育基地11个、社会科学普及教育基地17个，超额完成任务。基层党建工作全面进步。围绕推动基层党组织全面进步全面过硬，统筹推进农村、城市、机关事业单位、非公企业和社会组织等领域党建工作，持续在班子配备、队伍建设、制度落实、教育培训、基本保障、典型示范等方面用心用力，建立了11个高标准农村社区联合党委；选派19名科级干部担任村支部书记；倒排确定15个软弱涣散村党支部、调整7名支部书记；扎实推进村集体经济发展，集体收入3万元以上的村占比达到91%；高质量推进“红旗驿站”建设，经验在全市推广；扎实开展“双报到”工作，建立了资源、需求、项目“三张清单”，47个区直机关单位深入基层一线，服务居民群众，推动了社区共建。

2019年12月28日，区委党的建设工作领导小组会议召开，专题研究发展壮大村集体经济工作，进一步压实责任、细化措施，不断巩固党在农村执政的物质基础，增强村级党组织的组织力和战斗力。会议指出，要把发展壮大村集体经济作为一项重要政治任务。发展壮大村集体经济，关系村级党组织服务群众的能力，关系乡村振兴战略的顺利实施，意义重大、影响深远。

蓝图已经绘就，奋进正当其时。东昌府区将赓续红色基因，传承革命老区深厚历史文化，团结和依靠全区人民，不忘初心、牢记使命，争创一流、走在前列，为谱写新时代现代化强区建设崭新篇章、创造全区人民幸福美满生活而努力奋斗！

附　录
革命先烈和英模人物传略

一、赵以政传略

赵以政（1904～1928），字存礼，又名化龙，聊城市东昌府区东关姚家园子人。1912 年进私塾读书，1920 年进聊城县立高等小学学习。1923 年，考入聊城省立第二中学，参加反帝爱国游行示威，向学生推荐进步书刊。

1925 年五卅运动后，受革命浪潮的冲击，南下广州，考入黄埔军校第四期政治科，与校内国民党右翼分子进行斗争，并动员十多名亲友投入革命。1926 年夏毕业后，被分配到北伐军第三路军，任排长、工兵连长等职，参加了第二次东征战役。在北伐途中，加入中国共产党。

1927 年秋，受中央军委派遣，以军事特派员身份由武汉回到聊城（今东昌府区），于聊城省立二中和三师，发展共产党员 10 余名，同时深入聊城、博平、阳谷等地农村，发展基层党组织，组织农民协会，开展抗捐、抗租、抗高利贷的斗争。1927 年 10 月，中共东昌县委成立，赵以政任县委委员，县委机关就设在他家里。是年冬，根据县委决定，他和聂子政与活跃在阳谷坡里一带的韩建德绿林军直接接触，计划发动坡里暴动。1928 年 1 月 14 日，参加领导了坡里暴动，带领武装群众攻进坡里，占领德国天主教堂，2 月 7 日暴动失败后，赵以政任中共鲁西县委代理书记。

1928 年 6 月 8 日，由于叛徒告密，赵以政被捕后写下“死刑复何惧，我径向天呼：爱国本无罪，革命岂有辜！”的壮烈诗句。6 月 19 日，赵以政在聊城南门外桥头被国民党反动派杀害，时年 24 岁。

二、聂子政传略

聂子政（1904～1949），原名秉贞，又名志超。聊城市东昌府区闫寺周店村人。1912～1922 年，聂子政先后在私塾、周店初级小学、聊城县立高等小学读书。

1923 年春，19 岁的聂子政考入聊城山东省立第二中学学习，这时五四新思潮影响到山东，学生们受到科学与民主进步思想的洗礼。

1925 年 4 月底，山东青岛发生共产党人领导的罢工运动。5 月 29 日，山东督军张宗昌派人镇压，发生了青岛惨案。青岛惨案、上海五卅惨案发生后，聊城学界义愤填膺，与此同时，第一次国共合作所领导的大革命风暴也影响到山东。在这个时代背景下，聂子政、赵以政等 20 多人投笔从戎，到广州黄埔军校和农民运动讲习所学习革命知识和武装斗争技能。聂子政为黄埔军校第四期学员。1926 年 5 月，聂子政在黄埔军校加入中国共产党。1926 年 10 月，聂子政在黄埔军校毕业后参加北伐军。

1927 年，聂子政按照党组织的指示回到聊城，以军事特派员名义从事地下革命活动，于 1927 年在聊城山东省立三师、二中发展党团员 18 名，发展壮大了党团组织。1927 年秋，聂子政回到闫寺周店村，发展党员 9 名，建立了东昌府区第一个农村党支部，并兼任支部书记。1927 年 10 月，在姚家园子赵以政家里参与组建了鲁西最早的县委——中共东昌县委，并召开了第一次县委会，根据省委指示和安排，负责领导聊城、阳谷、东阿等县的地下革命工作，张干民任书记，聂子政任军事委员。

1928年1月，聂子政与杨耕心等人组织领导了阳谷坡里暴动，并说服在阳谷坡里一带活动的绿林军头目韩建德参与。他们利用教堂“晚祷”、教徒可自由出入的有利时机，一举攻进并占领全部教堂。1月16日，成立了鲁西北地区第一个工农革命政权——东临地区工农革命委员会，发表了革命文告，在鲁西北地区树起了第一面革命红旗，并召开群众大会，开仓放粮，动员参军，队伍很快由几十人发展到几百人。1月19日，建立了鲁西北第一支工农革命武装部队——农民自卫军。

坡里暴动是中国共产党领导的山东较早的一次农村武装暴动，对鲁西北地区和全省武装斗争的开展都产生了极其深远的影响，极大地震慑了反动统治阶级，使饱受欺压的劳苦大众看到了希望。东昌道尹陆春元调集警备队千余人，于1月31日大举围攻坡里教堂。暴动队伍于2月7日被迫撤出教堂，坡里暴动失败。

暴动失败后，聂子政回到聊城向东昌县委领导汇报工作。为总结经验教训，1928年5月，在闫寺凤凰集村举行会议，决定继续革命活动，后来，聂子政遭国民党反动派追捕流亡他乡，与党组织失去联系，遂在旧军队中作进步活动。

1945年10月，聂子政积极策动国民党新八军高树勋部起义，对挫败国民党军向解放区的进攻，掩护我军各部队向东北地区开进起到了重要的作用。高部受到解放区军民的热烈欢迎，被改编为“民主建国军”。

1946年春，聂子政率民主建国军参观团到延安，受到毛泽东主席、朱德总司令的接见，并应邀在边区参议会礼堂作关于邯郸起义的报告。

1946年6月，聂子政回到民主建国军驻军，很快重新加入了中国共产党。1947年，聂子政晋升为民主建国军第一军第二师师长。1949年8月14日，聂子政病逝于西柏坡临时军医院，终年45岁，现安葬于东昌府烈士陵园。

三、解占柏传略

解占柏（1913～1941），原名解树魁，生于聊城市东昌府区凤凰集村一个较富裕的农民家庭。6 岁上学,先后就读于聊城东临道小学、聊城山东省立第三师范附小、聊城山东省立第二中学、北平市立第二中学、清华大学地质系。1936 夏在清华大学加入中国共产党。

七七事变爆发后,作为学生代表亲临宛平前线慰问抗日将士,鼓舞士气,平津沦陷后,随流亡学生回到聊城。10 月中旬,被派往山东第六区政训处博平办事处,参加了组建地方党组织领导的抗日武装。1939 年初任中共鲁西区第四(运东)地委委员、民运部部长,并兼顾着聊城堂邑以北地区的党的工作。为保证党组织的蓬勃发展和革命队伍的行动方便,在家乡凤凰集村建立了党的秘密联络站,说服家里卖掉部分土地和粮食,全力支持联络站工作,保证了情报、信件的畅通及时和过往干部的食宿和安全。

1941 年初,调任鲁西军区武装部科长。3 月,被任命为茌平县抗日民主政府县长兼县大队长。配合主力部队指挥了茌平县小马庄战役,围歼顽匪齐子修部 1000 余人,使茌平县的日伪军大为震惊,广大民众的革命斗争异常高涨,拔掉 20 余个伪据点。此后县政府动员全县人民进行了拆除墙寨,拔掉钉子,防备敌人卷土重来的大规模行动。6 月 20 日,他和两名警卫人员准备带领群众拆除前姜庄寨墙时,误入埋伏,被 1000 余名日伪军包围,经过顽强战斗,寡不敌众,壮烈牺牲,时年仅 28 岁。

四、宋占一传略

宋占一(1906～1931),字子贯,后改名魁甫。生于聊城市东昌府区张炉集小张庄一个中农家庭。宋占一的父亲是一名开明的私塾先生,他幼年就随父读书。9 岁时父亲不幸病故,他又考入邻村邓院读初级小学。1920 年春,宋占一入聊城东临道立模范小学读书,1922 年冬毕业。次年,考入山东省立第三师范学校。

在省立三师求学期间,宋占一勤奋学习,成绩优良,并开始阅读《新青年》《向导》等进步书刊，逐步确立了爱国主义的思想。1925 年五卅惨案发生后，宋占一积极参加了当地的反帝爱国活动，并和其他进步师生组织了“爱国十人团”，与学校的反动势力进行针锋相对的斗争。

1927 年，蒋介石、汪精卫先后叛变革命，共产党人惨遭杀戮。曾在黄埔军校学习的共产党员赵以政、王寅生等人相继回到聊城，秘密进行革命活动，发展党的组织。同年 10 月，宋占一在三师加入了中国共产党。入党后，宋占一积极按照党的指示，在进步师生中传播革命书刊，宣传共产主义思想，发展党的外围组织。中共东昌县委在聊城成立后，宋占一被补选为县委委员。

1928 年 1 月 14 日，中共东昌县委在阳谷坡里发动了农民武装暴动。农民武装占据教堂，开仓放粮，周济贫民。农民武装很快发展到 300 多人，建立了鲁西北地区第一个工农革命政权——东临地区工农革命委员会。宋占一在暴动的第二天，赶赴坡里，参加了起义军领导小组，负责宣传工作。

坡里暴动后，军阀张宗昌惊慌不安，急派重兵前往镇压。起义军由于装备不足，寡不敌众，被迫撤出坡里。坡里暴动失败后，宋占一由阳谷经冠县辗转回到聊城，到其舅父家暂避。宋占一的舅父出于爱怜之心，对宋占一进行劝慰、开导，要他多加珍重。宋占一乐观地对舅父说：“失败乃成功之母，不经一失，不长一智。正可从失败中吸取教训……为了国事，为了挣脱黑暗，我永远不打退堂鼓，永远要吹冲锋号。”不久，宋占一遵照党组织的指示，化装秘密来到济南，在中共山东省委宣传部工作，1929 年初任共青团山东省委书记。

1928 年 12 月，原中共山东省委组织部部长王复元和其兄王用章叛党投敌，大肆捕杀共产党人。1929 年初，邓恩铭、宋占一、朱霄、杨一辰等同志相继被捕入狱。宋占一入狱后，虽屡遭严刑拷打，但始终不失一个共产党人的气节，对敌斗争的信念更加坚定。宋占一还参加了狱中党组织领导的为改善待遇争取狱中自由的两次绝食斗争。

1929 年，军阀陈调元任国民党山东省政府主席，狱中党组织对当时的时局进行认真分析，决定利用日本从济南撤兵和国民党接收济南之际，组织越狱。越狱定在 4 月 19 日进行，宋占一与其他 18 位同志参加了越狱斗争。由于组织工作不充分，举事仓促，越狱的只有一人获得自由，宋占一和其他同志均被捕回。

1930年9月，韩复榘任国民党山东省政府主席。狱中党的同志为了回到党的怀抱，又组织了第二次越狱。这次越狱，有7人脱离虎口，宋占一和其他9人又被捕回。1930年冬，宋占一的表弟张道一去监狱探视他，并告诉他："外面正设法营救。"事隔两三天后，宋占一给表弟写了封信，信中说："'人生自古谁无死，留取丹心照汗青'这句古诗，你可能读过吧，你能体会到它的真正含义吗？流泪是懦弱者的表现，只有丧失灵魂的人，才会在强暴者面前哭泣流泪，乞求可怜。"宋占一的哥哥宋魁一，曾为宋占一请了一位律师，准备在受审时为他辩护。宋占一在信中拒绝，并指出"国民党反动派视民为草芥，毫无公理可言"。

1931年初，军阀韩复榘以"山东省临时军法会审委员会"的名义，判处宋占一死刑。4月5日，宋占一被敌人杀害于济南纬八路侯家大院刑场，时年仅25岁。

五、范筑先传略

范筑先（1882～1938），原名金标，又名夺魁，字竹仙，山东省馆陶县（今属河北省）南彦寺（今名寿山寺）村人。幼时家贫、丧父，后辍学务农，当车夫养家糊口。1904年，离乡投军，在北洋军任职，官至旅长。1924年，因不满军阀混战，将其部队遣散，隐居上海，起字"竹仙"，后又改为"筑先"。1929年，投奔冯玉祥将军，出任高级参谋。次年，参加蒋（介石）、冯（玉祥）、阎（锡山）中原大战。

1931年九一八事变后，回山东任韩复榘第三路军少将参议。次年，调任沂水县县长，后因韩复榘部在沂水屠杀人民而愤然辞职。后再任临沂县县长，复任沂水县县长。任职期间，为政清廉，深受人民拥戴。1936年，范筑先升任山东省第六区行政督察专员、保安司令兼聊城县县长。面对国土沦丧、民族危亡，他苦闷彷徨。

1937 年 5 月，中共代表彭雪枫受周恩来委派来到聊城，与张维翰、牛连文等商谈建立抗日民族统一战线。范筑先得知这一消息，愁云顿失，他深知中国共产党的抗日主张，“只有与共产党合作抗日才有出路”。

七七事变后，日本侵略军侵入山东。范筑先即派张维翰、牛连文等赴济南与中共山东省委取得联系，并从第三集团军开办的政训班中挑选以共产党员和民先队员为骨干的平津流亡学生 240 名，到聊城任政训服务员。这时，范筑先接到山东省政府主席韩复榘不战南撤的命令，范筑先只得遵命率部至黄河北岸的齐河官庄渡口，观望形势，所望皆是兵荒马乱、百姓流离失所的惨景，获悉留守聊城的 42 名政训服务员被一支溃兵缴械裹走的消息，探知进占高唐、临清的日本侵略军已撤离的情报，他征求共产党员的意见，即班师回聊。

回聊后，将保安司令部改组为战时体制的游击司令部，并在中共山东省委代表张霖之的指导下，于游击司令部下设政训处，各县组建政训处办事处，加强地方武装建设。不久，日本侵略军又向鲁西北进犯，韩复榘再次命令范筑先南撤。范筑先在中国共产党的推动下，于 1937 年 11 月 19 日发出了“筑先忝督是区，守土有责，裂眦北视，决不南渡，誓率我游击健儿和武装民众，与倭奴相周旋，成败利钝在所不计，鞠躬尽瘁亦所不惜”的通电。从此，“坚持敌后抗战，誓死不过黄河”成了鼓舞鲁西北军民战斗的口号。

通电发出后，范筑先风尘仆仆，奔走各县，先后建立 20 多个抗日县政府，委任 13 名共产党员为县长，加强了抗日政权的建设。他致书毛泽东、朱德，派人去武汉，先后接受中共中央派来的政治、军事干部 40 多名，充实了领导骨干力量。

在中共党组织的推动下，范筑先相继组建了聊城妇女救国会、聊城青年救国会、聊城儿童救国团、抗战移动剧团、冀鲁青年记者团等抗日群众团体，出版了《抗战日报》《山东人》《战地文化》等抗日报刊，建立了聊城政治干部学校、军事教育团、随营学校等。他接受共产党员的建议，不辞辛苦，冒着风险亲自到各土匪、民团和国民党溃兵武装处做说服工作，将其力量聚集在抗日的旗帜下，收编为抗日游击队。他支持中共鲁西北特委发展抗日武装，并将其武装统编为第十支队，任命共产党员为支队首长。范筑先还将政训处升格为政治部，并委任共产党员为政治部主任，接受共产党的建议，两度派干部和他的子女赴延安受训。后又成立了政治干部学校，范筑先兼校长，委任共产党员张郁光为副校长，齐燕铭、周子明分任教育长与训育长。

抗日武装迅速发展到35个支队、3路民军约6万人。范筑先率部在梁水镇、柳林、南镇、范县、濮阳、东阿、齐河等地与日伪军战斗，共历80多次。他每临战场，总是身先士卒，不顾生死，精心指挥，收复并保卫了23县国土，使日伪军在鲁西北无立足之地。

1938年8月，范筑先率领10余个支队参加了济南战役，袭击济南市郊，爆破津浦路北段，有力地牵制了敌人兵力，从而对保卫武汉作出了一定贡献。在这次战役中，范筑先次子、青年挺进队大队长范树民英勇牺牲。接着，又由其次女范树琨继任大队长。当时各方写信发电慰问，他在报端致谢道："为国捐躯，系属军人光荣，乃承各方函电慰问，弥深感激。马革裹尸，男儿应具素愿，既获疆场殉国，死后何憾！"同年9月，他应邀出席八路军一二九师在南宫召开的冀鲁两省军民联席会议，受到八路军和中共北方局领导人的欢迎。会上，他与国民党山东省政府主席沈鸿烈的观点针锋相对，力赞中共抗日联防纲领，单独和徐向前签订了八路军与鲁西北部队抗日联防协定。

范筑先积极与中共合作抗日，引起国民党顽固势力的仇恨和不安。沈鸿烈公然指令范筑先整编游击司令部，改组政治部、政治干部学校和军事教育团，解散共产党所领导的游击支队，均遭到范筑先的严词拒绝。沈鸿烈后又改用金钱、委任状、供给枪支等手段，收买范筑先的部下，但由于范筑先德高望重，其阴谋也未得逞。

此后，沈鸿烈让其民政厅厅长李树春暗中收买了范筑先的参谋长王金祥，制造了枪杀第十三支队首长、共产党员的事件。对此，范筑先极为震惊，但未能及时采取果断措施。

1938年11月14日，日本侵略军侵犯聊城。范筑先接受中共山东省委代表和中共鲁西特委的建议，准备先弃城撤退，再围歼敌人。但由于国民党顽固分子李树春等人的干扰拖延了时间，范筑先率领的最后一批撤退人员被困在城内未能撤出。15日，日本侵略军出动飞机、坦克，攻破城池，范筑先率部浴血奋战，多处受伤，最后殉国。一起殉难的还有共产党人张郁光、姚第鸿及守城健儿700余人。

同年12月，中共中央在延安举行了追悼范筑先的活动。重庆也举行了追悼会，朱德、彭德怀和吴玉章、董必武及《新华日报》送了挽联。朱德、彭德怀的挽联是："战事方酣，忍看多士丧亡，显其忠勇；吾侪尚在，誓必长期抗战，还我河山。"吴玉章、董必武的挽联是："三友见精神，松体遒，竹身直，梅花亦自清高，格老气苍，直到岁寒全晚节；一门尽忠义，夫殉职，妻卫民，子女都称勇武，顽廉懦立，共纾国难绍遗风。"《新华日报》的挽联是："杀敌挺身甘一死，裹尸还葬足千秋。"

为缅怀范筑先烈士，1940年，聊城县更名为"筑先县"。1988年，聊城地区行署和聊城市人民政府在光岳楼北侧建立范筑先纪念馆，邓小平为纪念碑题写"民族英雄范筑先殉国处"碑名。

六、张郁光传略

张郁光（1905～1938），原名张舒义。济南人，生于按察司街，曾就读于济南山东省立第一中学、北平师范大学，1923年考入北京大学。

1926年3月18日，参加李大钊等组织的反帝爱国示威运动。1927年，大学尚未毕业即奔赴南方入国民革命军，随军参加北伐战争。

1928年后，任山东省教育厅督学、省立第二师范校长等职。因支持学生爱国运动，1932年遭通缉被迫流亡日本，入东京帝国大学教育研究部学习。

1936年回国后，被聘为北平师范大学教育系讲师。1937年抗日战争全面爆发后回山东，任职于第三集团军政训处的政工人员训练所。1938年1月，奉党组织之命到聊城参加抗日斗争。3月，受范筑先委派，到武汉请求国民党政府援助抗日，并向八路军驻武汉办事处汇报鲁西北敌后抗日工作。5月，任第六区政治干部学校副校长。6月，加入中国共产党。9月，与范筑先参加冀鲁两省军民联席会议。他还拟定和撰写了许多关于鲁西北抗战的纲领、法令、政策及宣传共产党主张的重要文献。11月14日，协助范筑先指挥守城部队与日军血战一昼夜，15日，聊城被日军攻陷，第二天被日军杀害于万寿观广场。

1947年聊城解放，为纪念英烈，以他的名字命名了街道、学校和工厂。

七、姚第鸿传略

姚第鸿(1911～1938)，山西省河津县西毋庄人。其父姚以介为山西辛亥革命打响第一枪的起义军领袖，曾任山东省政府主席韩复榘的高级参议。

1930年在济南山东省立高中学习，不久加入中国共产党。1931年3月济南地区党团组织恢复后，任中共济南特支成员兼共青团济南特支书记。6月任中共济南市委委员、团市委书记。是年考入齐鲁大学，并继续开展党的工作。九一八事变后，组织领导了济南学生运动，成立山东反帝大同盟。

1932年，初任中共山东省委委员、共青团山东省特委书记。是年春，敌人从其父车上搜出党的秘密文件和印刷机等，他因而被通缉，被迫留学日本，与党失去联系。

1937年夏回国，受党组织组织委派，任范筑先的随身秘书，为团结争取范筑先与我党合作抗日做了大量工作，鲁西特委为其恢复党的关系。1938年5月任第六区政治部副主任。11月14日，日军进犯聊城，他与政治部的同志已撤离出城，发现范筑先仍在城内，遂与张郁光返回城里催请范出城指挥战斗。但由于国民党顽固派李树春的蓄意阻挠，拖延了时间，出路被敌人火力封锁，遂留城固守，与敌血战，11月15日，聊城被日军攻陷，第二天被日军杀害于万寿观广场。

八、金方昌传略

金方昌(1920～1940),聊城市东昌府区人,回族。1935年考入聊城省立第三中学。1937年11月,中断学业,随兄长到山西参加抗战,在运城考入民族革命大学二分校。1938年2月,在校加入中国共产党。8月毕业,分配到晋察冀边区工作,任代县牺盟会秘书。不久,调任中共代县赵家湾区区委书记,领导群众开展减租减息斗争,成立农救会、青救会、妇救会等抗日团体,建立武装模范队,并兼任政委。抗日救亡,对敌作战颇有成绩。1939年冬,调到地处日伪统治中心地带、抗日工作基础薄弱的城关区任区委书记。

1940年2月,当选为中共代县县委委员。11月23日,在城东北赤土沟一带顺利完成督送公粮任务后,夜宿大白庄西山洞,被敌探告密,遭敌200多名步骑兵包围,突围时子弹用尽,与敌徒手搏斗,因寡不敌众被捕。在狱中,面对日军利诱、酷刑,威武不屈,被敌挖掉一只眼球,砍掉一条胳膊,被折磨得不成人形,仍坚持斗争,蘸着自己的鲜血在墙上写下了"严刑利诱奈我何,頟首流泪非丈夫"14个大字,鼓励战友迎接最后的斗争。

1940年12月3日,代县城大集,日伪将他和战友周致远、杨三三、侯义成押赴刑场,在途中他不断高喊:"日本强盗,狗汉奸,抗日人民是杀不完的!""父老乡亲们,日伪的日子不会长了!共产党、八路军领导我们抗日救国一定会胜利!"最终从容就义。

为永久纪念烈士,晋察冀边区政府颁布命令,将烈士生前战斗过的大西庄村改名为方昌村。

九、任明传略

任明(1909～1943),原名月恒,聊城市东昌府区道口铺任堤口村人。1909年7月生于一个较富裕的农民家庭。8岁进聊城卫仓小学读书。1925年考入聊城省立第二中学,受五卅运动的影响,积极参加"读书会""同乡会",阅读进步书刊,从中吸取营养,萌发了革命思想。1927年夏在二中毕业后,返回家乡任教。七七事变爆发后,积极参加抗日救亡活动,1938年5月,考入山东第六区政治干部学校学习,结业后分配到中共鲁西特委工作。同年,加入中国共产党。聊城沦陷后,到八路军先遣纵队做民运工作。1939年2月,持鲁西一(鲁西北)地委书记张炳元的亲笔信,到堂邑县凤凰集建立了"中共聊堂边工作委员会",任武装部部长。不久,创建了一支20余人的抗日游击队,任队长。10月,游击队合编为独立营,兼任教导员。堂邑县抗日民主政府建立后,历任县政府武装科长、一区区长等职务。1942年调任鲁西北军分区政治部民运股股长。同年11月,任朝北县基干大队副政委。1943年9月,任南峰县大队副政委。1943年灾荒刚过,他就率领部队在反"扫荡"的空隙中,进行农业生产,对改善部队生活,提高战斗力,取得很大成绩,被称为全分区部队的典范。

1943年冬,任明率领部队在南峰县周庄工作时,被敌侦知,遭敌突袭,不幸牺牲。

任明牺牲后,南峰县党政军民无不痛惜,为纪念这个忠心为人民服务的革命战士,莘县县政府(南峰县与莘县合并)特设立"任明小学"。

十、荣连超传略

荣连超(1909～1943),男,聊城市东昌府区荣庄人。1926年,17岁的荣连超在父母双亡后离开家乡去天津务工。九一八事变后,他和其他工友一起，走上街头，加入了工人游行行列，声讨日本侵略者的罪行。1937 年七七事变后，他回家乡参加了堂邑游击队。同年冬，加入中国共产党。1937 年底，任该武装宣传队队长，随第一大队进行抗日救国宣传活动。1938 年 12 月，被任命为八路军一二九师先遣纵队独立营营长，在冠县、馆陶一带坚持抗日斗争。1939 年 10 月，他奉命率部到堂邑县协助地方开展工作。1940 年下半年起，历任莘县基干团副团长、莘县县大队大队长、鲁西北军分区司令部军法处处长、军分区政治部敌工科科长等职。当时，为贯彻抗日统一战线的政策，他亲自主持开展驻堂邑县土顽部队的统战工作。

1943 年 6 月，他奉命只身赴日伪杂牌军吴连杰部做策反工作，争取其弃暗投明。当时，另一国民党顽固派齐子修正驻扎在后哨营村。吴连杰与齐子修为争夺地盘反目。耿直的他轻信了吴连杰弟弟吴连祥的谎言，只身赴后哨营村，中了吴连杰“挑起抗日武装与齐部的矛盾，坐收渔翁之利”的阴谋。齐子修部连夜对他进行了审问，并施以酷刑。他大义凛然，坚贞不屈，严守党的秘密，于 6 月 5 日夜被残忍地活埋在后哨营村一农家院内，牺牲时年仅 34 岁。

十一、谭浩庵传略

谭浩庵（1914～1947），原名谭文朗，聊城市东昌府区谭庄村人。幼年丧母，从小务农。1939 年 2 月参加革命，3 月加入中国共产党。秋，在家乡发展组建了六七十人、五六十支长短枪的八路军平原纵队第三大队。1940 年 4 月，聊城县抗日民主政府成立，他带队加入聊城县大队，任大队政治教导员，指挥了在孙堂伏击日伪军的战斗。1941 年春任筑先县一区区长兼区队队长。在城南大柳张村酒铺，他和警卫员化装成佃户，利用给敌人送茶水的机会，活捉伪军 15 名，缴获长短枪 15 支。1943 年闯入谭庄伪警察所活捉伪所长，缴获长短枪 12 支，捣毁伪岗楼。1944 年 4 月乔扮伪军士兵，一枪未发拔掉双庙伪警察所，缴获枪械 49 支。抗日战争胜利后，调任冀鲁豫军区一分区三团参谋长，参加了围攻聊城战役。1947 年初，任晋冀鲁豫野战军十一纵三十一旅九十三团二营教导员。8月，为掩护刘邓大军南下，在巨野县冯庄一带率队阻击敌人，战斗中不幸中弹牺牲。

十二、赵以凯传略

赵以凯(1906～1927)，聊城市东昌府区东关姚家园子人。自幼随其父在家读私塾，后考入聊城县立高级小学。在聊城省立二中读书期间，接受进步思想，协助大哥赵以政联络进步青年，进行爱国宣传活动。1925年秋，赵以政离校投考黄埔军校，将联络进步青年的文具部交与赵以凯经营，由于同学欠账、免费等，此时文具部已负债累累，赵以凯经常从家中取钱予以贴补。1926年，在赵以政一再动员下，赵以凯决心顺应革命潮流到黄埔军校学习锻炼。他向家中要了几十元钱还清了文具部拖欠的债务，动员王之茜、李若学、贺清源等十几名革命青年，于8月20日离开聊城奔赴广州，考入黄埔军校军官预备班学习。赵以凯在校积极参加共产党组织的进步活动，1926年底即加入中国共产党。赵以凯生性少言寡语，常因校内国民党右派分子横行不轨而郁闷不乐，不久便身患肝病，校方又未给予很好的治疗，于1927年2月28日病故，时年仅21岁。

十三、张振维传略

张振维(1920～1940)，聊城市东昌府区沙镇二张村人。1937年聊城师范讲习所毕业后，到糖坊村任教。1938年参加鲁西北青年抗日挺进大队，10月挺进大队改编为武装宣传队。他编写了通俗易懂的活报剧进行抗日宣传。12月，加入中国共产党。1939年初，被选派到八路军六八八团学习政治工作和游击战术，并参加了突袭高唐县城的战斗。2月，日伪军大举“扫荡”根据地，上级决定将部队化整为零，分散隐蔽。他置全家安危于度外，带领八九位同志暂住家中，保证了同志们的食宿与安全。不久到三八六旅整训学习，结束后被任命为武装工作团团长，只身到聊、堂、莘一带组建抗日武装，在动员农民参军参战、收缴地富枪支、截击敌人军需、组织群众破路等方面做了大量工作。1940 年 5 月 5 日晚率团截击了给聊城敌人运送物资的大车 10 余辆，回驻地后因汉奸告密，被反动民团包围，工作团队员在群众的掩护下安全撤出。张振维不顾个人安危，当晚回村取武器时不幸被捕，受尽酷刑，宁死不屈，次日惨遭杀害。

十四、于化民传略

于化民(1920～1944)，曾用名于震环、于浩。聊城市东昌府区于庄村人。自幼读书。曾就读于聊城省立第二中学。1937 年七七事变爆发后，他毅然投笔从戎，于 l938 年参加革命工作，同年加入中国共产党。1939 年冬，调运东地委宣传部工作，任教育科科长。为配合地委加强农村支部和党员的思想教育，他编写了《阶级》《共产党》《党员》3 本宣传册，促进了党的组织建设和思想建设。1941 年后历任中共筑先县委宣传部部长、敌工部部长、县委委员等职。经常活动在茌、聊、阿交界一带，发动群众积极抗日，并亲自动手刻蜡版、印传单、办小报，宣传党的路线、方针、政策。经常化装出入敌占区，做了大量分化、瓦解敌人的工作。1944 年 6 月 27 日，敌人集中了茌平、博平、阳谷、东阿、聊城 5 个县的日伪军约三四千人，联合“扫荡”茌南根据地。于化民系高度近视，在混战中眼镜丢失，误入敌群，不幸被俘。被俘后，他宁死不屈，最后被敌人杀害，时年 24 岁。

十五、晋士林传略

晋士林(1915～1948)，聊城市东昌府区夏庄村人。结业于聊城山东省立第二中学，后考入苏州体育专科学校。1933 年毕业后在济南尚志中学任体育教师。1937 年七七事变爆发后，毅然弃教，参加了第三集团军政训班的学习，同时加入中国共产党。10 月随 240 名学员回聊抗日，由解彭年带领在堂邑发动群众。冬，组建山东第六区抗日游击第一大队，任二中队队长。1938 年 1 月游击大队编入山东第六区抗日游击司令部第十支队，任四连连长。5月奔赴延安抗日军政大学学习，9月回聊任第十支队二团二营营长、教导员。1940年任冀鲁豫军区作战科科长、营长、教导团团长。1943年任湖(微山湖)西军分区十团团长。1945年抗战胜利后任晋冀鲁豫野战军七纵团长，参加指挥了曹楼、砀山战斗，大杨湖、巨野战役。1947年3月任晋冀鲁豫野战军(挺进中原地区之后改称"中原野战军")一纵二旅四团团长。参加了淮海战役，曾单人独骑勇闯敌巢，不费一枪一弹说降瓦解敌人一个团。1948年11月，在淮海战役蒙城阻击战中，他身先士卒冲锋在前，不幸中弹，壮烈牺牲。

十六、邓延熙传略

邓延熙(1919～1941)，字康民，曾用名邓涤、邓者羽、白果，东昌府区殷家园子人，自幼读私塾。

l936年聊城山东省立二中毕业，考入济南山东省立第一师范学校读书。

七七事变爆发后回到聊城，加入中华民族解放先锋队发起组织的聊城旅外大中学生战地服务团，投身于抗日救亡的洪流中。

1938年3月到山东第六区抗日游击司令部政治部民运科工作，参加筹建聊城青年抗日救国团，被选为团长。10月由中共鲁西特委选送到延安抗大三大队九中队学习。1939年1月加入中国共产党。

1940年春任八路军第五纵队政治部宣传队队长。冬，任新四军第三师七旅二十团营教导员兼江苏盐城第十四区区委书记。他积极开辟敌后根据地，发动群众减租减息，为保卫群众利益和组建抗日民主政权作出很大贡献。

1941年8月22日拂晓，日军分9路对第十四区残酷"扫荡"，他不顾个人安危，为掩护部队战士、区乡干部和群众转移，只身一人阻击敌人，壮烈牺牲。为纪念烈士，当地政府将其牺牲地永平乡改为"白果乡"。

十七、黄儒汉传略

黄儒汉(1913～1948)，字亚魂，聊城市东昌府区斗虎屯堠堌村人。少年时期在本村初级小学和临清县高等小学读书，毕业后考入临清山东省立十一中学，九一八事变以后，对日本帝国主义在中国烧、杀、抢、掠的野蛮行径和国民党在政治上的腐败无能深恶痛绝。

1933年1月，他参加了反对山东省立十一中学事务主任王一尘等人贪污的学潮，暑期被迫转北平就学。黄儒汉在北平学习期间，仍同母校进步同学保持书信联系，不断地介绍北平学生运动的情况，寒暑假返乡时，他在同学中间宣传进步思想，堠堌村成了当时当地爱国抗日青年集会的中心。

1934年，黄儒汉考入北平中国大学。在校党组织的教育下，加入了中国共产党，入党以后更加积极地组织和参加各种革命活动。1935年，在中国共产党领导下，一二·九运动爆发，黄儒汉组织并参加了罢课、示威和游行斗争。

1937年七七事变后，黄儒汉到了陕西西安，参加了八路军，从此，黄儒汉随八路军转战南北，同日本侵略军浴血奋战。

1945年，黄儒汉奉命随军北上来到东北的沈阳。1946年2月被东北局分配到梨东县任县委副书记兼县大队副政委。3月16日与县里其他领导一起率领梨东县大队参加了“二打四平”战役。5月，梨东县大队实行战略转移，黄儒汉与马安宝率县大队入西安县、西丰县、东丰县坚持武装斗争。

1946年7月，黄儒汉被调到西安县，任县委组织部部长，1948年1月7日，于桑贤屯村不幸身负重伤，抢救无效，壮烈牺牲，时年35岁。

黄儒汉为人民的解放事业立下了不朽的功勋，直至献出了宝贵的生命。中共西安县委、县政府在1948年1月为黄儒汉举行了隆重的追悼大会，将他安葬在龙首山烈士公墓。为了纪念他，西安县委、县政府作出决定：将西安县京剧团改名为“儒汉剧团”。

十八、任国栋传略

任国栋(1922～1952),聊城市东昌府区道口铺任堤口村人。1944年参加革命队伍。1945年5月入党。1948年被授予一等功,并获奖章一枚。曾就读于中国人民解放军防空学校。1951年任中国人民志愿军高射炮兵六十四师六十二团四连连长。

1951年12月23日,志愿军领导机关确定以高射炮兵六十四师司令部为基础组成铁道高射炮兵指挥所,高射炮兵六十四师师长吴昌炽任司令员,隶属前方铁道运输司令部,统一指挥高射炮兵六十二、六十三、六十四师,4个城防高炮团,1个高射机枪团,23个独立高炮营,1个探照灯团,展开反"绞杀战"斗争。1952年1月,任国栋在战斗中壮烈牺牲,享年30岁,至今遗骸仍被安放在朝鲜中国人民志愿军烈士陵园。牺牲后被民政部追认为革命烈士,追加为副营级干部。

十九、王晋亭传略

王晋亭(1913～1942),聊城市东昌府区梁水镇冯段王村人。1930年秋,王晋亭考入聊城山东省立第三师范初级部。1934年春,加入中国共产党。1935年,任中共鲁西总支委员会组织委员。1937年11月,任中共鲁西特委巡视员,其公开身份是范筑先将军政训处的上尉服务员。1938年4月,任中共鲁西特委组织部部长,11月任宣传部部长。1939年春,鲁西区党委为加强共产党的干部教育,抽调地方干部充实中共鲁西区委党校,王晋亭遂被调到鲁西区党委党校任总支书记,分工负责党校共产党的建设。1939年,任中共鲁西区第一(鲁西北)地委组织部部长。1940年9月,调任鲁西区泰西地委副书记兼组织部部长,在大峰山地区开展工作,在条件十分艰苦的情况下,和日寇进行了艰苦卓绝的斗争。1941年7月,鲁西、冀鲁豫两个区党委合并后,任冀鲁豫第一(泰西)地委副书记兼组织部部长。1942年4月1日,在召开县委书记会议时,被日军包围。在组织撤退转移途中,他头部中弹,牺牲在岚峪村东南一水井旁。

二十、徐运北传略

徐运北(1914～2018),原名徐鸿轩,曾用名徐云何,1914年7月出生于堂邑县南街村(今属聊城市东昌府区)一个农民家庭。1928年夏,考入聊城山东省立第二中学。后转入济南正谊中学、济南高中学习。在济南上学时多次参加中国共产党领导的学生运动。1934年1月参加革命工作并加入中国共产党。1935春,任中共鲁西特委书记。

抗日战争全面爆发后,历任中共鲁西特委组织部部长、鲁西特委书记,中共鲁西区委委员、民运部部长等职务。1939年底,他作为鲁西北地区的中共七大代表赴延安参加会议,因党的七大延期,留在北方局学习。1941年后,在延安中共中央政策研究室工作,后又入中共中央党校学习。1945年参加了党的七大。

1945年冬任中共冀鲁豫区委常委、宣传部部长兼区党委党校校长、区党委副书记、冀鲁豫军区副政委。1949年春任南下支队政治委员、中共赣东北区委副书记兼赣东北军区政委。9月,任西进支队政治委员,率队挺进大西南。

新中国成立后,1949年11月任中共贵州省委副书记,兼任省委政策研究室主任、贵州省第一届各族各界人民代表会议协商委员会副主席、省民委主任等职。1952年冬任卫生部副部长,党组副书记、书记。1962年2月后,任第二轻工业部部长、党组书记。“文化大革命”期间下放江西分宜县“五七”干校劳动。1973年5月任中共北京市委常委、市革委副主任。1979年在中共中央党校学习。1980～1982年任轻工部副部长、党组副书记。

他是中共七大、八大代表,十九大特邀代表;第三届全国人大代表,第六、七届全国人大常委会委员,第七届全国人大财经委员会委员。

二十一、解长林传略

解长林(1917～2002),山东省聊城市东昌府区凤凰集村人,曾用名张蔚菁。他8岁读私塾,9岁在聊城道立模范小学读书。1931年九一八事变后,因要求到南京请愿全面抗日,组织罢课,被学校开除。1932年考入山东省立聊城第二中学,1936年考入北平弘达高中,参加抗日救亡运动,加入了中华民族解放先锋队。1937年5月他投笔从戎,到太原参加山西青年抗敌决死队,历任战士、排长。1938年参加中国共产党,任范筑先部抗日游击十支队连指导员、聊城军事教导团组织科长,八路军山东纵队六支队司令部科长,参加攻打东平县城战斗。1939年任六支队泰安独立团政治处主任,参加山东抗战中著名的陆房突围战,后任鲁西军区黄河支队三团政治处副主任。1941年任鲁西军区后勤部政治处主任,参加百团大战。后任鲁西军区第三军分区政治部主任。1943年任冀鲁豫军区政治部敌工部副部长、生产部部长。1945年10月任冀鲁豫军区第五军分区政治部主任,1947年任第五军分区副政委,参加了淮海战役。1949年任华北军区补训八旅政委、第二野战军军政大学四总队副政委。

新中国成立后,1950年任二野军政大学高级研究班政委,负责国民党起义的一百名将官、三百多名校官的教育、改造工作,后任第二高级步兵学校校务部部长。1951年,任西南军区空军第四航空预科总队政委。1955年任空军第一航空学校政委。1957年,空军和防空军合并,担任空军雷达兵部主任。1955年授予大校军衔。1964年晋升少将。1969年任武汉军区空军副政委(副兵团职)。1983年4月离休。曾获二级独立自由勋章、二级解放勋章。1988年获一级红星功勋荣誉章。

二十二、朱光传略

朱光(1914～2001),原名赵金城,山东省聊城市东昌府区郑家镇宋家村人。1921年随父母逃荒到黑龙江省宁安县。1932年加入中国共产主义青年团,同年参加东北抗日救国军。他在东北历任抗日联军第五军一师三团连长、营长、副团长。

1935年,受党组织派遣,去苏联莫斯科东方大学学习军事和政治。1936年,由中国共产主义青年团团员转为中国共产党党员。1938年底,学习结束从苏联回国后,到新疆加入党领导的新兵营,任排长等职。同年率部长途跋涉,从迪化(今乌鲁木齐)出发,胜利到达延安。

1939～1941年秋,任八路军一二九师政治部教育部部长。1940年6月,任太行山区八路军总部炮兵团军事教员。同年7月,任总部炮兵团第三营副营长,并赴太行山前线与日军作战,参加了著名的百团大战。1941年秋,兼任冀南军区政治部副主任。1944年12月,朱光同志参与组建延安炮兵学校,任总务处处长,为培养我军早期炮兵骨干队伍作出了显著贡献。1945年,任东北人民自治军嫩江军区副政委。1946年,任东北民主联军北满军区嫩江军区副司令员。后历任东满军区炮兵团长、军区炮兵办公室主任兼炮兵团团长,东北民主联军炮兵第四团团长等职。1948年10月,任东北野战军炮兵第二指挥所副主任,同年底,东北野战军特种兵司令部成立,任炮兵二师副师长。1949年4月,东北野战军改编为第四野战军后,朱光同志担任四野特种兵司令部炮兵办公室主任,后担任炮兵二师师长,率军南下,成功地进行了炮兵与其他军种的协同作战。

新中国成立后不久,1951年2月,朱光入朝作战,历任中国人民志愿军炮兵第二师师长、志愿军炮兵办公室副参谋长等职。1952年上甘岭战役期间,任志愿军炮兵指挥所参谋长,后参加了金城战役,被授予朝鲜人民民主主义共和国二级国旗勋章和独立勋章。1953年3月,从朝鲜回国后,任旅大警备区(三兵团)炮兵司令员,与苏军顺利完成交接旅大海岸布防任务。1955年,被授予少将军衔,荣获二级独立自由勋章和二级解放勋章。1956 年 8 月,任中国人民解放军炮兵司令部副参谋长。1960 年 1 月,任炮兵司令部参谋长。1961 年 3 月,调任国务院兵器工业管理总局局长。1963 年 3 月,任第三机械工业部副部长,同年 9 月,任第五机械工业部副部长。1965 年 3 月,兼任西南局三线建设委员会委员、党委常委,常规兵器三线建设总指挥。1980 年 1 月,调任中国人民解放军基建工程兵副主任兼霍林河煤矿总指挥、党委第一书记。1988 年 7 月,被授予中国人民解放军一级红星功勋荣誉章。1998 年 7 月离职休养,享受正兵团职待遇。

二十三、孔繁森传略

孔繁森(1944～1994),山东省聊城市堂邑镇五里墩村人。1961 年参军入伍,在部队连年被评为"五好战士"。1966 年 9 月,加入中国共产党。1969 年,从部队复员。1979 年,国家要从内地抽调一批干部到西藏工作,时任聊城地委宣传部副部长的孔繁森主动报名赴西藏工作,担任日喀则地区岗巴县委副书记。

1988 年,山东省再次选派进藏干部,组织上认为孔繁森在政治上成熟又有在藏工作经验,便决定让他带队第二次赴藏工作。进藏后,孔繁森担任拉萨市副市长,分管文教、卫生和民政工作。到任仅 4 个月的时间,他就跑遍了全市 8 个县区所有的公办学校和一半以上的村办小学,为发展少数民族的教育事业奔波操劳;为了结束尼木县续迈等 3 个乡群众易患大骨节病的历史,他几次爬到海拔近 5000 米的山顶水源处采集水样,帮助群众解决饮水问题;了解到农牧区缺医少药的情况后,他每次下乡时都特地带一个医疗箱,买上数百元的常用药,工作之余就给农牧民群众认真地听诊、把脉、发药、打针,直到小药箱空了为止。

1992 年,拉萨市墨竹工卡等县发生强烈地震,孔繁森在羊日岗乡的地震废墟上领养了 3 名藏族孤儿——12 岁的曲尼、7 岁的曲印和 5 岁的贡桑。收养孤儿后,孔繁森生活更加拮据,为此他曾 3 次以"洛珠"的名义献血 900 毫升。

1992 年底,孔繁森第二次调藏工作期满,西藏自治区党委决定任命他为阿里地委书记，这一任命意味着孔繁森将继续留在西藏工作。面对人生之路又一次重大选择，他毫不犹豫地服从了党的决定、人民的需要。

1993年春天，年近50岁的孔繁森赴任阿里地委书记后，在不到两年的时间里，全地区106个乡他跑遍了98个，行程达8万多公里，茫茫雪域高原到处都留下了他深深的足迹。在孔繁森的勤奋工作下，阿里经济有了较快的发展。

1994年，全地区国民生产总值超过1.8亿元，比上年增长37.5%；国民收入超过1.1亿元，比上年增长6.7%。他为了制定把阿里地区的经济带上新台阶的规划，准备在最有潜力的边贸、旅游等方面下功夫。为此，他亲率相关单位人员去新疆西北部的塔城进行边境贸易考察。1994年11月29日，他完成任务返回阿里途中，不幸发生车祸，以身殉职。

在孔繁森的葬礼上，悬挂着一副挽联，形象地概括了孔繁森的一生，也道出了藏族人民对他的怀念："一尘不染，两袖清风，视名利安危淡似狮泉河水；两离桑梓，独恋雪域，置民族团结重如冈底斯山。"

二十四、徐本禹传略

徐本禹，1982年4月出生在聊城市东昌府区郑家镇一个农民家庭。1999年，徐本禹考入华中农业大学。在大学里，徐本禹得到了学校和社会的许多关心和帮助。大学四年，徐本禹利用自己的奖学金和生活补助一共资助了5名学生。2003年7月，徐本禹在考上公费研究生的情况下，主动放弃立即读研究生的机会，保留研究生入学资格两年，来到当时不通水、不通路、不通电的贵州省大方县猫场镇狗吊岩村为民小学义务支教。2004年7月，徐本禹又到了条件更加艰苦的大方县大水乡大石小学支教。贵州支教的两年，徐本禹两年都没有回家过年。贵州支教结束后，徐本禹先后20多次到贵州开展助学活动。返校读研期间，徐本禹创办了红杜鹃爱心社。徐本禹和红杜鹃爱心社先后为贵州20余所中小学建立了图书室，为贫困山区培训了400余名乡村教师；先后接受社会好心人士捐款捐物数百万元。通过徐本禹的牵线搭桥，共有10所希望小学(校舍)得到了修建。

2005年1月，徐本禹当选为中央电视台“感动中国2004年度人物”，成为首位当选“感动中国年度人物”的志愿者。2007年6月，年仅25岁的徐本禹当选为党的十七大代表，成为最年轻的党的十七大代表之一。

2013年12月5日，习近平总书记给华中农业大学本禹志愿服务队回信。习近平总书记在回信中指出，“得知你们在徐本禹同志感召下，积极加入青年志愿者队伍，走进西部，走进社区，走进农村，用知识和爱心热情服务需要帮助的困难群众，坚持高扬理想、脚踏实地、甘于奉献，在服务他人、奉献社会中收获了成长和进步，找到了青春方向和人生目标，感到十分欣慰”。2014年，共青团湖北省委、湖北省志愿者协会发起成立了“中国(湖北)本禹志愿服务基金”，并从这年起，每年在全省创建一批省、市州、县级本禹志愿服务队，带动更多的人加入到志愿者行列。

2007年1月，徐本禹作为中国青年志愿者赴津巴布韦进行为期一年的海外志愿服务。他还参与了北京奥运会、深圳大运会等大型赛会的志愿服务，并担任第十一届全运会志愿者形象大使。从2014年起，兼任中国青年志愿者协会副会长。他把志愿服务当成自己的生活方式和生活习惯；坚持无偿献血60余次，累计献血12000毫升以上；加入遗体器官捐献和造血干细胞捐献志愿者队伍；长期坚持资助贫困学生；与本禹志愿服务队的志愿者们一起参与志愿服务。徐本禹先后在《人民日报》《中国青年报》发表弘扬志愿精神的文章近10篇。2018年1月，调任湖北省秭归县工作，任中共秭归县委副书记 。

徐本禹被授予或入选“全国十大社会公益之星”“中国青年五四奖章”“中国十大杰出志愿者”“中国青年志愿服务金质奖章”“中国十大杰出青年”“新中国成立以来感动荆楚人物”“山东省100位为新中国成立、建设做出突出贡献的英雄模范人物”“湖北省优秀共产党员”等。华中农业大学本禹志愿服务队先后被授予“全国社会扶贫先进集体”“全国志愿服务示范团队”“最美志愿者”等荣誉。

二十五、白云传略

白云，男，回族，中共党员，1949 年 10 月出生，1968 年 4 月入伍，山东聊城人。聊城市东昌府区人民检察院原副检察长，2010 年 4 月 1 日退休。1979 年从检以来，68 次立功受奖，先后被授予“全国先进工作者”“全国模范军队转业干部”“中国十大杰出检察官”“全国模范检察官”等荣誉称号，并光荣当选为中共十六大、十七大代表和中国工会十五大代表，北京 2008 年奥运会火炬手，入选“山东省为新中国成立、建设做出突出贡献的 100 位英模人物”。

为公，心里装着法律和公道。白云同志公正执法，严格办案，10 多年来，共建议追诉漏犯 31 人，追诉经济罪犯漏罪金额 50 余万元。他从事审查起诉工作 16 年，共办理了 296 件、496 人的案子，并且多数是重大疑难案件。他曾创下了一年审理 41 起重大刑事案件的记录，这在聊城全市是最多的。他被社会各界誉为干工作的“拼命三郎”。

为廉，清清白白做人。白云不为利所动，不为权所动，不为情所动，严格做到了“权钱交易”“权权交易”“权情交易”等“三个交易”坚决不做。他没吃过当事人的一顿饭，没收过当事人一次礼，也没有屈服过任何的外部压力。1995 年 12 月，白云在办理陈某受贿案件时，被告人的哥哥拿出 2 万元钱要求白云“通融关系，高抬贵手”，白云毫不犹豫地把他赶出了家门。1996 年底，白云办理了吴某盗窃一案，其亲属找到了白云：“只要你能免诉了吴某，我让领导提升你正科级！”白云断然拒绝。后来，吴某被起诉到法院，判刑 3 年。当地老百姓曾敲锣打鼓地给白云送过这样的两个牌匾——“铁面无私，执法如山”“当今包青天”。

为民，真心实意为老百姓着想。白云同志牢记宗旨，始终坚持以人民为中心的执法为民理念，把对人民的爱，时时刻刻、处处事事放在心上。东昌府区检察院原办公楼后有一个厕所，常年以来无人打扫，白云自费准备了扫帚、水桶，天天打扫，日复一日，年复一年，这一扫就是十几年。无论春夏秋冬，不管刮风下雨，从未间断过。家属院的下水道堵了，他去通；垃圾道满了，他去掏；下雪了，他去扫；打架了，他去劝；小学生的车子链子掉了，他去上；马路上，有块石头砖块，他去捡。在他心目中，满眼都是活，只要有利于人民群众的事，他就去干。白云的工资不高，妻子下岗，生活相当困难。但是，遇到别人有困难时，他总会慷慨解囊，送上三百五百。

为官，严于律己一尘不染。白云时时处处以一个共产党员，一个人民公仆，一个检察官的标准严格要求自己，从些些许许的小事中，从常被人忽略的细微之处，人们看到了一个真正的白云。有一次，白云花10元打的由住地来到济南长途汽车站，然后买了一张25元的车票乘公共汽车回到聊城。之后，他花了5元钱打的由车站回到机关。不料，这时又有一件事"难"住了白云，因为白云付完钱后，司机同志给的车票是10元面额的，没有5元面额的票，这可怎么报销？想来想去，他在票的背后写了"实付5元"这几个字，结果还是按5元报销。

2003年，聊城开通了以他的名字命名的"白云热线"。热线开通后，白云和热线值班人员以"听民声，释民惑，解民忧，求公正，保平安，促和谐"为宗旨，热情为群众服务，成为了解社情民意的晴雨表、化解矛盾纠纷的减压阀、消除社会危机的灭火器、党和人民群众的连心桥、宣传普及法律的空中大课堂。

白云退休后，不忘自己是一名共产党员，深入学校和机关单位作报告1020多场，积极开展法制宣传和廉政教育活动，为社会教育工作作出了突出贡献。他每周一到白云党员工作室接待群众来访，化解社会矛盾，为老百姓解决实际困难，受到群众的称赞。

后 记

为传承红色基因，弘扬革命老区精神，在建设中国特色社会主义伟大进程中促进革命老区尽早、尽快地改变经济欠发达的面貌，2017 年，按照中国老区建设促进会的统一部署，在聊城市革命老区建设促进会的协调指导和区委、区政府的直接领导下，东昌府革命老区建设促进会成立了领导班子，组织有关部门，抽调人员开展了《聊城市东昌府区革命老区发展史》的编纂工作。

《聊城市东昌府区革命老区发展史》以马克思列宁主义、毛泽东思想、邓小平理论、“三个代表”重要思想、科学发展观、习近平新时代中国特色社会主义思想为指导，以党的两个历史决议为依据，以东昌府区革命老区的奋斗史为重点，以党的十八大以来东昌府区在经济和社会各项事业所取得的巨大成就为亮点，采用编年体与纪事体相结合，夹叙夹议、叙论结合的记述方法，力争较全面地展示东昌府区人民在中国共产党领导下寻求自身解放、追求自由和幸福所走过的艰辛历程。

《聊城市东昌府区革命老区发展史》记述了东昌府区革命老区在新民主主义革命、社会主义革命和建设及改革开放三个重要历史阶段 90 多年的历史进程，并收集整理了部分革命先烈和模范人物的生平传略。

在编纂《聊城市东昌府区革命老区发展史》过程中，聊城市革命老区建设促进会领导多次提出重要指意见，编纂委员会先后召开各类座谈会、推进会、审稿会 6 次，易稿 8 次，于 2019 年 10 月完成送审稿，由聊城市革命老区建设促进会评审委员会审核定稿。

《聊城市东昌府区革命老区发展史》的编写成书，得到了区委、区政府领导和分管领导的大力支持和精心指导，同时得到了区委办公室、组织部、宣传部和区政府办公室及区委党史研究中心、档案局（馆）等部门的大力协助，在此我们表示深深的谢意。由于我们水平有限，书中错漏和不妥之处在所难免，恳请读者批评指正。

编著者

2021年3月16日